# HISTOIRE GÉNÉALOGIQUE

DE LA

# MAISON DE KERSAUSON

*17*

PREN — EW — PREN — AW

# HISTOIRE
# GÉNÉALOGIQUE

## DE LA MAISON

# DE KERSAUSON

PAR

### J. DE KERSAUSON

Membre H<sup>re</sup> du Conseil Héraldique de France

NANTES

IMPRIMERIE DE VINCENT FOREST ET ÉMILE GRIMAUD

4, PLACE DU COMMERCE, 4

1886

# PRÉFACE

S'il est un culte, après celui qu'on doit à Dieu, qui mérite tous nos hommages, c'est le culte des aïeux !

Dans tous les temps, dans tous les lieux, il a été en honneur.

Toutefois, dans notre siècle de scepticisme et de mercantilisme, cette religion du passé semble s'être, sinon éclipsée, au moins affaiblie, pour faire place à un esprit, que nous appellerons positif et orgueilleux, ne voulant rien tenir que de soi-même, au lieu de se souvenir des grandes leçons que nous ont léguées nos devanciers.

Quels enseignements, pourtant, que ceux de nos pères !

Quel patriotisme et quelle rigidité dans les principes !

Quelle simplicité et en même temps quelle grandeur !

Dans la fortune comme dans l'indigence, dans la richesse comme dans l'infortune, toujours la même voie suivie : le devoir !

Qu'est-ce qui, de nos jours, a inspiré aux modernes croisés, aux héroïques défenseurs de la Papauté, aux champs de Castelfidardo et de Mentana, ce désintéressement et cette abnégation qui leur ont fait abandonner famille, patrie, et, pour beaucoup, vie facile et luxueuse,

pour aller s'enrôler sous les bannières pontificales et sacrifier, le sou-
rire aux lèvres, leur existence à l'Église et à son chef ?

Certes, le sentiment religieux enflammait ces grandes âmes ! Mais, à
côté de ce mobile, si noble, un autre, non moins élevé, vibrait au fond
de ces cœurs généreux : le culte des aïeux !

Eh bien ! c'est pour aviver encore davantage cet amour des ancêtres,
que nous entreprenons aujourd'hui l'historique des nôtres, afin de
nous apprendre, à nous et à tous ceux qui nous suivront, comment il
faut vivre et comment on doit savoir mourir.

Notre but est aussi, en réunissant en un seul faisceau tous les membres d'une famille, *proverbialement nombreuse*, de protester contre l'isolement et la désunion, ces deux fléaux de notre siècle, qui désagrègent
chaque jour les races, en émiettent les forces vives, et font disparaître
la vieille union dans laquelle nos pères puisaient leur invincible énergie.

Notre tâche sera pleine et notre vœu accompli, si l'idée qui a présidé
à ce travail généalogique devient féconde et donne l'impulsion à des
œuvres de même espèce, œuvres qui, en se complétant l'une l'autre
et en se multipliant, ne pourront que resserrer les liens de familles,
naguère comme étrangères entre elles, et qui, en outre, par l'établissement authentique des filiations, diminueront, si elles ne font pas
complètement disparaître, les procès, source de ruine et de discorde.

Que ceux donc qui liront les pages qui vont suivre ne les regardent
pas comme une satisfaction d'amour-propre et l'expression d'une
vaine gloriole ; non. Qu'ils élèvent leurs regards plus haut et veuillent
bien n'y voir qu'un gage de l'esprit d'union et de concorde qui nous
anime nous-même.

J. DE KERSAUSON.

Château de Kerdavy, 1er décembre 1884.

# AVANT-PROPOS

———

C E n'est pas, nous l'avouons, sans une légitime appréhension que nous présentons aujourd'hui, à notre famille et au public ce travail, bien au-dessus de nos forces, et que, sans les secours dont nous allons parler, il nous eût été plus que difficile de mener à bonne fin.

Encore, et malgré ces aides généreux, invoquons-nous, dès le début, notre insuffisance et réclamons-nous, tout d'abord, l'indulgence de ceux qui voudront bien nous lire.

L'historique d'une maison telle que la maison de Kersauson est, en effet, et par son importance, et par ses nombreuses ramifications, une œuvre qui ne peut être celle d'un jour, et que le fruit de longues et patientes recherches.

Aussi n'est-ce pas d'hier que nous avons entrepris de remonter le cours des âges pour retrouver, dans les siècles passés, la vie et la filiation de nos ancêtres : plus de six années se sont écoulées depuis que nous avons commencé à recueillir ces nombreux et multiples matériaux de notre tâche. Chaque jour, on peut le dire, est venu apporter sa pierre à l'édifice, au monument que nous avons entrepris d'élever à notre race ; bien des ouvriers nous ont aidé dans nos labeurs.

Malgré tout, nous le répétons, nous n'avons nullement la prétention d'avoir construit une œuvre complète : trop d'éléments, nous ne dirons pas hétérogènes, mais au moins très divers, constituent le groupement de tous *ceux qui portent et ont porté le nom de Kersauson pour que, sans amoindrir nos très scrupuleuses recherches, des personnalités, secondaires, il est vrai, n'aient pas échappé à nos investigations.*

*Bien des imperfections, bien des lacunes, des erreurs même, peut-être, ainsi que nous le disions dans notre prospectus d'annonce, pourront s'être glissées dans notre travail, pour lequel nous ne réclamerons encore une fois que le seul mérite d'une très consciencieuse impartialité.*

*L'étude que nous avons faite et les communications qui nous ont été transmises des anciens registres de plusieurs paroisses, étude que nous n'avons pu, pour diverses causes, étendre au gré de nos désirs, nous a convaincu (nous l'étions même auparavant) que là, et là seulement, était le germe et comme le principe certain des généalogies ; aussi, donnerons-nous, en passant, plus que notre assentiment (nous voulons y apporter notre concours) à l'idée d'un de nos amis qui a rêvé et même entrepris de publier dans une Revue qui va incessamment voir le jour[1], tous, ou au moins en partie, les vieux cahiers paroissiaux de notre Bretagne. Si ce but est atteint, on peut dire que toute la noblesse de la province se trouvera reconstituée, puisqu'il ne restera ensuite qu'à rassembler, pièce à pièce, les innombrables fragments de cette monumentale généalogie.*

*Avant de donner la nomenclature de toutes les sources historiques auxquelles nous avons puisé, qu'il nous soit permis de payer ici publiquement notre tribut de reconnaissance à tous ceux qui ont bien voulu mettre si généreusement et si aimablement à notre disposition le fruit de leurs propres recherches et des portions de leurs archives de famille. Rendons tout d'abord hommage au regretté comte Ludovic de Kersauson de Vieux-Châtel, dont le manuscrit a été pour nous comme la trame et le canevas de notre travail. En second lieu, et nous sommes heureux de le proclamer ici bien haut, celui à qui nous devons le plus est notre cher cousin et ami, M. Arthur du Bois de la Villerabel, président de la Société archéologique des Côtes-du-Nord ;*

---

1. Une société, dont l'un des buts sera la publication des anciens registres paroissiaux, vient de se fonder sous le nom de *Revue historique de l'Ouest* et la direction de M. G. de Carné, auteur des *Chevaliers bretons de Saint-Michel.*

*lui aussi est venu nous apporter, et sa critique si judicieuse et si sympa-
thique, et le poids de son expérience scientifique et historique ; à de nombreuses indications, qui nous ont mis fréquemment sur la voie de précieux
filons, il a tenu à ajouter le résultat de ses recherches personnelles. C'est
avec bonheur que nous lui adressons aujourd'hui, avec l'expression de toute
notre affection, le témoignage de notre bien sincère et bien reconnaissante
gratitude.*

*A ces deux noms, ajoutons celui de notre excellent ami, le comte Régis de
l'Estourbeillon ; nous devons à son inappréciable complaisance la transcrip-
tion aux archives de Quimper d'une foule d'articles importants.*

*MM. G. de Carné et de Saint-Pern voudront bien aussi accepter nos plus
chaleureux remerciements pour les nombreuses et remarquables communications qu'ils nous ont procurées. Le premier, M. de Carné, nous a même
autorisé à faire, au courant de l'ouvrage qui va suivre, des emprunts à ses*
Chevaliers bretons de Saint-Michel.

*N'omettons pas non plus un humble et vénérable prêtre du diocèse de
Quimper, M. l'abbé Camille Banabès, ancien recteur de Drennec, dans le
Léon, et auteur de recherches très érudites sur la paroisse de Plourin,
berceau de la branche de Kersauson de Pennendreff.*

*Un souvenir également très reconnaissant à la mémoire de M. de Four-
mont, ancien conservateur-adjoint de la Bibliothèque publique de Nantes.*

*Enfin, ne laissons pas dans l'oubli de l'ingratitude les maires des diffé-
rentes communes aux archives desquelles nous avons eu recours, et qui, pour
la plupart, ne sont pas restés sourds à nos appels.*

# NOTE BIBLIOGRAPHIQUE

CITONS *en terminant, les auteurs que nous avons consultés nous-même, et dont la nomenclature complétera cette note bibliographique :*

DOM LOBINEAU.
DOM MORICE.
DOM TAILLANDIER.
AUTRET DE MISSIRIEN.
LE LABOUREUR.
*Gallia Christiana.*
PÈRE ANSELME.
MORÉRI.
LA CHESNAYE DES BOIS.
ALBERT DE MORLAIX.
OGÉE. (*Dict. de Bret.*)
BÉNÉDICTINS. (*Actes de Bret.*)
*Liste de NN. SS. du Parlement.*
VERTOT. (*Hist. des chev. de Malte du grand prieuré d'Aquitaine.*)
GUY LE BORGNE. (*Arm. de Bret.*)
*Réformation de 1668-1671.*
*Armorial général.*
P. DU PAZ.
TOUSSAINT DE SAINT-LUC.
Manuscrits de la Bibliothèque de Nantes.

*Nobiliaire et armorial* de M. Pol de Courcy.

Saint-Allais.

*L'Ouest aux Croisades*, par M. de Fourmont.

Mazas. (*Hist. des chev. de Saint-Louis.*)

*Revue de Bretagne et de Vendée.*

*Bretagne contemporaine.*

*Cartulaires des abbayes de Saint-Mathieu, Daoulas et Landévennech.*

*Anc. montres et réform. des $XV^e$, $XVI^e$ et $XVII^e$ siècles.*

Manuscrits des bibliothèques de Rennes, Saint-Brieuc.

*Armorial* du marquis du Refuge.

*Armorial* de M. de la Grasserie.

*Preuves devant d'Hozier et Chérin, pour la grande écurie du Roi.*

*Chevaliers bretons de Saint-Michel,* par M. Gaston de Carné.

*Galerie des Croisades au palais de Versailles.*

*Preuves admises lors de la création du Musée historique, en 1845.*

Vatar, imprimeur à Rennes.

*Charte des Croisades* du cabinet Courtois.

Collection des Blancs-Manteaux, à la Bibliothèque nationale.

Registres de la Chancellerie.

Archives particulières des châteaux de Brézal, La Ferrière, Pennendreff, Kerjan, etc.

Archives particulières des familles alliées.

*Biographie bretonne,* par Levot.

*Almanach royal.*

*Barzaz-Breiz* (Chants populaires de Bret., recueillis par M. de la Villemarqué).

*Itinéraire de Saint-Pol à Brest,* par M. Pol de Courcy.

*Notice sur le Folgoët,* par le même.

*Monographie de la cathédrale de Quimper,* par M. Le Men, archiviste (décédé) du Finistère.

*Catalogue des évêques de Bretagne,* par MM. Geslin de Bourgogne et A. de Barthélemy.

*Annuaire historique et archéologique de Bret.,* par M. A. de la Borderie.

Ruffelet (*Annales briochines*).

*Géographie des Côtes-du-Nord,* par M. Gaultier du Mottay (décédé).

*Correspondance des Bénédictins bretons,* publiée par M. A. de la Borderie (1880).

*Le Correspondant.*

Lainé (*Titres fournis pour les honneurs à la Cour*).

*Histoire de la marine française,* par le comte de la Peyrouse.

Fréminville (*Antiquités du Finistère*).

*Fastes de la Légion d'honneur.*

*Moniteur universel*, passim.

DE COURCELLES (*Hist. des Pairs de France*).

*Brevets militaires.*

ABBÉ TRESVAUX (*Évêchés de Bret.*).

Anciens registres paroissiaux.

LE BAUD.

D'ARGENTRÉ.

Dossiers des généraux.

*Panthéon de la Légion d'honneur.*

THÉODORE MURET.

# ARTICLE PRÉLIMINAIRE

L A maison de Kersauson, *aliàs* Kersauzon, Kersausen, Quersauson, l'une
des plus anciennes de la noblesse de Bretagne, est originaire d'Angleterre,
comme l'indique son nom : *Ker,* ville, *Saoχon,* des Saxons, ou Anglais.

Suivant une tradition constante, les chefs de cette famille auraient fait partie
des émigrations insulaires qui vinrent s'établir en Armorique durant les IVᵉ,
Vᵉ et VIᵉ siècles.

« Ces émigrations, » dit M. de la Borderie, « s'accomplirent sans concert
« préalable, par bandes successives, isolées les unes des autres et dont
« chacune, prise à part, était, la plupart du temps, assez peu nombreuse.
« Les premières de ces bandes, en débarquant sur notre littoral, trouvèrent
« notre péninsule dépeuplée aux trois quarts...

« Chaque bande émigrée s'arrêta dans le premier canton qu'elle trouva de
« belle apparence, et s'y installa tranquillement, sous l'autorité du guerrier
« choisi par elle pour chef d'émigration [1]. »

Telles sont les traditions originelles du *Clan Kersauson,* traditions cons-
tantes, avons-nous dit, et que les témoignages des plus anciens auteurs héraldiques de Bretagne viennent corroborer.

« Kersauson, en Guiclan, évesché de Léon, » dit le vieux Guy le Borgne,
« compte de gueulle, à vne boucle ronde, au fermail d'argent, hardillonné de
« même. C'est vne des bonnes et anciennes maisons du païs, que l'on tient
« prendre sa première origine et étymologie d'Angleterre [2]. »

---

1. *Annuaire historique et archéologique de Bret.,* année 1862. (Rennes, Ganche, lib.-édit. Paris,
Durand, lib.-édit.)

2. *Armorial breton,* édit. 1667.

« On sait, » ajoute un autre savant héraldique, « que les souvenirs, les
« habitudes, que les paysages et les mœurs domestiques, si l'on peut s'exprimer
« ainsi, avaient été des sources fécondes d'adoptions héraldiques. Ce simple
« fermail, dont s'honorent avec raison les Kersauson, était, comme il est
« encore aujourd'hui, un ornement caractéristique du costume de ce véritable
« clan [1]. »

La première étape du *Clan Kersauson,* en Armorique, fut le littoral de
Plouescat, où il fonda un village de son nom. Mais, bientôt, chassé par les
pirates qui infestaient dès lors nos rivages, il transporta la *Boucle* plus avant
dans les terres, sur le sol de Guiclan, toujours en Léon, y découpa un fief
important et y bâtit un vaste château, dont les anciens aveux nous redisent
les nobles proportions, les droits de *haute, moyenne et basse justice,* les rede-
vances et prééminences insignes des fiefs de Bannière [2].

En effet, les *Preuves de l'Histoire de Bretagne* attribuent aux Kersauson
le titre de *Bannerets.* Le sire de Kersauson figure au nombre des Bannerets
de Bretagne, vassaux de Léon [3].

Un moine de l'abbaye de Saint-Aubin-des-Bois [4], qui vivait il y a cinq

---

1. Discours prononcé par le baron Saullay de Laistre, président de la Société archéologique et
historique des Côtes-du-Nord, lors du Congrès de l'Association bretonne à Saint-Brieuc, en 1856.
(Impr. Prudhomme, *Mémoires de la Soc. hist. et arch. des Côtes-du-Nord.*)

2. « Les fiefs, qui n'ont commencé, en France, qu'à la chute de la maison de Charlemagne, c'est-
« à-dire vers le commencement du X<sup>e</sup> siècle, » dit le savant abbé Ruffelet, « sont beaucoup plus
« anciens en Bretagne. C'est au passage des Bretons dans l'Armorique, dans les IV<sup>e</sup> et V<sup>e</sup> siècles,
« qu'on en attribue l'origine. Les chefs de ces transmigrations et les commandants des troupes de-
« vinrent seigneurs de fiefs; les soldats et les réfugiés en devinrent les vassaux, et ces fiefs n'étaient
« point amovibles, comme l'étaient ceux qu'on appelait *bénéfices militaires;* ils étaient héréditaires
« et patrimoniaux. » (*Annales briochines,* édit. 1771.)
A ces fiefs s'attacha cette qualité si appréciée au moyen âge, *la chevalerie féodale* et réelle, bien
différente de la chevalerie *personnelle,* et qui valut aux terres auxquelles elle était annexée, et
suivant son importance comme richesse, les titres éminents de bannière, bachelerie ou de fiefs de
haubert. (Voy. les Bénédictins bretons, les Consultations d'Hévin, La Roque, etc.)
Les fiefs se divisaient en cinq classes, dont ceux de Bannière occupaient le troisième rang, ayant
au-dessus d'eux les grands fiefs et les fiefs à grande mouvance, et au-dessous, ceux de haubert et
d'écuyers.
« Vn ancien cérémonial nous apprend que le *Banneret* devait avoir sous sa bannière cinquante
« lances, outre les archers et arbalétriers ; il paraît cependant que le nombre n'en était pas fixe, et
« qu'il y en avait quelquefois plus ou moins, selon la qualité des fiefs ; c'est ce qui empêche qu'on
« puisse désigner aujourd'hui toutes les terres de Bretagne qui anciennement ont été honorées du
« titre de *bannière.* » (*Annales briochines,* par Ruffelet, édit. 1771.) Cet auteur ajoute : « On peut
« croire avec Hévin que toute chevalerie féodale était une espèce de bannière habituelle qui perdait
« ou reprenait son titre de bannière, selon qu'elle avait été possédée par des *chevaliers bacheliers,*
« plus ou moins riches. » *(Id., ibid.)*

3. *Mémoires du vicomte de Rohan,* dans D. Taill., t. II, col. CLXX. — Voir aussi *Pièces justificatives.*

4. L'abbaye de Saint-Aubin-des-Bois, située en Plédéliac, diocèse de Saint-Brieuc, avait été fondée
en 1137, par les comtes de Lamballe.

cents ans, et qui a mis en vers les hauts faits de nos Bannerets bretons, commence ainsi son poème :

> « Bannerets est moult grand honor
> « Tant à roi, prince que seignor.
> « L'ordre des Bannerets est plus que chevalier,
> « Comme après chevalier, accousuit bachelier [1]. »

L'ancienneté des Kersauson, attestée par les traditions, ne l'est pas moins par les documents historiques : leur nom figure dans la *Charte d'Eudon* en 1057, publiée, il y a quelques années, d'après une copie collationnée, signée *Chérin*. Cette charte a été admise par d'Hozier, juge d'armes de France, au XVIIe et au XVIIIe siècle, par *Chérin,* surnommé l'*Incorruptible,* généalogiste des Ordres du Roi, par les Bénédictins bretons, par Du Paz, Le Baud, etc.

Les réformations de 1427 à 1574 mentionnent aussi les Kersauson parmi les plus anciens gentilshommes de l'évêché de Léon. Les commissaires royaux les ont reconnus nobles d'ancienne extraction et leur ont maintenu le droit d'ancienne extraction *chevalaresque,* avec neuf générations, par arrêt du 28 janvier, 26 mars et 12 juin 1669 et du 25 février 1671.

Le blason de Kersauson porte : *De gueules au fermail d'argent.*

La devise est : *Pred ew, pred aw, Kersaoson !* Mots qui, en vieux dialecte de Léon, signifient : Prêt, toujours prêt, Kersauson !

Ces armes étaient en éminence, attribut exclusif des seigneurs, patrons et fondateurs, avec droit de prééminences, enfeus, lisières, ou litres intérieures et extérieures, escabeaux, prières nominales, etc., et cela, dès les temps les plus reculés, dans les églises et chapelles de Guiclan, Ploénan, Saint-Gilles-Ploénan, Lambader, cathédrale de Saint-Pol-de-Léon, Carmes de Saint-Pol, etc., etc.

Les titres de baron, comte et marquis, ont été portés par les Kersauson depuis le XVIe siècle, titres consacrés par brevets et lettres royales, comme aussi par l'effet de la possession de leurs fiefs de Maugrenieux, Kerjean, Saint-Vougay, Coëtmeret, Brezal ; les appellations honorifiques de *sire, haut et puissant, noble et puissant,* ont été constamment usitées dans les différentes branches sorties de la souche principale. Kersauson a toujours timbré ses armes de la couronne de marquis, avec le collier de l'Ordre du Roi ; deux lions affrontés en forment les supports.

---

1. Voir la chronique en vers sur les Bannerets de Bretagne, par le moine de Saint-Aubin-des-Bois, au XVe siècle.

Les rameaux de la maison de Kersauson se multiplièrent tellement à partir du XVe siècle, que le dicton suivant devint, dès lors, et est resté depuis, populaire en Bretagne :

*Frappez sur un buisson, il en sortira un Kersauson.*

Un autre proverbe breton, dont il sera reparlé plus tard, marque encore l'estime que l'on a toujours eue pour cette antique race :

> N'est noble que de nom
> Qui ne porte au ceinturon
> La boucle de Kersauson.

Distingués du côté de l'antiquité, les Kersauson, dont un des représentants a pris part à la VIIe croisade, ne le sont pas moins par leurs possessions, leurs alliances, leurs dignités dans l'Église, à la cour des ducs de Bretagne, leurs charges dans la magistrature, leurs services militaires sur terre et sur mer. En effet, ils sont fiers de compter dans leurs rangs et à la suite de Robert le croisé, de saints religieux, des archidiacres, un grand évêque de Léon, des chevaliers Bannerets, commandant à cinquante et cent hommes d'armes, des gouverneurs de places fortes, des chevau-légers, des sénéchaux, des conseillers aux Grands Jours de Bretagne, plus tard au Parlement, des chevaliers de Saint-Jean-de-Jérusalem, de Saint-Louis et de l'Ordre du Roi (cinq), des gentilshommes de la chambre, des pages de la grande et de la petite écurie, des diplomates, des députés de la noblesse, etc., etc., et, de nos jours, des officiers supérieurs de terre et de mer, membres de la Légion d'honneur et de bien des ordres étrangers. Enfin, dans le domaine de l'esprit, des économistes et des littérateurs.

Après les généralités qui précèdent, abordons maintenant la généalogie proprement dite de la maison de Kersauson.

GÉNÉALOGIE ET ALLIANCES

DE

# LA MAISON DE KERSAUSON

## TRONC GÉNÉRATEUR

I. PIERRE, sire de Kersauson, est le premier auteur connu de la famille ; il assistait, en qualité de chevalier, aux États de Bretagne tenus à Nantes, en 1057, par le duc Eudes ou Eudon. Son nom figure, en effet, dans la charte dite d'Eudon, extraite des archives de Châteauneuf et publiée, il y a quelques années, d'après une copie collationnée, signée Chérin.

Aucun document de famille ou autre ne fait connaître la maison à laquelle s'allia Pierre de Kersauson. Il est certain néanmoins qu'il se maria, puisque nous trouvons son fils qui continua la lignée.

II. ALAIN I, *aliàs* Conan, fils de Pierre, seigneur de Kersauson, chevalier, succéda à son père. On ignore la date de sa naissance. Il épousa *Tiphaine de Botloy,* fille de Tanguy et d'Audranne de Lanvollon.

Les de Botloy, dit M. de Courcy, dans son *Nobiliaire* (t. I, p. 100), étaient ramage de Tournemine, s$^{rs}$ dudit lieu et de Kerdeouzer, en Ploudaniel, — de Kermenou, en Plougonver, — de Kergoat, — de Kerguistin, en Lanloup, — de

Launay, en Lézardrieux, — de Coathalec, en Locmaria, — du Billo, paroisse du Minihy de Tréguier.

La maison de Botloy, d'ancienne extraction chevaleresque, a fait preuve de dix générations à la réformation de 1669 ; elle a pris part aux montres de 1427 à 1535, dans les paroisses de Ploudaniel, Plougonver et Kermaria-Sular, évêché de Tréguier, Lanloup, évêché de Dol, et Plounez, évêché de Saint-Brieuc.

Botloy portait : *Écartelé d'or et d'azur*, comme Tournemine.

Geoffroi, fils juveigneur d'Olivier de Tournemine, sieur de la Hunaudaye, et d'Isabeau de Machecoul, est l'auteur de cette famille ; il fut capitaine de Guingamp et tué au siège de la Roche-Derrien, en 1347. De son mariage avec Jeanne, il laissa entre autres enfants qui retinrent le nom de Botloy : Guillaume, trésorier de la cathédrale de Tréguier, entendu dans l'enquête pour la canonisation de saint Yves, en 1330.

Pierre de Botloy, secrétaire du duc Jean V. Un chevalier de Malte en 1566.

La branche aînée fondue dans Péan de la Roche-Jagu, d'où le Botloy passa, par alliance, aux d'Acigné, puis aux Richelieu, et par acquet aux Le Prestre.


Alain I ou Conan de Kersauson mourut en 1090. De ce mariage, Convoyon, qui suit, Conane, mariée à Rival, sieur de Lozello, et Tiphaine.

III. CONVOYON, son fils, seigneur de Kersauson, chevalier, épousa *Alicette du Quélenec,* fille d'Hervé et de Guen de Lanvollon.


Quélenec (du) (ramage d'Avaugour), baron dudit lieu, paroisse du Vieux-Bourg, de Quintin, — vicomte du Faou, en Rosnoen, — baron de Pont-l'Abbé, paroisse de ce nom, — de Rostrenen, paroisse de ce nom, et de la Roche-Helgomarc'h, paroisse de Saint-Thoix, — sr de Bienassis, en Erquy, — de Pratanroux, en Penharz, — du Rible, en Plomodiern, — de Kerellon, — de Kerpilly, — de Saint-Quérec, — du Hilguy, en Plougastel-Saint-Germain, — de Kernevez, en Langolen, — du Cosquer, — de Coatcoazer, en Lanmeur, — de Kerjoly et de Kersalic, en Plouha, — de la Brousse, paroisse d'Hénan, — de Kerglas, — de Belleville, — de Penanrun, — de Kerhervé, — du Collédo.

Ancienne extraction chevaleresque. Sept générations en 1668. Réformes et montres de 1426 à 1562, paroisses du Vieux-Bourg, Rosnoen et Plomodiern, évêché de Cornouailles, Erquy et Plouha, évêché de Saint-Brieuc.

---

1. « L'antique donjon de Botloy protégeait, près Pontrieux, l'entrée de la rivière le Trieux, avec « la forteresse de Châteaulin-sur-Trieux, et les manoirs de Frinandour et de la Roche-Jagu. » (*Bret. contemp.*, t. III, p. 54.)

DE BOTLOY

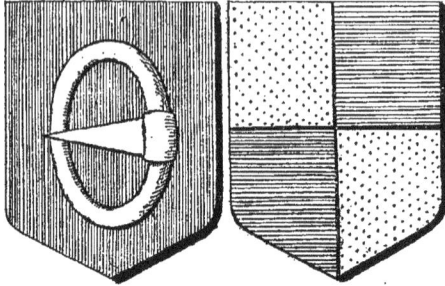

DU QUÉLÉNEC

P. 2

## Du Perrier

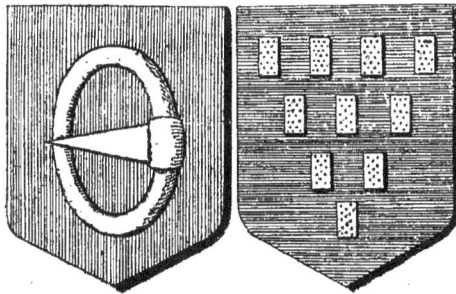

Blason : *D'hermines au chef de gueules, chargé de 3 fleurs de lys d'or.* (Sceau de 1356.)

Devise : *En Dieu m'attends.*

Morvan du Quélenec, chevalier en 1283. Guillaume, diacre, puis évêque de Vannes en 1254, et mort la même année, sans avoir été consacré. — Jean épousa, en 1371, Tiphaine, vicomtesse du Faou. — Jean, amiral de Bretagne, en 1453. — Hervé, premier président aux Comptes, en 1536. — Charles, tué à la Saint-Barthé-lemy, en 1572, époux de Gillette du Chastel, baronne de Pont-l'Abbé.-— Rolland, chevalier de Malte, en 1550. — Jean, gouverneur de Quimper en 1592. — Guil-laume, juveigneur de Kerjolly, vivant en 1513, épousa Méance, dame de Kerglas.

La branche aînée fondue dans Beaumanoir, par le mariage, vers 1550, de Jacques de Beaumanoir, vicomte du Besso et de Médrac, échanson ordinaire du Roy, avec Jeanne du Quellenec. La branche de Bienassis fondue dans Visdelou, par le mariage, au XVII^e siècle, de Gilles Visdelou, s^r de la Goublaye, chevalier de l'ordre du Roi, avec Françoise du Quellenec, dame de Bienassis, fille aînée de Claude du nom et veuve de Christophe du Tréal, s^r de Beaubois, du l'Aventure et du Plessis-Gautron. (*Chev. bret. de Saint-Michel*, par M. G. de Carné, pp. 22 et 423.)

Convoyon de Kersauson mourut en 1119.

De son mariage issut :

IV. GUEN (probablement, abréviation de Guénolé), s^r de Kersauson et che-valier comme son père, épousa *Jeanne,* aliàs *Yvonne, du Perrier,* fille d'Yvon et de Sibylle de la Voüe, fille elle-même de Hamon et de Marguerite de Daoulas.

Cette illustre maison possédait la seigneurie de ce nom, en Kermoroc'h [1]. Les du Perrier étaient en outre seigneurs de Kermouster, en Squiffiec, — de Coëtgonien,

---

1. « Le *Poirier*, en Kermoroc'h, près Bégard, évêché de Saint-Brieuc, est le berceau de cette
« illustre race bretonne des Du Perrier, qui fournit des hommes dignes des premières charges du
« duché, aux grandes époques de notre histoire, et posséda héréditairement le comté de Quintin,
« jusqu'à ce qu'il se fondit en Rohan. Au Poirier, disons-nous, on trouve juxtaposés deux systèmes
« de fortifications antérieurs à l'usage de la grosse artillerie. Le vieux Chastel est la motte féodale
« avec ses retranchements en terre, élevée sur un point culminant, destinée à supporter le donjon
« de bois, d'où le châtelain inspectait l'horizon et où le clan se retirait lors d'alarme. L'autre château,
« ruiné par Clisson, lors de sa rivalité contre le duc, dont Alain du Perrier, maréchal de Bretagne,
« était alors le sujet dévoué, baigne ses massifs bastions dans un vaste étang, qui l'entoure de toutes
« parts et forme son principal système de défense. A la chapelle domestique du Poirier, N.-D.-de-
« Languenrat (*des Langueurs*), qui date de 1373, il faut voir, sur un vitrail du XVII^e siècle, le *nec*
« *plus ultra* de la flatterie héraldique : on y a peint, au milieu d'un Sacré-Cœur de Jésus, la *macle*
« des Rohan et la *billette* des du Perrier. » (*Bret. Contemp.*, Côtes-du-Nord, t. III, p. 56.)

en Berhet, — de Kerdavy, en Questembert, — c<sup>tes</sup> de Quintin, — s<sup>rs</sup> du Menez, en Plourac'h, — du Plessis-Balisson, paroisse de ce nom, — de Bossac, en Pipriac, — de Coëcanton, en Melguen, — de Kervastar, paroisse d'Elliant, — de Guernancastel, en Plufur, — de Sourdéac, en Glénac, — de la Rochediré, en Anjou, — de Martigné-Ferchaud, paroisse de ce nom, — d'Assé et de Lavardin, au Maine, — de Kermelven, en Tréméven, — du Bois-Garin, en Spezet, — de Saint-Gilles, — de Prémorvan, — de Kergolléau, — d'Espincray, — de Kerprigent, en Plounérin.

Ancienne extraction chevaleresque. — Onze générations en 1671 (arrêt du 8 janvier). (Mss. de la Bibl. de Nantes, t. III, fol. 1864-1865.) Réformes et montres de 1427 à 1543, paroisses de Berhet et Plufur, évêché de Tréguier, Plourac'h et Melguen, évêché de Cornouailles et Tréméven, évêché de Saint-Brieuc.

Blason : *D'azur, billeté d'or* (mss. de Bayeux, p. 29). (Sceaux de 1348 et de 1387.) Devise : *Ni vanité ni faiblesse.*

Illustrations. — Jean croisé en 1095. — Jean, à l'ost du duc à Ploërmel en 1290. (Le Baud, *ad calcem*.) — Alain, marié à Tiphaine du Bourné, devait un chevalier à l'ost du duc en 1294. — Guillaume, fils des précédents, époux, vers 1330, d'Anne, dame de Coëtgonien, dont 1° Jean, qui suivit le duc de Bourbon sous les murs de Carthage (croisade de 1390) et y trouva une mort glorieuse. (D. Lob., liv. 13, p. 472.) 2° Juhel, marié à Hervoise de Quélen, père et mère de 1° Geoffroi, époux, en 1400, de Plezou, comtesse de Quintin ; 2° Pierre, marié à Isabeau, dame du Menez, auteur de la branche de ce nom et des s<sup>rs</sup> du Bois-Garin ; 3° Olivier, auteur de la branche de Kermelven. — Richard, évêque de Tréguier en 1339, jeta les fondements de sa cathédrale, vit canoniser saint Yves, en 1347, et mourut en 1349. — Un du Perrier, au siège de Brest, en 1373. (D. Lob., liv. 12, p. 407) ; un autre, membre de la ligue nationale en 1378 (id., ibid., p. 420). — Alain, maréchal de Bretagne en 1387 (id., 13, p. 459). — Un avocat général en la Chambre des Comptes, en 1654. (Mss. de la Biblioth. de Nantes.) Deux chevaliers de Malte : Olivier, s<sup>r</sup> du Mené, reçu le 25 avril 1651, et Marc-Tristan, en 1654, tous deux petits-fils de Claude, fils d'autre Claude et de Françoise de la Tour, qualifié chevalier de l'Ordre du Roi, dans les quartiers de noblesse des susnommés pour leur réception au grand prieuré d'Aquitaine.

Les du Perrier étaient alliés aux Coëtmen, Quélen, du Mené, Kermellec, Kergrist, Kerprigent, Loz, Le Borgne, Perrien, du Chastel, etc.

La branche aînée, fondue en 1482, dans Laval, par le mariage de Charlotte [1] du

---

1. Le P. Anselme appelle la prétendue Charlotte Jeanne, et dit que, veuve de Jean de Laval, baron de la Roche-Bernard, la comtesse de Quintin se remaria, en 1484, à Pierre de Rohan, baron de Pontchâteau, lequel, après la mort de Charlotte ou Jeanne, épousa 2° Jeanne de Daillan, 3° Jeanne de la Chapelle, et mourut sans enfants.

De Plouer

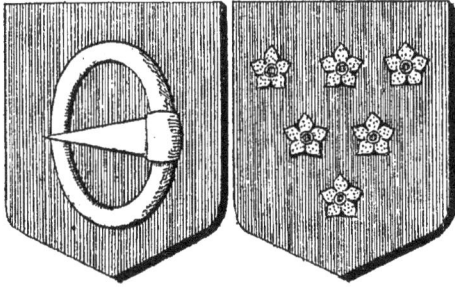

De la Roche-Morvan

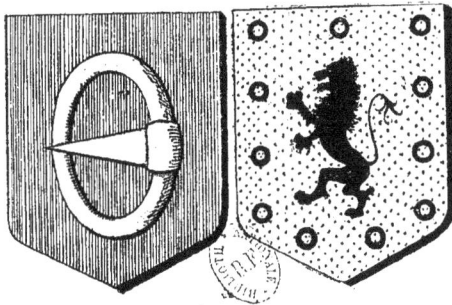

Perrier, avec Jean de Laval (Le Paige, *Dict. du Maine*, t. 1, p. 487), d'où la seigneurie du nom est passée, en 1529, aux Rohan-Guémené, par le mariage de Catherine de Laval avec Louis de Rohan-Guémené (id., *ibid.*).

La branche du Plessis-Balisson éteinte dans Villeblanche.

Guen ou Guénolé de Kersauson mourut en 1148.

De son mariage, issut :

V. NÉOMÈNE, seigneur de Kersauson, chevalier, qui épousa *Alicette de Plouër*, fille d'Alain et de Rivale de Keraldanet, fille elle-même de Rivallon et d'Alicette de la Roche-Moysan.

Plouër (de), sr dudit lieu, paroisse de ce nom, — de la Vallée, en Pleurtuit, — de la Bastardière, en Sainte-Marie de Pornic, — de Beaulieu, en Bouguenais, — de Boisrouault, en Frossay, — de Limur et de Tharon, en Saint-Père-en-Retz, évêché de Nantes. — Réformes et montres de 1427 à 1513, en Plouër, Pleurtuit et Ploubalay, évêché de Saint-Malo.

Blason : *De gueules à six quintefeuilles d'or.* (Sceau de 1379.)

Guillaume de Plouër épousa, vers 1277, une fille d'Hervé de Léon ; un écuyer ordinaire du duc Pierre II, en 1455. La branche aînée fondue, en 1490, dans la Moussaye, puis Gouyon et la Haye, en faveur desquels la seigneurie de Plouër a été érigée en comté, l'an 1747.

Néomène de Kersauson mourut en 1180.

De son mariage, issut :

VI. ALAIN II, seigneur de Kersauson, chevalier, qui épousa *Mauricette de la Roche-Morvan,* fille de Maurice et de N... Cette héritière était de la maison des vicomtes de Léon, ramage des anciens rois de Bretagne.

Les comtes de Léon, dit Toussaint de Saint-Luc (*Mém. sur l'état de la Noblesse de Bret.*), ont toujours conservé par eux-mêmes leur droit de préséance dans les Parlements généraux et dans les États de cette province.

Les sires de Léon formaient deux grandes branches qui se subdivisaient en plusieurs rameaux. 1° Les comtes de Léon, qui ont pour auteur Morvan, l'adversaire de Charlemagne et de Louis le Débonnaire, proclamé roi des Bretons, et tué par un officier de l'empereur-roi, en 818 [1].

Cette branche a fourni Guyomarc'h IV et Hervé, père et fils, croisés en 1096.

_____

1. « Les ruines du château de la Roche-Morice, assises sur des pentes abruptes, s'élèvent à en-« viron 70 mètres au-dessus d'un pont jeté sur la rivière d'Élorn. Ce château, situé à Ploudiry

(Mss. de Bay., p. 26, et D. Mor., *Table généal. des rois, comtes et ducs de Bret.*)

Un évêque de Léon (Hamon) mort en 1771 ou 1774 [1]. — Le dernier comte de Léon, Hervé V, vendit pièce à pièce son comté au duc Jean I, en 1276. (D. Mor., *Table généal. des rois, comtes et ducs de Bretagne* ; D. Lob., t. I, liv. VIII, p. 274.)

Les vicomtes de Léon, branche à laquelle appartenait Mauricette de la Roche-Morice ou Morvan (en breton), étaient comtes de Crozon, — srs de Landerneau, — de Daoulas, — de la Roche-Morice, en Ploudiry, — de la Joyeuse-Garde, — de la Forêt, — de la Palue, paroisse de Beuzit-Conogan (aujourd'hui abolie, près Landerneau), — de Coatméal, paroisse de ce nom, — de Pensez, en Taulé, — de Penhoët et de Herlan, en Saint-Thégonnec, — de Quemeneven, paroisse de ce nom, — du Stang, en Pluguffan, — de Châteauneuf, en Timeraie, au Perche, — de Noyon-sur-Andèle et de Hacqueville, en Normandie.

Blason : *D'or au lion morné de sable*, qui est Léon, *à la bordure chargée de onze annelets de même en orle*, comme marque de juveignerie. (Sceau de 1306.)

Cette branche des vicomtes de Léon a eu pour tige Hervé I, fils puîné de Guyomarc'h VI, qui reçut en apanage les fiefs de Landerneau, Coëtmeur, Daoudour, Pensez, en Léon, avec ceux de Plougastel-Daoulas, Crozon, en Cornouailles, et Bourgneuf, en Poher. Cet Hervé épousa Marguerite de Rohan, morte en 1208. Hervé II, vicomte de Léon, se croisa, en 1218, avec Morvan, vicomte du Faou, son beau-frère [2]. Celui-ci étant mort en Palestine, Hervé, im-

« (Finistère), aurait appartenu, au Vᵉ siècle, au dire des légendaires, à un seigneur nommé Elorn,
« dont la rivière a gardé le nom. On sait que Charlemagne, profitant du partage de la Bretagne
« entre plusieurs princes, en avait fait la conquête. Après la mort de l'empereur, Morvan, comte de
« Léon, souleva les Bretons en 811, et prit le titre de roi. Louis le Débonnaire lui envoya d'abord
« l'abbé Witchat pour l'engager à rentrer dans l'obéissance. Witchat le trouva dans son château de
« la Roche, appelé de son nom, Roc'h-Morvan (Roche-Morice) ; ni les prières ni les menaces ne
« purent rien sur l'esprit de Morvan, qui fit, en le congédiant, une fière réponse à l'envoyé de l'em-
« pereur. Ses forces ne lui permettant pas de tenir la campagne devant l'armée impériale, il fit la
« guerre de partisans et fut tué dans une de ces rencontres, sur le bord de l'Ellé, près de la forêt
« de Priziac. » Ce Morvan est la tige des comtes puis vicomtes de Léon, et par conséquent l'ancêtre
de Mauricette, dame de Kersauson. « En 1472, le duc François II saisit le château de la Roche sur
« le vicomte de Rohan, pour le punir de tenir le parti du roi de France ; il nomma plus tard, en
« 1478, Louis de Rosnyvinen, — et nous verrons même un Kersauson assister à la cérémonie de
« prise de possession, — au commandement de cette place, ruinée en 1490. On ne distingue,
« aujourd'hui, du château de la Roche-Morvan, que quelques parties d'un donjon carré circonscrit
« par un donjon carré extérieur, où sont les restes de quatre tours. » (*Bret. contemp.*, Finistère,
t. II, p. 107.)

1. L'abbé Tresvaux (t. VI, p. 199) intercale un autre évêque de Léon, et de ce nom, entre Yves II et Guillaume de Kersauson, de 1276 à 1306, mais le prénom de Guillaume permet d'affirmer qu'il appartient à Guillaume de Kersauson lui-même.

2. « En celuy an (1318), en hyver, ainsi que dit Guillaume d'Armorique, Hervé de Léon, entre
« les Bretons, puissant d'ans et de richesses, comme il fust au service de la saincte croix, à Acharon
« (Acre), mourut là Morvan, le vicomte du Faou, frère de sa femme. » (Le Baud, ch. xxx, p. 222 ;
— Guill. Armor., *De Gestis Philip.-August.*, ann. 1219.)

DE LA ROCHE-DERRIEN

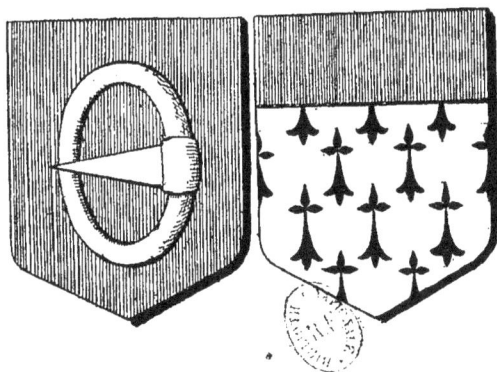

patient de recueillir sa succession, repartit aussitôt et fit naufrage à Brindes. (Willel. Arm. dans le t. XVII des *Histor. de la France*, p. 13.)

La branche aînée a fini à Jeanne, fille, unique héritière [1], d'Henri VII et de Marguerite d'Avaugour, mariée, en 1363, à Jean, vicomte de Rohan. La vicomté de Léon, érigée en principauté en 1572, devint la propriété des Chabot, en 1643, par le mariage de Marguerite, duchesse de Rohan, avec Henri de Chabot, sᵣ de Sainte-Aulaye. (D. Mor., *ibid.*; Aymar de Blois, *Biogr. bret.*, t. II ; D. Lob., t. I, *passim.*)

La branche de Hacqueville a produit Guillaume, chambellan de Charles VI, en 1407. Elle subsistait encore en 1455, et s'est éteinte depuis, comme toutes les autres branches du nom.

Alain II de Kersauson mourut en 1210.

De son mariage issut :

VII. MAURICE, sᵣ de Kersauson, chevalier, qui épousa *Avicette de la Roche-Derrien*, fille d'Hervé de la Roche-Derrien, chevalier, sᵣ de Kertalvan, maître et chef de la justice royale de Bretagne, et de Noëlle de la Roche-Jagu, fille de Noël et de Magdeleine Loz.

Derrien, cinquième fils d'Eudon, comte de Penthièvre, et d'Agnès de Cornouailles, eut en partage la terre et seigneurie de la Roche, et y bâtit, en 1070, un château appelé depuis de son nom, Roche-Dérien. (D. Mor., t. I, *Table généal. des rois, comtes et ducs de Bret.*, p. xvi.) Nous trouvons après lui un autre Dérien, son fils, selon toute probabilité, fondateur du prieuré de Sainte-Croix de Guingamp, en 1154 (D. Mor., *Pr.*, col. 639) ; il eut pour héritier, Henri, comte de Guingamp ; son neveu Conan, fils puîné d'Henri, fut père d'Eudes, qui figure parmi les témoins de la fondation de l'abbaye de Beauport, par Alain, comte de Goëllo et de Penthièvre, en 1202. (D. Lob., liv. VI, p. 188.) Eudes se croisa en 1218, ainsi que l'affirme le titre que nous donnons en note [2], et mourut sans postérité [3] ; il fut enterré à l'abbaye de Bégar. Du mariage de sa sœur Plaizou avec Olivier, naquit Jeanne, leur unique héritière, qui, vers 1267, porta en dot à

---

1. Jeanne n'était devenue héritière de Léon que par la mort, sans enfants, de son frère aîné, Hervé VIII.

2. Noverint... quod ego Eudo de Rupe Deriane tradidi universam terram meam, in minori Britannia sitam, Gaufrido vicecomiti de Rohan, super sexcentes libras cursualis monetæ, quos mihi tradidit Jerosolymam proficiscenti, anno Domini MCCXVIII. (Titres de l'abbaye de Blanchecouronne, au diocèse de Nantes.)

3. Au lieu de mourir sans hoirs, Eudes le Croisé ne serait-il pas plutôt le père d'Avicette, dame de Kersauson ? Nous ne voulons pas l'affirmer, n'ayant aucune preuve authentique, mais on avouera que les dates concordent singulièrement pour corroborer cette assertion.

Bertrand Gouyon, sire de Matignon, la seigneurie de la Roche-Derrien, donnée
en 1317, à Guy de Bretagne (D. Mor., liv. VI, p. 234), et en 1336, à Duguesclin,
par Charles de Blois (D'Argentré, liv. V, ch. xxxv).

La Roche-Derrien portait comme Penthièvre [1] : *De Bretagne au chef de gueules.*
Penthièvre était cadet de Bretagne.

1. « La Roche-Derrien porte un nom célèbre dans l'histoire de Bretagne.

> « L'an mil trois centz
> « Quarante et sept furent dolentz
> « En juin le vingtiesme jour,....
> « A la Roche-Derrien, en Tréguier,
> « Ou mourut maint bon chevalier
> « Maint vassal, maint bon baron...
> « Premier, le sire de Laval
> « Rohan, Montfort, Rogé (Rougé) Derval
> « Le sire de Chasteau-Briand
> « Moururent en un moment.
> « Prisonnier fut Charles (de Blois) de voir (de vrai).

« La Roche-Derrien doit son origine et son nom à un comte de Penthièvre ou de Guingamp,
« nommé Dérien, lequel, en 1070, fit bâtir sur une roche un château fort. Les vicissitudes de cette
« place furent nombreuses du XIII⁰ au XV⁰ siècle. Une charte de 1218, publiée par les bénédictins,
« fait connaître que Eudes de la Roche, le même, sans doute, qui figure comme témoin dans l'acte
« de fondation de Beauport, en 1202, livra, en partant pour la Terre-Sainte, au vicomte de Rohan,
« son château de la Roche-Derrien, comme gage de la somme de 600 livres, monnaie courante,
« empruntée au vicomte, qui devait conserver le gage jusqu'au complet paiement de l'argent prêté.
« (Traduction du titre ci-dessus.) Prise par le comte de Northampton, en 1345, assiégée, en 1347,
« par Charles de Blois, comme on vient de le voir, ravagée par Du Guesclin en 1373, assiégée,
« prise et démantelée par Jean IV, en 1394... reconstruite plus tard, puis enlevée aux Penthièvre,
« en 1409, la forteresse de la Roche-Derrien servit un instant de refuge, en 1489, aux troupes du
« capitaine Gouisquet, l'héroïque défenseur de Moncontour et Guingamp. De nos jours, il ne reste
« rien de ses fortifications. La Roche-Derrien, dont la seigneurie appartint quelque temps au con-
« nétable Du Guesclin, a conservé un usage que l'on peut considérer comme un débris des vieilles
« coutumes féodales. Le lundi de la Pentecôte, quatre hommes, précédés d'une sorte de bouffon et
« d'un cortège armé, vont porter au village de la Villeneuve, à cinq ou six cents mètres de la ville,
« un veau tout écorché. Là, le bouffon prononce un discours, puis l'animal dépecé est partagé entre
« un certain nombre de familles convoquées à cette distribution. Le samedi après le *Sacre* (Fête-
« Dieu), veille d'une des fêtes de la Roche-Derrien, les quatre hommes dont il a été parlé dressent
« sur la place de la ville une table chargée de friandises, de vins et de liqueurs ; puis, prenant
« leurs fusils, ils vont à la rencontre des jeunes filles du village de la Villeneuve, lesquelles, portant
« un énorme pot de lait couronné de fleurs, se rendent, suivies d'un nombreux cortège, à la table
« préparée, où elles distribuent le lait aux jeunes gens qui les entourent. Ceux-ci, après avoir fait
« aux jeunes paysannes les honneurs de la collation, les reconduisent triomphalement au village de
« la Villeneuve.

« L'église de la Roche-Derrien, placée sous le vocable de Catherine de Suède, l'une des com-
« pagnes de sainte Brigide, est de l'époque de transition ; son transept méridional appartient au
« XIV⁰ siècle ; le maître-autel, en chêne sculpté, peut être considéré comme un chef-d'œuvre de la
« Renaissance. » (*Bret. cont.*, Côtes-du-Nord, t. III, p. 73.)

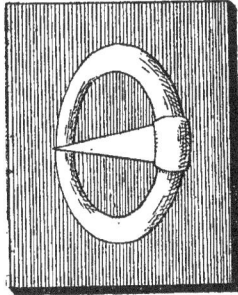

DE ROSMAR

Maurice de Kersauson mourut en 1242.

De son mariage issurent :

1° ALAIN, dont l'article va suivre.

2° ROBERT, écuyer, premier juveigneur de sa maison, suivit le duc Pierre de Dreux en Orient, à la croisade de 1248, septième et première de saint Louis. Etant à Chypre, en avril 1249, il apposa son scel à une procuration par laquelle il chargeait Hervé, marinier nantais, de pourvoir à son passage de Limisso à Damiette. Il s'était associé à Hervé de Kerprigent, à Payen de Leslien et à Eudes d'Epinay. Ces divers renseignements découlent d'un titre dont nous donnerons le texte aux pièces justificatives, en vertu duquel les armes des Kersauson ont été placées au Musée de Versailles, salle des Croisades.

On ne sait rien de plus de la vie de Robert que de celle de ses ancêtres ; on ignore même la date et le lieu de sa mort. Périt-il en Terre-Sainte ou revint-il en France et en Bretagne ? C'est ce qu'aucun document de famille ne vient éclaircir. Toujours est-il que la présence de Robert au nombre de ceux qui voulurent aller arracher les Saints-Lieux au joug des Turcs et des Sarrazins, est, pour la maison de Kersauson, son premier et son plus beau titre de gloire, titre dont elle s'honore à juste raison et qui suffirait à lui seul à l'illustrer.

VIII. ALAIN III de Kersauson, seigneur dudit lieu, chevalier, frère aîné du croisé, épousa *Arthure de Rosmar*, fille d'Alloin, s<sup>r</sup> de Rosmar, et d'Arthure de Pestivien.

Rosmar (de), s<sup>r</sup> de Kerdaniel, en Plouagat, — de Coëtmohan, en Merzer, — de Kergroas, en Plouezal, — de Rungoff, en Pédernec, — de Kerouallan, en Pleubihan, — de Kervennou, en Ploubezre, — de Kerhervé, — de Saint-George, en Plouha, — de Kerlast, en Quimperven, — de Guernaultier, en Penvenan, — de Runaudren, — de Goudelin, paroisse de ce nom, — de Kergaznou, — de Coëtleven, en Trégrom, — de Kerbizien, — de la Ville-Ernault, en Châtel-Audren, — de Tréveznou, en Langoat. Ancienne extraction chevaleresque ; 10 générations en 1669. Réformes et montres de 1434 à 1513, paroisses de Plouagat, Châtel-Audren, Le Merzer, Pédernec et Plouha, évêchés de Tréguier et Saint-Brieuc.

Blason : *D'azur au chevron d'argent, accompagné de trois molettes de même.*

Rosmar a produit : Alain, archer dans une montre reçue par Even Charuel, en 1356. Rolland, fils Jean, vivant en 1434, épouse Thomasse Guyomarc'h.

La branche de Kerdaniel fondue vers 1630 dans Budes ; celle de Rungoff dans Saisy, et celle de Saint-George fondue en 1672 dans Harscouët[1].

Alain III de Kersauson mourut en 1272.

De son mariage issut :

IX. OLIVIER I, sr de Kersauson, chevalier, épousa *Marguerite de Coëtléguer.*

La maison de Coëtléguer, qui possédait la seigneurie de ce nom, en Trégrom, ancien évêché de Tréguier, portait : *Écartelé au 1 et 4 : contrécartelé d'or et d'azur* (comme Tournemine et Botloy), *chacun chargé d'une étoile de l'un en l'autre ; au 2 et 3 : vairé d'argent et de gueules ; sur le tout, fascé d'or et d'azur* (Guy le Borgne).

Coëtléguer s'est fondue dans Richard, puis le Borgne.

« L'église de Trégrom, dit M. du Mottay, sous le patronage de saint Brandan,
« abbé, dont la fête se célèbre le 6e dimanche après Pâques, a été restaurée en 1843.
« Quelques-unes de ses parties datent du XVe et du XVIe siècles. Elle renferme
« le tombeau du marquis de Kersauson, qui fut, dit-on, son fondateur. » (*Géo-*

---

1. Nous aurons, dans le cours de cet ouvrage, l'occasion de reparler des Saisy, des Harscouët et de leurs alliances avec les Kersauson ; mais qu'on nous permette ici quelques mots sur les Budes auxquels nous sommes également alliés par notre commune descendance féminine des Rosmar.

Maison d'extraction chevaleresque, dont la seigneurie d'Uzel, évêché de Saint-Brieuc, est probablement le berceau primitif, les Budes, srs du Plessis-Budes, en Saint-Carreuc, d'Uzel, du Hirel, du Couédic, de la Courbe, de Coëtquen, de Blanchelande, etc., etc., comtes de Guébriant, sont alliés aux du Guesclin, du Hirel, Guémodeuc, Bara, Arrel de Kermarquer, de Rosmar, de Carnavalet, de Poulpiquet de Coëtlez, Rochechouart de Mortemart, de Romance, de Durfort-Duras, etc., etc. Ils ont produit un croisé en 1248, Sylvestre, compagnon de Duguesclin, gonfalonnier de l'Église romaine, des maréchaux de camp et de France, des procureurs généraux, six chevaliers de Malte, un pair de France. Plusieurs de ses membres ont été admis aux honneurs de la cour, de 1730 à 1774.

Blason : *D'argent au pin arraché de sinople* (alias : *sommé d'un épervier d'or*) *accosté de deux fleurs de lys de gueules.*

Devise : *Superis victoria faustis* (avec l'aide de Dieu, la victoire).

La branche aujourd'hui existante descend de Julien, sr de Blanchelande, oncle du maréchal de Guébriant et de Françoise de Rosmar, dame de Kerdaniel. Les représentants actuels de la famille de Budes, sont : 1o Ernest-Louis-Marie-Sylvestre Budes, comte de Guébriant, fils aîné de Sylvestre-Louis-Ange et d'Olympe-Em.-Mar.-Fél. de Poulpiquet de Coatlès, et époux (du 18 janvier 1839) de Mar.-Céc.-Victorienne de Rochechouart-Mortemart, dont sept enfants. La résidence du comte Ernest est le château de Kernévès, près Saint-Pol-de-Léon ; — 2o Alfred-Louis-Mar.-Gad. Budes, comte de Guébriant, marié à Laurence-Jos.-Eléon. de Durfort-Civrac de Lorge. Sa résidence est le château de Kerdaniel, qui vient précisément des Rosmar ; — 3o Alina-L.-Mar.-F., comtesse de Rougé, au château de Saint-Symphorien, près Saint-Hilaire-du-Harcouet (Manche). Le comte Alfred et la comtesse de Rougé sont enfants de Yves-Louis-Jean-Baptiste-Spiridion Budes et d'Angélique-Marie de Romance. (Fourmont, *L'Ouest aux Croisades*, t. III, p. 419.)

De Coetléguer

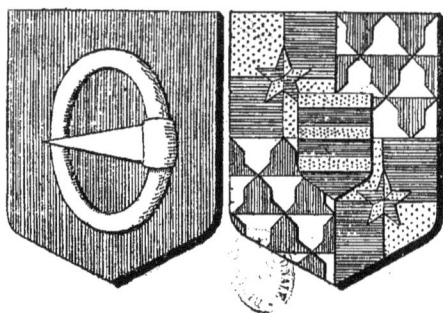

*graphie dép. des C.-d.-N.*, rédigée sur les documents officiels de M. Gaultier du Mottay.)

Nous avouons ici en toute sincérité n'avoir pu découvrir le nom du fondateur de l'église de Trégrom. Le titre de sire de Coëtléguer resta jusque dans le XVII^e siècle, la qualification du fils aîné de notre maison, du vivant de son père ; mais l'époque de la construction de l'église paroissiale est trop élastique pour que nous puissions désigner clairement son bienfaiteur.

Olivier I mourut en l'an 1300.

De son mariage issurent :

1° MORVAN, dont l'article suivra après celui de son frère cadet.

2° GUILLAUME. Juveigneur de sa maison, Guillaume de Kersauson ne suivit pas, à l'exemple de ses ancêtres, la carrière des armes : c'est à l'ombre de l'autel qu'il voulut passer ses jours. Elevé, jeune encore, à la dignité du sacerdoce, il fut bientôt élu chanoine et choisi pour occuper le poste d'archidiacre, au diocèse de Léon. On lui confia l'archidiaconé d'Ack, dont le siège était en la petite ville de Saint-Ronan, ou Renan, près Brest[1]. A la mort d'Yves II, évêque de Léon[2], il fut appelé à lui succéder. C'était en l'an 1292, sous le pontificat du pape Nicolas IV, le règne de l'empereur Adolphe de Nassau, en Allemagne, du roi Philippe IV, en France, et du duc Jean II, en Bretagne.

« A cette époque, » ajoute Albert de Morlaix, à qui nous empruntons ce qui précède et la phrase qui suit, « les Anglois pillèrent et brûlèrent les villes du « Conquet et de Saint-Mathieu, ainsi que le pays environnant. »

L'évêque de Léon assista, en 1298, mercredi 15 janvier, avant la fête de la Chaire de saint Pierre, au concile de Châteaugontier, tenu par Renaud, arche-

---

1. La dignité d'archidiacre tenait autrefois le rang après celle de grand vicaire. Le diocèse de Léon possédait les trois archidiaconés de Léon, dont le siège était la ville épiscopale, d'Ack, avec siège à Saint-Ronan, et de Kermenet-Illy, à Lesneven. L'archidiaconé d'Ack, le second, hiérarchiquement parlant, occupait la partie occidentale du diocèse, de l'embouchure de l'Aber-Benoit à la paroisse de Guipavas, près Brest, et venait tomber dans la rivière de Landerneau, qui lui servait de limite sud.

2. Nous avons déjà démontré, p. 6, la grande créance que l'on doit faire de l'intercalation de Guillaume de Léon entre l'évêque Yves II et notre prélat. Nous n'y reviendrons ici que pour ajouter qu'en outre du prénom des deux prétendus titulaires, on a confondu le nom du siège avec celui de la famille, et que, par Guill. *de Léon*, il faut entendre Guill. *évêque de Léon*.

vêque de Tours, en présence de Jean de Samois, de Rennes, — Alain Morel, de Quimper, — Geoffroy de Tournemine, de Tréguier, — Guillaume Guéguen, de Saint-Brieuc, et Robert de Pont-l'Abbé, de Saint-Malo.

On attribue à Guillaume de Kersauson la tour nord-ouest de la cathédrale de Léon avec sa flèche, garnie à la naissance d'une rampe en trèfles, et l'adjonction, au commencement du XIVᵉ siècle, le long du collatéral sud, de la chapelle de Saint-Martin, où il fut inhumé. Ses armes se voyaient sur deux vitres du chœur, du côté de l'épître ; elles décorent encore aujourd'hui le fronton du grand portail. On doit également à ce prélat l'achèvement de la nef et le porche latéral réservé, dans la primitive Église, aux catéchumènes.

Albert le Grand qui le dit, (ce qui est la vérité,) « puisné de la noble maison de Kersauson, paroisse de Guiclan, » ajoute que c'est lui qui est appelé Villisaoson dans l'enquête de la canonisation du glorieux saint Yves. Nous serions certes très flattés de cette distinction qui eut pu et même dû se produire, si ladite enquête avait eu lieu quelques années plus tôt, mais comme elle ne se fit qu'en 1330, et que l'évêque Guillaume mourut en 1327, il paraît bien difficile d'admettre cette opinion. Guillaume de Kersauson assista, il est vrai, à la vie si pleine et si remplie du patron de la Bretagne, qui mourut, on le sait, en 1303, mais il ne dut prendre aucune part à sa canonisation.

La collégiale de Notre-Dame-du-Mur, fondée à Morlaix, mais dans la partie du diocèse de Tréguier, par le duc Jean II, fut inaugurée le 15 août 1295. Le prélat dont nous nous honorons et glorifions, fut présent à cette cérémonie avec Geoffroy de Tournemine, de Tréguier, — Guill. de la Roche-Tanguy, de Rennes, — Henri de Calestrie, de Nantes, et Thibaud de Pouancé, de Dol.

Vers 1320, le pape Jean XXII, qui occupa la chaire de saint Pierre, de 1316 à 1334, commit *Guillaume de Léon* pour absoudre Ysabeau d'Espagne, fille de Sancie, roi de Castille, et seconde femme du duc Jean III, d'un vœu qu'avait fait cette princesse, et accorder dix jours d'indulgence à ceux qui prieraient Dieu pour elle[1]. Guillaume de Kersauson, qui eut pour prédécesseur Yves II et pour successeur Pierre de Guémené, est le trente et unième évêque inscrit au catalogue épiscopal de Léon, depuis saint Pol-Aurélien, fon-

---

1. Le *Gallia Christiana* (fol. 978) mentionne en ces termes la bulle de Jean XXII : *A Joanne Papa XXII, ad Guillelmum litteræ missæ sunt de Isabella Castillana absolutione.*

ARel

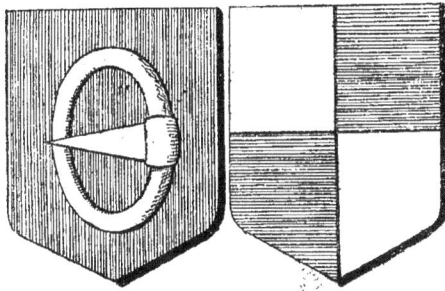

dateur du siège. Il mourut, d'après MM. de Sainte-Marthe, en l'an 1327, et fut inhumé dans la chapelle de Saint-Martin qu'il avait fondée [1] ; son anniversaire se célébrait à Saint-Pol le 15 juin.

Son tombeau, restauré par les soins de la famille, se trouve maintenant accolé au côté sud de la cathédrale.

X. MORVAN de Kersauson, chevalier, seigneur dudit lieu, à qui ce nom de Morvan venait peut-être du souvenir du premier ancêtre de son arrière-aïeule, Mauricette de la Roc'h Morvan, épousa *Evane Arel*, fille d'Evan Arel, chevalier, s[r] de Kermarquer, et de Simonne de Plusquellec.

Arel, s[r] de Kermarquer [2], paroisse de Plomeur-Gautier, — de Leurmen, en Plumiliau, — de Kermerc'hou, en Garlan, — de Coëtgouzien, — de Kerveny, en Plougaznou, — de Lesguiel, en Plouguiel, — du Restmeur, en Pommerit-le-Vicomte. Réformes et montres de 1427 à 1536, en Plomeur et Plouguiel, évêché de Tréguier.

Blason : *Ecartelé d'argent et d'azur.*

Devise : *L'honneur y gict.*

Arel a produit : Olivier, époux d'Olive du Chastel, veuve en 1330, et entendue dans l'enquête pour la canonisation de saint Yves, père et mère d'Olivier, l'un des chevaliers du combat des Trente, en 1351 [3].

La branche aînée fondue dans les L'Évesque de Saint-Jean, qui prirent le nom d'Arel, en 1513, d'où la terre de Kermarquer est passée aux Budes de Blanchelande, par le mariage, à la fin du XVIe siècle, de Renée Arel, fille de François, s[r] de Kermarquer, et de Jeanne de la Lande, avec Jean Budes [4].

La branche de Kermerc'hou fondue dans le Bigot, par le mariage, en 1637, de Marie Arel, fille de Pierre et de Renée de Coëtanscours, avec Sébastien le Bigot, s[r] de Langle de Lesmaden et de Kerascalvès.

1. Et non dans la chapelle *de Kersauson*, comme le dit l'abbé Trévaux (t. VI, p. 199). A cette chapelle était attaché un bénéfice (ou chapellenie) fondé également par Guill, de Kersauson, et dont nous verrons plus tard titulaire, dans la première moitié du XVIe siècle, l'arrière-petit-neveu de l'évêque de Léon.

2. Le château de Kermarquer, au lieu nommé *Ar-Chastel*, près Lézardrieux, vit naître Olivier Arel, un des Bretons du combat des Trente. L'ancien manoir a été reconstruit. (*Bret. contemp.*, t. III, p. 71.)

3. « Lors Beaumanoir, de leur gré et consentement, fit la choisye et print premier Tinténiac « et Guy de Rochefort, et Charuel, et Robin Raganel, et Huon de Saint-Yvon, et Caro de Bodegat, « et *Oliver Harel*, Monsieur Geffroy du Boys.» (*Chron. de Bret.* de Jean de Saint-Paul, chambellan du duc François II, pp. 4 et 5.) Olivier, époux d'Olive du Chastel, devait être le frère ou au moins cousin de la dame de Kersauson.

4. Renée Arel, était veuve de Jean Guéguen, s[r] de la Granville, lorsqu'elle épousa Jean Budes, après la mort de qui elle se remaria à Louis du Cambout, s[r] de Beçay.

**4**

Morvan de Kersauson mourut en 1310.

De son mariage issut :

XI. EVAN, seigneur dudit lieu de Kersauson, chevalier. Il épousa *Olive de Bois-Boissel,* fille de Briant, du nom, et de Jeanne du Bourgblanc.

Bois-Boissel (du), sʳ dudit lieu et du Fossé-Raffray, en Trégomeur, — du Bois-Gilbert, en Yffiniac, — de Launay, en Ploezal, — de Coatriou, — de Morlen, en Loquenolé.

Ancienne extraction chevaleresque, 11 générations en 1669. — Réformes et montres de 1423 à 1535, en Trégomeur, Saint-Michel de Saint-Brieuc et Yffiniac, évêché de Saint-Brieuc.

Blason : *D'hermines ou de Bretagne, au chef de gueules, chargé de trois macles d'or.*

Devise : *Soli hæc gestant insignia fortes.*

Cette famille portait jusqu'au XIVᵉ siècle le nom de Prévost, et les seigneurs du Bois-Boissel étaient prévosts féodés héréditaires de l'évêché de Saint-Brieuc[1]. Chesnin le Prévost, fils de Juhael, donne partage à Alain, sʳ du Bois-Raffray, son puîné, l'an 1317 ; Thibaut, tué en 1347, à la bataille de la Roche-Derrien ; Pierre, son frère, tué à Auray, en 1364 ; Yves, autre frère des précédents, successivement évêque de Tréguier (1317-1330), de Cornouailles (1330-1333) et de Saint-Malo (1333-1349). Jean épouse, en 1424, Marguerite de Penhoët. Un chanoine, comte de Lyon, en 1779, abbé de Verteuil, au diocèse de Bordeaux, en 1784.

La branche aînée fondue, au XIVᵉ siècle, dans la maison du Rouvre, d'où la seigneurie du Bois-Boissel a passé successivement aux Bréhant et aux Maillé.

Evan de Kersauson mourut en 1330.

De son mariage issut :

---

1. L'ancienne maison du Bois-Boissel a produit plusieurs capitaines et chevaliers fort renommés « dans nos histoires, particulièrement au XIIᵉ et au XIIIᵉ siècle. Il y en a qui ont prétendu que le « Bois-Boissel était l'ancienne demeure du comte Riwal ou Rigual, qui vivait du temps de saint « Brieuc, mais comme ils n'en donnent point de preuves, il est permis d'en douter. C'est à cause « de cette terre que les sʳˢ de Bréhant ont prétendu être les vidames des évêques de Saint-Brieuc « qui leur contestaient cette qualité et ne leur accordaient que celle d'*écuyer* ou de *sergent féodé*. « La charge de sergent féodé était autrefois fort considérable en Bretagne. — Le jour marqué pour « l'entrée de l'évêque de Saint-Brieuc, le sire du Bois-Boissel l'allait recevoir à la porte de la ville ; « là, on présentait au prélat une haquenée richement caparaçonnée. Le sʳ du Bois-Boissel, en qua- « lité d'écuyer féodé, tenait l'étrier, tandis que l'évêque remontait sur cette haquenée, et il la con- « duisait ensuite par la bride jusqu'au palais épiscopal, et lorsque le prélat était descendu il préten- « dait que la haquenée devait lui appartenir. » (Ruffelet, *Ann. brioch.*, éd. 1771.)

DE BOISBOISSEL

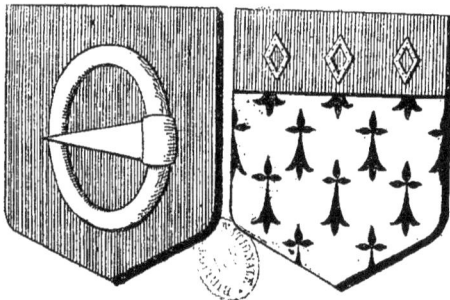

De Barac'h

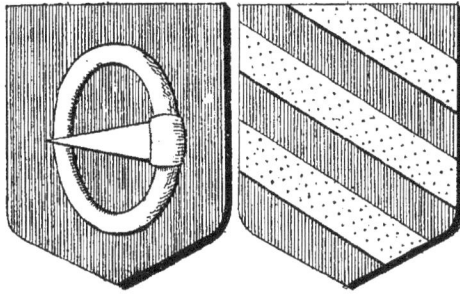

De Carnavalet

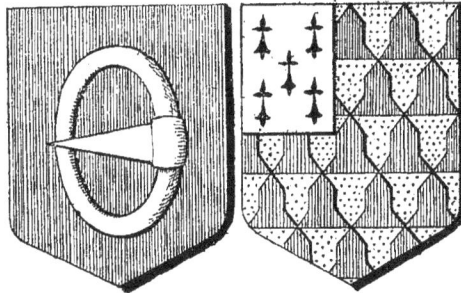

XII. OLIVIER II, sʳ dudit lieu de Kersauson, chevalier, épousa *Marie de Barach,* fille d'Olivier de Barach et de Constance N...

Barac'h (de), sʳ dudit lieu, en Louannec, — de Kerson, en Serval, — du Gareth.
Blason : *De gueules, à trois bandes d'or ;* alias : *D'argent au cheval gai et effaré de sable* [1]. (Sceau de 1306.)
Cette maison a produit : Olivier, qui souscrit à une charte du duc Arthur II, pour le changement de garde-noble en rachat, l'an 1307. — Jean, ratifie le traité de Guérande, en 1381. — Rolland, sʳ de Kerson, épouse, en 1445, Jeanne de Lannion.
La branche aînée fondue, avant 1427, dans Tournemine, puis Kernec'hiou et Cosquer ;
La branche du Goreth fondue, vers 1449, dans Budes.

Olivier II mourut en 1370 [2].
De son mariage issut :
XIII. HERVÉ I, seigneur dudit lieu de Kersauson, chevalier, qui épousa *Marguerite de Carnavalet.*

Kernevenoy, Kernavanois ou Carnavalet (de), sʳ dudit lieu, paroisse de Quimper-Guézennec, — de Keruzon et de Kerguidoné, en Pludual, — de Kerilly, en Pléguien, — de Kerardy et de Costang, en Plouha, — de Kerméno, en Goudelin, — de Kergarric, en Langoat, — de Camezen, en Pléhédel, — de l'Isle-Milon, en Saint-Donan, — de Kerneuff, — de la Garde-Jolly, — du Bois-David, en Bothoa.
Ancienne extraction, réformation de 1669, 8 générations. — Réformes et montres, de 1427 à 1543, paroisse de Quemper-Guézennec, évêché de Tréguier, — et paroisses de Pludual, Plouha et Saint-Donan, évêché de Saint-Brieuc.
Blason : *Vairé d'or et de gueules, au franc canton d'argent chargé de cinq hermines de sable en sautoir.* (Sceau de 1372.)
Carnavalet a produit : Alain, qui prête serment au duc Jean IV, en 1372. — Mérien, ratifie le traité de Guérande, en 1381. — Sylvestre, auteur de la branche

---

1. On a même voulu donner à la branche aînée les armes des Tournemine (*écartelé d'or et d'azur*) ; mais la fusion de cette branche n'ayant eu lieu que vers 1420, il ne pouvait être question, pour elle, même en 1300, du blason de cette maison. Voilà pourquoi nous avons cru devoir placer ici les armes des anciens Barac'h.
2. Ce serait ici peut-être le lieu d'ouvrir une très large parenthèse pour traiter la question de la prétendue chûte en quenouille de la maison de Kersauson, thèse que soutient M. de Courcy dans son *Armorial;* mais, pour ne pas entraver la marche de la généalogie, nous préférons reporter notre polémique aux pièces justificatives, et nous y renvoyons le lecteur.

de Kerhardy et du Boisdavid, partage ses enfants, en 1491, et épouse Ysabeau le Bourc'his. — Pierre, abbé de Sainte-Croix de Guingamp, en 1514 : il vivait encore en 1529. — Deux abbés de Bégar : Guillaume, dernier régulier (1526-1560), et Claude, son neveu, premier commendataire (1560-1573). — Philippe, époux de Marie du Châtel, père et mère de François, chevalier de Saint-Michel, gouverneur du duc d'Anjou, depuis Henri III, mort en 1571, et enterré à Saint-Germain-l'Auxerrois, à Paris.

« Ce François de Kernevenoy ou Carnavalet, dit M. G. de Carné, dans ses « *Chevaliers bretons de Saint-Michel*, était s$^r$ de Kernevenoy, de Carnavalet, de « Grisy et Nogent-sur-Seine, conseiller du Roi (Henri II), en son conseil privé, « gentilhomme ordinaire de sa chambre ayant rang de chambellan, premier écuyer « de Sa Majesté, gouverneur d'Anjou, de Bourbonnois et de Forez, gouverneur « du duc d'Anjou, depuis Henri III, chef de son conseil, surintendant de sa « maison et lieutenant de sa compagnie de 100 hommes d'armes, et chevalier de « l'ordre du Roi, le 7 décembre 1561.

« François de Carnavalet, ajoute le même auteur, s'éleva par son seul mérite... « Né en 1519, il se conduisit dès sa jeunesse et s'acquitta « si discrètement et si « sagement » de ses diverses charges, que le roi Henri II le désigna, avant de « mourir, pour gouverneur du duc d'Anjou... Après s'être conduit vaillamment à « la bataille de Moncontour, en 1569, où la première charge fut exécutée par cin-« quante gentilshommes composant la cornette blanche en avant du dauphin (le « duc d'Anjou, son ancien élève), sous les ordres de M. de Carnavalet, la mort « arrêta ce dernier, deux ans après, en 1571 ; le 18 avril, il fut inhumé à Saint-« Germain-l'Auxerrois, où le chancelier de Chiverny lui fit élever, avec une « épitaphe composée par lui, un tombeau qui sera à jamais un glorieux monument « de ses vertus... Cette épitaphe, qui commençait par ces mots : *Francisco Carne-« veneo,* fut la cause probable d'une erreur assez curieuse, que Dom Morice lui-« même contribua à accréditer. Lorsque François de Carnavalet mourut, il laissait « un fils, Charles, mort lui-même sans alliance ; mais les Kernevenoy ne s'étei-« gnirent pas en sa personne. Il existait des branches colatérales qui, par un oubli « inexplicable, ne se prévalurent pas, lors de la réformation de noblesse, du sou-« venir de celui qui pourtant jetait un grand lustre sur la famille. Tandis que la « maison de Kernevenoy laissait ainsi perdre sa tradition, la famille de Carné, « induite en erreur par ce nom de *Carneveneo* inscrit dans l'épitaphe, crut recon-« naître le tombeau de Saint-Germain-l'Auxerrois pour celui de François de « Carné, s$^r$ de Crémeur. En conséquence, en 1657, le chef de cette maison, Jean « Urbain... fit prendre copie de l'épitaphe de François de Kernevenoy, en foi de « quoi, en 1668, les commissaires de la réformation, trouvant cette preuve suffi-« sante, donnèrent une place dans l'arrêt qu'ils rendirent en faveur de Jean-Urbain « de Carné, à *François de Carné, frère puîné de Jérôme, et gouverneur du fils*

DE LANROS

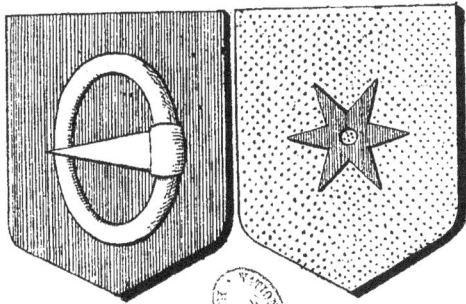

« d'Henri II... Peu de temps avant l'année où Dom Morice, à l'exemple de tous
« les généalogistes, reproduisit cette erreur, la terre de Carnavalet avait passé de
« la maison d'Acigné dans celle de Carné, circonstance qui la rend plus spécieuse,
« et la vérité plus difficile à découvrir en transférant à l'une des branches de la
« maison de Carné, qui le porte encore, ce nom de Carnavalet [1]. » (Chev. bret. de
Saint-Michel, p. 198 et suiv.)

Du mariage de Hervé I de Kersauson avec Marguerite de Carnavalet, issut
un fils, Jean, dont l'article suivra.

Devenu veuf de sa première femme, ainsi que nous l'établissons aux pièces
justificatives, Hervé I épousa en secondes noces *Aliette de Lanros*.

Lanros (de), s[r] dudit lieu, en Ergué-Armel, — de Kergoat, en Clohars, — de
Mineven, en Tréogat.

Réformes et montres, de 1426 à 1562, en Ergué-Armel, et Clohars-Foueznant,
évêché de Cornouaille.

Blason : *D'or, à une molette de gueules.*

Un seigneur de ce nom, tué à Saint-James de Beuvron, en 1426. La branche
aînée fondue dans Cornouaille et celle de Mineven dans Boisguéhenneuc. —
Plusieurs vitraux de la cathédrale de Quimper sont encore revêtus du blason des
Lanros[2].

---

1. La *Bretagne contemporaine* consacre à la famille Carnavalet quelques lignes que nous voulons
reproduire ici : « Kernevenoy, dans la paroisse de Saint-Clet, près Quimper-Guézénec, canton de
« Pontrieux (Côtes-du-Nord), et dont les Français ont fait Carnavalet, appartenait à la famille de
« ce nom, immortalisée par le bijou d'architecture, l'hôtel de Carnavalet, l'un des plus beaux mo-
« numents de l'ancien Paris, et par un homme supérieur qui, au XVIe siècle, s'éleva, par son seul
« mérite, aux premières charges de la cour de France. On en trouve la biographie dans tous les
« livres sérieux. Brantôme, dans un curieux texte, a consacré son adresse spéciale comme écuyer :
« J'ai veu le *Moreau* superbe qui avois esté mis pour estalon. Le seigneur M. Antonio, qui avoit la
« charge du haras du roy, me le montra à Mun, un jour que je passay par là, aller à deux pas et
« un sault et a voltes, aussi bien que lorsque M. de Carnavalet l'eut dressé ; car il estoit à luy ; et
« feu M. de Longueville luy en voulut donner trois mille livres de rentes, mais le roy Charles ne le
« voulut pas, qui le prit pour luy et le récompensa d'ailleurs. » (*Bret. contemp.*, t. III, Côtes-du-
Nord, pp. 55 et 56.)

Ce fut Françoise de Montrevel, veuve de François de Kernevenoy, et curatrice de son fils Charles,
qui, par l'entremise de Guillaume de Kernec'hriou, acquit, en 1578, de Théodore des Ligneris, fils
du président de ce nom, l'hôtel connu depuis sous le nom d'hôtel Carnavalet (l'une des merveilles
architecturales de la Renaissance, à Paris), qui avait été construit par Jean Bullant, sur les plans
de Pierre Lescot, et orné par le ciseau de Jean Goujon, qui devint le séjour préféré de Mme de Sévigné,
et qui est aujourd'hui le Musée municipal de la ville de Paris. (*Chev. bret. de Saint-Michel*, pp. 205
et 206.)

2. Armoiries des s[rs] de Lanros et de leurs alliances sur les vitraux et enfeux de la cathédrale de
Quimper: 1° Guill. de Lanros et Cath. de Rosmadec (père et mère d'Aliette, dame de Kersauson),

Hervé de Kersauson eut six enfants d'Aliette de Lanros. Les deux aînés ayant formé souche, il eut été sans doute désirable de pouvoir préciser leur ordre de progéniture ; malheureusement les documents nous ont complète-ment fait défaut à ce sujet : nous ne pouvons donc ici qu'affirmer une chose, c'est qu'ils étaient frères et frères germains ; le seul motif qui puisse permettre d'inférer en faveur de Guillaume, serait la situation féodale de la branche de Penhoat-Pennendreff, qui en descend, au commencement du XVIᵉ siècle, en titres, en terres, etc.

Mais, nous le répétons à dessein, nous ne prétendons aucunement trancher la question.

Quoi qu'il en soit, nous détaillerons, lorsque nous traiterons la branche susnommée, les raisons qui militent pour elle.

Hervé I de Kersauson eut donc de son second mariage, les six enfants suivants :

1° GUILLAUME, auteur des de Penhoat-Pennendreff, dont l'article viendra à son rang.

2° PAUL, auteur des Vieux-Chastel, dont l'article suivra également.

3° MARGUERITE, mariée à *Henri de Tuomelin* ou *Tromelin*.

Tromelin (de), sʳ dudit lieu en Kernouez, — de Lanarnuz, en Tréflez, — de la Flèche, en Plouider, — de Kerliviry, en Cléder, — de Lancelin, en Languengar, — de Kerlever, — de Penlan, — du Bourouguel, en Plouigneau, — de Kerbour-don, en Plestin, — du Parc, en Pleudaniel, — de Kervégant, — de Lesquilly, — du Cosquer, — de Kerbiriou, en Coatréven, — du Clos, — du Merdy.

Ancienne extraction. — Réformes et montres de 1445 à 1534. — Neuf généra-tions en 1668. — Montres dans les paroisses de Kernouez, Tréflez et Plouider, évêché de Léon.

cette dernière sœur de Bertrand de Rosmadec, évêque de Quimper, de 1416 à 1443 (4ᵉ fenêtre nord du chœur). — 2° Alliance Lanros et Tréanna : dame à genoux, vêtue d'une robe blanche, portant une demi-macle et une molette de gueules, présentée par saint Jacques (13ᵉ fenêtre sud du chœur). — 3° Chapelle Saint-Roch, dite des sʳˢ de Lanros, devenue chapelle Sainte-Anne : écusson des Lanros (placé à l'enfeu) répété en alliance avec Liziart de Kergonan et Rosmadec : Bertrand de Lanros présentateur en 1471 — « noble et puissante femme (*nobilis et potens femina*) Françoise de Lanros, dame dudit lieu, épouse d'Olivier de Cornouaille, » avait en 1539 le patronage de cette chapellenie, fondée au XIVᵉ siècle par Rivalland de Lanros. — La terre de Lanros passa de la maison de Cor-nouaille aux Coëtnempren, puis d'Acigné, et par acquet, en 1683, à Marie de Rabutin-Chantal, la célèbre marquise de Sévigné. — 4° La chapelle des Saints-Anges : tombeau et vitres portant les armes, en alliance, des Coëtanezre et des Lanros. (*Monographie de la Cath. de Quimper*, par M. Le Men, archiviste.)

De Tuomelin

DE KERROIGNANT

Blason : *D'argent, à deux fasces de sable*, comme Barbier.

Tanguy de Tuomelin, témoin d'un traité entre les barons de Léon et de Pont-l'Abbé, en 1328. — Henry, auditeur des Comptes, en 1440. — Yves, vivant en 1445, épouse Marie de Penmarc'h. — Jean, auditeur des Comptes, en 1503. — Gabriel, sénéchal de Lesneven, président aux Comptes, en 1632.

La branche de Kerliviry, fondue dans Bois-Eon, puis Poulpiquet, celle de Bourouguel, dans Penmarc'h, par le mariage, en 1563, de Marie de Tuomelin, fille d'Olivier et de Marie-Jeanne de Kersauson, avec Claude de Penmarc'h. — Famille éteinte, paraissant avoir une origine commune avec Barbier.

4° OLIVE, qui mourut sans alliance.

5° CATHERINE, mariée à *Jean de Kerroignant*.

Kerroignant (de) (ramage de Roignant), sʳ dudit lieu et de Traoulen, en Plouvorn, — de Trézel, en Pleubihan, — de Mesgouëzel, en Plouénan, — de Keroter, — des Salles, — de Coëtvoult, en Saint-Thégonnec, — de Trohubert, paroisse de Merzer, — de Kerlosquet, paroisse du Minihy de Léon, — d'Estuer, en Bréhan-Loudéac.

Ancienne extraction. — Huit générations en 1668. — Réformes et montres, de 1426 à 1535, en Pleubihan, évêché de Tréguier, Plouvorn, Saint-Thégonnec, etc., évêché de Léon.

Blason : *D'argent au gantelet de fauconnier d'argent en pal.*

Eon, vivant en 1481, épouse Alix Bellangier. Un membre admis aux honneurs de la cour en 1788.

Les Roignant, auteurs des Kerroignant, portaient les mêmes armes que ces derniers et étaient sʳˢ de Kerangall, en Plabennec. — Une autre famille, rameau elle-même de Kerroignant, celle de Kerguvelen, et possessionnée comme elle en Léon, blasonnait aussi : *D'azur à la main dextre d'argent*, qu'elle accompagnait de trois étoiles de même.

6° HERVÉ, auteur de la branche de Kerven, et dont il sera parlé ultérieurement.

Hervé I de Kersauson mourut en 1416.

XIV. JEAN, fils unique dudit Hervé I et de sa première femme Marguerite de Carnavalet, qualifié écuyer du vivant de son père, prit à la mort de ce dernier le titre de chevalier, sʳ de Kersauson.

Il épousa *Jeanne de Kerimel*, fille d'Alain, du nom, et de Jeanne de Penhoët, dame de Coëtmeret. (Arch. du chât. de Pennendreff.)

Kerimel (de), s<sup>r</sup> dudit lieu, en Kermaria-Sular, — de Launay, en Brelevenez, — de Coëtgourden, en Pestivien, — de Coëtfrec, en Ploubezre, — de Coëtnizan, en Pluzunet, — de Kerouzéré, en Sibéril.

Réformes et montres, de 1427 à 1543, paroisses de Kermaria, Goudelin, Pluzunet et Guingamp, évêché de Tréguier.

La branche à laquelle appartenait Jeanne, dame de Kersauson, s'était établie dans le diocèse de Saint-Brieuc, où elle possédait les seigneuries de Garsambic, en Pléguien, — de Kerveno, — de Kerudoret et de la Villeneuve, en Plouha. Maintenu par arrêt du Parlement de 1769, et ayant pris part aux réformes et montres, de 1469 à 1569, en Pléguien et Plouha, ce rameau seul blasonnait : *D'argent à trois fasces de sable*, qui est Kerimel, *au lion de même brochant*.

Kerimel a produit Geoffroy, maréchal de Bretagne en 1370, et compagnon de Duguesclin dans la plupart de ses guerres. — Thomas, tué à Nicopolis, en 1396.

La branche aînée fondue dans Penhoët, puis la Touche-Limouzinière; moderne Cosquer-Rosambo.

La branche de Coëtnisan et de Kerouzéré fondue dans Bois-Eon.

Dans le rameau établi à Plouha, on trouve, en 1469, Alain, assistant à une montre pour Sylvestre, son père.

Jean de Kersauson prêta serment au duc Jean V, en même temps que les autres chevaliers de Léon, en 1436[1].

Il ne mourut pas avant 1472, car, dans l'arrêt de noblesse, on trouve, en date du 16 février 1671, un supplément de partage noble où il est fait mention de lui, entre Hervé II, son fils aîné, époux d'Ysabeau de Pontplancoët, d'une part, et Maurice de Pontplancoët, d'autre part, frère de ladite Ysabeau, et époux de Jeanne de Kersauson, fille cadette de Jean, et sœur d'Hervé II, par conséquent doublement beau-frère de ce dernier.

Jeanne de Kerimel, dame de Kersauson, vivait encore en 1474, le 4 juillet, ainsi qu'il ressort d'un hommage rendu par elle à cette date au duc François II, en sa juridiction de Lesneven.

Du mariage précédent issurent :

1° HERVÉ, dont l'article suivra.

2° JEAN, qui fut capitaine du navire *la Figue,* de Brest, en 1487[2]. On

---

1. Année 1436. — Serment de fidélité des nobles de Léon, signé : Olivier du Chastel, — Guillaume le Veier, — Morice Kerarquer, — Kerouartz, — L. Penmarc'h, — *Jehan Kersauson,* — Riolle... Jehan Kersauson, à la requeste d'Yves de Kerpezron. » (D. Mor., t. II, col. 1312.)

2. D. Lob., *Pr.,* p. 1477.

De Kerimel

DE KERGOURNADEC'H

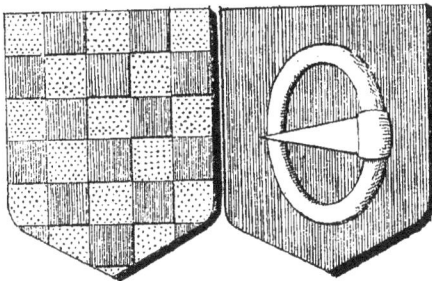

trouve aussi aux registres de la chancellerie de Bretagne (fol. 550), « mandement à Jean de Kersaulzon de conduire des gens de guerre pour armer un
navire, 1486. » Jean, qualifié sᵣ de Kerlivin, épousa *Marguerite Quintin,*
de la maison de *Coëtamour*, fille de Richard Quintin et de Jeanne de Coëzanlem
(Coetanlem), et veuve d'Alain Pinart, sᵣ du Val, mort le 27 mars 1487, et
qu'elle avait épousé le 12 janvier 1473.

Quintin, sᵣ de Kerscao, — de Penanru, — de Kerozac'h et de Coëtamour en
Ploujean, — du Beuzit, en Garlan, — de Kergadio, en Louargat, — du Hellin, en
Saint-Thégonnec, — de Keraudy, en Plouezoch, — de Kerbasquiou et de Tre-
bodic, en Plougaznou, — de Kerandour, — de Kerampuil, — de Kerhamon, —
de Roc'hglaz, — de Kerhuon, — de Trévidy, en Plouigneau, — de Coëtanfroter,
en Lanmeur, — de Lescouac'h, — de Kernon, en Rospez, — de Trogriffon, en
Henvic, — du Vieux-Trévoux, paroisse de ce nom, — de la Villeneuve, — de
Pontsal.

Extraction. — Sept générations en 1669. — Réformes de 1543, en Plougean,
Garlan et Plouigneau, évêché de Tréguier.

Blason : *D'argent au lion morné de sable, accompagné de trois molettes de
même.*

Richard et François, son fils (père et frère de la dame de Kersauson), de la paroisse de Plougean, anoblis et franchis par mandement de 1491. — Yves, vivant
en 1500, épouse Marie de Coëtanlem, dame de Keraudy. — Evin, gouverneur du
château du Taureau, de 1597 à 1644. La branche de Trévidy fondue dans le
Borgne.

Jean de Kersauson fut enterré à Pleiber-Saint-Thégonnec, le dimanche
18 janvier 1494.

Du mariage de Jean et de Marguerite Quintin, issut une fille, Françoise,
dame de Kerlivin et de Lanyvinon, laquelle épousa *François de Kergournadec'h et de Coëtquelfen,* fils de Jean et de Jeanne de Pentmarc'h, petit-fils
de Maurice de Coëtquelfen et d'Aliette de Kergournadec'h.

Coëtquelfen ou Coëtquelven (de), sᵣ dudit lieu, en Plougourvest, — de Bréni-
gant, — de Kergournadec'h, en Cléder.

Réformes et montres, de 1426 à 1503, en Plougourvest, Trefflaouénan et Cléder,
évêché de Léon.

Cette maison portait : *De sable au lion d'argent ;* alias : *surmonté d'un lambel
de même ;* mais ce n'est pas le blason qu'il faut ici appliquer à François, car

5

depuis le mariage, en 1455, de son grand-père Maurice, avec Aliette de Kergournadec'h, Coëtquelfen avait adopté les armes de Kergournadec'h.

Kergournadec'h (de), s^r dudit lieu et de Kersaudy, en Cléder, — de Lesmean et de Kermouchou, en Plounevez-Lochrist, — de Kermoal, en Ploujean, — de Saint-Antoine, en Plouezoc'h, — de Kermorvan, de Kerastang et de Trégoadalen, en Plougaznou.

Réformes et montres, de 1426 à 1543, en Cléder, Plounévez-Lochrist et Plougaznou, évêchés de Léon et de Tréguier.

Blason : *Echiqueté d'or et de gueules.* (Sceau de 1288.)

Devise : *En Diex est*, et *chevalerie à Kergournadec'h.*

Salomon, fils Nuz, caution de Sylvestre de Coëtmeur, dans un accord avec Hervé de Léon, en 1309. — Alain, marié à Plaisance de Poher, devait un chevalier à l'ost du duc, en 1204. — Guyomarc'h, époux de Marguerite du Chastel, leva aide et taille sur ses vassaux pour la garde de Lesneven, par commandement de Charles de Blois, en 1357. — Guyon, gentilhomme de la chambre du duc, vivant en 1426, épouse Ysabeau de Coëtquénant, dont Aliette, dame de Kergournadec'h, mariée, en 1455, à Maurice de Coëtquelfen, qui prit les nom et armes de Kergournadec'h.

Cette seigneurie a été possédée depuis par les Kerhoent, Rosmadec, Le Sénéchal, Pinsonneau, Bidé de la Granville, Hautefort et Maillé.

Suivant une tradition, rapportée par Albert le Grand, cette famille aurait pour auteur un jeune guerrier de Cléder, nommé Nuz, qui combattit, au VI^e siècle, un dragon qui désolait le Léon, et auquel Guitur, comte du pays, donna en récompense, et en mémoire de cet exploit, la terre appelée de ce fait *Ker-gour-na-dec'h* (la maison de l'homme qui ne fuit pas).

Françoise de Kersauson, dame de Kergournadec'h et de Coëtquelfen devait vivre en 1526, et mourut elle-même en avril 1537. De son mariage naquit un fils, Olivier, qui continua la filiation [1].

1. Olivier de Coëtquelfen, dit de Kergournadec, s^r dudit lieu, de Lanyvinon et de Kervily, fut chevalier de l'ordre du Roi. M. de Carné, dans ses *Chevaliers bretons de Saint-Michel,* lui donne, d'après d'Hozier, les armes des Coëtquelfen ; nous croyons que c'est à tort puisque son grand-père, Maurice, avait pris pour lui et *les siens* celles de Kergournadec'h que nous conservons à Olivier.
   Voici, d'après M. de Carné, ce que devint Olivier de Coëtquelfen. Il épousa : 1º en avril 1532, Jeanne de Kermorvan, fille de Tanguy et de Louise de la Forest ; 2º en 1539, Catherine de Kergoulouarn, fille de Tanguy, s^r de Penfeuntenyou, Kermen, etc., et de Françoise de Lisle ; 3º en juillet 1549, Marie de Kerguezay, fille de Jean et de feue Jeanne de Quélen. Il mourut en février 1559, sans enfants de ses trois femmes. En lui s'éteignirent la ligne directe de la maison de Coëtquelfen et la deuxième branche masculine des seigneurs de Kergournadec'h. (*Chev. bret. de Saint-Michel,* p. 113.)

De Bois-Eon

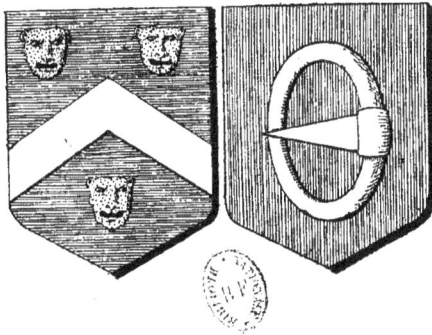

*(Les deux derniers articles (Quintin et Coëtquelfen-Kergournadec'h), dus à l'obligeante communication de M. G. de Carné, et extraits du Manuscrit de la Bibliothèque nationale, fonds français, 11,551, et du Registre de la chancellerie du Parlement de Bretagne, folios 277, 713, 822.)*

3° MARGUERITE, qui avait épousé, en 1453, *Bertrand de Bois-Eon.*

Bois-Eon, sʳ et comte dudit lieu, en 1617, en Lanmeur, — vicomte de la Eellière, en Pleudihen, — de Coëtnizan, en Pluzunet, — de Goudelin, paroisse de ce nom, — baron de Kerouzéré, en Sibéril, — sʳ de Kerandraon, — de Trogoff, en Plouescat, — de Coatlez, en Plounevez-Lochrist, — de Coëtsabiec, — de Coëtreven, — de Chef-du-Bois, en Pommerit-Jaudy, — de Mesnarelt, — de Runfao, en Ploubezre, — du Cosquer, en Guimaec, — du Hellez, — de la Bouexière, en Lanmeur, — de Keranrais, en Plouaret, — de Penanguern, — de Guérant, en Plouagat, — de Kerbrat, en Sévignac, — de Chateloger, en Saint-Erblon.

Ancienne extraction chevaleresque. — Treize générations en 1671. — Réformes et montres, de 1427 à 1543, en Lanmeur et Plouagat-Guérand, évêchés de Dol et Tréguier.

Blason : *D'azur, au chevron d'argent, accompagné de trois têtes de léopard d'or.* Devise : *Talbia.*

Pierre de Lanmeur, sʳ de la Boissière, vivant en 1280, épouse Renée, dame de Bois-Eon. — Jean, fils du précédent, prit le nom et les armes de Bois-Eon, et épousa, en 1321, Constance du Guermeur, de la maison du Pontou. — Margilie, leur fille unique, épouse Hervé de Coëtredrez; ils vivaient encore en 1389, et leurs enfants prirent aussi le nom de Bois-Eon.

Bois-Eon, allié aux Penhoët, Rosmadec, Rieux, Coëtquen, Quélen, du Breil, Coatanezre, du Parc, etc., etc., a produit : Alain, chevalier de Saint-Jean de Jérusalem, commandeur de la Feuillée, Le Palaeret, Pont-Melven, Sainte-Catherine et Saint-Jean de Nantes, mort en 1469. — Pierre, capitaine du château de Kerouzéré, en 1592 [1], fils d'Yves et d'Ysabeau de la Boissière, gouverneur de Morlaix, en 1594, chevalier de l'ordre du roi en 1597, dont les descendants se sont fondus, vers 1730, dans la Bourdonnaye-Montluc et Haye de Bonteville.

Le comté de Bois-Eon, acquis par Guill. Héliès, audiencier à la cour des aides de Bordeaux, en 1688, a été transmis par alliance, en 1701, aux Léon de Tréverret ; en 1727, aux Forestier, et en 1790, aux du Dresnay ; enfin aux Kersauson de Vieux-Châtel, en 1881.

---

1. Nous aurons occasion d'en reparler aux pièces justificatives, à propos de la capitulation de Kerouzéré.

4° JEANNE, qui épousa en premières noces *Maurice de Pontplancoët,* dont nous donnerons le blason et la notice de famille à l'article suivant.

Après la mort de son premier mari, Jeanne de Kersauson se maria à *Jean du Rouazle.*

Rouazle (du), sʳ dudit lieu, en Dirinon [1], — de Penancoët, en Sizun.

Réformes et montres de 1448 à 1503, dites paroisses et paroisse de Saint-Houardon, évêchés de Cornouaille et de Léon.

Blason : *D'or à trois merlettes de sable.*

Devise : *Sel petra ri* (Prends garde à ce que tu feras).

Eudes, croisé en 1248. — Jean, receveur du vicomte de Léon, en 1373. — Fondue, en 1505, dans Coëtnempren, d'où la terre de Rouazle a appartenu aux Keraldanet, Acigné et Pantin.

XV. HERVÉ II de Kersauson, fils aîné de Jean et de Jeanne de Kerimel, qualifié écuyer du vivant de son père, devint, en 1472, chevalier et seigneur de Kersauson : il épousa *Ysabeau de Pontplancoët.*

Pontplancoët (de), sʳ dudit lieu, en Plougoulm, — de Kerasguen, en Plouguer-neau.

Ancienne extraction chevaleresque. — Sept générations en 1669. — Réformes et montres, de 1448 à 1503, en Plougoulm, Saint-Pierre du Minihy et Plouguer-neau, évêché de Léon.

Blason : *De gueules à trois fasces ondées d'or.*

Jacques, vivant en 1481, épouse Margélie de Keraldanet ; il devait être frère ou cousin de Maurice et d'Ysabeau. — Branche aînée fondue dans du Dresnay, puis Châteaufur, Quélen et Montigny.

Hervé II assista, en 1474, à Vannes, à la montre des gens de l'ordonnance du duc François II, sous la charge de Monseigneur de Rieux, maréchal de Bre-tagne [2]. En la même année, on trouve aux registres de la chancellerie du Par-

---

1. « Le château du Rouazle, en Dirinon, près Landerneau, a succédé à un château fortifié dont on « distingue les restes au milieu des bois. Ces restes consistent dans une double enceinte défendue « par un *vallum* et un *agger,* avec un puits en maçonnerie au milieu. Rien n'indique la date de « ces substructions qui ont conservé le nom de *Castel Douar* (château de terre). La terre du Rouazle « tomba en quenouille au commencement du XVIᵉ siècle. Catherine de Rouazle fut mariée, en 1505, « à Alain de Coëtnempren, sieur de Tréponpé ; leurs descendants prirent les armes et la devise « du Rouazle. » (*Bret. contemp.,* t. II, p. 100.)

2. D. Lob., col. 1344.

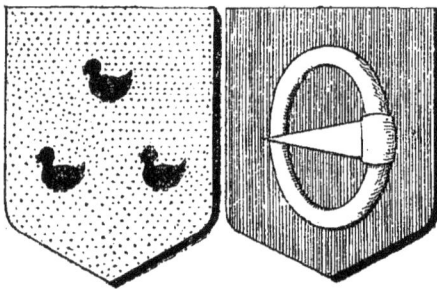

DE PONTPLANCOET

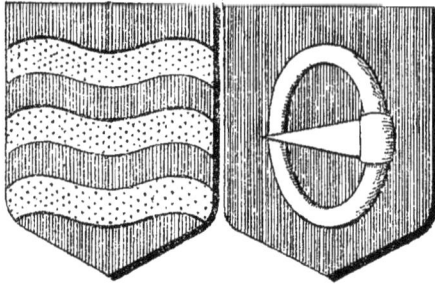

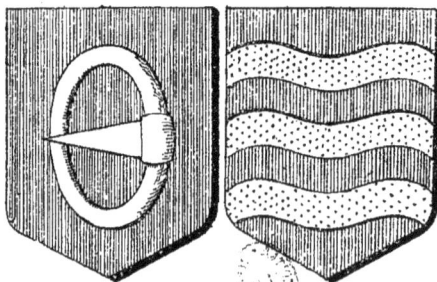

DU ROUAZLE

DE PONTPLANCOET

De VILLENEUVE

lement de Bretagne l'extrait suivant : « Don à Hervé de Kersauson, homme d'armes sous le sʳ de Rieux, maréchal de Bretagne, du rachat de feu Jehan de Kersauson, son père, juillet 1474. » (Folio 7.)

Ledit Hervé figurait aussi dans les LX lances dudit maréchal de Rieux, en 1441 [1].

Il assistait, parmi les principaux seigneurs bretons, dont un du Dresnay, aux obsèques du duc François II, en 1488 [2]. Enfin le registre de la chancellerie nous donne un congé accordé à Hervé de Kersauson, d'ajouter à sa *justice* un troisième poteau, en l'année 1485.

Hervé II de Kersauson mourut en 1495.

De son mariage issurent :

1° GUILLAUME, auteur de la branche de Brézal et dont l'article suivra à son rang.

2° JEANNE, qui épousa *Louis de Villeneuve.*

Villeneuve (de), (en breton Kernevez,) sʳ dudit lieu, de Pellinec et du Callouer, en Louannec, — de Ponthallec, — de Coscabel, — de Kervégant, — de Goascaradec.

Ancienne extraction. — Cinq générations en 1669. — Réformes et montres, de 1427 à 1543, paroisse de Louannec, évêché de Tréguier.

Blason : *D'argent, au lion de sable.*

Jean, du nom, vivant en 1543, épouse Marguerite Castel, dont Jean, marié à Catherine le Meur.

Jeanne de Kersauson, dame de Villeneuve, reçut en dot et en partage des biens situés en la paroisse de Plouzé, évêché de Cornouaille, par acte du 2 janvier 1494, signé Louis Moreau, passe.

3° JEAN, sʳ de Rosannou, en Dinéault, évêché de Cornouailles, auteur de la branche de Guénan, puis de Kervelec, Crec'hpiquet, Goasmelquin (et aujourd'hui Kerjan), dont nous parlerons plus tard.

Hervé II de Kersauson reçut, en 1472, des lettres de répit du duc François II, pour l'avoir secouru à la guerre et y avoir même été fait prisonnier.

1. Extrait du second compte d'Yvon Millon, commis de Penhaudoys, à l'exercice de la Trésorerie de la guerre, depuis son dernier compte fait le 4 décembre 1481. (D. Lob., col. 1468.)
2. D. Lob., t. I, p. 790.

Ces lettres, dont nous donnerons le texte aux pièces justificatives, sont aussi au nom d'Ysabeau de Pontplancoët, et sont datées du 14 janvier.

Hervé II partagea avec ses frères et sœurs selon l'assise du comte Geoffroi.

Jusqu'à nous, il avait été généralement admis que c'est à partir d'Hervé II que la maison de Kersauson se ramifia en un nombre considérable de branches ; mais nous démontrerons aux pièces justificatives que trois de ces branches (de Penhoat-Pennendreff, de Vieux-Chastel et de Kerven) se sont séparées du tronc principal antérieurement à cette époque.

Quoi qu'il en soit de la date de formation de ces différents rameaux, on peut dire que, dans le courant du XV⁰ siècle, les Kersauson se multiplièrent tellement qu'on leur appliqua avec raison ce proverbe :

> Frappez sur un buisson,
> Il en sortira un Kersauson.

De ce qui précède, il résulte donc que de Hervé I de Kersauson sont sorties trois branches, et d'Hervé II deux autres branches (de Brézal et de Guénan, aujourd'hui Kerjan).

Nous allons traiter séparément de chacune d'elles, d'après l'ordre ci-dessus énoncé, qui est celui des dates.

# TABLEAU GÉNÉALOGIQUE DE LA SOUCHE MÈRE DE LA MAISON DE KERSAUSON

I. Pierre, sire de Kersauson, figure comme chevalier aux États de Bretagne tenus à Nantes en 1057. (Charte d'Eudon, d'après une copie collationnée, signée Chérin.)

II. Alain I de Kersauson, seigneur dudit lieu, chevalier, épousa *Tiphaine de Botloy*. Mourut en 1090.

III. Convoyon de Kersauson, sr dudit lieu, chevalier, épousa *Alicette du Quélénec*, de la maison des barons de Pont et de Rostrenen, fondue dans Beaumanoir. Convoyon mourut en 1119.

IV. Guen ou Guenolé de Kersauson, sr dudit lieu, chevalier, épousa *Jeanne du Perrier*, de la maison des comtes de Quintin, fondue dans Laval. Guen mourut en 1148.

V. Néomène de Kersauson, sr dudit lieu, chevalier, épousa *N. de Plouër*, famille alliée aux comtes de Léon et fondue dans Gouyon-Matignon et la Haye. Néomène mourut en 1180.

VI. Alain II de Kersauson, sr dudit lieu, chevalier, épousa *Mauricette de la Roc'h-Morvan*, des vicomtes de Léon. Alain II mourut en 1210.

VII. Maurice I de Kersauson, sr dudit lieu, chevalier, épousa *Alicette de la Roc'h-Derrien*, ramage de Penthièvre. Maurice mourut en 1242.

| | |
|---|---|
| [Alain] III de Kersauson, sr dudit lieu, chevalier, épousa *Arthure de Rosmar*. Alain III mourut en 1273. | Robert de Kersauson, écuyer, suivit en 1248 Pierre Mauclerc à la première croisade de saint Louis. Ses armes ont été placées au musée de Versailles, salles des croisades. |

IX. Olivier I de Kersauson, sr dudit lieu, chevalier, épousa *Marguerite de Coëtléguer*. Olivier I mourut en 1300.

| | |
|---|---|
| [Morvan] le Kersauson, sr dudit lieu, chevalier, épousa *Evane Arel de Kermarquer*, dont la famille fournit plus tard un chevalier au combat des Trente, en 1350. Morvan mourut en 1310. | Guillaume de Kersauson, évêque de St-Pol-de-Léon en 1292, fut commis par le pape Jean XXII pour absoudre d'un vœu Isabeau de Castille, et accorder 10 jours d'indulgence à ceux qui prieraient Dieu pour elle. Il bâtit la tour nord-ouest de sa cathédrale, où se trouve, dans la chapelle de saint Martin également fondée par lui, son tombeau, récemment restauré par les soins de la famille. Ses armes ont été placées au-dessus du portique. Guillaume mourut en 1327. |

XI. Évan de Kersauson, sr dudit lieu, chevalier, épousa *Olive du Bois-Boissel*. Evan mourut en 1330.

XII. Olivier II de Kersauson, sr dudit lieu, chevalier, épousa *Marie de Barac'h*. Olivier II mourut en 1370.

XIII. Hervé I de Kersauson, sr dudit lieu, chevalier, épousa en premières noces *Marguerite de Carnavalet*, et en deuxièmes noces *Aliette de Lauros*. Il mourut en 1416.

| ENFANT DU 1er MARIAGE. | | ENFANTS DU 2me MARIAGE. | | | |
|---|---|---|---|---|---|
| [...] I de Kersauson, sr dudit lieu, chevalier, épousa *Jeanne de Kerimel*. Il mourut en 1472. | Guillaume de Kersauson, auteur de la branche de Penhoët-Pennendreff. | Paul de Kersauson, auteur de la branche de Vieux-Chastel. | Marguerite de Kersauson, mariée à *Henri de Tuomelin* ou de *Tromelin*. | Olive de Kersauson, morte sans hoirs. | Catherine de Kersauson, mariée à *Jean de Kerroignant*. / Hervé de Kersauson, auteur de la branche de Kerven. |
| [...] II de Kersauson, sr dudit lieu, chevalier, épousa *Isabeau de Pont*. Il vivait dès 1400 (réf. de 1669). Il mourut en 1495, presque | Jean, commandant la *Figue* de Brest, en 1487 marié à *Marguerite Quintin*, de la maison de Coëtamour. | | Marguerite de Kersauson, mariée en 1453 à *Bertrand de Bois-Éon*. | | Jeanne de Kersauson, mariée en premières noces à *Maurice de Pontplancoët*, frère d'Isabeau, et en secondes noces à *Jean du Rouazle*. |
| [...] I de Kersauson, auteur de la branche de Brezal, sénéchal de Léon en 1478. Il épousa en 1492 *Catherine de Bouteville*. Il mourut vers 1536. | | Jeanne de Kersauson, épouse *Louis de Villeneuve* (en breton *Kernévez*). | | Jean de Kersauson, auteur de la branche de Guénan, devenue Kervélec, puis Goasmelquin, et aujourd'hui Kerjan-Mol. | |

# BRANCHE DE PENHOET-PENNENDREFF

Si, comme nous l'avons dit, page 18, il nous est impossible d'établir d'une manière précise la primogéniture entre les deux frères, auteurs des branches de Vieux-Châtel et de Penhoët-Pennendreff, bien des présomptions au moins sont à invoquer en faveur de cette dernière : par exemple la situation féodale au XV⁰ et au XVI⁰ siècle, les titulatures, les richesses, etc., or, nous trouvons au XVI⁰ siècle, le chef de nom et armes de Pennendreff (Vincent-Gabriel, époux de Marie du Drenec-Keroulas), qualifié *haut et puissant* seigneur, chevalier des ordres du Roi, etc., tandis que son correspondant en date dans la branche de Vieux-Châtel (et même bien postérieurement) ne porte toujours que le simple titre d'écuyer. Les pancartes de prières au prône, pour le repos des âmes des s⁰ˢ de Coathuel (sous branche de Pennendreff), en font encore foi.

Tous ces faits, on le voit, établissent une forte présomption de primogéniture en faveur des Penhoët-Pennendreff et c'est ce qui nous décide à placer cette branche avant celle de Vieux-Châtel. Mais, encore une fois, présomption n'est pas preuve, et nous n'avons nullement la prétention de trancher définitivement la question, nous contentant d'affirmer seulement la fraternité de *Guillaume* et de *Paul*.

XIV. GUILLAUME, fils aîné d'Hervé I et d'Aliette de Lanros, est l'auteur de cette branche.

Il épousa, vers 1447, *Gilonne du Chastel-Trémaçan*, nièce de Tanneguy du Chastel, « connétable de France, qui signa au contrat, » disent les archives du château de Pennendreff.

Chastel (du), sʳ dudit lieu [1] et de Leziviry, en Plouarzel, — de la Motte-Tanguy, en Quilbignon (enclavée dans la ville de Brest, côté de Recouvrance), — de Ker-

---

1. « De cette maison étaient issus les Tanguy du Chastel, héros de leur siècle, tant renommés « dans nos chroniques pour leurs grandes prouesses et qui ont esté honorez de si belles charges,

simon, en Plouguin, — baron de Trémazan, en Landunvez [1], — sʳ de Kerlec'h, en Ploudalmezeau, — de Coëtivy, en Plouvien, — de Lesnen, en Saint-Tual, — vicomte de la Bellière, en Pleudihen, — sʳ du Bois-Raoul, en Renac, — du Juch, en Ploaré, — vicomte de Pommerit, en Pommerit-le-Vicomte, — sʳ de Kersaliou, en Pommery-Jaudy, — baron de Marcé, en Anjou, — sʳ de Tonquédec, paroisse de ce nom, — de Mezle, en Plounevez-du-Faou, — de Châteaugal, en Landeleau, — de Gournois, en Guiscriff, — de Bruillac, en Plounérin, — de Coëtangarz, en Plouzévédé, — de Kerbasquiou, en Plouezal, — de Keranroux, en Plufur, — de Keraldanet, en Lannilis, — de Keryvot, en Milizac, — de Kermorin, en Saint-Thégonnec.

Ancienne extraction chevaleresque. — Quatorze générations en 1671. — Réformes et montres, de 1427 à 1534, en Plouarzel, Landunvez et Plourin, évêché de Léon, — Landeleau et Guiscriff, évêché de Cornouailles.

Blason : *Fascé d'or et de gueules de six pièces.*

Devise : *Ma car Doué* (s'il plaît à Dieu) ; alias : *Da vad e teui* (tu viendras à bien).

« tant sous nos anciens ducs que roys de France, et encore un Guill. du Châtel, pannetier du Roy
« Charles-Quint, qui lui rendit des services si considérables en plusieurs importantes occasions,
« notamment en la défense de Saint-Denys contre le siège des Anglois, qu'il mérita l'honneur de
« la sépulture en ladite abbaye de Saint-Denys, mausolée ordinaire des sacrées cendres de nos Roys.
« Et encore pour une singulière marque de la gloire de cette maison, elle se vante aussi avec vérité
« d'avoir produit deux saints personnages sous le nom de saint Tanguy et de sainte Haude, qui,
« selon la commune approbation de l'Eglise léonaise, jouissent de la gloire des bienheureux. » (Guy
Le Borgne, *Arm. bret.*, édit. 1667.)
*Légende de saint Tanguy et de sainte Haude ou Eode, sa sœur.* « Au VIᵉ siècle, Galon, apparte-
« nant à l'une des premières familles du Léon, fut le père de saint Tanguy et de sainte Eode. Après
« avoir perdu sa première femme, Florence, il se remaria à une Bretonne insulaire d'une maison
« illustre, mais d'un esprit méchant et jaloux. Tanguy partit sur ces entrefaites pour la cour du roi
« Childebert Iᵉʳ où il passa quelques années pendant lesquelles son père mourut. A son retour, la
« belle-mère lui ayant fait sur sa sœur les rapports les plus mensongers, Tanguy, cédant à un
« mouvement irréfléchi de colère, va trouver Eode, et, sans plus d'explications, lui tranche la tête
« d'un coup de sabre, près du lavoir où elle se trouvait. Puis il s'en revint au manoir. A peine y
« est-il arrivé, qu'on voit Eode, qui le suit, portant sa tête en ses mains. Elle entre au salon, où
« se trouvaient son frère et sa belle-mère, et, après avoir remis sa tête sur ses épaules, elle proteste
« de son innocence, puis rend paisiblement son âme à Dieu. C'était vers l'an 545. A ce moment,
« la belle-mère, saisie d'une fureur démoniaque, est frappée de Dieu, la foudre l'écrase, et ses en-
« trailles se répandent sur le parquet de la salle. Elle meurt ; et Tanguy, éclairé par ce spectacle,
« rentre en lui-même et va trouver le saint pontife Pol, premier évêque de Léon, qui, après l'avoir
« laissé pendant plusieurs années pleurer sa faute, l'envoie gouverner le monastère qui venait d'être
« fondé au Relec, sur l'emplacement du champ de bataille où avaient péri Comore et ses soldats.
« Plus tard, Tanguy alla fonder une seconde abbaye à Saint-Mathieu-Fineterre, où il mourut vers
« l'an 572. » (*Vie des SS. de Bret.*, par Alb. Le Grand, annotée par M. de Kerdanet.)
1. *Donjon de Trémazan.* « Situé en la paroisse de Landunvez, ancien évêché de Léon, il dominait
« l'anse de Portzal. C'est dans ses murs que naquit, suivant la légende, saint Tanguy, fondateur,
« au VIᵉ siècle, des monastères du Relec et de Saint-Mathieu, et qui racheta par ses œuvres pies le
« crime d'avoir, sur d'injustes soupçons, décapité Eode, sa sœur... Ce fut au retour de la croisade

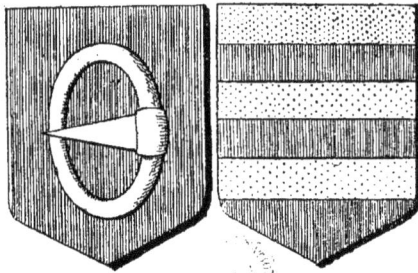

Du Chastel-Trémazan

Cri de guerre : *Vaillance à du Chastel !*

Illustrations : Bernard, fils Tanguy, croisé en 1248, épousa Constance de Léon. — Tanguy, capitaine de Brest, mort en 1352. — Autre Tanguy, grand-maitre de la maison du Roi, mort en 1449 ; il commandait en Italie les Bretons à la solde du roi de Sicile et prit Rome de vive force, en 1410 [1]. — Guillaume, grand pannetier de France, tué au siège de Pontoise, en 1441. — Autre Guillaume, s[r] de Kersimon, capitaine de Brest, battit dix mille Anglais, au Conquet, en 1558. — Plusieurs chevaliers de l'ordre du Roi. — Gabriel, évêque d'Uzès, mort à Rome, en 1463. — Jean, évêque de Carcassonne, mort à Rome, en 1472, et enterré à Sainte-Praxède. — Christophe, évêque de Tréguier (1466-1479). — Olivier, évêque de Saint-Brieuc (1506-1525). — Autre Olivier, abbé de Daoulas (1536-1550). — Un abbé de Samer, diocèse de Boulogne, en 1746, aumônier du roi, appartenait à la branche de Bouillon, dont les lettres ont été enregistrées au conseil souverain de la Martinique, en 1732.

La branche aînée fondue, en 1560, en Rieux, par le mariage d'Anne du Châtel

---

« de 1248, où il avait suivi Pierre de Dreux et le roi saint Louis, que Bernard du Chastel réédifia
« le château de Trémazan, tel qu'on le peut reconstituer d'après ses nobles ruines. C'est un édifice
« de forme carrée, dont le portail était jadis flanqué de deux tours rondes. Une seule subsiste au-
« jourd'hui ; une tourelle à pans coupés y est unie et elle a conservé pour toute décoration intérieure
« un enduit de chaux semé de mouchetures d'hermines. Du côté opposé au portail, s'élève, sur une
« motte artificielle, un donjon carré, de trente mètres d'élévation, divisé en quatre étages communi-
« quant ensemble par un escalier pratiqué dans l'épaisseur des murs. On pénètre dans le rez-de-
« chaussée du donjon par une petite porte en lancette, et toutes les autres baies avec leurs embra-
« sures garnies de bancs de pierre, ne présentent au dehors qu'une ouverture quadrangulaire et une
« moulure trilobée au-dessus du linteau. Malgré l'état de dégradation du couronnement du donjon,
« les trous carrés que l'on remarque au-dessus de sa partie saillante permettent d'avoir une opinion
« arrêtée sur son état ancien et de croire qu'il a été protégé par des *hourds*, ouvrage de charpente
« abritant les assiégés derrière les parapets de bois, percés d'anchères, d'où ils faisaient pleuvoir
« sur l'ennemi des projectiles de toute nature, pour l'empêcher de battre le mur de la place. Devant
« le portail de la première entrée, à laquelle il sert de défense, est un ouvrage avancé, d'une époque
« plus récente, consistant en une vaste enceinte carrée, flanquée d'une tour ronde à deux de ses
« angles. Ces tours et leurs courtines sont couronnées d'un chemin de ronde garni d'un parapet
« saillant et d'un machicoulis en pierre, qui remplacèrent avantageusement, à partir du XIIe siècle,
« les *hourds* dont l'usage fut abandonné à cause des fréquents incendies auxquels les exposaient
« les matières inflammables lancées par les catapultes et les trébuchets des assiégeants. Pendant les
« guerres de la succession de Bretagne, Trémazan était possédé par Bernard du Chastel, qui tenait
« le parti de Jean de Montfort, secouru par Edouard III, d'Angleterre. Raoul Caourse, aventurier
« au service de la France, s'en empara en 1351, pour le compte du roi Jean, qui soutenait Charles
« de Blois. Charles V le restitua dans la suite à ses anciens possesseurs. L'église de Landunvez,
« sous le vocable de saint Gonvel, contenait le tombeau de sainte Eode, aujourd'hui détruit. »
(*Bret. contemp.*, t. II, Finistère, pp. 117 et 118.)

1. Ce Tanguy fut l'oncle de la dame de Kersauson et signa à son contrat. On lui attribue fausse-ment, et à cause de son attachement très grand pour le dauphin, plus tard Charles VII, le meurtre du duc de Bourgogne au pont de Montereau. Sainte-Foix l'a vengé de cette inculpation calom-nieuse. Il n'était pas *connétable de France*, ainsi que le disent les archives de Pennendreff, mais bien grand maître de la maison du Roi, comme l'indique M. de Courcy.

avec Guy de Rieux. De cette maison, la baronnie du Chastel-Trémazan a passé successivement aux Scépeaux, Gondi, Cossé-Brissac, Penancoët de Kerouazle, Crozat et Gontaut-Biron.

Voici l'article héraldique et nobiliaire consacré aux du Chatel par le marquis du Refuge :

« Chastel (du), sʳ dudit lieu, paroisse de Ploearzmel (Plouarzel) : *Fascé d'or et de gueules de six pièces.*

« La seigneurie du Chastel (et celle de Trémazan), paroisse de Ploërin (Plourin, dont Landunvez était une trève), est une ancienne bachelerie relevant de la vicomté de Léon.

« Monsieur Hervé du Chastel, entre les seigneurs du pays de Léon, en 1294 (Le Baud, p. 196) ; Tanguy, grand maître de la maison du Roi, en 1421 (P. Anselme, p. 111) ; le sire du Chastel, entre les nobles de (Ploëarmel), Landunvez et Ploërin. Réformes 1443 ; Monsieur du Chastel, créé banneret, en 1452 (Argentré, p. 839). » (*Arm. et Nobil. de l'évêché de Saint-Pol-de-Léon, en 1443*, par le marquis du Refuge, lieutenant des armées du Roi.)

Une autre branche, par alliance, au XIVᵉ siècle, avec l'héritière de Kerlech, en a pris les noms et armes.


Gillonne du Chastel, femme de Guillaume de Kersauson, était fille d'Olivier, frère aîné de Tanneguy, grand maître de la maison du Roi. Ledit Olivier eut de Jeanne de Malestroit six enfants, entre autres : François, marié à Jeanne de Carman, et qui continua la filiation. — Guillaume, pannetier du roi Charles VII, et dont on a parlé plus haut. — Tanneguy, grand écuyer de France, tué au siège de Bouchain, en 1477... et enfin Gillonne elle-même.

Dans l'arrêt de maintenue obtenu par la branche de Pennendreff, en 1669, arrêt qui lui donne expressément pour auteur *Guillaume,* on lit ce qui suit aux justifications produites par Guénolé, fils de Guillaume : « Sont deux actes par « lesquels se voit que Guillaume de Kersauson, père dudit Guénolé, fut « le premier des Kersauson qui posséda en propriété le lieu et manoir « de Penhoët, pour lui avoir été baillé en eschange, en l'an 1440, par le « sieur Guillaume Marc'heuc, les deux actes en date du 1ᵉʳ janvier 1440 et « du 22 may 1447. »

Aux justifications du même arrêt de maintenue, en 1669, on trouve encore ce qui suit, à l'article de Guillaume lui-même : « Lors de la réformation des « nobles de l'évesché de Léon, en l'an 1443, sous le rapport de la paroisse de « Saint-Frégant... et à l'endroit des montres générales des nobles dudit évesché

DE SAINT-GOUEZNOU

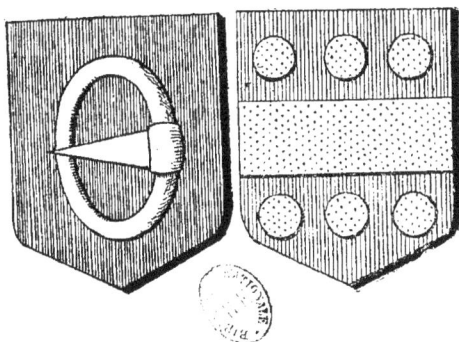

« de Léon, des années 1479, est marqué avoir comparu le sire de Kersauson...
« est aussi marqué avoir comparu ledit Messire de Kersauson, par Guenoulay,
« son fils, en autre montre générale tenue en 1481. »

Guillaume acheta donc, en 1440, le manoir de Penhoët, en la paroisse de
Saint-Frégan, près Lesneven, évêché de Léon, manoir que ses descendants
devaient habiter jusqu'en 1563, c'est-à-dire pendant plus de deux siècles.

Nous n'avons pas la date exacte de la mort de Guillaume, mais comme il
était majeur en 1443, ainsi qu'il ressort de documents dont nous parlerons,
qui le montrent comparaissant en cette année et en personne, à la réformation
de noblesse, au deuxième rang des nobles de Léon, et représenté par son fils
Guénolé, *à cause de son grand âge*, à celles de 1481 et 1483, il est à supposer
que ce fut peu de temps après cette dernière époque qu'elle arriva.

Guillaume fut de son vivant sénéchal de Landerneau. Son institution est
de 1472 [1].

De son mariage avec Gillonne du Chastel-Trémazan issut Guénolé, dont
l'article suit.

**XV. GUÉNOLÉ** de Kersauson, s$^r$ de Penhoët, épousa *Anne-Catherine de
Saint-Goueznou* ou *Langoueznou*.

Saint-Goueznou (de) ou Langoueznou (de), s$^r$ dudit lieu, paroisse de ce nom, —
— du Breignou, en Plouvien, — de Kervidel, — de Kerbrézel, en Plouarzel, — de
Keraznou, en Ploudalmézeau.

Ancienne extraction. — Sept générations en 1670. — Réformes et montres, de
1426 à 1534, en Plouvien et Plouarzel, évêché de Léon.

Blason : *De gueules à la fasce d'or, accompagné de six besants de même,* comme
Le Borgne et Portzmoguer. (Sceau de 1362.)

Saint-Goueznou a produit : Jean, abbé de Landévennec, en 1344. Il l'était
encore en 1350 [2]. — Perceval, vivant en 1443, bisaïeul de Tanguy, vivant en 1474;
celui-ci père de Bertrand, marié à Françoise Denis.

---

1. Registres de la chancellerie du Parl. de Bret. Bibliot. Mazarine, Mss. n° 1874.
2. C'est à cette famille de Langoueznou qu'appartenait un célèbre abbé de Landévennec, en 1350.
Jean de Langoueznou, né au château du Breignou, paroisse de Plouvien, témoin et narrateur du
miracle *du lys de Salaün*, le pauvre *fou du bois* (Fol-Coat), dont les vertus et la sainteté ont donné
naissance à l'admirable sanctuaire du *Folgoët*, l'une des plus merveilleuses chapelles du Finistère,
non loin de Lesneven, enrichie par nos ducs, nos rois, la noblesse et le peuple du Léon. Donc Jean
de Langoueznou termine ainsi sa relation du miracle :
« Je, Jean de Langoueznou, abbé dudit lieu de Landévennec, ay esté présent au miracle cy-dessus
« (le lys sortant de la bouche de Salaün, dans le tombeau), l'ay vue, ouy et l'ay mis par escrit, à

La branche aînée fondue, vers la deuxième moitié du XVIe siècle, dans de Plœuc [1], d'où la terre du Breignou a passé aux Kerlec'h, puis aux Thépault.

Catherine de Saint-Gouesnou, dame de Kersauson, était fille d'Yvon de Saint-Gouesnou et de Jeanne de Rosmadec [2].

Elle fut partagée noblement en 1478.

Ainsi que nous venons de le voir à l'article de Guillaume, Guénolé de Kersauson comparut pour son père aux montres de 1481 et 1483.

De ce mariage issurent :

1° GUILLAUME, dont l'article suivra.

2° YSABEAU, mariée, par acte du 22 septembre 1520, à *Hervé de Keranraiz*.

Keranraiz (de), s[r] dudit lieu, en Plouaret, — de la Rigaudière, — de Coëtcanton, en Melguen, — de Kervastar, en Elliant, — de Coëtrédan, — de Runfao, en Ploubezre.

Réformes et montres, de 1427 à 1481, en Plouaret, évêché de Tréguier, et Melguen, évêché de Cornouailles.

Blason : *Vairé d'argent et de gueules.*

« l'honneur de Dieu et de la benoiste Vierge Marie, et afin que je puisse mériter d'avoir une place
« de repos éternel, avec le simple et pauvre innocent, j'ay composé un cantique en latin pour les
« trépassés, auquel il y a six fois *O Maria! o Maria!* lequel est encore aujourd'hui solennelle-
« ment chanté en très grande dévotion, en nostre royal moustier et par tous les prieurés qui en
« dépendent, comme aussi en plusieurs autres lieux tel qui suit en latin :

*Languentibus in Purgatorio*
*Qui purgantur ardore nimio, etc.* »

« La belle prose de Jean de Langoueznou, lisons-nous en effet dans une intéressante notice inspirée
« par le miracle du Folgoët, a été en effet adoptée par la liturgie. Non seulement elle se chante
« encore comme un *Motet* à l'office des morts dans toute la Bretagne, mais elle est connue à l'autre
« extrémité de la France au pied des Alpes et sur les bords de la Méditerranée. » (*Notice sur
N.-D.-du-Folgoët,* par Pol de Courcy ; *Biographie bretonne,* par Le Vot, article de Langoueznou.)

1. Par le mariage, vers 1560, de Charles de Plœuc, fils de Vincent et de Jeanne de Kermadec, avec Marie de Saint-Gouesnou.

2. « Les historiens font une mention si honorable de cette maison de Rosmadec, qu'on peut la passer à bon droit pour une des meilleures de la province, puisque ses alliances vont jusqu'à la maison royale de Bourbon, de Luxembourg, de Léon, La Trémoille, Montmorency et autres, et se peut vanter aussi d'avoir produit des chambellans de nos ducs, plusieurs capitaines et gouverneurs de places fortes, mesme un seigneur qui, par ses signalez services, fut désigné pour avoir le bâton de maréchal de France, et nommé du Roy pour être chevalier de l'ordre du Saint-Esprit, si la mort n'eust pas triomphé de luy avant le temps. » (Guy Le Borgne, *Arm. de Bret.,* édit. 1667.)

DE KERANRAIZ

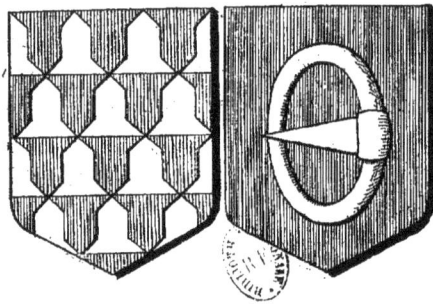

De Lescoet

Devise : *Rai͵ pe bar* (Ras ou comble).

Un seigneur de ce nom, croisé en 1248. — Alain, marié à Tiphaine de Pestivien, entendu dans l'enquête pour la canonisation de saint Yves, en 1330. —
Olivier et Alain, son neveu, au nombre des écuyers du combat des Trente,
en 1351 [1]. — Even, marié, en 1369, à Tiphaine le Vayer, dame de la Rigaudière,
ratifie le traité de Guérande, en 1381.

La branche aînée fondue en 1432 dans Montauban, d'où la seigneurie de Keranraiz a appartenu successivement aux Rohan-Guémené, Bois-Eon et Hay de Bonteville.

Le château de Keranrais, situé dans la paroisse du Vieux-Marché, près Plouaret
(Côtes-du-Nord), ne présente plus que des ruines.

XVI. GUILLAUME II, sʳ de Penhoët, écuyer, épousa, suivant contrat
du 16 mars 1509, *Catherine de Lescoët,* ou *Lescoat,* fille de noble Tanguy
de Lescoët et d'Ysabeau Le Guen, seigneur et dame de Kergoff.

1. Alain de Keranraiz et Olivier, son oncle, furent en effet du nombre des héros du chêne de My-
Voie. Voici comment s'exprime au sujet du premier, la *Chronique* de Jean de Saint-Paul :
« Après, (Beaumanoir) choisit des escuiers, premier Guillaume de Montauban, Alain de Tinténiac,
Tristan Pestivian, Alain Kerenrais et Olivier, son oncle... Lors rassemblèrent la bataille, et Bombro
sur Beaumanoir s'écrie : « Ren-toy, je te sauveray la vye. » Alain de Kerenrais ouict icelle parolle,
vint à Bombro et le férit de la poincte de sa lance ou visaige et le rua par terre, et Messire Geffroy
du Bois luy couppa la teste et l'occist... »
Ce combat, si fameux dans les annales bretonnes, qui présente un caractère chevaleresque, a été
célébré dans un vieux poème français publié par MM. de Fréminville et Crapelet. Le manuscrit de
ce poème paraît être de la première moitié du XVᵉ siècle, au plus tard. Nous en extrayons les vers
suivants ayant trait à Alain de Keranrais :

 « Rent toy tost (dit Bombro), Beaumanoir ; je ne tochiray (occirai) mie
 Mais je feray de toy un présent à mamie,
 Car je luy ay promis, ne luy mentiray mie,
 Qu'aujourduy te mectray en sa chambre jolie.
 Et Beaumanoir répond : Je le te sourennuie (j'enchérirai en toi, je te préviendrai)
 Nous lentendon moult bien moy et ma compaignie,
 S'il plaist au roy de gloire et à sainte Marie,
 A saint Yves le bon en qui moult je me fie :
 Or giete (jette) tost le de, et sy ne te faing mie (ne ménage rien),
 Sur toy sera hazart, courte sera ta vie.
 Alain de Carromois (Keranraiz) si la bien entendu ,
 Et luy dit : Gloute (glouton), trichière (tricheur, trompeur) qu'est-ce que pensez-tu ?
 Penses tu ai voir home de tel vertu,
 Le mien corps te deffie aujourd'huy de par lu,
 Maintenant te ferray (frapperai) de mon glayve esmoulu.
 Alain de Carromois (Keranraiz) loust a présent féru
 Par devant de sa lance dont le fer est agu
 Que parmy le visage, sy que chacun la veu,
 Jusques en la cervelle lui a fer embatu (enfoncé, fait entrer)
 Il estendy son glayve sy que Bomchoure (Bombro) est cheu (tombé)
 Il sailli sur lez pies et cuida joindre a lu... »

Lescoat, Lescoët ou Lescouët (de) s' dudit lieu, paroisse de Lanarvilly, — de Kergoff, en Kernouez — de Kergrist, en Plabennec, — de Kerbabu, — du Guermeur.

Réformes et montres de 1426 à 1534, en Kernouez, Plabennec et Guissény, évêché de Léon.

Blason : *De sable à la fasce d'argent, chargée de trois quinctefeuilles de sable.* Devise : *Maguit mad* (Nourissez bien).

La maison de Lescoët a produit : Alain, croisé en 1248 (charte de Nymoc. coll. Courtois). — Guillaume, capitaine de Lesneven pour Charles de Blois en 1357, père de Méance, mariée en 1360 à Hervé du Chastel. — Alain, abbé de Notre-Dame-de-Lantenac (1506-1540). — La branche aînée s'est fondue au XV° siècle, dans Keranraiz, dont la terre du Lescoët a passé successivement aux Barbier, Carné, du Louet, Damesme, Kermenguy, *nunc* Aubert de Vincelles. La branche de Kergoff, à laquelle appartenait Catherine, dame de Kersauson, a dû se fondre dans du Plessis-Quenquis, à qui appartient aujourd'hui la terre de ce nom.

« Luy fut donné à icelle Catherine de Lescoët, en partage, comme personne « noble, 330ʰ de rente, en fond d'héritaiges, et fust païée comptant la somme « de 100ʰ, autres cent écus d'or qui luy furent promis (*Archives du château* « *de Pennendreff*).

On trouve aux registres de la Chancellerie du Parlement de Bretagne plusieurs articles concernant Guillaume II.

« 1° Fol. 188 : Commission relevante pour ledit Guillaume contre les héri-« tiers de feu François de Saint-Goueznou, son oncle maternel et son tuteur, « pour avoir raison de 3.000ʰ de meubles et de jouissances de 4 à 500ʰ de « rente — 1511.

« 2° Fol. 192 : Guillaume de Kersauson, s' de Pencouët, contre Jehan « Gouenelou, touchant transaction faite, entre ledit de Kersauson et feu Fran-« çois de Saint-Goueznou. — 1512.

« 3° Fol. 195 : Réintégrande pour Guillaume de Kersauson, s' de Pen-« houët, pour prééminances en l'église de Treffelen. — 1513.

« 4° Fol. 228 : Maintenue pour Guillaume de Kersauson, s' de Penhouët, « sur possession d'avoir ses armes ès églises paroissiales de Saint-Fragan et de « Treshou, en Léon — 1519.

« 5° Fol. 285 : Réintégrande pour Guillaume de Kersauson, s' de Pen-« houët, sur écussons et armoiries, paroisse de Saint-Fragan. — 1526.

« 6° Fol. 694 : Maintenue pour Guillaume de Kersauson sur certaines

DE CORNOUAILLES

« armes en l'église et chapelles de Tréfflévenez, en la paroisse de Trehou, au
« diocèse de Léon, 3 avril 1511.

« 7° Fol. 777 : Evocation pour Guillaume de Kersauson et Catherine de
« Lescouët, sa femme, contre François de Lescouët, frère de ladite Catherine.
« — 9 avril 1523.

« 8° Fol. 811 : Sauvegarde pour Guillaume de Kersauson, sʳ de Pencouët,
« 18 janvier 1527. (*Articles communiqués par M. de Carné.*)

Guillaume II, sʳ de Penhouët, né vers l'an 1480, vivait encore en 1535.

De son mariage issut :

## XVII. GUILLAUME III, sʳ de Penhoët, Kerviliou, Kerguilleau, La-vallot, etc., écuyer.

Il épousa, par contrat du 14 août 1547, *Claude de Cornouailles*, héritière de la maison de Lavallot, fille de Guillaume, du nom, sʳ de Lossulien, en Guipavas, et de Françoise de Kerougant.

Cornouailles (de) en breton *Kerneau*, sʳ dudit lieu et de Kerinou, en Lam-bezellec, — de Lossulien et de Kerguern, en Guipavas, — de Kerescar, — de Ker-ouallan, — de Kerlez, — de Kerduff, — de l'Isle-Yvon-du-Guermeur, en Plou-diry, — du Mescam en Hanvec, — de Lanros, en Ergué-Armel.

Ancienne extraction chevaleresque. — Dix générations en 1669. — Réformes et montres de 1426 à 1534 en Lambezellec et Guipavas, évêché de Léon ; Hanvec et Ergué-Armel, évêché de Cornouailles.

Blason : *Fretté d'argent et d'azur,* qui est Kerguern, *chargé d'un croissant de gueules,* qui est Kerneau. (Sceau de 1313.)

Guiomarc'h, de Cornouailles, vivant en 1313, père de Guillaume, qui servit vaillamment la comtesse de Montfort, depuis 1342 jusqu'à sa mort. — Olivier capitaine de Lesneven, en 1398 ; — autre Olivier, époux en 1437, de Catherine de Mesnolaet. — Olivier, prisonnier des Espagnols à la bataille de Cérignoles en 1503. — La branche de Kerinou, fondue en 1750, dans Le Borgne de la Palue, la dernière, en 1845 dans Hersart.

Le père et la mère de Claude de Cornouailles firent à leur fille assiette d'une rente de 180ᵗᵗ sur leurs « héritaiges ». (*Arch. de Pennendreff.*)

De ce mariage issurent :

1° Guillemette, dont l'article suit.

2° Françoise, dont l'article suivra également.

GUILLEMETTE de Kersauson, fille aînée du précédent, épousa, par acte du 28 février 1579, *Yves Pinart*, sʳ du Val.

Pinart, sʳ de Cadoualan, en Ploumagoër, — de la Noë-Verte, en Lanloup, — de Lizandré, en Plouha, — du Val-Pinart, en Saint-Mathieu de Morlaix, — de Kerdrain, — de la Ville-Auvray, — de Lostermen, — du Fouennec, en Botsorhel, — du Fresne, — de Kerambellec.

Ancienne extraction chevaleresque. — Dix générations en 1669. — Maintenue à l'Intendance en 1703.

Réformes et montres, de 1427 à 1543, en Ploumagoër et Saint-Mathieu de Morlaix, évêché de Tréguier, et Lanloup, évêché de Dol.

Blason : *Fascé ondé de six pièces d'or et d'azur, au chef de gueules, chargé d'une pomme de pin d'or.*

Rolland, fils Eon, vivant en 1427, épouse Valence Gicquel. — Hervé, conseiller et maître des requêtes du duc, en 1418. — Deux conseillers (Rolland et Jean) aux grands jours de Bretagne, puis au Parlement, en 1554. — Un gouverneur du château du Taureau, en 1590. — Un chevalier de Malte (Guillaume), en 1635. — Une fille à Saint-Cyr, en 1697. — Un page du roi (Ch.-Ant.-Jos.), en 1715.

La branche de la Noë-Verte fondue dans Lannion puis Guer ;

Celle du Val dans Le Marant ;

Celle du Fouennec dans de Plœuc.


Après la mort de son premier mari, Guillemette se remaria, en 1611, à *Tanguy de Kermenou,* sʳ de Kermenou.

Kermenou (de), sʳ dudit lieu, en Porspoder, — de Coëtforn et de Kerduat, en Plouarzel, — de Kerroc'hic, — de Plivern, en Cléder, — de Kermalvezan, en Beuzit-Conogan, — du Mescouëz, — du Liscouet, — de la Salle.

Ancienne extraction chevaleresque. — Dix générations en 1669. — Réformes et montres, de 1427 à 1534, en Plourin et Plouarzel, évêché de Léon.

Blason : *Fascé ondé d'or et d'azur de six pièces*, comme Talec.

André, vivant en 1380, marié à Marguerite Bohic, dont Hervé, époux d'Anne de Kergroadez.


Guillemette de Kersauson, veuve du sʳ de Kermenou, mourut en 1626 et fut enterrée en la chapelle de Kermenou, en Porspoder.

XVIII. FRANÇOIS, sʳ de Penhoët, Kerduer, Kerguérien, Quillien, etc., épousa *Marie de Kergadiou.*

PINART DU VAL

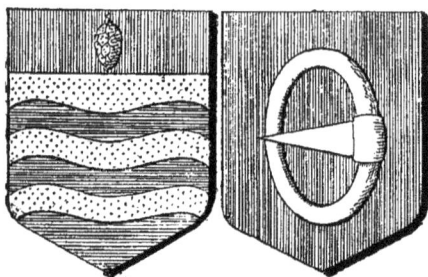

DE KERMENOU

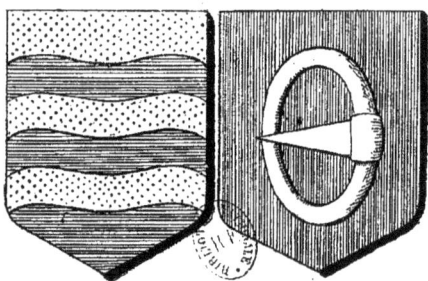

DE KERGADIOU

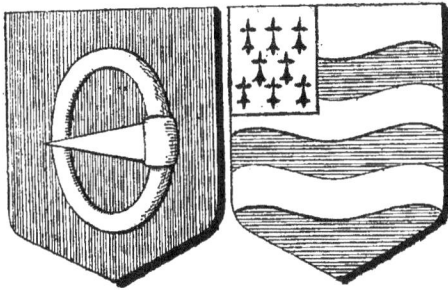

Kergadiou (de), s<sup>r</sup> dudit lieu ¹ et de Trégarn, en Plourin, — de Kermeur, — de Tromobihan, en Guipronvel, — du Dellec, en Saint-Rouel, — de Chateaumen, en Taulé, — de Kernéguez, en Saint-Mathieu de Morlaix, — de Coëtcongar, en Ploujean.

Ancienne extraction chevaleresque. — Neuf générations en 1669. — Réformes et montres, de 1427 à 1534, en Plourin, évêché de Léon.

Blason : *Fascé ondé d'argent et d'azur, au franc canton d'hermines* ². (Sceau de 1404.)

André de Kergadiou épouse, en 1365, Amice, dame de Trégarn, dont : Hamon, marié à Jeanne du Chastel. — André, prisonnier des Anglais, en 1427. — Un secrétaire du duc François II, en 1478.

Fondue dans du Bois de la Maison-Fort.

François de Kersauson-Penhoët mourut le 13 mars 1593, et fut inhumé le lendemain 14 (*Reminiscere*, 4<sup>e</sup> dimanche du carême), à Saint-Frégan, ainsi qu'il appert de l'acte de tutelle, dont nous donnons le texte ci-dessous ³.

---

1. « Près du manoir de Kergadiou est placé le *menhir* de ce nom, le plus imposant monolithe du Finistère, avec celui de Plouarzel. Il est planté sur une colline élevée, entre le village de la Roche-Plate, auquel il semble avoir imposé son nom, et l'ancien manoir de Kergadiou. Il mesure 9 mètres de haut sur 8 de circonférence à sa base. Sa pointe grise, allongée et moussue, se détache d'une manière tranchée sur la campagne, alors surtout que le soleil est à son déclin, et que le ciel se charge d'orages. Le souvenir consacré par ce *peulven* s'est effacé, et la voix du héros dont il recouvre la dépouille, répète en vain avec Ossian : « O pierres, de concert avec le chant du barde, préser-« verez-vous mon nom de l'oubli ? » Le menhir de Kergadiou, quoique très rapproché du manoir de ce nom, se trouve situé, non en Plourin, comme lui, mais en Portzpoder, paroisse limitrophe. » (*Bret. contemp.*, t. II, pp. 118-119.)

2. Les armes de Kergadiou se remarquent sur une console, à droite de l'arc triomphal, dans l'église de Plourin, l'une des plus vieilles du Finistère.

3. Copie de la tutelle des enfants mineurs de deffunct et noble hom. François de Kersauson, s<sup>r</sup> du Penhoat, et de dam<sup>elle</sup> Marie Kergadiou, sa compaigne :

« Aujourd'hui, quatorziesme de mars l'an mil cinq cent quatre-vingt-treize, à l'issüe des obsèques « de feu noble home François Kersauson, vivant seigneur de Penchoat, devant la principalle en-« trée du cymytière de l'église trefviale de Saint-Frégan, noble home maistre Hervé Kersaintgily, « s<sup>r</sup> de Keruzoret, M. le procureur du Roy en la cour et juridiction de Lesneven, a renconstré M. le « séneschal de lad. cour, comme il avait esté adverty pour aucuns des parans des enfans mineurs « dudict deffunct que damoyselle Marie de Kergadiou, dame douairière de Penhoat, et mère desd. « mineurs avait esté instituée tutrice et curatrice testamentaire auxdits mineurs par sondict def-« funct mary, etc.

« A mondict sieur le sénéchal demandé à ladicte dame de Penchoat si elle estoit contente d'ac-« cepter ladite charge suivant la volonté et institution de son dict deffunct mary, à quoy elle a res-« pondu que ouy moyennant l'advis desd. sieurs parens et le support et ayde qu'elle en espère ; « ouy laquelle déclaration, a mondit s<sup>r</sup> le sénéchal, à ladicte requeste, prins les advis des cy-après « nommez, scavoir : de noble et puissant François de Kersauson, seigneur de Kersauson, Olivier « Kercoent, seigneur de Kergournadec'h, et Loys Barbier, seigneur de Kerjan, et de nobles per-« sonnes Jan Kerliver, s<sup>r</sup> de Kerliver, mary de damoyselle Marie Kersauson, fille aisnée dudict « deffunct ; Tanguy Kermeno, sieur de Kermeno, mary de damoiselle Guillemette Kersauson, sœur

De ce mariage issurent :
1º MARIE,
2º VINCENT-GABRIEL,
3º GUILLAUME,
4º CATHERINE,                          } dont les articles suivent.
5º Plusieurs autres enfants, mineurs lors de
la mort de leur père, dont ANNE,

MARIE de Kersauson-Penhoët, fille aînée, épousa, par contrat du 2 août 1577, *Jean de Kerléan,* sʳ du Carpont, et y demeurant, paroisse de Lampaul-Ploudalmézeau.

Kerléan, sʳ dudit lieu et de Kerverien, en Plourin, — de Lanvenec, en Lanrivoaré, — de Kerhuon, en Guipavas, — de Coëtmanac'h, — de Kermeur, — de Kerhuel, — de Kerimen, — de Kerassel et du Timen, en Taulé, — de Poulguinan, — de Keravel.

Ancienne extraction. — Six générations en 1668. — Montres de 1503 à 1534, en Plourin et Brelez, évêché de Léon.

Blason : *Fascé ondé de six pièces d'or et d'azur.*

Cette famille portait autrefois le nom de Boc'hic. — Hervé Boc'hic, conseiller de Jean IV, enseigna le droit à Paris et composa, en 1349, un livre sur les *Décrétales,* imprimé en 1520. — Hamon et Even Boc'hic entre les nobles de Plourin, en 1443. — Sébastien, fils d'Hamon Boc'hic, sʳ de Kerléan, ne garda que ce nom et épousa, en 1534, Marguerite Kerneau (Cornouailles).

La branche aînée fondue dans Rodellec ; celle de Kerassel, dans Parcevaux.

Sur les vitraux de l'église de Plourin on relève les armes de Kerléan, mi-partie Kerverien ou Kermérien (*d'or à 3 chevrons d'azur au lambel de même*), nom ancien

« audict deffunct ; Jacques de la Bouexière, sʳ de la Boixière, cousin-germain dud. deffunct ;
« Prigent Lescoët, sieur de Kergoff, cousin remué de germain audict deffunct ; Jean Kerbic, sieur de
« Kerbic, ayant esté à maryage par plusieurs années avecques deffuncte damoyselle..... du Boys, sʳ
« et dame dudit lieu, cousin aussi au tiers degré audit deffunct ; Tanguy Kergadio, sʳ de Tuonma-
« léjan ; Robert Kersaintgily, sʳ de Kerouchant ; Jean Kersaintgily, sʳ de Kervadeza, cousins-ger-
« mains à ladicte veufve ; noble et vénérable messire Alain du Poulpry, sʳ de Lannorgat, archidiacre
« de Léon, et conseiller à la cour de Parlement de ce pays ; des seigneurs de Kergadiou, Tuonma-
« noir, Kerouartz, Kerouazle, Lescouet, Kerrenez, Keranroux, Coatelez, Tuonblanzinz, Kercorlay,
« La Tour-Lezerdet, Kerpalen, Le Merdy, Kerezelec, Leslouc'h, Le Guergh. — Tous parans ou aliez
« dans le quart degré audict deffunct, comme ils affirment... ont tous, d'un accord dict et attesté
« que lad. dame de Penhoat est digne et capable d'avoir et garder la tutelle et administration des
« personnes et biens desdicts mineurs ses enfants... Faict comme dessus auxdicts jour, an et lieu...
« Ainsi signé : Dourdu, Kersaintgily et Morice de Kergadiou. » (*Arch. de Pennendreff.*)

De Kerléan

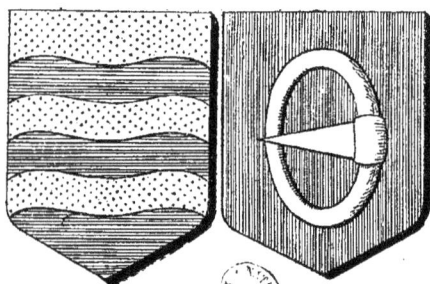

DE KERLIVER

DE PARCEVAUX

des Kerléan ; sur un saint de pierre on remarque aussi l'écu de Sébastien de Kerléan, que nous nommions tout à l'heure, et de sa compagne, Marguerite de Cornouailles.

Devenue veuve de Jean de Kerléan, Marie de Kersauson épousa en deuxièmes noces, le 12 avril 1587, *Jean de Kerliver,* sᵣ dudit lieu.

Kerliver, sᵣ dudit lieu, — de Bodalec, — de Quilliafel et de Portznédellec, en Hanvec.

Réformes et montres, de 1426 à 1502, dite paroisse, évêché de Cornouailles.

Blason : *D'azur, au sautoir engreslé d'or, accompagné de 4 lionceaux de même.*

Devise : *Meilleur que beau.*

CATHERINE, quatrième enfant de François, sᵣ de Penhoët, et sœur cadette de Marie, épousa, par acte du 4 janvier 1591, *Alain de Parcevaux,* sᵣ de Keranméar.

Parcevaux, ou Percevaux, sᵣ de Mezarnou [1], en Plounéventer, — de Morisur, en Plouider, — de Kerascouet, en Plouguin, — de Lesguy, près Landerneau, — de

---

1. « Situé à l'entrée du bourg de Plounéventer, le château de Mezarnou fut construit, vers le milieu du XVIᵉ siècle, par Yves de Parcevaux, époux de Jeanne de Bouteville, non dans la forme d'une forteresse, puisqu'il est sans fossés et sans remparts, mais de manière cependant à mettre à l'abri d'un coup de main et à pouvoir faire tête aux coureurs. Ainsi la façade qui regarde le parc n'a que de rares ouvertures et une petite poterne seulement au rez-de-chaussée, tandis que la façade principale ouvre sur une cour d'honneur, protégée autrefois par un portail et par un mur percé de meurtrières se refermant au moyen de coulisses en pierre. Les portes ont des archivoltes à contre-courbures, les fenêtres sont garnies de croisées en pierres ; celles du rez-de-chaussée sont grillées. Un pavillon carré, accosté d'une tourelle ronde, complète les décorations extérieures du château, qui se repliait en équerre, et dont l'aile se terminait par une tour, aujourd'hui en ruines. L'intérieur n'offre d'intéressant que ses vastes manteaux de cheminées, ses panneaux de menuiserie et les ferrures de diverses portes, qui sont restées les mêmes depuis trois cents ans.

« D'après un inventaire de 1600, Mezarnou était armé au temps de la Ligue de trois pièces de fonte verte montées et d'une douzaine et demie de fauconneaux. L'une de ces pièces d'artillerie existe encore, mais sa destination est bien changée : elle sert aujourd'hui de canal pour écouler l'eau d'un lavoir.

« Mezarnou fut, à cette même époque, ravagé et pillé par le capitaine du Liscoët et visité également par le célèbre La Fontenelle, qui enleva même, malgré son jeune âge, Marie le Bheroir, fille d'un premier mariage de Renée de Coëtlogon, devenue dame de Parcevaux. L'inventaire dont nous venons de parler, et qui fut dressé pour obtenir justice contre la dame douairière du Liscoët, et contre Benjamin, son fils, annonce une magnificence de mobilier dont on n'a guère plus idée. Et pourtant, le sieur de Mezarnou n'était point un des plus riches seigneurs de Bretagne. Hervé de Parcevaux mourut sans enfants, et sa succession, recueillie par Françoise de Parcevaux, sa nièce, dame d'honneur de la reine Anne d'Autriche, passa par alliance à René Barbier, marquis de Kerjean. » (*Bret. contemp.,* t. II, pp. 108-109.)

la Palue, — du Prathir, — de Keranméar, en Kerlouan, — de Lesmelechen, en Plounéour-Trez, — de Ranvlouc'h, en Plougoulm, — de Tronjoly, paroisse de Cléder, — de Penancoët, en Saint-Renan, — de Kerjean.

Ancienne extraction. — Sept générations en 1669. — Réformes et montres de 1426 à 1534, en Plounéventer et Goulven, évêché de Léon.

Blason : *D'argent, à trois chevrons d'azur.*

Devise : *S'il plait à Dieu.*

La maison de Parcevaux a produit : Etienne, écuyer, dans une montre de du Guesclin, en 1371. — Hervé, homme d'armes pour le recouvrement de la personne du duc, dans une montre en 1420. — Jean prête serment au duc entre les nobles de Léon, en 1437. — Maurice, entre les nobles de Plounéventer (réforma-tion de 1443). — Yves, conseiller au Parlement en 1556. — Yves, sr de Mezarnou marié à Jeanne de Bouteville, mort en 1588, père d'Alain, marié en 1613, à Suzanne de Guémadeuc [1], dont Françoise, dame de Mezarnou, dame d'honneur de la reine Anne d'Autriche, qui porta les biens de la branche aînée dans la maison de Kerjean, par son mariage en 1639, avec René Barbier, marquis de Kerjean.

La branche de Tronjoly, qui existe encore, a pour auteur : Yvon, fils puîné de Maurice, sr de Mezarnou, mort en 1519. De son mariage avec Jeanne de Kerven issut Prigent, vivant en 1557, marié à Françoise, dame de Keranméar.

Cette branche a produit Vincent, salade, dans la garnison de Brest, en 1595, et un sous-lieutenant aux volontaires pontificaux, tué à Castelfidardo en 1860 [2].

ANNE, sœur cadette des précédentes et mineure à la mort de son père, épousa, en 1597, *Olivier du Coëtlosquet.*

Coëtlosquet (du ou de), sr dudit lieu, en Plounéour-Menez, — de Kerannot, en Saint-Thégonnec, — des Salles et de Keralivin, paroisse du Minihy, — de Kerduff, — de Kergoat, — de Keroman, — de Mesgoff, — de Kermorvan, en Ploúgaznou, — des Isles, en Guimaec, — de Kergoaret, — de Pensez, en Taulé, — de la Palue.

---

1. Suzanne de Guémadeuc était veuve de François, baron de Kersauson, dont il sera reparlé à l'article de ce dernier.

2. Parcevaux a encore produit : Alain, fils d'Hervé et de Renée de Coëtlogon, chevalier de l'ordre du roi, d'après un acte original du 17 février 1623, postérieur à sa mort. (*Chev. Bret. de Saint-Michel*, par M. G. de Carné.) Cinq chevaliers de Saint-Louis, en 1715, 1740, 1746 et 1781. — Cette famille s'est illustrée dans la marine où elle compte un chef d'escadre (Claude-Marie). Ses princi-pales alliances modernes sont avec les Jouan de Kervanoël, Gillart de Keranflec'h, de Pompery, Jaillard de la Maronnière, etc. — Le 18 novembre 1879, Françoise de Parcevaux a épousé Jean-François de Sonis, fils de Louis-Gaston, général de division, compagnon de Charette à la bataille de Patay en 1870. (Communiqué par M. le baron René de Saint-Pern.)

Du Coetlo-quet

Blason : *De sable, semé de billettes d'argent, au lion morné de même sur le tout.*

Devise : *Franc et loyal.*

La maison de Coëtlosquet a pour berceau la seigneurie de ce nom, au diocèse de Léon, en la paroisse de Plounéour-Menez, d'où elle tire son nom. Placé presque à la rencontre des trois anciens évêchés de Léon, de Tréguier et de Cornouailles, le château de Coëtlosquet, aujourd'hui la propriété de M. de Ferré de Peyroux, dont nous aurons à reparler plus tard, confine, par ses bois, avec ceux de l'antique abbaye du Relec (*de Reliquiis*), dont fut abbé saint Tanguy du Chastel, qui nous occupait naguère. Dans les dépendances du château, reconstruit au dernier siècle, on voit encore les armes écartelées d'Olivier du Coëtlosquet et d'Anne de Kersauson.

On trouve la maison de Coëtlosquet aux montres et réformations, de 1443 à 1534. Celle de 1669 l'a déclarée noble d'ancienne extraction et chevalerie, par arrêt du 9 juin. (Mss. de la Biblioth. de Nantes, t. I, fol. 510-511.)

Dans le livre de la réformation de l'évêché de Léon, en 1443, les seigneurs de Coëtlosquet figurent au rang des nobles de toute ancienneté, *ab antiquo*. (La Chesnaye-des-Bois, p. 15.) Leurs alliances avec les maisons de Penhoadic, Mesgouez, Tuongoff, du Bois, de Brezal, Tréanna, Kersaintgilly, Penfeunteniou, Kersauson, Quélen, Le Borgne, Simon, Le Ségaler de Penvern, du Trévoux, La Noë, de Kergus, etc. (Mss. de Nantes, ibid., id. — *Arm. gén. de France*), leurs emplois à la cour, leurs dignités dans l'Église, leurs services militaires, leur ont valu un rang distingué dans l'histoire héraldique de Bretagne.

La première illustration de cette maison de Coëtlosquet est Bertrand, nommé. avec Raoul de Coëtnempren dans une charte de Nymocium (Limisso), datée d'avril 1249, pour une procuration donnée à Hervé de Nantes, acte en vertu duquel ses armes figurent au musée de Versailles, salle des Croisades.

Après lui, on trouve : Jean, à la montre de Hue de Kerautret, reçue à Paris, le 20 novembre 1356. (D. Mor., t. I, col. 1501.) — Jean, entre les nobles de Léon, en 1443. (*Marquis du Refuge*, par M. P. de Courcy, p. 31.) — Olivier, l'un des trente *escuiers* que Messire Alain de Rohan conduisit à la guerre de Flandres, en 1483. (D. Lob., t. I, liv. XIII, p. 447.) — Jean, reçu chevalier de justice au grand prieuré d'Aquitaine (*Chev. de Malte*), en 1543, après avoir fait preuve de noblesse. — Guillaume, chevalier de l'ordre du Roi, en 1647 [1]. (*Arm. général de France,*

---

1. Guillaume du Coëtlosquet, sr dudit lieu, de la Salle, de Kermorvan, de Kerdu, de Kergoët et de Kerannot, reçu chevalier de l'ordre du Roi, le 3 septembre 1647, par le baron de Pontchâteau, était fils d'Olivier et d'Anne de Kersauson. A la mort de son père (6 novembre 1632), il fut déclaré majeur et mis dans la jouissance de ses biens. D'un aveu qu'il rendit au seigneur de Rohan deux mois auparavant (5 septembre), il résulte qu'il y avait à sa terre de Coëtlosquet, « manoir, chapelle, oratoire, colombier, moulin, estang, bois... fiefs et autres marques de grandeur, comme lieux émi-

registre, $1^{re}$ partie, p. 148.) — Jean-Baptiste-Gilles, chevalier de Saint-Louis, en 1686. — Alain-Yves-Marie, page de la grande écurie, le 18 juillet 1713. (*Arm. gén.*, ibid.) — N..., page de la grande écurie, le 18 juillet 1713. (*Arm. gén.*, ibid.) — N..., page de la petite écurie, en 1743. (Saint-Allais, t. V, p. 554.) — Jean-Gilles, né en 1700, chancelier de l'Eglise et de l'Université de Bourges, évêque de Limoges, en 1739, nommé plus tard à l'archevêché de Tours, dignité qu'il refusa, membre de l'Académie française, en 1761, abbé de Tournus, diocèse de Châlons, et de Saint-Paul de Verdun, précepteur des enfants de France (Abbé du Tenis, t. III, p. 267), mort en 1784. — N..., trésorier de la cathédrale de Tréguier, abbé commendataire de Saint-Gildas-des-Bois, au diocèse de Nantes, en 1760, mort à 32 ans, le 29 juillet 1763. (*Gall. christ.*, t. XIV, col. 851. — Abbé Trévaux, t. VI, p. 465.) — Vicomte du Coëtlosquet, chevalier de Saint-Louis, en 1763. — Autre Jean-Baptiste-Gilles, baron du Coëtlosquet, gentilhomme d'honneur du comte d'Artois, en 1772 (Dossier des généraux), capitaine au Royal-Piémont, en 1771, capitaine commandant, en 1776, mestre de camp, commandant du régiment de Bretagne, en 1784, maréchal de camp, en 1793. (Reg. du rég. de Bret., de 1776 à 1793.) — Vicomte de Coëtlosquet, capitaine aux Dragons de la Reine, l'un des héros de la guerre de Sept Ans.

Trois membres de la famille ont été admis aux honneurs de la cour : 1° Comte de Coëtlosquet, 4 décembre 1767. — 2° Baron de Coëtlosquet, janvier 1774. — 3° Baronne du Coëtlosquet, 17 mars 1782. (Courcelles, *Dict. univ. de la Nobl. de France*, t. I, p. 385.)

Nommons, au XIX$^e$ siècle : Charles-Yves-César-Cyr, comte de Coëtlosquet, général de brigade en 1813, commandant le département de la Nièvre en 1814, lieutenant général en 1821, commandant la 7$^e$ division militaire, même année, directeur général du ministère de la guerre, treize campagnes : blessé à Pulstuck ; il se trouva au passage du Mincio, du Danube, à Esling, à la Moskowa et à Leipsick, retiré le 10 mai 1831, avec une pension de 5430 francs. (Etats de service, dossier des pensions, n° 31,424, *Alm. royal.*) — Le comte de Coëtlosquet était commandeur de l'ordre de Saint-Louis et grand-officier de la Légion d'honneur. (*Alm. royal* de 1817 à 1830.)

XIX. (I) VINCENT-GABRIEL de Kersauson, 2$^e$ enfant, et fils aîné de François, prit, à la mort de son père, en 1593, le titre d'écuyer, s$^r$ de Penhoët,

nents, et vitres dans l'église paroissiale de Plounéour-Ménez, où étaient placés les écussons, bancs, tombes plates et élevées des s$^{rs}$ de Coëtlosquet, où se voyaient leurs armes... (Pièces orig. Biblioth. nat.) Il fut nommé capitaine des habitants contribuables de cette même paroisse de Plounéour-Ménez, par commission datée de Morlaix, le 10 septembre 1639, de Charles du Cambout, baron de Pontchâteau. Il avait épousé, par contrat du 23 novembre 1636, demoiselle Louise Simon, dame de Kerannot, fille unique et héritière de noble homme François Simon, s$^r$ de la Palue, de Keralivin, etc., et de Barbe Denys. Il en eut sept enfants, et mourut avant le 26 octobre 1653. (*Chev. bret. de Saint-Michel*, par M. de Carné. — Extrait généalogique de MM. de Coëtlosquet.)

Du Drenec-Keroulas

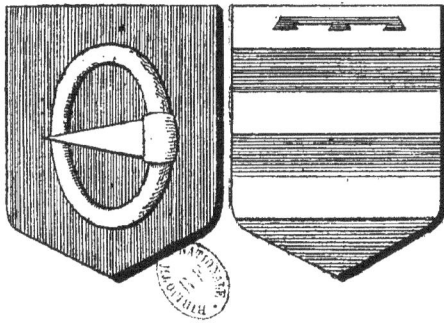

Kervezelou, Kerverien, Guermeur, Lavallot, etc., et fut qualifié haut et puissant seigneur. Un acte du 4 juillet 1600 le fait chevalier de l'ordre du Roi.

Il épousa *Marie du Drenec,* fille de Gabriel du Drenec et de Marie-Madeleine de Portzmoguer.

Drenec (du), sr dudit lieu, près Plabennec, — de Kerouzien, en Ploumoguer, — du Mézou, en Plouvien.

Ancienne extraction. — Dix générations en 1670. — Réformes et montres, de 1426 à 1534, en Ploumoguer, évêché de Léon.

Cette maison portait, jusqu'au milieu du XV⁰ siècle, pour armes antiques : *D'azur, au barbeau d'argent en pal,* avec la devise : *Ne zeuz pesq heb hezreau* (point de poisson sans arête). Mais, en 1441, elle tomba en quenouille par le mariage de Marguerite, héritière de son nom, avec Jean, juveigneur de Keroulas, qui prit le nom de du Drenec, tout en conservant pour lui et ses descendants, les armes de sa maison, avec une brisure. Le mariage de Vincent-Gabriel de Kersauson ayant été postérieur à cette date, ce sont les armes de Keroulas qu'il faut ici attribuer à Marie du Drenec. En voici le blason : *Fascé d'argent et d'azur de six pièces, au lambel d'azur.*

En prenant de nouvelles armoiries, la maison du Drenec ne dérogea pas, car Keroulas valait Drenec.

Marie du Drenec ayant, de ce fait, du sang de Keroulas dans les veines, nous donnons ici la notice nobiliaire de cette famille [1].

Keroulas (de), sr dudit lieu, en Brelez, — de Coharz et du Quelennec, en Ploumoguer, — de Gorescour, — de Kergoët, — de Kerouhant, — de Meshellou, — de Keralsy, — de Berdouaré, — du Cribinec, en Plouédern, — de Treffry, en Quéméneven, — du Bourg, — de Saint-Melen.

Ancienne extraction chevaleresque. — Neuf générations en 1669. — Réformes et montres, de 1426 à 1534, en Plourin et Brelez, évêché de Léon.

Keroulas a produit : Hervé, époux, en 1393, de Catherine de Kergadiou, dont Jean, marié à Julienne du Chastel. — Un chevalier de Saint-Lazare, en 1728. — Un conseiller au Parlement, en 1735. — Un archidiacre et vicaire général de Léon, dernier abbé de Saint-Maurice de Carnouet, de 1780 à 1790. — Un chef de division des armées navales, en 1786.

La branche aînée fondue, en 1565, dans du Chastel, par le mariage de l'*Héritière (ar Benn herez)* avec le fameux marquis de Mesle, dont, entre autres enfants : Mauricette, mariée à Morice, sr du Rusquec.

---

1. Bien des points de contact et des liens étroits de parenté existent donc entre les Kersauson et cette mélancolique figure de *Marie de Keroulas,* dont une délicieuse ballade, restée populaire en Basse-Bretagne, a perpétué le souvenir. Inutile de reproduire ici le texte de cette naïve poésie, que

« Vincent-Gabriel de Kersauson, s^r de Penhoët, dit une généalogie dressée
« en 1669, a eu nombre d'enfants, mais tous décédés, de sorte que la succes-
« sion, tombée en fille, a été recueillie par Guillemette du Drenec, dame de
« Kerouriou, laquelle a épousé successivement Urbain de Tinténiac et François
« du Poulpry, ce dernier conseiller du Roi en son Parlement de Bretagne. »
(*Arch. de Pennendreff.*)

Sans pouvoir préciser l'année de la mort de Vincent-Gabriel, on sait qu'il
ne vivait déjà plus en 1603.

XIX. (II) GUILLAUME IV de Kersauson était, on se le rappelle, frère cadet
du précédent, mais tous les enfants de celui-ci étant morts, il fut appelé, à
la place de son frère, à la tête de sa maison et prit à sa mort le titre d'écuyer,
s^r de Penhoet, Kervizillou, Kervérien, Lavallot, etc.

Il avait épousé en premières noces, et n'étant que cadet de sa maison, *Marie
du Quenquis,* dont il n'eut pas d'enfants.

Plessis (du), en breton Quenquis, s^r dudit lieu, en Nison, — de Missiriac, en
Kerfeunteun, — de Kerfors et de Lizergué, en Ergué-Gabéric.

tout le monde a entre les mains, et au sujet de laquelle nous renvoyons le lecteur aux Chants
populaires de Bretagne, publiés par le V^to Hersart de la Villemarqué. (*Barʒaʒ-Breiʒ*, 4° édit.,
1846, t. II, p. 105 et suiv.)

Nous donnons seulement, et à titre d'explication, le commencement de la note de M. de la Villemarqué, qui précède la ballade :

« L'histoire de Marie de Keroulas, fille unique de François de Keroulas, en bas Léon, et de
dame Catherine de Lannuzouarn, nous présente un fond d'aventures tout à fait semblables à celles
d'Azénor de Kergroadez. Forcée, en 1565, d'épouser François du Chastel, marquis de Mesle, qui
fut préféré à deux jeunes seigneurs du pays, Kerthomas et Salaün, dont elle recevait publiquement les hommages, l'héritière serait morte de chagrin. »

Le barde qui a composé ce *gwerʒ*, sans doute pour rendre la ballade plus touchante, donne
une fin tragique et prématurée à ses héros. Or la vérité, — et M. de la Villemarqué le reconnaît
lui-même, au moins pour ce qui regarde l'*héritière*, — la vérité est que Marie de Keroulas eut trois
enfants du marquis de Mesle, et que Kerthomas (qui était un Kerouartz) fut un bon père de famille, qui, en tous cas, n'entra au couvent — s'il y entra jamais — qu'après avoir donné le jour à
une imposante lignée. En effet, Alain de Kerouartz, chevalier, s^r dudit lieu, de Kerthomas, etc.,
qui épousa, le 30 avril 1579, Ysabeau du Chastel, eut entre autres enfants : Françoise et Marie,
que nous retrouverons épousant, en 1606 et 1608, deux Kersauson.

Le mariage du sire de Kerthomas, dont les annales généalogiques des deux maisons de Kerouartz
et de Kersauson font foi, peut paraître au moins étrange, car celle qu'il mena à l'autel n'était
autre que la propre sœur du marquis de Mesle, époux de l'*héritière*. Ce fait prouve que l'attachement de l'infortunée Marie de Keroulas ne resta pas, au moins bien longtemps, partagé par
celui qui en avait été l'objet, et que ce dernier, dans tous les cas, ne tint pas une éternelle rigueur
à son heureux rival, puisque, quinze ans après l'événement, il consentit à devenir son beau-frère. »

Du Quenquis

De Kerengarz

Ancienne extraction. — Huit générations en 1669. — Réformes et montres, de 1426 à 1564, dites paroisses, évêché de Cornouailles.

Blason : *D'argent, au chêne de sinople, englanté d'or, au franc canton de gueules chargé de 2 haches d'armes d'argent adossées en pal.*

Yves, vivant en 1427, épouse Marie de Villeblanche.

La branche aînée, fondue en 1690 dans Feydeau, puis Hersart ; celle de Missirien dans Autret, et la dernière dans La Marche.

C'est à cette maison éteinte qu'appartenait *Azou*, mariée, vers le milieu du XIIIᵉ siècle, à Helory de Kermartin, dont Yves, surnommé l'Avocat des Pauvres, et qui, canonisé en 1347, est devenu d'abord le patron de l'évêché de Tréguier et ensuite celui de toute la Bretagne.

Une pareille illustration suffirait à la gloire de toute une race, et nous sommes heureux de compter au nombre de nos ancêtres le nom de la mère de saint Yves [1].

Après la mort de Marie du Quenquis, Guillaume IV, sr de Penhoat, épousa en deuxièmes noces *Marie de Kerengarz*, héritière de la maison de Pennendreff, fille aînée de Hervé de Kerengarz et de Françoise du Val, dame de Kermeur.

Kerengarz (de), sr dudit lieu, en Lannilis, — de Belair, en Ploudiry, — de Roudouziel, — de Crechoariou, — de Penandreff ou Pennendreff, en Plourin, — de Penalan.

Ancienne extraction. — Sept générations en 1669. — Réformes et montres, de 1426 à 1534, en Lannilis et Plourin, évêché de Léon.

Blason : *D'azur, au croissant d'argent.*

Devise : *Tout en croissant.*

Jean reçut, en 1364, de Jean de Montfort, des lettres d'abolition pour avoir suivi le parti de Charles de Blois. — Pierre, vivant en 1400, épouse Louise, dame de Pennendreff, dont Yvon, marié à Jeanne de Kérérault.

La branche aînée fondue dans Penhoadic ; celle de Pennendreff dans Kersauson par le présent mariage.

« Hervé de Kerengarz, père de la dame de Kersauson, était fils de Valentin et « de Marie de Quilbignon. Ledit Valentin, fils aîné d'autre Hervé et de Julienne « de Penancoët-Kerouazle.

« Tous lesdits srs de Keringarz et de Pennendreff, paroisse de Plourin, évêché

---

1. Les ruines du vieux château du Plessis, berceau des du Quenquis, et où naquit Azou, s'aperçoivent encore de nos jours dans la paroisse de Pommerit-Jaudy (Côtes-du-Nord).

« de Léon, du chef de Pierre, sʳ de Keringarz, en Lannilis, époux d'Harouisse
« (Louise) de Pennendreff, dame et héritière dudit lieu. » (Actes de 1440 et 1447.
*Archives de Pennendreff.*)

« Devenu, par son second mariage, sʳ de Pennendreff, Guillaume IV de
« Kersauson quitta le manoir de Penhoët (habité depuis plus d'un siècle et
« demi par ses ancêtres) pour s'établir en celui de Pennendreff dont il garda
« le surnom pour lui et ses hoirs, et où il porta la boucle de Kersauson. » (Id.,
ibid.)

Du mariage de Guillaume IV avec Marie de Kerengarz issurent :

1º HERVÉ, dont l'article suit ;

2º FRANÇOIS, premier juveigneur de sa branche, apanagé des fiefs de
Coathuel et de Kervéguen. Suivant actes du 17 octobre 1605 et du 11 avril 1619,
il transigea avec son frère aîné et s'engagea « par iceux à payer à *chacun an*,
« au manoir de Pennendreff, à titre de juveignerie, au Vᵉ jour de janvier,
« douze deniers de rente. » (*Arch. de Pennendreff.*)

Il épousa *Marguerite de Kerhoent*, héritière de Penhoat-Féziou [1].

Kerhoent (de) ou Kerc'hoent, sʳ dudit lieu, paroisse du Minihy, — de Trohéon,
en Sibéril, — de Botquénal, en Loperhet, — de Kergournadec'h, en Cléder, —
de Coëtenfao et de Locmaria, en Séglien, — de Botigneau, en Cloharz, — de
Tréanna, en Elliant, — de Brunault, en Trébrivan, — de l'Estang, — de Crec'quérault, en Plouvorn, — de Kerautret, en Plougoulm, — de Landeboc'her, en Plouzévédé, — de Mescouin, en Plougourvest, — de Morisur, en Plouider, — de
Kerandraon, en Plouguerneau, — de Penhoët, en Saint-Thégonnec, — de Mescouez, en Plougaznou, — de Rozarvilin, — de Keroullé, en Ploudiry, — de Leu-
randenven, — du Lorieuc, en Crossac, — marquis de Montoir, en 1745, — vicomte
de Donges, — marquis d'Assérac, en 1752, par mariage avec l'héritière de
Lopriac.

Ancienne extraction chevaleresque. — Neuf générations en 1669. — Réformes
et montres, de 1426 à 1534, paroisses du Minihy, de Plougoulm et de Sibéril,
évêché de Léon.

---

1. D'anciens actes, et même ceux de la réformation de 1669-71, portent *Kerscau,* au lieu de
Kerhoent ; mais l'erreur *du* ou *des* copistes est ici manifeste, car la qualification, pour Marguerite,
d'héritière de Penhoat, suffit pour trancher la difficulté et décider la question en faveur de
Kerhoent.

DE KERHOENT

Blason : Écartelé de Kergournadec'h et de Coëtenfao ; sur le tout : *Losangé d'argent et de sable*, qui est Kerhoent.

Devise : *Sur mon honneur.*

Kerhoent a produit : Jean et Hervé, hommes d'armes, dans une montre de Jean de Penhoët, en 1426, pour le recouvrement de la personne du duc. — Pierre épouse, en 1426, Havoise de Kerouzéré, dont autre Pierre, marié, en 1462, à Louise Huon, dame de Herlan et du Squiriou, père et mère de : 1º Alain, marié à Louise de Botquénal ; 2º Jean, auteur des srs de Herlan. — Alain, fils du sr de Botquénal, épouse, en 1530, Jeanne de Coëtquelfen et de Kergournadec'h. — Olivier, leur fils, chevalier de l'ordre, époux, en 1559, de Marie de Plœuc, dame de Coëtenfao[1], dont : 1º François, chevalier de l'ordre, marié à Jeanne, dame de Botigneau[2] ; 2º Charles, sr de Coëtenfao, aussi chevalier de l'ordre, et époux d'Isabelle de Crec'quérault[3], auteur de la branche de ce nom, et de celle des marquis de Montoir.

On trouve encore dans cette maison : Un sénéchal de Léon, en 1457. — Un chevalier de Malte (Toussaint, sr du Mescouez), en 1688. — Quatre pages du Roi[4]. — Deux brigadiers de cavalerie, en 1710 et 1748. — Un évêque d'Avranches, mort en 1719. — Un lieutenant général, en 1710, mort en 1721. — Un gouverneur du Minihy et de Morlaix, mort en 1741.

La branche aînée de Kerhoent, fondue en 1452 dans Névet, puis du Louet et Barbier ; celle de Kergournadec'h, fondue, en 1616, dans Rosmadec ; celle de Coëtenfao, dans Le Vicomte.

1. Marie de Plœuc était fille unique et héritière de Pierre et de Jeanne du Quellénec. « Ladite « dame mourut assez jeune, en 1573, et ledit sr, son mari, en l'âge de plus de 60 ans, l'an 1594, « au mois de décembre, et est enterré en l'église paroissiale de Cléder, au chœur d'icelle, sous « un tombeau haut et élevé, et dans ladite église est sa peinture, de son long, armé de toutes « pièces, sa cotte d'armes de velours rouge cramoisi, son casque, ses éperons dorés et sa lance... « Ce seigneur Olivier a immortalisé sa mémoire dans les bastiments superbes qu'il a entrepris, « du faict du château de Kergournadec'h qui mérite d'estre mis au rang des belles maisons de « France... » (Extrait d'une anc. généal. de la maison de Kerhoent, à la Bibl. nat., par M. de Carné. *Chev. bret. de Saint-Michel*, pp. 193-194.)

2. François, lieutenant pour le Roi pendant la Ligue, épousa, en 1583, Jeanne de Bottigneau, « grande et riche héritière, fille d'Alain et de Marie de Kergorlay. Ce sr a vescu jusqu'à « l'âge de 69 ans, aismé et chéri de tous en son pays, comme l'un des plus hommes de bien ver- « tueux et généreux seigneurs de son temps. Il est décédé au mois de mars 1629, au château de « Bottigneau, à deux lieues de Quimper-Corentin, et enterré en la chapelle du chasteau de Ker- « gournadec'h, dédiée à Saint-Jean. » Son corps fut accompagné sur la route, de plus de deux cents gentilshommes, et reçu à la porte de Quimper par M. l'évêque de Cornouailles. Son oraison funèbre fut faite dans la cathédrale par le R. P. de Bar, jésuite. La compagnie se rendit ensuite au château de Kergournadec'h, « où il y avait tables préparées de trois cents couverts, magnifi- « quement servies de poisson. » Environ un an après la mort de son mari, Jeanne de Bottigneau quitta le monde et se rendit religieuse carmélite, au couvent de Nazareth, près Vannes, où elle fit profession, le 4 novembre 1631, reçue par le R. P. Thibault, de l'ordre des Carmes. (*Ibid.*)

3. Isabelle de Crec'quérault était fille de François et de Marie de Penhoët.

4. Ces quatre pages étaient: Maurice-Sébastien, sr de Coëtenfao, en 1690 ; Louis-Melchior, sr de Coëtenfao, en 1710 ; Jean-Sébastien de Coëtenfao, en 1690, et Joseph-Marie, sr de Locmaria, en 1734.

Du mariage de François, s<sup>r</sup> de Coathuel avec Marguerite de Kerhoent, issurent :

1° FRANÇOIS, s<sup>r</sup> de Coathuel, qualifié écuyer ; il épousa *Marguerite Huon*, fille de François, s<sup>r</sup> de Kerlézérien, et de Jeanne de Pontplancoët. — On comptait autrefois en Bretagne six familles de ce nom, mais celle qui nous occupe, comme celle dont nous aurons à reparler bientôt, descendait de Léon et de Penhoët.

Huon, ramage de Léon et Penhoët, s<sup>r</sup> de Kerhuon, de Kermadec et de Kermabgeffroy, en Ploudiry, — de Penanroz, paroisse du Tréhou, — de Kerlézérien, en Saint-Thomas de Landerneau, — de Penhep, en Dirinon, — du Bodonn, — de Gorrécong, — de Kervasdoué, en Plougoulm, — de Lanhouardon, en Plabennec, — châtelain de Trogoff, en Plouégat-Moysan, — s<sup>r</sup> de Boharz-an-Coat, et du Tromeur, en Guiler.

Ancienne extraction chevaleresque. — Onze générations en 1669. — Réformes et montres, de 1426 à 1534, en Ploudiry, évêché de Léon.

Blason : *D'or à 3 annelets d'azur, 2 et 1, cantonnés de 3 croisettes recroisettées de même, 1 et 2 ;* alias : *D'or à 3 croisettes recroisettées d'azur, 2, 1, accompagnées de 3 annelets mal ordonnés de même.*

Devise : *A tao da virviquen* (Toujours à jamais).

Huon a produit : Hervé, fils Huon, prévôt féodé héréditaire de la vicomté de Léon, marié à Pigette Saladin, dame de Kermadec, fit confirmer, en 1307, par Hervé de Léon, les lettres d'exemption de rachat, octroyées en 1270 par Guyomarc'h de Léon à messire Saladin, père de la dame de Kermadec. — Guyomarc'h, écuyer, dans une montre de 1378. — Olivier, époux de Catherine Le Vayer, écuyer du corps et de la chambre du duc, l'accompagna à Amiens pour secourir les Français à la bataille d'Azincourt, en 1415. — Alain, s<sup>r</sup> de Kermadec, chevalier de l'ordre en 1649, servait à 20 ans dans la compagnie des gens d'armes du prince de Conti ; marié, en janvier 1654, à Anne de Pensornou, dame de Trogoff, qui lui donna plusieurs fils, dont un, en particulier, Vincent, se distingua dans la marine. — Cet Alain, vivant encore en 1671, était fils de François et de Renée de Penancoët. — Jean-Marie et Jean-Michel, pages du roi en 1762. — Un grand nombre d'officiers distingués dans la marine, dont deux tués à l'assaut de Carthagène, en 1697. — Un chef d'escadre, mort en 1787, et un des combattants de l'expédition d'Entrecasteaux à la recherche de La Pérouse, en 1791, qui a donné son nom à plusieurs archipels dans l'Océanie.

2° CHRISTOPHE, s<sup>r</sup> de Kervéguen, demeurant en son manoir de Monplaisir, en Plougastel, épousa *Françoise Simon de Kerbringal.*

HUON

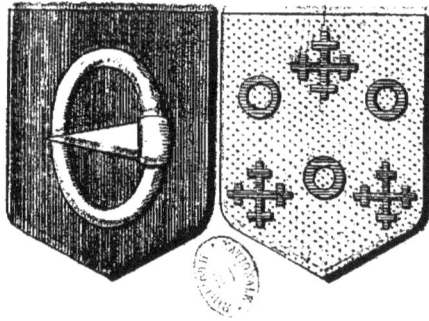

SIMON DE KERBRINGAL

S$^{rs}$ de Kergoulouarn, en Plouvorn, — de Tromenec, en Landéda, — de Bigadou, en Saint-Martin de Morlaix, — de Kerbringal, en Dirinon, — de Kerannot, en Saint-Thégonnec, — de Kergadiou, - de la Palue, en Plougoulm, — de Pensez, — de Poulhalec, — de Keropartz, en Lanmeur, — de Kerénez, en Kerlouan, — de Kersaliou, — de Kerven et de la Lande, les Simon comparaissent aux réformations et montres, de 1426 à 1562, dans les paroisses de Ploudiry, Plougoulm et Landéda, évêché de Léon ; Dirinon, évêché de Cornouaille, et Plougaznou, évêché de Tréguier. Par arrêt du 7 novembre 1669, ils ont été déclarés nobles d'ancienne extraction. (Mss. de la Bibl. de Nantes, t. III, fol. 22-26.)

Blason : *De sable au lion d'argent, armé et lampassé de gueules.*

Devise : *C'est mon plaisir.*

Voici les maisons dans lesquelles ils ont pris leurs principales alliances : Saint-Goueznou, Le Maucazre, Kerdaniel, Kerouzéré, Le Barbu, Le Moine, Kerchamon, Kererel, Brezal, Roz, Coëtempren, Euzenou, Kersauson, etc. (Ibid.)

Eudes Simon est au nombre des croisés qui souscrivirent des actes pour leur passage de l'île de Chypre à Damiette, pendant le mois d'avril 1249. (Charte de Nymoc.)

On trouve encore dans cette famille : Yvon, archer dans une montre de 1378, reçue par Olivier Le Moine, capitaine de Lesneven, père de : 1° Yvon, s$^r$ de Kergoulouarn, marié en 1400 à Catherine de Kerouzéré, dont Guillaume, époux, en 1437, d'Adelice Le Barbu, dame de Tromenec ; 2° Hervé, s$^r$ de Kerbringal, dont la postérité s'est fondue dans Silguy.

Guillaume, s$^r$ de Tromenec, tua en duel [1], en 1600, François de Kermavan,

---

1. La chapelle du château de Tromenec, en Landéda, renferme toujours le tombeau de François, juveigneur de Kermavan, tué en 1600 par Guillaume Simon, s$^r$ de Tromenec, capitaine royaliste, *salade* dans la compagnie du seigneur de Sourdéac, en 1595, mais surtout capitaine aventurier qui, à l'exemple de La Fontenelle et de Sanzay, pillait et rançonnait, sans distinction de parti, royaux et ligueurs. Excommunié par l'évêque de Léon, Rolland de Neuville, dont il avait ravagé la terre et tué le défenseur *avoué*, il ne put éviter le châtiment corporel, dont il était en outre menacé, qu'en élevant à son ennemi un monument expiatoire dans son propre domaine. Sa statue (celle de Kermavan) couchée, revêtue de son armure, y est grossièrement sculptée. Au-dessus de la tête, de chaque côté d'un pennon généalogique, chargé en *abyme* de l'écu de Kermavan, et où l'on croit reconnaître aux 1 et 4 les armes de Kermavan et des Lemoine de Ranorgat, on lit :

TOMBEAU DE FRANÇOIS, JUVEIGNEUR DE KERMAVAN, TUÉ EN 1600.
NOBLE HOMME GUILLAUME SIMON, S$^r$ DE TROMENEC, FIT FAIRE CE TOMBEAU.
DIEU LUI FASSE PARDON. — 1602 †.

Les armes du sieur de Treanna se voient à l'autre extrémité de la pierre, écartelées en alliances, au 1 de Simon, au 4 de Barbu, au 2 de Kerouzéré, et au 3 de Saint-Goueznou. Guillaume Simon fut, de son côté, inhumé dans l'église paroissiale de Landéda, où son tombeau existait jusqu'à la reconstruction de cette église, il y a 30 ou 40 ans. Mauricette Simon, dame de Tromenec, fille des précédents, épousa, en 1619, Jean de Kergorlay. Leur arrière-petite-fille transmit par mariage, en 1727, sa terre de Tromenec à Philippe du Trévou, et la fille de ces derniers épousa Yves Le

dernier du nom. — Louis-Alexandre-Marin, avant-dernier abbé de Notre-Dame de Lantenac, de 1731 à 1786. — Mathelin Simon, l'un des ix *escuiers de Jean de Kergadiou, receuz à Paris, le 10 janvier 1425*. (D. Lob., t. II, col. 908.) — Guillaume, compris dans les gendarmes destinez pour accompagner Richard de Bretagne en France. (Id., ibid., col. 969.)

La branche de Kergoulouarn fondue en 1578 dans Le Rouge ; celle de Tromenec dans Kergorlay, en 1619, et celle de Kerbringal dans Silguy.

Christophe de Kersauson, s<sup>r</sup> de Kerveguen, juveigneur de Coathuel, eut de Françoise Simon, dame de Kerbringal, trois enfants : Alain-Gabriel, Jean et Guillaume, tous morts sans hoirs.

3º MATHURIN, ou MATHIEU, s<sup>r</sup> de l'Isle, avocat à la cour, demeurant en son hôtel, à Landerneau (Fréminville) ;

4º LAURENT ;

5º CLAUDE. Tous trois morts sans hoirs. En eux prit fin le sous-rameau de Coathuel.

XX. HERVÉ de Kersauson, s<sup>r</sup> de Pennendreff, Penalan et autres lieux, fiefs qu'il tenait de sa mère, Marie de Kerengarz, deuxième femme de Guillaume IV, épousa, le 5 avril 1606, *Françoise de Kerouartz*, fille d'Alain, XIX<sup>e</sup> du nom, s<sup>r</sup> de Kerouartz et de Kerthomas (le héros de la ballade de Keroùlas), demeurant en son château de Kerouartz, en Lannilis, et d'Ysabeau du Chastel-Mesle.

La bibliothèque du Vatican possède un manuscrit dont un auteur anonyme et contemporain de .la VI<sup>e</sup> croisade, rapporte les événements et le nom des Bretons

Bihannic, s<sup>r</sup> de Guiquerneau, aux descendants desquels Tromenec appartient encore aujourd'hui. (*Itinéraire de Saint-Pol à Brest*, par M. de Courcy. — *Bret. et Vendée*, t. VI, pp. 129-130.)

Nous croyons intéressant de narrer au lecteur une courte légende sur la maison de Carman ou Kermavan et sa noble devise : *Après Dieu Carman !*

Ce cri qui, au premier abord, paraît fort orgueilleux, prouve au contraire la foi et l'humilité de celui qui le premier le poussa. Les Kermavan, Kerman ou Carman habitaient le château du nom, en la paroisse de Kernilis, ancien évêché de Léon. A ce château attenait une chapelle où se conservait le Saint-Sacrement. Or un soir, le feu se déclara dans la demeure seigneuriale et envahit bientôt l'oratoire. Chacun, ne songeant qu'à sa propre conservation et à celle des objets les plus précieux, ne cherche qu'à se mettre à l'abri des flammes. A ce moment, le sire de Carman dominant le tumulte, s'écrie : *Sauvez Dieu d'abord, et après Dieu Carman*, signifiant par là que que son premier trésor était l'hôte solitaire du tabernacle, et, qu'*après lui* seulement, on pouvait penser aux richesses de Carman. Voilà pourquoi et comment ce premier cri pieux s'altéra peu à peu et fut remplacé par celui-ci : *Doue araog* (Dieu avant) et Richesses de Carman, qui n'en sont, au bout du compte, que la traduction et l'explication.

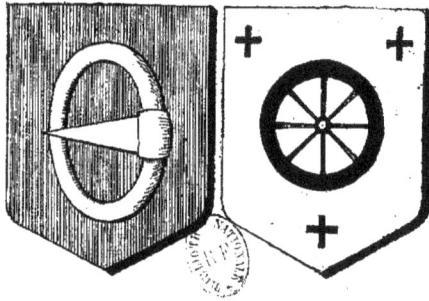

DE KEROUARTZ

qui y prirent part. Il nomme entre autres *Soudan de Kerouartz*. Ce Soudan, « habile dans l'art de la guerre et chargé au siège de Damas de l'inspection des machines, en inventa une qui, au moyen d'une roue, permit de jeter beaucoup de monde sur les remparts. En souvenir d'un tel service, les assiégeants voulurent que l'inventeur de l'engin de guerre portât une roue sur son écu, mais comme cet écu était chargé de gueules à la bande d'argent, accompagnée de six croisettes au pied fiché d'or, mis en orle, Soudan prit pour blason (qui est celui que porte encore aujourd'hui sa maison) : *D'argent, à la roue de sable, accompagnée de trois croisettes de même.* » (Note de M. Ch. de Barthélemy.)

Des archives de la famille de Saint-Pern il résulte aussi qu'un autre Kerouartz, Macé (*Maceus de Kairhoart*), prit part, avec Hervé de Saint-Pern, à la VIIᵉ croisade, en foi de quoi ses armes ont été placées au musée de Versailles, où elles figurent (nous les y avons vues) à côté de celles de Robert de Kersauson.

D'après une fort ancienne généalogie, la maison de Kerouartz aurait pour auteur un chevalier *Auratus Houart*, faisant partie du secours envoyé au duc Conan IV, dit le Petit, par Henri II, roi d'Angleterre, en 1164 (D. Lob., liv. VI, p. 154) ; le même chevalier aurait ensuite fondé un château dans l'évêché de Léon, et lui aurait donné son nom. De là, le noble manoir de Kerouartz [1]. Ce qu'il y a de certain, c'est que des titres bien authentiques, produits au cabinet du Saint-Esprit, le font remonter jusqu'à cette époque. « Ce nom, dit La Chesnaye-des-Bois (t. VIII, p. 331), est remarquable entre les noms de la province de Bretagne par son ancienneté et ses alliances. » Le généalogiste aurait pu ajouter et par ses nombreuses illustrations dans la magistrature, l'armée et la marine.

Déclaré d'ancienne extraction chevaleresque, par arrêt du 11 mai 1669 (Mss. de la Bibl. de Nantes, t. III, p. 1407), et ayant pris part aux montres de noblesse et réformes de 1424 à 1534, dans le Léon, les Kerouartz étaient sʳˢ dudit lieu, de Keringarz, — de la Fosse, — du Coum, — de Lauranlemen, — de Keranroux, — de Bergoët et de Ploudiner, en Lannilis, — de Kermarho, — de l'Isle, — de Basseville, — de Lézérazien et de Lomenven, en Guiclan, — de Penhoët, en Saint-Thégonnec, — de Kerthomas, — de Penvern et de Lomélar, en Plounéventer, —

1. Le château de Kerouartz construit sur le territoire de la paroisse de Landéda, près Lannilis, au bord de la mer, au fond de la baie d'Aberwrac'h, puis, ensuite, plusieurs fois détruit par les Anglais, fut rebâti en Lannilis, où il existe encore aujourd'hui. A l'emplacement qu'occupait l'ancien, on a trouvé, en creusant les fondations d'un pavillon, une grande pierre où était l'inscription suivante : *Struxerunt et detruxerunt Angli me, quondam Auratus miles construxerat Angius, me quoque destructum reddidit igne areas.* (Anciens mss. de la famille.)

« Le château de Kerouartz, près Lannilis, belle habitation du XVIIᵉ siècle, s'élève au milieu de « grands bois, sur le bord de l'Aberwrac'k. Il fut construit par Claude de Kerouartz, chevalier de « l'ordre, époux, en 1602, de Françoise de Kerbic, dame de Coëtéozen, et achevé par Jean, son « fils aîné, époux de Catherine du Lys, mort en 1661. Ses vastes cheminées de pierre se font re-« marquer par leur entablement dorique et leurs manteaux soutenus par des cariatides. » (*Bret. contemp.*, t. II, p. 114.)

de la Ville-Aubray, — de Lossulien, en Guipavas, — de Bois-Boixel, — de Kermellec, — de Coateozen, en Landouzan, — de Kergroadez, en Plourin.

Le blason des Kerouartz est celui que nous avons donné plus haut.

Sa noble devise est : *Tout en l'honneur de Dieu.*

Ses principales alliances, depuis 1100, sont avec les maisons de Coëtmen, —
Saint-Goueznou, — Le Barbu, — du Quilliou, — Kerlech, — de Coëtivy, —
Poulmic, — La Bouexière, — de Mez, — du Chastel de Mesle, — du Reffuge, —
Parcevaux, — Barbier de Lescoët, — Kersauson, — Kergus, — Trofagan, — de
Kerbic, — du Lys, — Larlan, — Danvet, — de Rieux, — de Saint-Valérien, —
de Phélippeaux, — de Kergroadez, — d'Houchin, — Le Bihan de Pénelé, — Le
Borgne de Keruzoret, — La Porte-Vezin, — Paris de Soulange, — de Kergoët, —
Kermel, — de Cleuz du Gage, — Le Vicomte de la Houssaye, — de la Bédoyère,
— de Quélen, — Quemper de Lanascol, — de Roquefeuil, — de Rougé.

Outre les deux croisés déjà nommés, la maison de Kerouartz a encore produit :
Salomon, qui suivit le duc Pierre de Dreux dans la guerre contre les Albigeois. —
Arthur, accompagna le duc Jean II en Flandres (1303). — Arthur II, dévoué par-
tisan de Charles de Blois. — Hervé, au nombre des dix Bretons de l'armée de
Sylvestre Budes qui combattirent et vainquirent les Allemands à Rome, en 1375.
(D. Lob., t. I, liv. II, p. 427), gratifié d'une pension de 100 livres tournois par
Charles VI, pour les bons et loyaux services qu'il lui a rendus dans ses guerres au
pays de Bretagne. (Copie collat. réfor.) — Hervé II, écuyer de la compagnie
d'Alain du Chastel, reçue à Paris en 1412 (D. Mor., *Pr.*, t. I, col. 912), homme
d'armes dans celle de Messire Jean de Penhoët, amiral de Bretagne, en 1420, l'un
des douze escuiers de la compagnie de Jean du Juc'h, receuz à Paris le 16 décembre 1425. (Lob., II, col. 1562.) — Olivier, dans une lettre du duc Pierre II.
(D. Mor., *Pr.*, t. II, col. 1562.) — Alain, commandant 50 salades à Brest, sous le
s^r de Sourdéac. (D. Mor., *Pr.*, t. III, col. 1635.) — Claude, chevalier de l'ordre du
Roi, en 1602, idem, sous le s^r de Sourdéac, en 1595 [1]. — Paul-François-Xavier,
chevalier de l'ordre, lieutenant des chevau-légers du dauphin, en 1677, puis capi-

---

1. Claude, s^r de Kerouartz et autres lieux, frère aîné de la dame de Kersauson et de Marie,
femme de François de Kersauson, s^r de Mesguen, passa ses plus belles années au service du roi.
Il fut chevalier de l'ordre, mais la date de son admission n'est pas connue. Il existe au château de
Lézérazien (Finistère), au-dessus d'une porte, un écusson en granit fort usé, à la date de 1602,
surmonté d'une couronne et entouré *du collier de l'ordre de Sa Majesté.* La réception de Claude
de Kerouartz remonte donc, si elle n'est antérieure, à cette année 1602. En 1625, les côtes de la
province de Bretagne ayant été exposées aux incursions des Anglais et des Rochelois, il fallut
veiller à leur sûreté. Le marquis de Sourdéac, lieutenant général du Roi en Basse-Bretagne et
gouverneur de Brest, connaissant *l'expérience, la valeur et la fidélité* de Claude de Kerouartz, lui
confia la défense des côtes menacées. Dans l'acte qui l'investit à cet effet du commandement d'un
corps de cavalerie, il est qualifié chevalier de l'ordre du Roi. Il mourut en 1627. (*Chev. bret. de
Saint-Michel*, par M. de Carné.— Tit. généal. de M. le marquis de Kerouartz.)

De Trégoazec

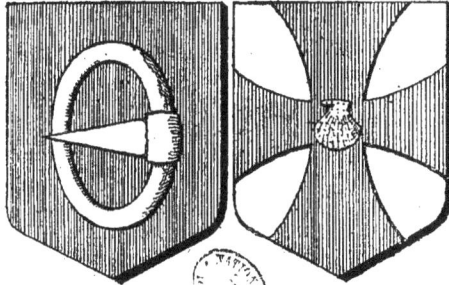

taine des chevau-légers de Berry, se distingua à Gand, à Fleurus (1690), à Leuze (1691), et surtout à la Marsaille (1693) où il eut un cheval tué sous lui (*Hist. de la maison des Rois*), colonel d'un régiment de son nom, vers 1700. — Quatre chevaliers de Malte, de 1706 à 1819. (Vertot et Saint-Allais, p. 295.) — Jacques-Louis-François-Marie-Toussaint, marquis de Kerouartz, chevalier de Saint-Louis, capitaine au régiment Dauphin-Cavalerie, guidon dans la Petite-Gendarmerie de Lunéville, et major au régiment de Beauce, plus tard lieutenant dans la Petite-Gendarmerie de l'armée des Princes. — Louis-Marie-Joseph, frère du précédent, capitaine de vaisseau, chevalier de Saint-Louis, chef de division de l'armée de Vendée, en 1793, puis adjudant au 3e corps, en 1815. — Claude, frère des précédents, tué à Quiberon avec Alexandre, officier de marine, chevalier de Saint-Louis. — François, aussi frère des précédents, à l'armée des Princes. — Frédéric, marquis de Kerouartz, fils de Jacques-Louis-François-Marie-Toussaint, garde d'honneur en 1814, chevalier de la Légion d'honneur, officier aux chevau-légers du Roi, même année, puis volontaire à l'armée de Bretagne et enfin officier aux chasseurs du Morbihan.

La liste de NN. SS. du Parlement de Bretagne nous donne le nom de deux Kerouartz, conseillers de 1744 à 1756.

Le chef actuel de la maison de Kerouartz est le marquis Albert, fils de Frédéric et de Mathilde de Quélen : il a épousé N... de Roquefeuil.

Françoise de Kerouartz, femme d'Hervé de Kersauson, fut, suivant acte du 16 janvier 1606, partagée noblement par son frère, noble et puissant Claude, marquis de Kerouartz.

Hervé de Kersauson mourut en 1624 et fut enterré à Lanrivoaré. — Restée veuve et douairière, ladite Françoise décéda en 1644, laissant de son mariage cinq enfants dont les noms suivent. (Arch. de Pennendreff.)

1º TANGUY, dont l'article suivra.

2º SÉBASTIEN, écuyer, sr de Lavallot, mort sans hoirs.

3º LOUIS, écuyer, qui épousa *Marie Haillard, dame de Trégoazec.*

Trégoazec (de), sr dudit lieu, en Dinéault, — de Garlan, en Saint-Ségal, — du Drénit, en Douarnenez.

Ancienne extraction. — Sept générations en 1670. — Réformes et montres, de 1448 à 1562, en Dinéault, évêché de Cornouailles.

Blason : *D'argent, à la croix pattée de gueules, chargée en cœur d'une coquille d'or.*

Guillaume, vivant en 1448, bisaïeul d'Hervé, vivant en 1536, marié à Béatrix de Hirgarz.

Louis de Kersauson mourut sans hoirs.

4º LAURENT, sʳ de Coëtléziou, mort sans postérité.

5º RENÉE, dame du Halegouet, mariée, suivant acte de 1640, à *Yves Courtois de Bourneuf,* demeurant en son manoir de Kerlonzellec, en Esquibien, évêché de Cornouailles.

Courtois, sʳ de Kergézéquel, en Guiler, — de Kermoal, en Guipavas, — de Bourgneuf, — de Lezerec, — de Kermenguy.

Ancienne extraction. — Huit générations en 1671. — Réformes et montres, de 1448 à 1534, en Guiler, Guipavas et Gouéznou, évêché de Léon.

Blason : *D'or, à 2 jumelles de sable, accompagnées de 3 trèfles de même, posés de fasce, entre les jumelles.*

On trouve en 1448 Jean de Courtois qui épouse Marie de Penancoët.

XXI. TANGUY de Kersauson, écuyer, chef de nom et armes de sa maison, qualifié haut et puissant, sʳ de Pennendreff, Lavallot, Penandour, Penalan, Kerbriec, et autres lieux, transigea, en 1630, avec sa mère, Françoise de Kerouartz, dame douairière (Arch. de Pennendreff). Le 5 avril, même année, il épousa *Gabrielle Rannou, dame du Glazéou,* fille puînée de noble et puissant Guillaume Rannou, en son vivant chevalier de l'ordre du Roi, gentilhomme ordinaire de sa chambre, et de noble et puissante dame Marguerite de Keraldanet, sʳ et dame de Keribert, en Ploudalmézeau, — du Beaudiez, en Landunvez, et vicomtes de Pratmeur, aussi en Ploudalmézeau. (Arch. de Pennendreff.)

Les Rannou comparurent aux réformes et montres, de 1426 à 1534, en Ploudalmezeau, évêché de Léon.

Blason : *Losangé d'argent et de sable.*

On trouve Olivier Rannou entre les nobles de Ploudalmézeau, à la réforme de 1443. — Guillaume Rannou et Marie de Keraldanet, mariés vers l'an 1580, eurent une autre fille, Renée, qui épousa, vers 1620, René de Sansay, neveu du comte de la Maignane, capitaine ligueur.

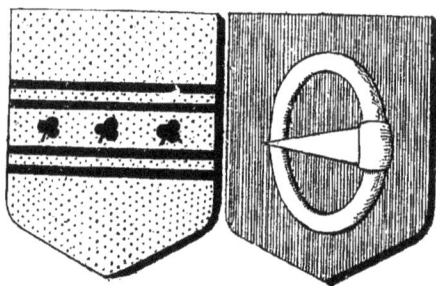

Rannou

De Penmarc'h

Gabrielle Rannou, dame de Kersauson, mourut en 1655, d'après les registres paroissiaux de Plourin.

De son mariage issurent deux filles dont les noms suivent :

1º FRANÇOISE-ANNE-LOUISE, qui épousa, en 1649, noble et prépotent *Claude de Penmarc'h,* sʳ de Keranrois et de Keretou, originaire de la paroisse de Guisseny. La cérémonie nuptiale fut célébrée dans la chapelle du château de Pennendreff, en présence du baron Vincent de Penmarc'h [1] et de Tanguy de *Kersaozon,* pères des deux époux [2].

La maison de Penmarc'h, éteinte au commencement de ce siècle, était d'ancienne chevalerie, fort riche et fort bien alliée. Ayant prouvé onze générations à la réformation de 1669, elle a comparu aux montres de 1426 à 1534, en Saint-Frégant et Plouguerneau, évêché de Léon.

Elle possédait : la baronnie dudit lieu, depuis 1502 [3], en Saint-Frégant [4], — les

1. Ce Vincent de Penmarc'h, sire de Goulven, de Lannuzouarn, de Kervisien, du Colombier, de Bourouguel, de Coëtlestremeur, de Mesléan, etc., et chevalier de l'ordre du Roi, était fils de René et de Jeanne de Sansay. Il avait épousé, en 1638, Anne-Gillette Rivoalen, dame de Mesléan et de Lannuzouarn, fille elle-même de Jean et de Marguerite Barbier de Kergean.

2. Extrait du registre des mariages de la paroisse de Plourin pour l'année 1649, où est écrit ce qui suit :

« Calendis februarii, anno, a partu Virginis, millesimo sexentesimo quadragesimo nono, vene-
« rabilis servatus Moulin, presbyter, et rector parochiæ de Plourin, subsignatus, conjunxit in
« matrimonium nobiles et præpotentes Claudium de Penmarc'h, dominum de Keranroue et Kere-
« tou, ex parochiâ de Guysezny (Guisseny), et Annam Kersaoson, dominellam de Penandreff, ex
« ipsâ parochiâ de Plourin, in sacello de Penandreff, servatis omnibus servandis, præsentibus do-
« minis : alto et potenti D. D. Vincentio de Penmarc'h, nobilissimo Tanguy de Kersauson, D. de
« Penandreff, qui subsignaverunt et ipsi in matrimonium conjuncti.

« Subsignaverunt : Tanguy de Kersauson. — Claude de Penmarc'h. — Vincent de Penmarch.
« — Anne de Quersauson. — S. Moulin, presbyter. »

3. « La seigneurie de Penmarc'h est des plus nobles et des plus anciennes de l'évêché de Léon,
« et, par lettres patentes de la reine Anne, de l'an 1302, elle fut érigée en seigneurie de bannière
« avec éloge, scavoir, qu'elle étoit l'une des plus nobles et anciennes chevaleries de l'évêché de
« Léon... » (Hévin, *Consultation,* p. 700.)

4. La demeure seigneuriale de la noble famille de ce nom mérite de trouver ici une brève description. Une chaussée de pierre, ombragée par des arbres séculaires, conduit de l'étang de Penmarc'h au château de ce nom, sur la porte principale duquel est gravée, en chiffres arabes et non en lettres gothiques, la date de 1546. Si le tailleur de pierres qui a sculpté cette date a été un des premiers à adopter les nouveaux chiffres, en Bretagne, il n'a pas suivi, dans la construction du château, le goût de la Renaissance qui se répandait à la même époque, surtout dans l'architecture civile, car *Penmarc'h* est aussi gothique que le *Folgoët.* La pierre de Kersanton n'y est nulle part employée, même dans les archivoltes à croisettes de la porte principale et dans les rampants des pignons aigus des splendides lucarnes qui couronnent le faîtage, où rien ne fait pressentir la transition de l'ogive au plein-cintre. Nous croyons donc que la date de 1546 n'est relative qu'à une réparation, et que le château est d'un siècle plus ancien. Le corps de logis principal, derrière lequel

seigneuries du Colombier, en Plouguerneau, — de Kerléec, en Plounevez-Lochrist, de Kervizien, — de Coëtlestremeur, en Plounéventer, — de Landiffern, en Plou-daniel, — de Coëténez, en Plouzané, — du Parc, en Rosnoen, — de Kerhélon, en Plouénan [1], — de Keranroy, — du Bourouguel, en Plouigneau, — de Mezléan, en Goueznou, — de Lanuzouarn, en Plouénan, — de Kerbabu, en Lannilis.

Blason : *Ecartelé aux 1 et 4 : de gueules à la tête de cheval d'argent,* qui est Penmarc'h ; *aux 2 et 3 : d'or, à trois colombes d'azur,* qui est.du Colombier ; — alias : *D'or à la fasce d'azur, accompagnée de 6 pigeons de même, 3 et 3.* (Sceau de 1397.)

Devise : *Prest vé* (Il serait prêt).

Penmarc'h a produit : Henri, fils d'Alain, vivant en 1300, et de Constance de Coëtivy, dans une montre de 1383 (*Hist. de Duguesclin,* p. 413), marié, même année, à Plézou Toupin, et employé aux guerres de Flandre, dans la compagnie du vicomte de Léon. — Autre Henri, commandant une des compagnies envoyées en Poitou, contre les Penthièvre, en 1420. — Christophe, évêque de Dol, de 1474 à 1476, transféré à Saint-Brieuc à cette date, et mort en 1505. — Trois chevaliers de l'ordre du Roi.

Branche aînée éteinte en 1804; celle de Coëténez fondue dans Le Vayer de Keran-dantel, puis Guer de Pontcallec.

La maison de Penmarc'h jouissait, entre autres privilèges, de porter, alternative-ment avec le s^r de Coëtménec'h, le quatrième pied de la chaise des évêques de Léon à leur première entrée dans leur ville épiscopale. En considération de ce service très envié, et qui donnait lieu à de fréquentes contestations, le seigneur de Penmarc'h avait droit, alternativement aussi avec celui de Coëtménec'h, au quart de la vaisselle, linge et ustensiles de cuisine, ayant servi au repas d'installation de l'évêque. (*Bret. et Vendée,* t. VI, p. 125.)

2° JULIENNE, qui épousa, par acte du 5 août 1661, noble *Julien de Loc'hant,* s^r de Kerourioux, en Plouider. A l'exemple de ce qui avait eu lieu pour sa sœur, Julienne se maria dans la chapelle de Pennendreff. Furent

est un pavillon carré auquel est adossée une tourelle ronde, est flanqué, à l'extrémité de l'aile droite, récemment démolie, d'une forte tour ronde qu'on a eu le bon goût de réparer. Cette tour, munie d'une galerie crénelée et de machicoulis, est recouverte d'un toit conique surmonté d'un beffroi. (*Itin. de Saint-Pol à Brest,* par M. P. de Courcy. — *Bret. et Vendée,* t. VI, p. 125.)

Après avoir servi, sous l'Empire et la Restauration, de collège ecclésiastique, le château de Pen-marc'h appartient aujourd'hui à M. de Montarby, par les Cressolles. On conserve dans la grande salle, toute dénudée du reste, de l'antique manoir, un *arbre généalogique* que nous y avons vu et où figurent plusieurs fois les armes de Kersauson. (Remarque de l'auteur.)

1. La chapelle de Kerhelon subsiste toujours et la fête patronale s'en célébrait encore cette année (1884), le dimanche 11 mai.

DE LOC'HANT

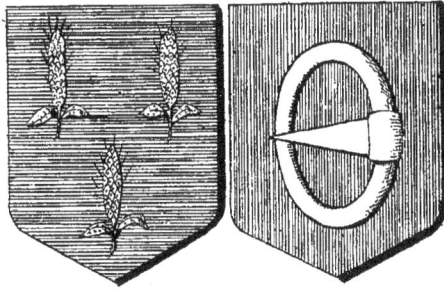

HUON

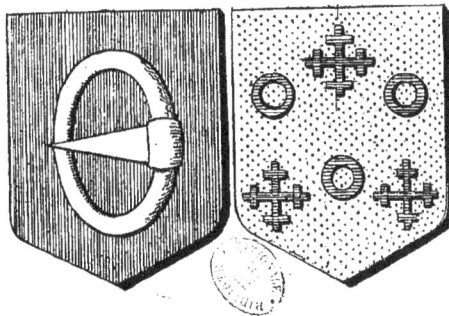

témoins : Tanguy de Kersauson, père de la mariée, et Prigent de Kergadiou, sᵣ d'Ellès, en Plourin.

Loc'hant (de), sᵣ dudit lieu, en Irvillac, — de Kerouriou, en Plouider, — du Gouaziou.

Ancienne extraction. — Six générations en 1669. — Réformes et montres, de 1426 à 1536, en Irvillac, évêché de Cornouailles.

Blason : *D'azur à trois épis de froment d'or.*

Alain de Loc'hant, vivant en 1500, épouse Isabelle de Lohennec.

Branche aînée fondue, en 1522, dans du Fou, puis du Bot.

Après la mort de sa première femme, Gabrielle Rannou, Tanguy de Kersauson, sᵣ de Pennendreff, épousa, en deuxièmes noces, le 10 janvier 1656, *Françoise Huon,* fille aînée de Kermadec ¹, dont nous avons vu, il y a quelques pages, la cousine Marguerite épouser François de Kersauson, sᵣ de Coëthuel, et dont nous verrons plus tard la sœur cadette, Brigitte, prendre pour mari autre Tanguy de Kersauson, de la maison de Vieux-Chastel.

Nous avons donné, précédemment, la notice de famille et héraldique de Huon, nous y renvoyons le lecteur.

Tanguy, sᵣ de Pennendreff, mourut en janvier 1664, et fut enterré, *par permission,* à Lanrivoaré. Le château de Pennendreff dépend en effet de la

---

1. *Château de Kermadec, en Ploudiry, évêché de Léon.* Près de la route de Carhaix, on aperçoit les toitures aiguës du manoir de Kermadec, où naquit, dans la seconde moitié du XIIIᵉ siècle, Olivier Saladin, recteur de l'Université de Paris, en 1318, puis évêque de Nantes (1339-1354), surnommé, nous dit Dom Morice, *la fleur des prélats* de son temps. Il se trouva à Avignon pour la canonisation de saint Yves, dont il prononça le panégyrique, le 19 mai (mardi des Rogations) 1349, en présence du pape Clément VI. Olivier Saladin était frère de Pigette, qui porta, par mariage, la seigneurie de Kermadec à Hervé Huon, prévôt féodé de la vicomté de Léon, lequel retint pour lui et ses descendants le nom de Kermadec. Saladin portait : *D'or à trois annelets d'azur,* pièces héraldiques qui se retrouvent encore aujourd'hui dans le blason des Huon, qui y ont ajouté seulement : *trois croisettes, recroisettées aussi d'azur.*

Le manoir actuel de Kermadec fut construit en 1503 par Pierre Huon, sieur de Kermadec. Le portail était surmonté de son écu couché à l'antique, timbré d'un heaume à lambrequins avec un vol pour cimier et surmonté par des lions. Cette pierre est aujourd'hui déposée dans la cour du château de Chef-du-Bois. Les sᵣˢ de Kermadec percevaient 15 deniers sur tout navire chargé de vin qui entrait « es havres, rade et mettes de Landerneau, ayant bateau ou coquet, et un quart de « minot sur tout navire chargé de sel. »

Le manoir de Kermadec a changé de maître, mais la famille de ses anciens possesseurs justifiant sa devise : *A tao da virviquen* (toujours à jamais), s'est perpétuée jusqu'à nous. (*Bret. contemp.,* t. II, p. 104.)

paroisse de Plourin, mais ses habitants ont paru avoir de tout temps une prédilection toute particulière pour l'église, limitrophe du reste, de Lanrivoaré. Voilà pourquoi on dut avoir recours à une autorisation spéciale pour l'inhumation de Tanguy.

Françoise Huon, dame douairière de Pennendreff, ne mourut qu'en 1670.

De ce mariage issurent :

1° JOSEPH-HERVÉ, dont l'article va suivre.

2° VINCENT-TANGUY, qui, suivant acte de 1687, épousa *Marguerite Madieu, dame de Penguilly.*

Les Madieu étaient s[rs] de Keranmoal et de Moguermeur, en Pouldergat, près Douarnenez, dans l'ancien évêché de Cornouailles.

On ne connaît pas sa descendance.

3° LOUISE-ANNE, } toutes deux décédées sans alliances.
4° ANNE, }

XXII. JOSEPH-HERVÉ de Kersauson, chef de nom et armes de la maison de Pennendreff, devint, quoique fort jeune [1] à la mort de son père, s[r] dudit lieu de Pennendreff, Penandour, Penalan, Kerbriec et autres lieux. Il épousa, le 5 mai 1681, *Marie Audren,* fille de défunt Guillaume, s[r] de Kerdrel, et de Marie de Kermenou.

Lors de la mort de son père, Joseph-Hervé était mineur, ainsi que son frère et ses sœurs. Tous quatre eurent pour tuteur Claude de Penmarc'h, comte et baron dudit lieu, s[r] de Kerenroy, châtelain de Bourouguel, et époux, comme on l'a vu à l'autre page, de Françoise-Anne-Louise de Kersauson, sœur consanguine desdits mineurs, dont Claude était par conséquent le beau-frère. Claude mourut avant la majorité de ses pupilles, il fut remplacé par son fils, Vincent, mais, lors de la grande réformation de la noblesse 1668-1671, cette substitution ne s'était pas encore produite, car ce fut Claude qui y représenta lui-même les mineurs, et c'est son nom qui est cité comme tuteur dans les arrêts du 30 octobre 1668, du 28 janvier et du 29 mars 1669, où

---

1. Il était âgé de 6 ans, étant né le 19 mars 1658, — Louise-Anne en avait 4, — Vincent-Tanguy (non encore nommé), 2, et Anne 9 mois.

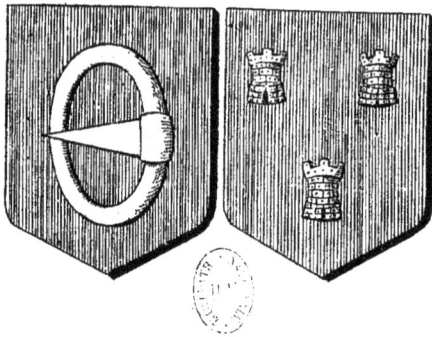

AUDREN

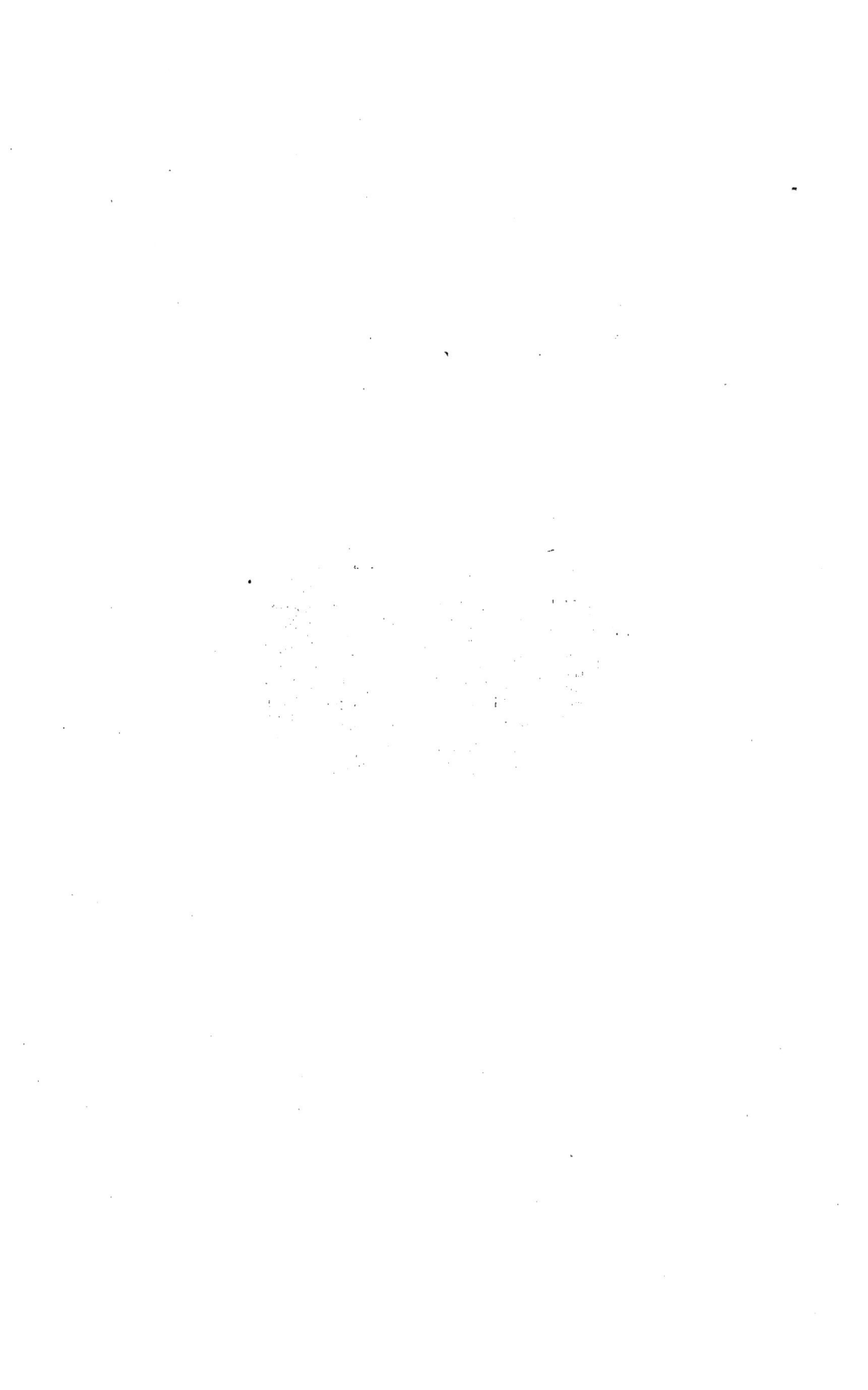

lesdits Joseph-Hervé et Vincent-Tanguy de Kersauson sont maintenus dans leur ancienne extraction chevaleresque.

Nous avons entre les mains une lettre assez curieuse de Joseph-Hervé, mineur, datée du 28ᵉ septembre, l'an 1674, et adressée à *Monsieur de Quenroy* (sic) *Penmarch, demeurant en sa maison, au Faou, proche Landerneau.*

Malheureusement l'en-tête de la lettre a été déchiré par le cachet intérieur, mais tout porte à croire qu'elle était écrite de Rennes. Elle a pour but de mander à M. de Keranroy (qui était encore à cette date Claude de Penmarc'h), de l'argent pour subvenir aux frais d'entretien du jeune homme, et aussi, ajoute-t-elle, *pour mon petit divertissement.* Un post-scriptum termine ainsi cette lettre : *Baillez, s'il vous plaît, mes beses mains à ma sœur* (Françoise-Anne, femme de M. de Penmarc'h) *et à toute la maisonnée. Mon cousin* (un certain M. La Chapelle-Cado) *vous bese très humblement les mains et à toute la maisonnée.*

Nous avons déjà dit que Marie Audren, devenue dame de Kersauson, en 1681, était fille de Guillaume, sʳ de Kerdrel, et de Marie de Kermenou. Elle était née le 6 mai 1661 (elle n'avait donc pas tout à fait 20 ans lors de son mariage), au château de Tromeur, en Landunvez, en l'église de laquelle elle avait été baptisée le 6 juin suivant. (*Arch. de Pennendreff.*)

Les Audren, sʳˢ de Kerdrel et de Kervéléguen, en Lannilis, — de Kervinot, en Plounevez-Lochrist, — et de Pratmeur, sont d'ancienne chevalerie*. Ils ont, à la ré-

---

* Nous croyons devoir à la famille Audren de Kerdrel, si liée à la maison de Kersauson, et surtout à la branche de Pennendreff, un article spécial de généalogie, que nous sommes heureux de lui consacrer.

Le premier auteur, et le plus illustre, auquel puissent remonter les Audren, est *Raoul*, croisé en 1248. Un titre original latin (collection Courtois, charte de Nymoc), sur parchemin, aujourd'hui entre les mains de M. de Kerguelen, et d'où il résulte que Hervé de Kerguelen, Raoul Audren et Jean de Thusca (de la Touche) donnèrent, en 1249, procuration à Hervé, marinier de Nantes, pour leur passage de Chypre à Damiette, a fait admettre les armes des sʳˢ de Kerdrel au musée de Versailles.

Après Raoul, on trouve : Jean Audren, avec Pencoët, Penmarc'h et Tinténiac, payés en exécution du testament de Jean II, duc de Bretagne, en 1305. (D. Lob., t. I, p. 292.) — Olivier, dans une montre de J. de Tournemine, à Landivisiau, en 1356. (D. Mor., *Pr.*, t. I, p. 1501.) — Guillou, à la prise de Châteaulin par la dame de Rays, le 7 janvier 1382. (D. Mor., *Pr.*, t. IV, p. 434.) — Jehan, sergent général, en 1384. (Id., *ibid.*, p. 465). — Hommages rendus au vicomte de Rohan par Guillemet Audren, le 17 juillet 1396. (Id., *ibid.*, p. 671.) — Jehan accompagne en France Richard de Bretagne, en 1419. (D. Lob.,

formation de 1671, prouvé sept générations ; ils ont pris part aux montres de 1426 à 1534, paroisse de Lannilis, évêché de Léon.

t. II, p. 969.) — Olivier, entre les nobles de Lannilis à la réforme de 1443. *(Tiré du Nobil. du marquis du Refuge dont il n'existe que 3 exemplaires manuscrits : à la Bibliothèque nationale, à la bibliothèque du collège de Lyon et au château de Keruʒoret.)*

Dans un aveu du 8 janvier 1465 on trouve : Pierre Audren, sʳ de Kerdrel, en Lannilis, dont :

1º PIERRE, sʳ de Malleville, près Ploërmel, qui prend pour armes : *3 têtes de lévrier,* et meurt sans hoirs.

X. 2º YVON, sʳ de Kerdrel, qui épouse *Marie Gourio,* de la maison du Rouazle, dont nous aurons plus tard à parler.

Yvon mourut en 1515.

De son mariage issurent :

1º OLIVIER, qui suit.

2º HENRI, paraît le 13 mai 1520, comme témoin de l'entrée de Guy le Clerc, évêque de Léon.

XI. OLIVIER épousa *Isabeau de Keranméar.* (Il s'agit évidemment ici d'une Parcevaux. Nous avons donné la notice de cette maison, pp. 39 et 40.)

De ce mariage issurent :

1º CHRISTOPHE, qui suit.

2º JEANNE, qui épousa *Yves de Kerouartʒ.* (Voir p. 50, pour Kerouartz.)

3º JACQUES, époux de *Françoise de Lesquelen,* des sʳˢ du Liorzou et de Kervinot, en Plounevez-Lochrist, — de Penfeunteniou, en Sibéril, — de Coëtguénec'h, en Berrien, — de Goazvennou, — de Coëtinec et de Kerdannet.

Ancienne extraction. — Huit générations en 1669. — Réformes et montres de 1443 à 1534, évêché de Léon.

Blason : *D'argent, au lion coupé de sable et de gueules.*

A produit Guy, doyen du Folgoët en 1472, et Martin, gouverneur du château du Taureau, en 1626.

Jacques Audren prit le titre de sʳ de Kervinot, avec 3 têtes de lévrier sur son écu, et mourut sans hoirs.

XII. CHRISTOPHE épousa *Marie-Julienne de Mesconval* (?). Ce nom de Mesconval est évidemment ici un titre de seigneurie ; nous ne savons à quelle famille l'attribuer.

Christophe mourut en 1582.

De son mariage issut :

XIII. ALAIN, né le 28 avril 1574, épousa *Marie-Mauricette du Lodé* (?), dont :

1º GUILLAUME, qui suit :

2º JEANNE, mariée à *Yves du Perros* (?).

3º MORICETTE, mariée à *Guillaume de Touronce.* (V. plus loin pour la notice de cette maison.)

4º MARIE, mariée à *N. du Halgouet,* sʳ de Brescanvel. (Voir, pour la notice de cette famille, à la branche de Kerjan, article Rodellec.)

Marie mourut en 1633.

XIV. GUILLAUME, né le 12 janvier 1619, marié à *Marie de Kermenou.* (Voir pour la notice, p. 36.)

Blason : *De gueules à trois tours crénelées d'or, maçonnées de sable.*
Devise : *Tour à tour.*

De ce mariage issurent :

1º JEAN, devenu célèbre dans l'ordre de Saint-Benoît, sous le nom de Dom Maur. D'abord prieur de Landevennec, puis de Redon, il s'adjoignit Dom Lobineau pour entreprendre l'histoire de Bretagne : il devint plus tard abbé de Saint-Vincent du Mans, en 1693, et assistant du Père Général, en 1714. Il mourut prieur de l'abbaye de Marmoutier. Les archives de famille conservent précieusement sa correspondance avec plusieurs personnages historiques de cette époque. Citons entre autres : Gaignières, Varillas, le P. Le Large, Carcado, D. Terriau, François d'Argouges, évêque de Vannes, D. Briant, D. Lobineau, D. Montfaucon, etc., etc. (Voir *Correspondance des Bénéd. bret.*, par M. de la Borderie.)

2º JEAN-CLAUDE, qui suit :

3º MARIE, mariée, en 1681, à *Joseph-Hervé de Kersauson*, sʳ de Pennendreff. (Voir ci-dessus.)

La réformation de 1669 donne pour armes aux Audren : *3 tours* ou *3 têtes de lévrier*. Elle présente Marie de Kermeno ou Kermenou, comme douairière de Kerdrel et curatrice de ses enfants dont elle fait valoir les droits.

XV. JEAN-CLAUDE I, sʳ de Kerdrel, épousa, en 1673, *Marie-Louise Le Rouge de Kergoulouarn.*

Rouge (Le), sʳ de Trédillac, en Botsorhel, — du Moguérou et de Kervoaznou, en Plougonven, — de Coëtsal, — de Penfeunteniou, en Sibéril, — de Ruzunan, en Plougoulm, — de Lesplouénan, en Plouénan, — de Kergoulouarn et de Traonlen, en Plouvorn.

Ancienne extraction. — Neuf générations en 1669. — Réformes et montres de 1427 à 1543, en Plougouven, Plouigneau et Botsorhel, évêché de Tréguier.

Blason : *Ecartelé, aux 1 et 4 : d'argent, au lion morné, coupé de sable et de gueules,* qui est Lesquélen ; *aux 2 et 3 : burelé de dix pièces de gueules et d'argent,* qui est Penfeunteniou.

François, juveigneur d'Ancremel, épouse, vers 1400, Marguerite de Lescorre. — Jean, sʳ de Guerdavid, leur arrière petit-fils, épouse Françoise de La Tour, dont : 1º Hervé, qui a continué la branche de Guerdavid ; 2º Olivier, vivant en 1513, marié à Marie de Roc'huel, auteur de la branche de Rusunan. Olivier, sʳ de Moguérou, salade dans la garnison de Brest en 1595, en épousant, en 1606, Jeanne de Lesquélen, dame de Penfeunteniou, prit les armes de Lesquélen, écartelées de Penfeunteniou.

La branche de Trédillac fondue dans Keranguen.

De ce mariage issurent :

1º SÉBASTIEN, prêtre, mort recteur de Plouzané.

2º JEAN-CLAUDE, qui suit.

3º MARIE-LOUISE, mariée à *Pierre de Lesméal* [1] *(?).*

---

1. Probablement Lesmoal de Kerigonant, de la maison de Meur (*d'argent à la fasce d'azur, accompagnée au chef d'un croissant de gueules*), qui a produit un gouverneur de Lannion et un docteur en Sorbonne, aumônier du Roi, connu sous le nom de sʳ de Saint-André, l'un des fondateurs des Missions étrangères, et deux pages du Roi.

10

La généalogie que nous donnons ici conjointement à la nôtre pour les Audren, prouve irréfragablement qu'il n'y a qu'une seule famille de ce nom, car les

XVI. JEAN-CLAUDE II, s$^r$ de Kerdrel, mousquetaire (de la formation du corps, en 1701). Dangereusement blessé à la bataille de Ramillies (1706). Il épousa, en 1707, *Elisabeth de Touronce.*

De ce mariage issut :

XVII. PIERRE-MICHEL, capitaine garde-côtes. Il épousa, en 1740, *Jeanne du Mescam.*

Mescam (du), s$^r$ dudit lieu et de Mescaradec, en Lannilis, — de Landégarou et de Kerléguer, en Ploudalmezeau, — de Saint-Anger, — de Beauregard, — de Kerambellec, — de Lezivy, — du Stanger, — de Kermoal, — de Mesrivoal, — de la Villeneuve.

Ancienne extraction. — Dix générations en 1669. — Réformes et montres de 1443 à 1534, en Lannilis, évêché de Léon.

Pour armes antiques : *De gueules, à la rose d'argent, boutonnée d'or.* — Moderne : *D'azur à 3 têtes d'aigle arrachées d'argent,* qui est Mescaradec.

Yves, vivant en 1350, père de Jean, marié, en 1390, à Jeanne de Brézal. — Fondu dans Audren de Kerdrel et Huon de Kermadec.

De ce mariage issurent :

1° VINCENT-CASIMIR. qui suit.

2° TOUSSAINT JULIEN, garde du corps de Louis XVI. Blessé grièvement aux journées des 5 et 6 octobre. — Décoré de Saint-Louis de la main du Roi.

XVIII. VINCENT-CASIMIR, mousquetaire du Roi, comme son aïeul, de 1760 à 1775, reçut à sa sortie le brevet de capitaine avec le titre de comte.

« Commission au s$^r$ Vincent-Casimir, comte de Kerdrel, mousquetaire de la seconde compagnie des mousquetaires du Roy, pour tenir rang de capitaine de cavalerie. » Signé : Louis.

De par le roy : MONTREGNOREL.

Est nommé lieutenant des maréchaux de France, en 1776.

Vincent-Casimir épouse, en 1776, *Corentine de Gourcuff.*

Gourcuff ou Gourcun, s$^r$ de Tréménec, en Plovan, — de Kervennec, en Plomeur, — de Kerbiquet, en Kerfeunteun, — de Penanguer, — de Kerourchant, — de Penarpont, — de Kergolant, — de Kerdanet et de Mescosquer, en Poullan, a figuré aux réformations de 1426 à 1536 avec les nobles et gentilshommes des paroisses de Plovan, Pontcroix, Kerfeunteun, ancien évêché de Cornouailles. (*Anc. Réf.,* t. III.) A la grande réformation faite sous Louis XIV, cette maison a fourni les preuves de sept générations, et, par arrêt du 9 janvier 1669, déclarée noble d'ancienne extraction. Quelques membres de cette famille sont parvenus à des positions distinguées ; citons entre autres : Louis, s$^r$ de Tréménec et de Kerdanet, fils d'Alain et de Gillette de Kerofil, gentilhomme ordinaire de la chambre du Roy, par brevet du 4 juillet 1646, et chevalier de l'ordre, en 1653. — Jean-François, page de Louis XV, en 1722.

Blason : *D'azur, à la croix pattée d'argent, chargée d'un croissant de gueules, en abyme.*

Les Gourcuff, dont les s$^{rs}$ de Kerven, de Saint-Spé, de Keromnès, etc., sont un ramage, remontent à Guillaume, croisé en 1248. Un acte daté de Limisso, en avril 1249, a fait admettre les armes de cette famille à Versailles.

ᵍⁱˢ du Restou, de la Ville-Chevrier, en Serent, et de Malleville, en Ploërmel, quoique portant : *D'azur à trois têtes de lévrier d'argent,* n'étaient, nous le

De ce mariage issurent :

1⁰ JEAN-ANNE-CASIMIR, dont l'article suivra.

2⁰ CASIMIR-EUGÈNE, lieutenant de vaisseau, maire de Lorient, qui épousa *N... Esnoul des Chastelets.*

Les Esnoul, ˢʳˢ des Chatelets, étaient originaires de Lorient, dont un de leurs membres fut maire et anobli pour ce fait, en 1784. Ils portaient : *Coupé d'azur et de gueules, l'azur chargé de 2 châteaux d'or et le gueules, de 2 ancres d'argent en sautoir.*

De ce mariage issurent trois enfants.

1⁰ VINCENT, qui fut élève à l'école des Chartes. En 1848, il fut nommé membre de l'Assemblée nationale par le département d'Ille-et-Vilaine, puis réélu à l'Assemblée législative. Après le coup d'Etat de 1852, il rentra dans la vie privée, d'où il ne sortit de nouveau qu'en 1871, où il alla siéger à Bordeaux à la nouvelle Chambre, au nom du Morbihan. — En 1873, il a été élu sénateur par le même département, et aujourd'hui il siège au Luxembourg. Vincent de Kerdrel a été porté plusieurs fois par ses collègues à la vice-présidence du Corps législatif et du Sénat. Il a épousé, antérieurement à 1848, demoiselle *Anne Nouvel de la Flèche,* fille de M. Nouvel, conseiller à la Cour de Rennes, et de demoiselle Huon de Kermadec.

Les Nouvel, ˢʳˢ de la Louzillais, — de la Grenouillais, — de Landaillé, — de Mesmélégan, en Plouvien, — et de la Flèche, en Plouider, portent : *D'argent, au pin terrassé de sinople, supporté par deux cerfs affrontés d'azur.*

Julien Nouvel, fils de Thomas et de Perrine Sablé, échevin de Rennes en 1544, épouse Claude Bilfer. — Claude faisait partie de l'entreprise des notables de Rennes pour remettre la ville au roi Henri IV, en 1589.

La paroisse de Plouider a donné un évêque à l'Église de Saint-Brieuc, en 1329, en la personne de Raoul de la Flèche (mort en 1335), qui prenait son nom du manoir appelé en breton *ar Seaz.* La maison de la Flèche a été successivement possédée depuis par les familles de Kerliviry et de Tromelin, et appartient depuis 1741 à la famille Nouvel de la Grenouillais qui a produit deux sénéchaux de Rennes. (*Itin. de Saint-Pol à Brest,* p. 117.)

La famille Nouvel s'est alliée aux Gillart de Larchantel, Huon de Kermadec, de Penguern, de Kerdrel, etc.

Dom Anselme, évêque de Quimper et de Léon, bénédictin du monastère de la Pierre-Qui-Vire, et précédemment vicaire-général de Rennes, est frère de Mᵐᵉ Vincent de Kerdrel.

De ce mariage sont issus deux enfants : *René,* qui, après être sorti de l'École militaire, servit comme sous-lieutenant dans la légion d'Antibes à Rome, et mourut jeune encore, épuisé par les fatigues de la campagne contre les Garibaldiens. *Anna,* mariée à M. Victor-Benoît des Valettes.

2⁰ N..., mariée à M. *Favin L'Evesque,* capitaine de vaisseau, commandeur de la Légion d'honneur.

3⁰ JEAN-MARIE, époux de *Clotilde de Montbrun,* mort à Vannes, en 1844, sans postérité.

4⁰ CHARLES-MARIE-GASPARD, officier de marine, marié à *Marie-Denise-Joseph Paulou,* fille d'une demoiselle Nouvel, morte le 12 avril 1882, à 83 ans.

démontrons, qu'un ramage des Audren de Kerdrel, branche qui seule, du reste, a fait souche et s'est perpétuée jusqu'à nous.

De ce mariage sont nés trois enfants : Vincent, Paul et Marie.

1º VINCENT, demeurant au château de Kerrom, près Saint-Pol-de-Léon, a épousé demoiselle *Marie Michel de Kerhorre.*

Les Michel, sʳˢ de Kerhorre et de Kerprigent, en Ploëzal, — de Kervény, en Plougonvelin, — du Carpont, — de Trovenec, en Fouesnant, sont d'ancienne extraction. Ils ont produit cinq générations eu 1669. — Maintenus à l'intendance en 1702. — Réformes et montres de 1417 à 1503, en Plougonvelin, évêché de Léon.

Blason : *Ecartelé, aux 1 et 4 : losangé d'argent et de sable ; aux 2 et 3 : d'or, à la coquille de gueules.*

Alliés aux La Motte, Sioc'han, Boudin, du Vergier, Miollis, de Kerdrel et Ferré, ils ont produit un baron de l'Empire en 1811, confirmé en 1817.

Trois enfants sont nés de ce mariage : *Raoul, Charles* et *Alfred.*

2º PAUL, habitant le château de Gorréquer, près Lannilis, conseiller général du Finistère, a épousé demoiselle *Marie Villars,* de Morlaix, dont quatre enfants : *Marie, Paul, Henri* et *Marthe.* — Marie a épousé, le 9 février 1884, *N... du Poulpiquet du Halgouet,* et Marthe, M. *de l'Estang du Rusquec,* en 1884.

3º MARIE, morte en 1880, sans alliance.

5º PÉLAGIE, marié à *N... Damesme,* dont nous donnerons la notice de la famille. De ce mariage, deux filles mariées à MM. *de Rodellec du Porzic* et *de Kermenguy.*

6º THOMINE-JUSTINE, mariée à *Olivier de Rodellec du Porzic,* dont on donnera aussi la notice de famille.

De ce mariage, un fils, VINCENT, époux de demoiselle *Olympe Le Bihan de Penélé,* dont deux fils, *Edouard,* actuellement veuf de demoiselle *de Carné Marcein,* et *Joseph,* marié à demoiselle *Marie de Ferré de Peyroux.*

XIX. JEAN-ANNE-CASIMIR, qui épousa, en 1804, *Zoé Calloët de Lanidy.*

Calloët, sʳ de Lanidy, en Plouigneau, — de Kerahel, en Botsorhel, — de Kerbrat, — de Kerven, — de Portzcadiou, — de Trégomar, — de Toulbrunot, en Merléac, — de Kerangouarec, — de Lostanvern, — de Kerastang, — de Trofor, — de Keriavily, en Plouaret, — du Faouet, — de Kermaria, en Plouha, — du Lou, en Dolo.

Ancienne extraction. — Huit générations en 1669. — Réformes et montres de 1427 à 1543, en Plouigneau et Plésidy, évêché de Tréguier.

Blason : *D'or à la fasce d'azur surmontée d'une merlette de même.*

Devise : *Advise-toi.*

Pierre, conseiller du duc Jean V, puis secrétaire du roi Charles VII, en 1450. — Jean, évêque de Tréguier, en 1501, mort en odeur de sainteté, le 7 mars 1504. Lorsqu'en 1611 on ouvrit son tombeau, son corps fut trouvé entier, ainsi que le constatait le procès-verbal dressé à cette époque et conservé longtemps aux archives de l'église cathédrale de Tréguier. — Trois avocats généraux aux Comptes, depuis 1624. — Une fille à Saint-Cyr, en 1686. — Un président de la noblesse de Tréguier qu'il commandait lors de la défaite des Anglais à Camaret, en 1694.

De ce mariage issurent :

1º CASIMIR, dont l'article suivra.

Nous ne parlerons que pour mémoire de la famille *L'Audren,* qui n'a aucun rapport d'origine ni de parenté avec les Kerdrel.

2º PAUL-EUGENE, député à l'Assemblée Constituante de 1848, membre du Conseil général du Morbihan.

Il épousa, en 1835, *Pauline de la Bouessière* (morte le 19 mai 1872).

Les la Bouexière ou Bouessière (c'est la dernière orthographe qui est adoptée par la famille), srs dudit lieu et de Lestrédiec, en Plusquellec, — de Kerazrouant, en Calanhel, — de Lennuic, en Locquenvel, — de Rosvéguen, en Gouezec, — de Longueville, — de Kerlavaret, — du Cosquer, — de Kernevez, en Trébrivant — de Kerret, — de Kerguizien, — du Bot, en Plouaret, — de Keranno, — cte de Chambors, en 1756, au Vexin français.

Ancienne extraction. — Dix générations en 1668. — Réformes et montres de 1445 à 1543, en Plusquellec et Locquenvel, évêchés de Cornouailles et Tréguier.

Blason : *De sable, au sautoir d'or,* comme Danvel et Jouhan.

Devise : *Vexillum regis.*

Guillaume de la Bouessière, vivant en 1390, marié : 1º à Constance Droniou ; 2º à Marie du Cosquer. — Guillaume, fils des précédents, mentionné à la réforme de 1443, épouse : 1º Marguerite Quillihourch ; 2º Perronnelle de Kerdrein. — Du deuxième mariage issurent deux fils : 1º Bertrand, auteur des srs de Lennuic qui existent encore et ont produit un conseiller au Parlement, en 1675, un lieutenant des maréchaux de France, en 1775, et un maréchal de camp, en 1815 [1] ; 2º Maurice, maître d'hôtel de Charles VIII, père d'Yves, écuyer tranchant de François Ier et pannetier du dauphin, marié, en 1528, à l'héritière de Chambors. A cette dernière branche appartenait Jean, mort en 1624, à 91 ans, maître d'hôtel des six rois Henri II, François II, Charles IX, Henri III, Henri IV et Louis XIII. qui survécut à tous ses enfants dont deux tués à Ivry, en 1590. — Un maréchal de camp tué à Lens, en 1648. — Un lieutenant général en 1820, dont la fille unique s'est mariée dans la maison de Polignac. — Le comte de Chambors admis aux honneurs de la cour, en 1774.

La branche aînée fondue, en 1520, dans Lezandevez.

Du mariage de M. Paul de Kerdrel avec demoiselle Pauline de la Bouessière, sont issus :

1º ROGER, officier de cavalerie, marié, en 1868, à demoiselle *Madeleine d'Imécourt.*

A notre grand regret, et malgré nos instances, nous n'avons pu nous procurer la notice de cette famille.

2º CLAIRE, qui a épousé, en 1868, le vicomte *Ernest de Carheil.*

Carheil (de), sr dudit lieu, en Plessé, — de Kermoreau, en Pénestin, — de Launay, en Sucé, — de la Tronchaye, — de la Guichardaye, — des Portes, en Doulon, — de Redumel, en Assérac.

Ancienne extraction. — Sept générations en 1668. — Montres de 1544, en Plessé, évêché de Nantes.

---

1. Le général de la Bouessière, commandant sous la Restauration la division de Rennes, et très proche parent de Mme de Kerdrel, a laissé un fils et plusieurs filles, dont l'une est devenue Mme de la Bilais, mère du député de la Loire-Inférieure, et de Mme de la Bassetière, femme du député vendéen. Le fils du général, Paul de la Bouessière, décédé depuis plusieurs années, avait épousé Mlle de Thienne, appartenant à l'une des premières familles de l'aristocratie belge. Il a laissé un fils, marié également en Belgique à la comtesse de Launay.

Joseph-Hervé de Kersauson, s[r] de Pennendreff, dut mourir jeune, car en 1687 on trouve Marie Audren avec le titre de douairière, c'est-à-dire de veuve. La dernière mention qu'il soit faite d'elle est de l'an 1708.

Blason : *D'argent, à 2 corneilles essorées, affrontées de sable, membrées d'or, et une molette de sable, en pointe.*

Devise : *Potius mori quam fœdari.*

Marie de Carheil épouse, vers 1443, Valence de la Serpaudaye. — Un page du Roi, en 1780.

Branche aînée fondue dans du Cambout.

3° CLOTHILDE, mariée, en 1867, à *Paul, comte de Perrien de Crénan*, député du Morbihan.

Perrien (de), s[r] dudit lieu et de la Ville-Chevalier, en Plouagat, — de Tropont, en Pédernec, — de la Bouexière, — de Kerguezec, en Trédarzec, — de Keramborgne, en Plouaret, — de Kercontraly, — de Bréfeillac, en Pommerit, — de Trélau, — de Trégarantec, en Mellionnec, — de Cardrin, — de Saint-Carré, — marquis de Crénan, paroisse du Fail, — comte de Marans et s[r] de Courcillon, au Maine.

Ancienne extraction chevaleresque. — Dix générations en 1671. — Réformes et montres de 1434 à 1543, en Plouagat-Chatelaudren, évêché de Tréguier.

Blason : *D'argent, à cinq fusées de gueules, en bande.*

Un seigneur de ce nom, croisé en 1248[1]. — Guillaume, *aliàs* Jean, écuyer dans une montre en 1375, ratifie le traité de Guérande, en 1381. — Alain épouse, vers 1434, Tiphaine du Chastel. — Guillaume, et autre Guillaume, son neveu, défendant Guingamp pour Penthièvre, en 1419. — Maurice, page d'Henri II, en 1553. — Pierre, fils de Maurice et d'Anne Urvoy, dame de Crénan, maréchal de camp en 1649, grand échanson de France, mort en 1670. — Pierre, fils du précédent, lieutenant général en 1693, grand échanson de France et gouverneur de Laval, tué au siège de Crémone, en 1702, frère de Marie,

1. Nous sommes heureux de pouvoir, le premier, restituer à l'antique maison de Perrien l'honneur d'avoir fourni un croisé, en 1248 : *Théobald de Perrien.* Une lecture fautive et la similitude euphonique de deux noms : *Merrien* et *Perrien*, ont fait attribuer à tort jusqu'à nos jours ce croisé à une famille qui, d'après M. de Courcy, porte également une bande fuselée.

D'anciennes traditions, encore vivantes dans le pays où s'élèvent les ruines majestueuses de Perrien, font descendre cette maison d'un juveigneur d'Avaugour (dont la motte féodale est non loin de là), apanagé d'un fief situé au territoire de Plouagat-Chatelaudren. Tanguy d'Avaugour y aurait fait bâtir sur une hauteur le *castel Tanguy*, dont les débris existent encore. Mais ayant encouru la disgrâce du baron d'Avaugour, son suzerain, en enlevant sa filleule, *fileuse* du château, et dont il eut cinq enfants, le sire d'Avaugour fit démanteler le *castel Tanguy* et contraignit le juveigneur à rebâtir son château dans un *lieu bas*, en signe de vasselage, et de porter sur son écu *cinq fuseaux* en mémoire de sa faute, tout en gardant les couleurs d'Avaugour (argent et gueules).

Les auteurs des *Anciens Evêchés de Bretagne* écrivent au sujet de Tanguy les lignes suivantes, qui semblent consacrer la tradition que nous venons de rapporter : « Cette famille de Tanguy a « joué un rôle considérable dans la contrée. Elle avait sans doute construit le *castel Tanguy, d'où « sortit dans la suite le château de Perrien.* Les Perrien, que nous retrouverons plusieurs fois, « comptaient dans la haute noblesse de la chatellenie de Chastel-Audren. » (*Anc. Ev. de Bret.*, par MM. de Bourgogne et de Barthélemy, t. V et VI.)

De ce mariage issurent :

1° FRANÇOIS-LOUIS, dont l'article suivra.

dame d'honneur de la reine Marie-Thérèse, en 1673. — Toussaint, François et Charles, chevaliers de l'ordre du Roi. (Voir les *Chev. bret. de St-Michel,* par M. de Carné, p. 300.)

4ⁿ MARGUERITE, épouse, en 1872, *Hippolyte, baron de Moncuit de Boiscuillé.* (Morte en août 1884.)

Les de Moncuit, originaires de Normandie, barons de l'Empire, confirmés par la Restauration, portent : *Parti au 1 : de gueules à 7 étoiles d'argent, posées 2, 2, 2, 1, alternés de 6 croissants de même; au 2 : d'argent, à 7 hermines de sable.*

Ils ont produit un volontaire pontifical blessé à Castelfidardo, qui est le baron Hippolyte lui-même.

XX. CASIMIR, marié, en 1833, à demoiselle *Sidonie Le Borgne de Keruzoret.*

Borgne (Le), sʳ de Parc au Provost, en Plougaznou, — de Keruzoret, — de Mesprigent et de Lanorgant, en Plouvorn, — de Lesquiffiou et de Treuscoat, en Pleyber-Christ, — de la Tour, en Saint-Vougay, — de Kermorvan, en Plougaznou, — de Goazven, en Brelevenez, — de Bois-Riou, en Cavan, — de Keroulas, en Breles, — du Fransic, en Taulé, — de Coetivy, — de Kergadiou, — du Band, en Plouzevédé, — de la Palue, — de Portzal, — de Keraziou, etc., etc.

Ancienne extraction chevaleresque. — Huit générations en 1668. — Réformes et montres de 1427 à 1543, en Lanmeur, Plougaznou et Plouezoch, évêchés de Dol et de Tréguier.

Blason : *D'azur, à trois huchets d'or, liés et virolés de même.*

Devise : *Attendant mieux* et *Tout ou rien.*

Guillaume, marié à Havoise Le Provost, ratifie le traité de Guérande, en 1381. — Jean épouse, vers 1420, Marguerite de l'Isle, dame de Kervidou. A cette branche appartenaient les sʳˢ de Lesquiffiou éteints dans Barbier, en 1720, et ceux de Keruzoret, La Tour et Kerambosquer, qui existent encore. — Yvon, mentionné à la réforme de 1427, épouse Margilie de Plounévez d'où descendaient les sʳˢ de Trévidy et de Treuscoat, éteints, qui ont produit Guy Le Borgne, bailli de Lanmeur, auteur de l'*Armorial breton* de 1667.

Deux chevaliers de Saint-Michel sous Louis XIII et Louis XIV. — Un chef d'escadre en 1764. — Un évêque de Tréguier (1745-1761). — Son frère, abbé de Meilleray (1754-1776.) — Un conseiller au Parlement, en 1737. — Deux pages du Roi depuis 1718. — Un chevalier de Malte, en 1787.

De ce mariage sont issus :

1° AMAURY, dont l'article suit.

2° CLÉMENTINE, mariée, en 1858, à *Henri Nompère de Champagny,* sénateur des Côtes-du-Nord, mort récemment.

La famille de Nompère, originaire du Forez, maintenue par arrêt du Conseil, en 1670, possédait les seigneuries de Mons, de Rougefer, de Montaubier, de Champagny et de Pierrefitte. Ils ont été créés ducs de Cadore par l'Empire.

Blason : *D'azur, à trois chevrons brisés d'or.*

Jean, qualifié noble homme, dans son testament fait à Saint-Nizier, proche Roanne, en 1540, aïeul de Jean, homme d'armes de la compagnie du baron de Sénecey, capitaine de Châlons, en 1596, et de la retenue du duc de Bellegarde, gouverneur de Bourgogne, en

2° JULIEN-CLAUDE-JOSEPH, dit le chevalier de Kersauson, capitaine des vaisseaux du Roi, chevalier de l'ordre royal et militaire de Saint-Louis, dont le brevet, signé de Louis XV, en 1727, existe aux archives du château de Pennendreff. Dans une des salles de ce même manoir se trouve son portrait, en costume de son grade. — Garde-marine en 1706, et enseigne en 1712 [2], il était lieutenant en 1731 et capitaine de vaisseau en 1741. Sa nomination de chevalier de Saint-Louis remontait à 1727. En 1754, il obtint 1500ᵗ de pension, comme chevalier de cet ordre, et lorsqu'il mourut, cinq ans plus tard, il

1613. — Trois pages de la Reine, depuis 1739. — Un major de vaisseau, en 1786, puis ministre des affaires étrangères, et créé duc de Cadore sous l'Empire. — Un maréchal de camp, en 1812.

La famille de Champagny s'est alliée en Bretagne aux Kermarec, La Fruglaye, Saisy, de Kerdrel, de la Goublaie de Nantois et Quemper de Lanascol.

XXI. AMAURY est aujourd'hui chef de nom et armes de toute la maison de Kerdrel. Habitant le château de Keruzoret [1], qui lui appartient du chef de sa mère, il a épousé, en 1862, *Allyre-Cécile de Pluvié*, petite-fille d'une Kersauson, ainsi que nous le verrons, plus tard, à l'article de cette famille.

De ce mariage sont issus : Amaury et Olympe. (*Article communiqué par M. le Cᵗᵉ Amaury de Kerdrel.*)

1. Le beau château de Keruzoret, en partie reconstruit en 1659, est situé en Plouvorn. On y conserve, de l'ancien château, les statues de saint Christophe, l'Enfant Jésus sur les épaules, et de saint Trémeur, fils de sainte Trophine et du tyran Comorre, portant sa tête entre ses mains, ainsi qu'un riche cabinet du XVIᵉ siècle à panneaux et à volets sculptés, en ébène. Les sujets figurés sur ce beau meuble, qu'envierait le musée de Cluny, sont tirés du roman d'*Ariane*, de Desmarets, l'un des membres de l'Académie française à sa fondation, en 1635. (*Bret. contemp.*, t. II, p. 81.)

2. Dans l'article généalogique consacré à la famille de Kerdrel, nous parlions naguère de Dom Maur Audren, frère de Marie Audren, dame de Pennendreff, et de sa correspondance avec plusieurs personnages historiques de son époque. C'est ici le lieu de rapporter une de ces lettres ayant trait au chevalier de Kersauson, et adressée de Marmoutiers au P. Monfaucon, en date du 14 mars 1723. (Bibliot nat., Mss., fd 17702, fol. 72.)

« Épigraphe : *Pax Christi.* — Mon Révérend Père, Je ne doute pas qu'on vous ait remis entre « les mains notre manuscrit de Cicéron ; je tâcherai de vous procurer le lambeau du manuscrit de « saint Martin, des livres *de Republica* de Cicéron, avant le chapitre. Un de mes neveux, le cheva- « lier de Penandref de Kersauson, enseigne de vaisseau, du département de Brest, se donnera « l'honneur de vous aller présenter ses respects. Je vous le recommande et vous prie de l'aider de « tout votre crédit auprès de Monsieur et de Madame la maréchale d'Estrées et de tous vos autres « amis, à procurer son avancement dans la marine, et je vous en seray très obligé. Il est connu de « M. le Maréchal qui connaît aussi de quelle maison il est. Il m'en a parlé une fois avec estime en « votre présence. Mon neveu a entrepris le voiage de Paris, dans l'espérance qu'on lui a donnée « qu'il y aura une nouvelle promotion d'officiers dans la marine, après les cérémonies ordinaires « de la Majorité. Je vous le recommande, et suis de tout mon cœur, du plus parfait dévouement et « d'un attachement inviolable, mon Révérend Père, votre très humble et très obéissant serviteur et « confrère. — Fr. MAUR AUDREN. M. B., le 14 mars 1723. » (*Corresp. hist. des Bénéd. bretons*, publiée par M. de la Borderie, pp. 269-270.)

MOL

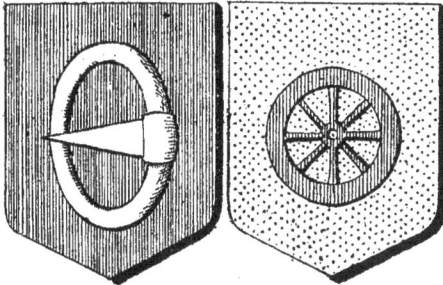

DE LA FOSSE

touchait la haute paye de 2.400ᵗᵗ. (Mazas, *Hist. des Chev. de Saint-Louis.*)

Julien-Claude-Joseph de Kersauson de Pennendreff épousa, le 14 fé-
vrier 1748, dame *Jeanne Mol,* de la paroisse de Ploudaniel, fille de Messire
Claude Mol, sʳ de Kermabon, et de dame Claudine de Keraldanet, veuve de
Messire Jean-François de Coataudon, demeurant au château de Coataudon.
Le mariage se fit à la chapelle dudit, en présence de Messire Jean-Baptiste-
Marie de Coataudon, fils aîné de ladite, d'Anne-Jeanne, sa fille, de Pierre-
Michel Audren, sʳ de Kerdrel, de Guillaume-Jean Huon de Kermadec. Ladite
veuve de Coataudon habitait le manoir. (*Registres paroissiaux de Guipavas,
communiqués par M. de Carné.*)

Mol, sʳ de Mol-Enez, — de Kerjan, en Trébabu, — de Rumorvan, — de Les-
moalec, — de Guernelez, par. de Tréhou, — de Langollian, — de Kerengar, —
de Kerforest, — de Kermellec, — de Kerhuel, — de Runtan, — de Garzian, en
Plouvien, — du Vijac, en Guipavas. — Ancienne extraction, onze générations en
1669. — Réformes et montres de 1448 à 1534 en Trebabu et Plougonvelin,
évêché de Léon.

Blason : *D'argent à trois ancres de sable.*

Tanguy, sʳ de Kerjan, vivant en 1375, épousa *Marie du Chastel.*

La branche de Kerjan fondue dans Kersauson, celle de Guernelez dans de Flotte.

XXIII. FRANÇOIS-LOUIS, né le 27 février 1683, au château de Tromeur, et baptisé comme sa mère, Marie Audren, en l'église de Landunvez,
devint, à la mort de son père, en 1687 (âgé seulement de 4 ans), chef de nom
et armes de sa maison, écuyer, sʳ de Pennendreff, Penandour, Penalan, Kerbriec, Keringarz et autres lieux. Il fut plus tard capitaine général des gardes-
côtes de Brest et du Conquet, et chevalier de Saint-Louis. Il épousa, à l'âge
de 24 ans, c'est-à-dire en 1707, le 12 août, *Elisabeth de la Fosse,* fille de
François de la Fosse et de dame Jeanne Eonnic, sʳ et dame dudit lieu,
demeurant en leur hôtel, en la ville de Saint-Pol-de-Léon.

Fosse (de la) sʳ dudit lieu, en Lannilis, — de la Villeneuve, — de Poulambouc'h,
— du Kerdreus et de Lanrial, en Plouescat, — de Kerandraon. — Ancienne extraction. — Six générations en 1670, et maintenu à l'intendance en 1704. — Réformes et montres de 1426 à 1534, en Plouguerneau, Kerlouan, Plounéour-Trez
et Tréflez, évêché de Léon.

Blason : *D'or à la roue de gueules.*
Devise : *Rotat omne fatum.*
Hervé, vivant en 1503, épousa Mahotte de la Rive.

Une sœur d'Elisabeth de la Fosse, dame de Pennendreff, épousa N... du Fou de Kerdaniel.

Ce fut évidemment François-Louis de Kersauson qui obtint, sur sa demande, un duplicata de l'arrêt de maintenue de sa branche, en date du 12 juin 1669 (duplicata que nous avons dans les *Archives de Pennendreff*), car l'écriture de cette pièce est du commencement du XVIII⁰ siècle. En marge de cette grosse, délivrée sur vélin, est écrit la mention suivante : « Pour le présent « requis en cette forme et perquisition et tous droits, soixante livres *payé* par « *Monsieur le comte de Kersauson.* »

Cette qualification de comte, donnée à François-Louis, prouve que, dès avant le XVIII⁰ siècle, le chef de nom et armes de la branche de Pennendreff en portait le titre. Quoi qu'il en soit, puisqu'aucun document ne prouve avant cette époque le port de cette distinction, par les Pennendreff, nous le donnons pour la première fois à François-Louis, et timbrons son écu de la couronne comtale.

François-Louis mourut en 1747, âgé de 63 ans, et fut enterré, comme ses pères, à Lanrivoacé. La cérémonie funèbre fut présidée par Messire Charles Le Roux de Brescanvel, recteur de Guilliers [1]. Sa veuve lui survécut de trois ans.

De ce mariage issurent :

1⁰ NICOLAS, dont l'article suivra.

2⁰ JEAN-FRANÇOIS-JOSEPH, dit abbé de Kersauson, mort recteur de Plouaré, qui était alors l'église paroissiale de Douarnenez, en Cornouailles [2].

---

1. Ce dit Charles Le Roux, recteur de Guilers, était le dernier rejeton des sʳˢ de Brescanvel. Il mourut en 1755, laissant pour seul héritier son cousin germain, François de Poulpiquet.

2. Ploaré possède une belle église du XVI⁰ siècle avec une tour du XV⁰, surmontée d'une flèche et de clochetons Renaissance. Ce clocher a 55 mètres d'élévation et s'aperçoit à plusieurs lieues en mer. La porte principale doit être aussi signalée pour la singularité de ses sculptures ; on y distingue des navires et des poissons qui indiqueraient que l'édification de cette église est due en partie aux armateurs de Douarnenez. Au porche occidental, et sur plusieurs édifices voisins, on a aussi représenté au-dessus de sardines, qui ont toujours fait l'objet du commerce de ces parages, le *mesgoul,* grand goëland qui plonge en volant sur les bancs immenses de ces petits poissons. (*Bret. contemp.*, t. II, p. 12.)

3° SUZANNE-VINCENTE, demoiselle de l'Isle, morte religieuse ursuline, à Saint-Pol-de-Léon. (Acte de 1744.)

4° JEANNE-URSULE, demoiselle de la Ville-Éon (?), morte, comme sa sœur, ursuline à Saint-Pol-de-Léon. (Acte de 1744.)

5° MARIE-FRANÇOISE, née en 1722, ondoyée en la chapelle de Pennendreff. Fut parrain : Jean-Claude-Michel Audren, et marraine : Marie-Bonaventure Hervicar du Fou.

6° JEANNE-JULIENNE, née en 1726. On ignore la destinée de ces deux derniers.

7° ELISABETH-MARIE, morte aussi sans alliance.

XXIV. NICOLAS, comte de Kersauson de Pennendreff, écuyer, sʳ de Pennendreff et autres lieux, était né en 1711, le 1ᵉʳ mars. Entré dans la marine, il devint lieutenant de vaisseau, chevalier de Saint-Louis, en 1756, et se retira, en 1762 (14 juin), avec 1,200ᵗᵗ de pension sur le corps. Voici ses états de services, d'après Mazas :

« Garde marine en 1732, lieutenant en 1754. En 1744, n'étant qu'enseigne,
« il était embarqué sur le *Juste*, vaisseau commandé par le marquis de Nes-
« mond, faisant partie de l'escadre du comte de Roquefeuil pour la Manche.
« Les Anglais ayant passé la pointe de Saint-Pérès, où l'escadre était mouillée,
« M. de Roquefeuil mit flamme d'ordre. La mer était grosse et le *Juste* si
« éloigné du combat, que tout le monde craignait d'y aller. Nicolas de Ker-
« sauson se proposa, quoique ce ne fût pas son tour. En y allant, et voulant
« profiter de la lame pour sauter dans le canot, il eut les deux jambes écrasées
« entre le canot et l'échelle ; le canot s'étant retiré avec la lame, il tomba à
« la mer. A la suite de cet accident, ses jambes furent en si mauvais état
« qu'on fut sur le point de les couper. N'étant pas encore guéri, Nicolas s'em-
« barqua sur la *Vénus,* où il se distingua de nouveau. En 1759, il se trouvait
« à bord du *Formidable,* commandé par M. de Saint-André du Verger, chef
« d'escadre sous les ordres de l'amiral Conflans.

« Enfin, Nicolas fut blessé légèrement au visage au combat du 20 novembre,
« et reçut une forte contusion à la tête. » (Mazas, *Hist. des Chev. de Saint-Louis,* t. II, p. 166.)

Nicolas de Kersauson épousa, âgé déjà, le 10 août 1762, *Marie-Marguerite du Four,* fille de feu le sʳ Louis-François du Four et de feue Marie-Anne

Hoger, demeurant à Brest. Suivant acte du 18 août 1755, Nicolas partagea avec le s<sup>r</sup> et la dame du Fou de Kerdaniel la succession de l'abbé du Fou, leur oncle commun, en son vivant bachelier en théologie et chanoine de Léon.

En 1773, mort d'écuyer Nicolas de Kersauson, enterré, dit le registre, en ses prééminences à Lanrivoaré : il était âgé de 62 ans. Sa veuve se retira alors en la petite ville de Saint-Renan, jusqu'à sa mort, arrivée vers 1796.

De ce mariage issurent :

1º MARIE-NICOLASE, née vers 1763, qui épousa *N. Palierne de la Haudussais.*

La famille Palierne, dont nous avons à parler, quoique appartenant à celle citée par M. de Courcy dans son *Nobiliaire,* s'en distingue au moins par le blason, qui diffère essentiellement. D'après renseignements pris auprès des plus intéressés, il résulterait que l'époux de Marie-Nicolase appartenait à la branche aînée des Palierne, qui, originaire de Moisdon, au diocèse de Nantes, aurait eu, seule, le droit d'ajouter au nom patronymique celui de la Haudussais. Malheureusement, comme pour bien d'autres familles, les papiers constatant juridiquement et légalement ces prétentions, furent brûlés lors de la Révolution, et la tradition transmise put, seule aussi, venir au secours de cette destruction. Nous nous trompons : quelque chose survécut : un écusson, et c'est celui que nous présentons ici comme blason de la branche aînée des Palierne, blason que nous traduisons ainsi : *D'argent, au massacre de sable accosté de deux pins terrassés de même, au chef d'azur chargé de trois étoiles d'argent.*

Du mariage ci-dessus naquit un fils qui épousa demoiselle N. Roujoux, fille d'un baron de l'Empire et sœur d'un général de brigade en 1861, d'où M. Emile Palierne, dernier représentant actuel de la branche aînée des Palierne, et marié lui-même à demoiselle Cécile Abgrall, dont une fille, Marie, entrée depuis 1881 dans la famille Gilart de Keranflec'h.

2º THOMASE-PERRINE-VICTOIRE, née en 1765, et baptisée à Plourin, le 29 juillet, par l'abbé de Kersauson, recteur de Ploaré, en présence de Missire de Keranflec'h, recteur de la paroisse, et des nobles assistants suivants : Thomase-Françoise-Mathurine de Mondeux Le Roy de Paulin, marraine ; Pierre-Michel Audren, comte de Kerdrel, parrain, et de Bullion de Carné.

De Penhoadic

Thomase qui fut toujours, dans la famille, appelée *Thomine,* épousa *Nicolas-Marc de Penhoadic.*

Penhoadic (de), s$^r$ dudit lieu et de Kernabat, en Guiclan, — de Kerouzien et de Kerengarz, en Lannilis, — de Carpont, en Plouénan, — de Kerdanet et de Lavallot, en Taulé, — de Kerfaven, — de Lesvern, — de l'Isle, — de Lanurien, — de Lanmodez, — de Kerédern, en Ploujean.

Ancienne extraction chevaleresque. — Six générations en 1668. — Réformes et montres de 1426 à 1534, en Guiclan et Plouénan, évêché de Léon.

Blason : *De sable, semé de billettes d'argent, au lion de même, brochànt,* comme Carpont, Coëtlosquet et la Roche.

Penhoadic a produit : Jacques, prisonnier en Angleterre en 1357, reçoit un sauf-conduit pour aller chercher en Bretagne le prix de sa rançon. — Jacques, conseiller du duc François I$^{er}$, envoyé par lui en Ecosse, en 1440, pour conclure son traité de mariage avec Isabeau d'Ecosse, mort à Rome en 1462, auditeur de Rote, et enterré à Saint-Yves-des-Bretons [1]. — Jacques, vivant en 1481, épouse Marie Prigent.

Du mariage de Thomase de Kersauson avec Nicolas de Penhoadic issurent deux filles : Thérèse et Mezelle [2].

3º JEAN-MARIE, dont l'article suivra.

1. Jacques de Penhoadic (que l'abbé Trévaux appelle Rolland) fut aussi, avec Jacques Peurel et Jean Prégent, appelé, en 1451, au siège épiscopal de Saint-Brieuc. Ce fut Jean Prégent qui l'emporta. Jacques de Penhoadic mourut cardinal.

2. La cadette est morte célibataire. L'aînée, Thérèse, épousa *N. de Penguern.* Sans nous étendre ici très longuement sur ce nom, dont nous aurons plus tard à donner la notice nobiliaire, disons seulement quelques mots des Trésiguidy, dont Penguern est un ramage. — Trésiguidy, famille noble originaire de Pleyben, en Cornouailles, a marqué glorieusement dans nos annales bretonnes. A la première croisade, on trouve Jean et son frère Maurice. (Mss. de Bay., p. 29.) — Thomas est mentionné à la VII$^e$, dans une charte de Limisso. (Coll. Courtois.) — Un seigneur de cette maison, dit Guy Le Borgne (*Arm. de Bret.*, p. 280), « fut l'un de ceux qui se comportèrent le mieux à la bataille des Trente, et ensuite suivit généreusement les étendards victorieux du connétable du Guesclin en la plupart de ses conquestes. » — Maurice, évêque de Rennes, de 1260 à 1280. (*Gall. christ.*, t. XIV, col. 754.) — Guy, garde de l'oriflamme à l'expédition de Flandre, contre Artevelle en 1382. — Un gentilhomme de la chambre de Louis XIV et écuyer de la petite écurie. (Guy Le Borgne.)

A l'exemple de leur illustre ascendance, les Penguern portent : *D'or à 3 pommes de pin, de gueules avec une fleur de lys de même en abyme* pour brisure. Voici comment la *Biographie bretonne* s'exprime au sujet d'un Penguern, presque notre contemporain : « Jean-Marie-Gabriel de « Penguern, issu d'une branche cadette de Trésiguidy, de Pleyben, naquit le 24 mars 1776, au « Faou (Finistère).... Après avoir été à l'école de Brienne, où il connut Napoléon et son frère « Lucien, il servit dans les sapeurs du génie. A la chute du Directoire, il revint dans ses foyers, « où il épousa Pétronille de Kersulguen. Entré plus tard dans la magistrature, il devint président

4⁰ JOSEPH-CLAUDE-MARIE, né le 13 décembre 1769, eut pour parrain « noble Joseph-René de Lesguern, sʳ de Kervéatoux. Lors de la Révolution, il émigra et servit dans l'armée des Princes, en qualité d'aide de camp de
Son Altesse Royale le duc de Berry. Il se retira ensuite à Jersey où, le
20 juin 1796, il épousa, dans la chapelle catholique de Saint-Hélier, demoiselle *Julie-Joséphine Bertin,* exilée comme lui, âgée de 23 ans, fille de
M. Jacques-Charles-Georges Bertin et de dame Julie-Marie Frémont. La bénédiction nuptiale fut donnée aux époux, et sur autorisation de Mᵍʳ l'évêque de
Saint-Malo, également réfugié dans l'île anglaise, par Missire Le Saout, chanoine, curé de la ville de Saint-Malo. — A cette cérémonie assista toute la
noblesse française émigrée à Jersey [1]. — En 1814, le chevalier de Kersauson
revint en France, à la suite des Bourbons, et fut nommé chevalier de Saint-
Louis. Pendant les Cent-Jours, il retourna à Jersey. Mais depuis longtemps sa
santé était compromise par suite des fatigues et des tribulations qu'il avait eues
à supporter : aussi ne tarda-t-il pas à mourir. Sa veuve se retira à Rennes, où
elle s'est éteinte en 1850.

5⁰ MARIE-JEANNE-SOPHIE naquit en 1772. Elle eut pour parrain
Jean-Baptiste de Coataudon, chef de nom et armes, commandant du bataillon
des gardes-côtes de Saint-Renan, et pour marraine Jeanne du Mescam de
Kerdrel. Elle épousa, à la fin de la Révolution, *Joseph-Marie Smith,* attaché,
sous Louis XVI, à l'administration de la marine à Brest.

Originaires d'Irlande, les Smith partagèrent la fortune du roi Jacques et le suivirent en France où ils s'établirent, en 1688, avec une foule de gentilshommes,

« du tribunal de Lannion, place qu'il occupait encore lorsque la mort le surprit. Ses occupations
« judiciaires n'empêchèrent pas M. de Penguern de cultiver les muses. Le recueil de ses poésies
« (malheureusement non publiées, croyons-nous) a pour titre *les Fleurs de Lys ;* elles lui méri-
« teraient pourtant, prétend-on, le nom de *Béranger de la Bretagne.* » *(Biog. bret.,* t. II, p. 579.)
Nous parlerons plus tard du célèbre *Disarvoëż,* époux d'une Kersauson.
Du mariage de Thérèse de Penhoadic avec M. de Penguern sont issus huit enfants : les trois
survivant actuellement sont M. A. de Penguern et Mesdames Sophie et Elvire, la première veuve
de M. de Plessis-Quinquis.
Le chef de la famille est aujourd'hui M. Victor de Penguern, fils d'autre Victor, aîné de sa
maison et décédé depuis de longues années.
1. Nous devons à l'obligeance de M. le comte Régis de l'Estourbeillon communication de ce
document remarquable extrait de son intéressant travail : *La Noblesse de France à Jersey,* travail qui vient de paraître et auquel nous renvoyons pour plus amples détails le lecteur, notre
cadre ne nous permettant pas de relater ici les cinquante et quelques signatures qui figurent au
contrat.

tels que les Fitz-James, les Mac-Mahon, etc. Tous les papiers de famille des Smith ont été brûlés et perdus dans un incendie dont ils furent victimes à Brest, peu avant la Révolution.

Du mariage de Sophie de Kersauson avec Joseph Smith issurent plusieurs filles, dont l'une, ainsi que nous le verrons, épousa son cousin germain, Joseph de Kersauson.

La dernière survivante des Smith vient de mourir à Nantes, le 15 juillet 1884.

XXV. JEAN-MARIE, comte de Kersauson de Pennendreff, naquit en 1767, le 8 novembre. Il eut pour parrain M. Huon de Kermadec, son oncle. Ayant perdu son père n'ayant encore que 6 ans, il entra fort jeune au collège de Pontlevoy [1], d'où il sortit dans la marine. Comme garde marine il eut pour compagnon d'armes Charette, l'illustre et immortel général vendéen.

Mais bientôt Madame de Kermadec, tante du jeune comte de Kersauson, obligea celui-ci, en 1786 (il n'avait par conséquent que 19 ans), à donner sa démission.

Jean-Marie quitta à regret la marine, et, en 1790, il épousa, à Trégunc, *Marie-Anne-Guillemette Torrec de Basse-Maison,* fille de Joseph Torrec, écuyer, sous-lieutenant de la gendarmerie du Roy, et de Denise Horellou. (Acte de déclaration en date du 15 octobre 1790.)

Les jeunes époux allèrent d'abord habiter Morlaix, où naquit (*dans la rue des Nobles*) leur premier enfant et fils aîné, Armand, en 1791.

De Morlaix Jean-Marie de Kersauson vint faire un assez long séjour à la Coudraie, dans la famille Nouvel, et, à l'occasion d'une révolte de paysans, dont le centre était à Scrignac, M. Nouvel et lui furent incarcérés à Carhaix. Tous deux durent rester en prison un mois environ. Après sa remise en liberté, Jean-Marie de Kersauson vint avec sa femme habiter sa terre de Pennendreff.

Lors de la rentrée des Bourbons, le comte de Kersauson devint maire de Plourin, sa paroisse natale, et conseiller général pour le département du Finistère. Il mourut au château de Pennendreff, le 14 janvier 1829, âgé de 62 ans,

---

1. Nous donnerons aux pièces justificatives le procès-verbal de noblesse fourni par Jean-Marie de Kersauson, en 1777, pour son éducation dans une école royale militaire.

et fut inhumé, comme l'avait été précédemment sa femme, à Lanrivoaré avec tous ses ascendants.

Une sœur de Marie-Anne-Guillemette, dame de Kersauson, épousa *N. Aubert de Vincelles*[1], d'une famille originaire de Bourgogne, où elle possédait les seigneuries dudit lieu, — de la Ferrière, — de Fontenoy et de Saint-Gilles. M. de Courcy donne pour blason aux Aubert de Vincelles : *Pallé de six pièces d'argent et de gueules, à la fasce d'azur brochant.* Mais celui adopté par la famille est le suivant : *D'or, à trois têtes de limier de sable.*

On distingue dans la famille Aubert : Pierre, maître d'hôtel du Roi, en 1680. — Un brigadier des armées, commandant à Belle-Ile en 1708.

Du mariage de Jean-Marie de Kersauson avec M.-A.-Guillemette Torrec issurent :

1° ARMAND-MARIE, dont l'article suivra.

---

1. Du mariage de demoiselle Torrec de Basse-Maison avec N. Aubert de Vincelles issurent :

1° ARMAND, mort sans enfants, vers 1855.

2° AMÉDÉE, ingénieur des ponts et chaussées, mort également sans hoirs.

3° ALPHONSE, qui mourut, vers 1846, chef d'escadron en retraite, et aussi sans postérité.

4° JEAN-MARIE, mort à Rennes, en 1850, colonel d'artillerie. Il était chevalier de Saint-Louis et officier de la Légion d'honneur. Il avait épousé demoiselle *Stéphanie de Cillart de la Villeneuve.*

Cillart, sᵣ de la Villehélio, en Plourhan, — de la Villeneuve, — de Coatarsant et de Lezerec, en Lanmodez, — de Kerilis et de Kersaliou, en Pleubihan, — de Keranstivel, en Plougrescant, — de Goazvén, — de Mezanroux, — des Landes, — de Pratily, — de Kergomar, — de Suville, en Tréméloir, — de Kerguezennec, — de Kermenguy, en Plomeur-Gaultier, — de Kerhir et de Kerantrez, en Trédarzec, — du Clezmeur et de Kerouazet.

Ancienne extraction. — Dix générations en 1668. — Réformes et montres de 1423 à 1535, en Plourhan et Plérin, évêché de Saint-Brieuc, et Lanloup, évêché de Dol.

Blason : *De gueules, au greslier d'argent, enguiché de même en sautoir.*

Devise : *Mon corps et mon sang.*

Cillart a produit : Eudon, écuyer de Charles de Blois, et prisonnier avec lui à la bataille de la Roche-Derrien, en 1346. — Jean, abbé de Beauport, en 1376. — Pierre, fils Jean, épouse, en 1423, Catherine de la Lande. — Geoffroy prête serment au duc entre les nobles de Goello, en 1437. — Un brigadier d'infanterie en 1780, et un chef d'escadre en 1786.

Madame de Vincelles, née Cillart de la Villeneuve, est décédée le 29 avril 1878. Son père, mort pendant la retraite de Russie, en 1812, avait plusieurs frères, dont deux seulement

AUBERT DE VINCELLES

2º NICOLAS-JOSEPH-MARIE. Sorti de l'école navale d'Angoulême, Nicolas conquit successivement et brillamment tous les grades de la marine, et arriva à celui de capitaine de vaisseau.

eurent des enfants : l'aîné, Jean-Etienne-Marie, qui avait épousé, en 1804, Gérasime de Forsanz, dont cinq enfants. — Le second, François-Marie-Eugène, épousa, en 1828, Charlotte-Eugénie du Chastel (de l'antique maison de Trémazan). Il n'a laissé qu'une fille, Isoline, qui a épousé, le 20 janvier 1847, Léon-Joseph de Vuillefroy. De ce mariage, trois fils et une fille, mariée, en 1882, à M. de Laubrière. — Le second fils de Jean-Etienne de Cillart (l'aîné, Gustave, était mort jeune), a épousé, en 1837, Mélanie Jégou du Laz, dont, entre autres : Alphonse, actuellement capitaine de spahis. — 3º Gérasime, aujourd'hui veuve du comte Amédée de Roquefeuil, dont trois enfants : Gérasime, veuve du vicomte de Forsanz, sénateur du Finistère ; Mᵐᵉ Guillotou de Kerever, décédée, et François de Roquefeuil, époux de Pauline de Lesguern, dont six enfants, habitant le château de Kerbiriou, près Morlaix. — 4º Pauline de Cillart, vicomtesse Ernest de Roquefeuil, morte sans enfants. — 5º Enfin, Florian de Cillart, mort sans postérité.

M. Alphonse de Cillart, capitaine de spahis, est donc aujourd'hui chef de nom et armes de sa maison. (*Communiqué par M. Amédée de Vincelles.*)

Les Cillart descendent, comme les la Boëssière, des du Buc de Bellefonds, à la Martinique.

Du mariage de Jean-Marie de Vincelles avec demoiselle Stéphanie Cillart sont issus :

1º ARMAND, mort jeune.

2º ADELINE, mariée en premières noces à *Charles de Montigny*, dont deux filles : Jeanne et Madeleine, et en deuxièmes noces au comte *du Suau de la Croix*, dont un fils, Enguerrand, et deux filles, Yvonne et Odette.

3º AMÉDÉE, dont l'article va suivre.

4º MARIE a épousé le comte *Avice de Mougon*.

La famille Avice de Mougon, alliée aux maisons de Nesmond, de Poyanne, d'Aubigné, de Lusignan, etc., est originaire du Poitou. Son apogée d'illustration a eu lieu sous Louis XIV. Elle possède encore le portrait d'Agrippa d'Aubigné et de sa petite-fille, Mᵐᵉ de Maintenon. Plusieurs autographes de cette dernière, conservés avec soin, sont adressés à son « cousin de Mougon. » Les archives de la famille de Mougon contiennent encore le contrat de mariage de Charles Avice, comte de Mougon, mestre de camp de cavalerie et gouverneur de Poitiers, avec Blanche-Colombe de Rozelly, fille du marquis de Rozelly, gouverneur des Enfants de France.

Les de Mougon portent : *D'azur, à trois pointes de diamant d'or.*

Quelques-uns prétendent que ces trois *pointes* ne sont autres que des *têtes de vise*, ce qui serait plus logique et découlerait mieux du nom patronymique : *Avise* ou *Avice*[1].

AMÉDÉE AUBERT DE VINCELLES a épousé demoiselle *Mathilde de Kermenguy*, fille de Camille de Kermenguy, mort en 1876, et de Maly (?) Damesme, décédée en 1874, fille elle-même de Pélagie de Kerdrel, dont nous avons parlé précédemment.

Kermenguy (de), sʳ dudit lieu, de Kersullien, — de Kerabret et du Runiou, en Cléder,

---

1. Quatre enfants sont nés de ce mariage : Roger, Amaury, Guy et une fille, Gabrielle, mariée à M. Poulain de Saint-Père, officier de marine.

12

Il nous serait difficile de relater toutes les campagnes de Nicolas de Kersauson dans les mers du Sud, le Levant, où il fit station à Beyrouth, etc.
Qu'il nous suffise de dire que dans toutes il se montra excellent marin, coura-
geux, intrépide, en un mot digne petit-fils de son aïeul, autre Nicolas, dont
nous avons écrit naguère la brillante carrière maritime. Après avoir commandé
le vaisseau-école le *Borda,* comme capitaine en second, sous l'amiral le Pré-
dour, alors capitaine de vaisseau lui-même, Nicolas de Kersauson obtint ce
dernier grade et remplaça au *Borda* son ancien commandant. Ce fut son dernier poste d'activité. Au bout de ses deux ans de commandement, il prit sa

— de Kerazan, — de Saint-Laurent et de Landebosc'her, en Plouzevédé, — du Cosquérou,
en Mespaul, — du Roslan, en Plougasnou, — de Kervéguen, en Guimaec.

Ancienne extraction. — Huit générations en 1669. — Réformations et montres de 1426
à 1534, en Cléder, évêché de Léon.

Armes antiques : *D'argent, à la fasce de gueules, accompagnée de 6 macles d'azur,* qui
est Derrien ; alias : *au lambel à 4 pendants en chef.* (Sceaux de 1418 à 1428.)

Blason moderne : *Losangé d'argent et de sable, à la fasce de gueules, chargée d'un croissant d'argent.*

Devise : *Tout pour le mieux.*

Yves Derian ou Derrien, sr de Kersullien, était petit-fils de Guillaume, sénéchal de Bretagne en 1352, et fils de Prigent, écuyer de la retenue d'Olivier de Clisson, en 1378.
Ayant épousé, en 1400, Basilie de Coataudon, dame de Kermenguy et de Kerabret, il fit
montre à Bourges, en 1418, et laissa de son mariage Yves, marié, vers 1426, à Marguerite
de Saint-Denis, dont Louis, époux de Plézou de Launay, père et mère de Tanguy, vivant
en 1500, qui retint le nom de Kermenguy[1]. — Jacques, né en 1626, fils d'Olivier et de
Marie de Kerhoent, chevalier de Saint-Michel en 1647, et époux, en 1651, d'Anne de
Goesbriant, dame du Roslan, fille de Christophe et de Marie de Kersaintgilly. — Un chevalier de Saint-Lazare, en 1700. — Deux pages du Roi, en 1708 et 1750. — Un page de
la Reine, en 1755.

Amédée de Vincelles qui, depuis son mariage, habite le château de Lescoat, près Lesneven, et est conseiller général du Finistère, a eu de Mathilde de Kermenguy, morte en
janvier 1875, trois garçons : Amédée, Henri et Fernand. L'aîné vient d'être reçu à l'école
militaire de Saint-Cyr.

1. Le château de Kermenguy, appartenant actuellement à M. E. de Kermenguy, député du Finistère, est situé en Cléder. Il renferme un curieux tableau sur bois, *en costumes du règne de
Louis XIII,* (preuve qu'il date de cette époque), représentant la fameuse légende du combat
mémorable du guerrier *Nuz,* de Cléder, contre un dragon qui désolait le pays de Léon et dont
il aida saint Pol Aurélien à délivrer la contrée au VIe siècle. En récompense de cette action et
de ce service, le comte ou *jarle,* Guitur, octroya au vainqueur une terre qui, en mémoire de cet
exploit, fut appelée Kergournadec'h (la maison de l'homme qui ne fuit pas). Le château de
Kergournadec'h était proche de celui de Kermenguy dont les seigneurs étaient parents des Kergournadec'h.) *(Bret. contemp.,* t. II, p. 76.)

HÉRISSON DE BEAUVOIR

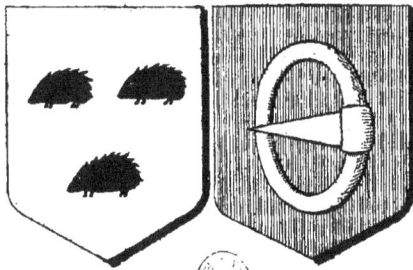

retraite et ne tarda pas à être atteint de la maladie dont il devait mourir. Il avait, du reste, bien payé sa dette à la patrie, pour le service de laquelle il avait usé toutes ses forces. Parti au commencement du printemps 1852 pour les eaux de Cauteretz, il y mourut peu après. Son frère, qui l'accompagnait, ramena son corps à Brest, où il repose au milieu de tous les siens.

Nicolas de Kersauson avait épousé *Aimée Bérubé,* d'une famille honorable de Brest[1].

De ce mariage sont issus :

1° AIMÉE, }
2° ERNESTINE, } mortes jeunes toutes deux.

3° MARIE, mariée, en 1858, à *Charles Hérisson de Beauvoir.*

Hérisson, s^r de la Ville-Hellouin, en Médréac, — du Chesnay, — du Vautiou, — de la Motte-Jean, — des Landes, — de Beauvoir, — de la Ville-Henri, en Plourin, de Tréguier.

Admis aux Etats de 1768, et maintenus par arrêt du Parlement de 1789. Ils ont fourni onze générations à cette époque. — Réformes et montres de 1448 à 1513, en Médréac et Landujan, évêché de Saint-Malo.

Blason : *D'argent, à trois hérissons de sable.*

Cette famille a produit : Bertrand, vivant en 1427, et époux de Philippote Ruffier. — René, gentilhomme de la vénerie du Roi, en 1683. — Un secrétaire du Roi près la chancellerie de Metz, en 1704. — Un volontaire tué à Saint-Cast, en 1758.

La branche aînée fondue en 1566 dans d'Espinay.

Le *Panthéon de la Légion d'honneur* consacre un article spécial à Barthélemy Hérisson de Beauvoir, père de l'époux de Marie de Kersauson. Cet article mentionne les alliances de la famille Hérisson avec les maisons de Ruffier, de Parthenay, de Gasté, d'Espinay, de Beaumont, Rouxel de Lescoët, du Chatellier, de Quérangal, de la Ville-Henry, de Quélen, de Kerhoent, de la Goublaye de Menorval, etc.

Charles de Beauvoir descend par les de Quélen et les la Goublaye de la branche de la Ville-Hellouin, comme arrière-petit-fils de N. Hérisson du Vautiou, tué à

---

1. Aimée Bérubé appartenait, par sa mère, à la famille *Le Gros,* anoblie, en 1747, en la personne de *Nicolas Le Gros,* sénéchal de la juridiction royale d'Hennebont.

Par suite de l'acte royal, les Le Gros ont reçu les armoiries suivantes : *De gueules, au navire d'or, nageant sur une mer de sinople, au chef d'azur, chargé de trois étoiles d'argent.* — Le tout, sommé d'un heaume taré de profil, orné de ses lambrequins.

Saint-Cast, et dont la veuve fut, à cause de cette mort, pensionnée par les Etats de Bretagne [1].

'De ce mariage sont nés : Charles, Aimée et Clothilde.

4° HIPPOLYTE, notaire à Brest, qui a épousé, en 1872, *Isabelle du Plessis-Quenquis,* fille de Louis du Plessis-Quenquis et de Cécile de Kersauson-Kerjan.

Plessis (du), en breton Quenquis (du), s[r] dudit lieu, — de Kerguiniec, — du Colombier, en Plouguerneau, — de Rueneuve, en Plouider, — de Lestennec.

Ancienne extraction. — Huit générations en 1670. — Réformes et montres de 1446 à 1534, en Guisény, évêché de Léon.

Blason : *D'argent, au sautoir accompagné en chef et en flanc de 3 quintefeuilles et en pointe d'une molette, le tout de gueules.*

Jean, vivant en 1444, père de Salomon, vivant en 1481, marié à Anne de Kerroignant. — Bonabes, volontaire pontifical à Castelfidardo, en 1860. — Louis du Plessis est mort le 17 avril 1877, laissant de son mariage avec Cécile de Kersauson-Kerjan quatre enfants : (l'aîné ayant été tué au siège de Paris, pendant la guerre de 1870 [2]) : *Bonabes,* ancien capitaine aux zouaves pontificaux, ayant assisté à Castelfidardo et à Mentana, et fait la campagne de France sous Charette, chevalier de la Légion d'honneur, et marié à Nantes à demoiselle Alix de Cornulier-Lucinière, fille de M. Hippolyte de Cornulier, sénateur de la Loire-Inférieure, — *Louis,* — *Anna,* fille de la Charité de Saint-Vincent-de-Paul, et enfin *Isabelle,* dame de Kersauson.

M. et Mme de Kersauson ont leur principal établissement au château de Kerouazle, en la commune de Guilers. Cette habitation, lieu de naissance et séjour de Louise de Penancoët, duchesse de Portzmouth, et favorite de

1. Le Père du Paz consacre quelques pages à la généalogie de la maison Hérisson, dans son *Hist. généal. des s[rs] marquis d'Espinay,* avec lesquels les Hérisson avaient pris alliance en 1566; il donne le fac-similé de leurs armes et rapporte que « Jacques Hérisson et Jeanne de Parthenay, sa femme, firent, par dévotion, le voiage de Saint-Jacques-de-Compostelle, où ladite Jeanne mourut en l'an 1479, et fut son corps inhumé dans l'église des Frères Prescheurs dudit lieu de Compostelle, et son mary lui survesquit 14 ans, et mourut huictième d'avril l'an 1497. » (Du Paz, éd. MDCXX, pp. 304-305.)

2. Edouard du Plessis-Quenquis, sergent aux mobiles du Finistère, fut tué à l'attaque du village de l'Hay, sous Paris, le 29 novembre 1870, à l'âge de 24 ans. M. l'abbé du Marc'hallac'h, vicaire-général de Quimper, alors aumônier des mobiles, lui administra les sacrements et reçut son dernier soupir.

DU PLESSIS-QUENQUIS

P. 80

Charles II d'Angleterre, mérite que nous en disions quelques mots. Le propriétaire actuel a fait à cette ancienne demeure princière ainsi qu'aux alentours d'intelligentes réparations qui la rendent des plus agréables [1].

De ce mariage sont issus : *Jeanne*, née le 7 janvier 1875 ; — Marthe, le 25 janvier 1877 ; — Robert, le 19 février 1879 ; — Cécile, le 13 février 1881 ; — Henri, né et mort en 1883 ; — Henriette et Madeleine, nées le 18 juillet 1884.

3° JEAN-MARIE de Kersauson, mort élève de marine.

4° JOSEPH-MARC-MARIE, né en 1798, qui eut pour parrain Nicolas-Marc de Penhoadic, dont nous avons parlé. Il épousa, en 1829, *Aimée-Marie-Victoire Smith,* sa cousine-germaine, morte elle-même le 2 mars 1832.

Après de brillantes études au collège de Saint-Pol-de-Léon et à l'école de droit, à Rennes, Joseph de Kersauson entra en 1821 dans la magistrature. En 1830, fidèle à ses convictions politiques, il déposa la toge pour revêtir au barreau de Brest la simple robe d'avocat. Appelé en 1848 à représenter le Finistère à l'Assemblée Constituante, il refusa en 1849 le second mandat que voulaient lui confier ses électeurs, et reprit son cabinet. Il s'était retiré depuis 1859 au monastère de la Trappe de Thymadeuc où il est mort plein de jours, le 29 mars 1882, âgé de 84 ans. On a de lui plusieurs opuscules fort estimés dont l'un a été récompensé par deux médailles décernées par la Société d'agriculture. M. de Kersauson a longtemps représenté au conseil municipal l'un des

1. « Le château de Kerouazle, en Guilers, près Brest, est un édifice qui date en partie du « XVIe siècle. C'est là que naquit, en 1649, Louise-Renée de Penancoët-Kerouazle, dame du pa- « lais de Catherine de Portugal, reine d'Angleterre, et l'une des favorites du roi Charles II, qui « la créa duchesse de Portzmouth, en 1672. A la mort de son royal amant, en 1685, elle revint « avec son fils, Charles de Lennox, duc de Richemont, habiter son berceau, qu'elle fit décorer de « peintures mythologiques, dont quelques-unes se voient encore. On remarque notamment, dans « une grande salle du premier étage, le sujet d'Andromède et de Persée, où la fille de Céphée, « nue et enchaînée sur un rocher, est représentée sous les traits de la royale courtisane. — Les « moyens par lesquels Mme de Portzmouth avait relevé sa fortune ne furent pas approuvés de « son père, comme on le voit par une lettre de Louis XIV, écrite en 1673 au comte de Kerouazle : « *J'espère que vous ne serez pas plus sévère que votre roi et que vous retirerez la malédiction que* « *vous avez cru devoir faire peser sur votre malheureuse fille ; je vous en prie en ami et vous le de-* « *mande en Roi.* Le vieux gentilhomme fut inexorable et resta jusqu'à sa mort, en 1690, fidèle « à la devise de ses pères : *A bep pen, lealdet* (Loyauté partout). La duchesse de Portzmouth ne « mourut qu'en 1734, *très convertie et pénitente,* dit Saint-Simon, très mal dans ses affaires et ré- « duite à vivre dans sa campagne. » (*Bret. contemp.*, t. II, p. 120.)

cantons de la ville de Brest dont il a été aussi appelé à défendre les droits au conseil d'arrondissement.

De son mariage avec Aimée Smith est issu un fils, *Joseph-Marie,* né à Brest, le 31 août 1831. Licencié en droit en 1854 et inscrit comme stagiaire au barreau de Brest, Joseph de Kersauson a bientôt abandonné cette carrière pour s'adonner à l'agriculture. Il a épousé, en 1855, demoiselle *Emilie Chomart de Kerdavy,* fille de Gustave Chomart de Kerdavy et de dame Emilie de Tréméac. M^me de Kersauson a deux sœurs : Adèle, son aînée, veuve de M. Arthur Libault de la Chevasnerie, dont cinq enfants, et Caroline, célibataire.

Chomart, s^r de la Riallais et de la Mézais, en Marsac, — des Houmeaux, en Mouzeil, — de la Haye, en Nozay, — du Bretins et du Portail, en Pontchâteau, — de la Muce, de la Tenaudais et de Trénoust, en Jans, — de Launay, — des Marais, — du Hoscat et de Kerdavy, en Herbignac, — de la Filliaye, — de Trélan, — du Guern, en Camoël.

Ancienne extraction. — Huit générations en 1669. — Réformes et montres de 1426 à 1544, en Marsac, Mouzeil et Nozay, évêché de Nantes.

Blason : *D'or, à la bande de gueules, chargée de 2 gantelets et de 2 molettes, le tout d'argent.*

Olivier Chomart, vivant en 1424, épouse Guillemette de Mauzon. — François, grand-maître des eaux et forêts de Bretagne, en 1653.

De ce mariage sont nées trois filles : Emilianne, fille de la Charité de Saint-Vincent-de-Paul, depuis 1883, Jeanne et Marie.

5º VICTOR-ARMAND-CASIMIR-MARIE, né à Pennendreff, le 4 novembre 1809. Ainsi que ses frères aînés, il entra dans la marine par l'école d'Angoulême, d'où il sortit le 6^e de sa promotion, le 20 septembre 1826. Il prit part, comme aspirant de marine, à l'expédition d'Alger, en 1830.

Après des péripéties de toutes sortes, étant élève et lieutenant de vaisseau, telles que chutes à la mer pour sauver des hommes en danger, épidémie de fièvre jaune à bord, naufrage aux Bermudes sur la frégate l'*Herminie*, Victor de Kersauson, nommé capitaine de frégate en octobre 1850, fut, en 1851 (en octobre aussi) élu député à l'Assemblée législative pour le département du Finistère, en remplacement de l'amiral Romain-Desfossés ; mais son séjour

CHOMART

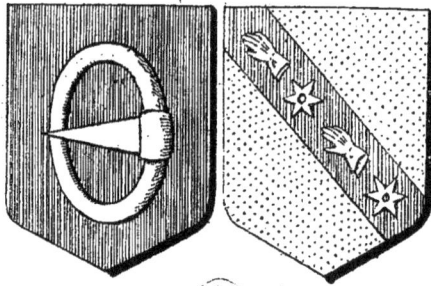

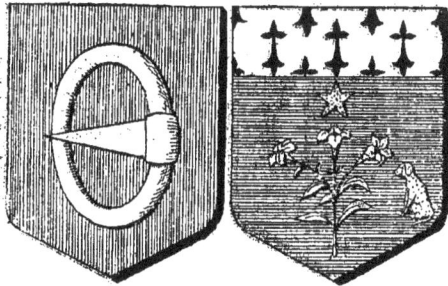

De Renault

au Palais-Bourbon fut de courte durée, car, à peine un mois après son arrivée, éclatait le coup d'État : il fut, avec ses collègues, incarcéré à Vincennes. Élargi peu de temps après, il rallia son port d'attache.

En 1855, Victor qui, depuis l'année précédente, et après avoir commandé en second, pendant deux ans, l'École navale, était, à Cherbourg, aide de camp de l'amiral Odet Pellyon, préfet maritime, suivit ce dernier en Crimée, où il fit, entre autres, l'expédition de Kinburn. En 1858, nous retrouvons Victor de Kersauson attaché à la personne du même amiral, à Brest, comme premier aide de camp, mais avec le grade de capitaine de vaisseau.

En 1860, il fut nommé directeur des mouvements du port de Brest, poste qu'il conserva jusqu'en 1868, époque où il fut admis, sur sa demande, à faire valoir ses droits à la retraite.

Victor de Kersauson était à ce moment commandeur de la Légion d'honneur. En 1865, il avait représenté le canton de Saint-Renan au Conseil général du Finistère, où les mêmes électeurs l'envoyèrent de nouveau siéger en 1870. En février 1871, il fut, pour la seconde fois, élu député du Finistère. Il se rendit à Bordeaux, puis de là à Versailles ; mais bientôt, ses forces trahissant son courage, il fut obligé de demander un congé et revint à Brest : ce fut pour y mourir le 23 avril 1871.

Victor de Kersauson avait épousé : 1º le 26 octobre 1835, *Mathilde-Sophie de Renault*, fille d'un officier de marine, chevalier de Saint-Louis, Laurent de Renault, né à Caudebec, arrondissement d'Yvetot (Seine-Inférieure), le 13 janvier 1799.

La famille de Renault, originaire de Normandie, a été anoblie en 1816 par lettres patentes du 26 octobre, et enregistrées le 10 mars 1817.

Blason : *D'azur, à une tige de lys de 3 branches, d'argent, surmontée d'une étoile d'or et sénestrée d'un chien assis, de même, au chef d'hermines.*

De ce mariage issurent :

1º VICTOR, mort à l'âge de 11 mois.

2º MATHILDE, mariée le 15 novembre 1859, à *Louis de Tuault,* fils d'un chevalier de Saint-Louis et de la Légion d'honneur, décédé chef de bataillon du corps royal d'état-major.

Les de Tuault, originaires de Picardie, s<sup>rs</sup> de la Bouverie, portent pour armes : *D'azur, au lys d'or, surmonté d'un croissant d'argent.*

Devise : *Deo et regi immaculata fides.*

Plusieurs membres de la famille de Tuault ont occupé des fonctions importantes dans la magistrature, en Bretagne : Thomas Tuault, s<sup>r</sup> de Palévart, était sénéchal de Guémené, en 1580. — François-Marie Tuault, s<sup>r</sup> de la Bouverie, sénéchal de Ploërmel, en 1745. — Son fils, Joseph-Golven, fut promu au même poste, en 1766, à 26 ans, par dispense d'âge accordée par le Roi. Quoique la juridiction de la sénéchaussée de Ploërmel fût la plus étendue de Bretagne, Joseph Tuault fut élu à l'unanimité, le 10 avril 1789, député aux États généraux du royaume. Ultérieurement député du Morbihan au Corps législatif et membre du Conseil général du même département, il fut nommé, en 1816, président du tribunal civil de Ploërmel. Il était officier de la Légion d'honneur lorsqu'il mourut dans l'exercice de ses fonctions, en 1822.

L'aïeule de Dom Morice, historien de la Bretagne, était Tuault. Cet auteur (D. M.) mentionne deux Tuault, l'un *argentier* et l'autre *coustilleur* du duc de Rohan.

M. Louis de Tuault, époux de Mathilde de Kersauson et petit-fils de Joseph, dont nous venons de parler, fut appelé, sous la présidence du maréchal de Mac-Mahon, à la sous-préfecture de Ploërmel. Il a été (ce qui l'honore) révoqué de ses fonctions par le cabinet Dufaure.

De ce mariage sont nés quatre enfants : Joseph, mort au berceau, Jean, actuellement aspirant de marine, Mathilde et Louis.

Mathilde de Renault étant morte peu après la naissance de sa fille, Mathilde, son mari, Victor de Kersauson, devenu veuf, épousa en secondes noces, le 15 décembre 1840, *Adèle-Désirée du Marc'hallac'h.*

Marc'hallac'h (du), s<sup>r</sup> dudit lieu [1] et de Kerven, en Plonéis, — de Lezarvor, — de Kerraoul, en Combrit, — de Kermorvan, — de Tréouron, en Lanvern, — de Kerfeuntenic, en Ploubannalec.

---

1. Voici ce qu'écrivait le comte de Carné, de l'Académie française, sur les du Marc'hallac'h : « La vieille habitation où s'était écoulée mon enfance et vers laquelle, dans mes courses loin- « taines, ma pensée revenait chaque jour, s'appelait le Marc'hallac'h. Sortie au XVI<sup>e</sup> siècle, par « un mariage, de la famille de ce nom, elle allait y rentrer, et je replacerais la compagne de ma « vie sous le toit même de ses ancêtres... C'est de là que Jean du Marc'hallac'h était parti, en « 1248, pour aller s'embarquer à Nantes, en compagnie d'Olivier de Carné, sur la semonce du « duc Pierre de Bretagne, afin de se réunir en Chypre aux croisés du roi saint Louis. Durant « quatre siècles, nos deux familles, fixées sur le même sol, avaient répandu leur sang pour leurs

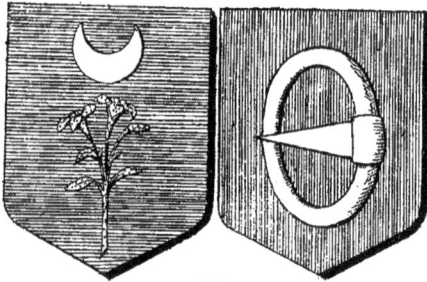

De Tuault

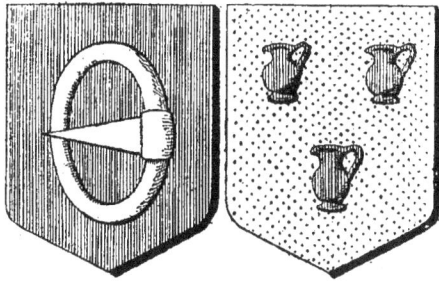

Un juveigneur du Coëtfaou ayant hérité de la seigneurie du Marc'hallac'h, prit le nom de cette terre située dans la paroisse de Ploneiz, évêché de Cornouailles. Telle fut l'origine de la maison du Marc'hallac'h. Nous voyons figurer, à la réformation de 1536, Rolland du Marc'hallac'h, avec les nobles et gentilshommes de la paroisse de Ploneiz (Anc. Réf., mss. de la Bibl. de Nantes, t. I, fol. 62, verso), et René, avec ceux de la paroisse de Tréméoc. (Ibid., fol. 84, verso.) — A la grande réformation du XVII° siècle, les srs du Marc'hallac'h ont établi, sur titres, huit générations et ont été déclarés nobles d'ancienne extraction chevaleresque, par arrêt du 21 mai 1671. (Mss. de la Bibl. de Nantes, t. II.)

Les principales alliances des du Marc'hallac'h sont avec les maisons de Kerouriec, en 1481, — de Kersauson, en 1536, — du Bois de Lezuarnou, — de Kermorvan, — de Lezandevez, — Le Prestre de Lezonnet, — de Keraoul, — de Saluden, en 1639. — Cette filiation a été prouvée par titres, en 1670. Depuis cette époque on trouve les maisons de Poulmic, — Dondel, — de Trémic, — Euzenou de Kersalaun et enfin de Carcaradec.

Blason : *D'or à 3 pots à eau ou orceaux de gueules*[1].

Devise : *Usque ad aras.*

Du Marc'hallac'h a produit : Jean, croisé en 1248, avec Olivier de Carné, ainsi qu'on vient de le voir en note à l'autre page, et Geoffroy de Beaupoil. (Charte de Nymoc.) Ses armes figurent au musée de Versailles. — Rolland, époux de Béatrix de Kersauson, dame de Kerven, que nous voyons figurer, en 1536, à la réformation faite en Cornouailles. — Alain, au nombre des défenseurs du château de Pont-l'Abbé, assiégé par les ligueurs, en 1588.

La branche aînée fondue, en 1626, dans Gouandour ; celle du Perennou dans la Grandière et Carné Marcein, puis Rodellec du Porzic ; — celle de Lanidy Kerigonan : 1° dans du Dresnay, puis Kersauson Vieux-Chatel ; 2° dans Kersauson de Pennendreff, puis du Bois de la Villerabel.

M. l'abbé du Marc'hallac'h, ancien vicaire général de Quimper et député du Finistère en 1871, est aujourd'hui le dernier rejeton de son antique et illustre race, qui voit s'accomplir en lui l'effet de sa devise prophétique : *Usque ad aras !*

Du second mariage de Victor de Kersauson avec Adèle du Marc'hallac'h sont issus :

---

« ducs ; elles avaient continué, après la réunion, à le répandre pour la France, sans aller en qué-
« rir le prix dans les antichambres de Versailles, et la royauté, dont elles ne s'étaient point rap-
« prochées dans les pompes de la cour, les avait trouvées fidèles dans les épreuves de l'exil. »
(*Souvenirs de ma jeunesse au temps de la Restauration,* par le comte de Carné. — Voir le *Correspondant,* année 1872.)

1. Ce blason nous paraît bien plus logique que celui attribué par M. de Fourmont (*Ouest aux Croisades,* t. II, p. 237) à Jean du Marc'hallac'h le croisé, qui d'après lui portait : *D'or à 3 poteaux ou orieuls de gueules.*

1º ADÈLE-MARIE-VICTORINE, née à Brest le 10 juin 1841, et mariée, le 11 avril 1871, à *Arthur du Bois de la Villerabel.*

Bois (du), ramage de Bois-Jagu [1], suivant arrêt de l'Intendance de Bretagne du 16 décembre 1784, sʳ dudit lieu, en Mauron, — du Bois-Denetz, en La Chapelle, — du Bois-Hellio, en Ploërmel, — de la Villerabel et de Bensuée, en Iffignac, — du Bois-Jouan, en Saint-Carreuc, — de Saint-Renan, en Moncontour, — de Penroz, en Corlay, — de Toulbrunoët, en Merléac, — de la Morandais et du Haut-Champ, en Ploufragan.

Ancienne extraction chevaleresque. — Réformes et montres de 1426 à 1535, évêchés de Saint-Malo, Dol, Saint-Brieuc et Cornouailles. Arrêts du Conseil en 1696 et de l'Intendance en 1784.

Blason : *D'argent, à 3* (aliàs *cinq*) *pins de sinople.*

Devise : *Toujours vert, Bois-Jagu.*

Cette maison a produit : Payen, Pierre ou Perrin, croisé en 1248. (Charte de Nymoc, collection Courtois.) — Olivier comparaît à trois montres d'Olivier de Clisson, en 1379, et ratifie le traité de Guérande, en 1381. — Jehan, René et Olivier prêtent serment de fidélité au duc, en 1437, parmi les nobles de l'évêché de Saint-Malo. — Guillaume, l'une des 50 lances de la garde ducale en 1466, compris dans le béguin de la comtesse d'Etampes, mère du duc Richard, archer dans une montre de 1469. — Jean épouse, en 1550, Marguerite Budes, dame de Hirel, qui reçoit *robes acoutumées et joyaux comme fille noble et de bonne maison, mariée en bonne et ancienne maison.* — François, marié, vers 1590, à Jeanne de Bréhand, et avec leurs enfants s'éteint la branche aînée de Bois-Jagu, au XVIᵉ siècle. — Pierre épouse, en 1688, Marguerite Le Pappe, dame de la Villerabel. — Florent, l'un des défenseurs de Lorient, en 1746. — Un capitaine garde-côtes, blessé à Saint-Cast, en 1758. — Un chevalier de l'ordre du Roi, en 1785 [2].

1. La châtellenie de Boisjagu, *terre signalée et de grande antiquité* (aveu de 1676)\*, fut portée par mariage, au XVIIᵉ siècle, dans la maison de Maigné, d'où elle passa peu après aux Gascher du Rouvre, qui la vendirent à Jean de Bréhant, baron de Mauron, en 1655.

2. Le défenseur de Lorient, le blessé de Saint-Cast et le chevalier de Saint-Michel n'étaient autres que le même personnage, Florent de la Villerabel, qui, aux gloires militaires, ne dédaignait pas d'ajouter les palmes de la science, car il est auteur de curieuses recherches sur les antiquités du comté de Goello. Mis à l'ordre du jour parmi les volontaires bretons qui se signalèrent à Lawfeldt, à la prise de Berg-op-Zoom, sous les ordres du maréchal de Saxe et du comte de Lowendalh, en

\* « Ce dont l'aveu ne parle pas, » écrit le savant et regretté M. Ropartz, dans une étude sur le Bois-Jagu et les fiefs de la baronnie de Mauron, « et qui paraît encore plus curieux aux archéologues que les restes à moitié ruinés « d'une maison forte du XVIᵉ siècle, c'est cette motte féodale, des mieux conservées, située au milieu du taillis de « Bois-Jagu. — L'aveu avait bien raison de dire qu'il s'agissait ici *d'une seigneurie de grande antiquité,* car ces mottes « féodales sont, on le sait, antérieures au XIᵉ siècle ; elles servaient de base à des tours en bois, où s'abritaient le « seigneur et ses vassaux en cas d'alerte. » (*Bret. et Vendée,* année 1861, p. 603.)

Du Bois de la Villerabel

DE GOUYON

Adèle de Kersauson, dame de la Villerabel, est morte le 30 novembre 1878, laissant de son mariage trois enfants : Arthur, Adèle et Florent de la Villerabel.

Les du Bois de la Villerabel sont encore représentés par les enfants de Henri et de Sophie de Pichon-Parampuyre-Longueville : Roger (mort à 20 ans, en février 1884), André, Raoul et Marie du Bois de la Villerabel.

2° GUSTAVE-MARIE-VICTOR, né à Toulon en 1843, lieutenant de vaisseau, mort à Brest, le 17 octobre 1876, âgé de 32 ans. Il avait épousé, le 10 mai 1871, *Félicie-Marie de Gouyon-Matignon de Beaufort*.

Gouyon, Gouéon ou Goyon [1], sᵣ de la Roche-Goyon [2], en Plévenon, — de Matignon, paroisse de ce nom, — de Languénan, paroisse de ce nom, — comte de Thorigny, en 1565, et de Gacé, — sᵣ d'Estouteville, en Normandie, — prince de Mortagne-sur-Gironde et sᵣ de Lesparre, en Guyenne, — duc de Valentinois et pair de France, en 1715, — sᵣ de Broëllo et de Launay-Goyon, en Saint-Potan-de-Vaudoré, — marquis de la Moussaye, en 1615, en Plénée-Jugon, — comte de Plouër, paroisse de ce nom, — sᵣ de Touraude, en Baguer-Morvan, — de Beaufort, — vicomte de Pommerit et de Tonquédec, — baron de Marcé, en 1592, en Anjou, — du Juch, en Plouaré, — comte de Quintin, — marquis de la Muce-Ponthus, en Ligné (*nunc* Petit-Mars).

1747, il reçut à la fin de sa vaillante carrière le collier de Saint-Michel des mains de Louis XVI, en 1785. Deux actes, signés de l'infortuné monarque, en 1789, précieusement conservés dans les archives de la Villerabel, donnent le titre de *comte* au chef de cette famille.

1. Gouyon est la véritable orthographe : des actes de 1383 et 1419, les pierres tombales de la chapelle de Matignon et enfin l'arrêt de noblesse du 25 février 1669 en font foi.

2. La petite ville de Matignon, aujourd'hui chef-lieu de canton de l'arrondissement de Dinan (Côtes-du-Nord), rappelle l'ancienne famille à laquelle elle doit son origine. Le château qu'elle y avait construit vers le XIIᵉ siècle n'existe plus ; il n'en reste que l'emplacement, formé d'un tumulus et d'une motte très élevée qu'on appelle encore aujourd'hui le *château*. Ce que l'on sait de plus positif, c'est qu'Olivier de Matignon fonda, en 1208, le prieuré de Saint-Gallery, et que sa fille et unique héritière épousa Etienne *Gouéon*, *Gouion* ou *Goyon*, et fonda avec celui-ci, en 1218, une chapellenie dans l'église abbatiale de Saint-Aubin-des-Bois. Cette dernière famille a donc possédé la seigneurie de Matignon depuis cette époque jusqu'à la fin du XVIIIᵉ siècle. Suivant un ancien dicton, *le nom de Goyon retentissait en Bretagne, comme une cloche*, et cela ne surprend point, quand on s'arrête quelque peu sur la biographie des divers personnages appartenant à cette illustre maison.

Le *Roman des Bannerets de Bretagne* s'étend assez longuement sur les hauts faits d'un Goyon, vivant au Xᵉ siècle. Il nous raconte que les Danois avaient, sous la conduite de Rollon, tout mis à feu et à sang en Bretagne, fait mourir ou chassé hors du pays *tant d'hommes que de femmes o des vilainies infâmes ;* mais qu'au bout de cinq ans de *fortune plus prospère*, le duc de Bretagne, Alain le Grand, ayant acheté des vaisseaux en Angleterre, rassembla ce qu'il put de monde pour donner la chasse à son ennemi. Parmi ceux qui commandèrent l'expédition se trouvait *un prince banneret*

D'ancienne extraction chevaleresque, ayant produit dix-sept générations en 1669, et assisté aux réformations et montres de 1423 à 1535, en Plévenon, Matignon,

*qui se clamait Gouyon*, lequel ayant conduit ses troupes *au port de Matignon*, se mit en devoir de présenter la bataille à l'ennemi. Après avoir bien vanté sa bravoure et les vertus de *ce chef sage et expert*, l'auteur ajoute :

> Par un livre de Bannerie
> Fait sans fraude et sans trufferie,
> Où estoit son bien et pouer
> Pour plus seureté y trouver
> Ainsi comme la seignorie
> De Matignon, sans ganglerie,
> Qu'estoit moult haute baronnie
> Appartenant à Bannerie
> Auquel pays ars et demoly
> Cuydoint bien ne trouver nully
> Qui peut opposition mettre
> A ce que voiloint oultre mettre
> Qu'estoit sans crainte ni dangiers
> Nettir Bretaigne des estrengiers.
> Et pour ce tout le prince a terre
> Fut abondé sans plus enquerre,
> Gil Goyon, qui de çà de là
> Occisoit tout sans dire holà !
> Cette gente normande et danoise,
> Qui tant leur avoit fait de noise.

Nous ne nous arrêterons pas plus longtems sur cette ancienne poésie, qui semble plutôt une légende écrite à la louange de Goyon que la relation d'un fait réellement historique et nous inviterons le lecteur à gagner le château du fort La Latte, qui, dans le principe, a porté le nom de *Roche-Goyon* *.

Cette forteresse, que les anciennes chartes appellent *Castrum de Roca Goëon* (château redoutable, chastelain secourable, d'après les vieilles chroniques), occupe un promontoire séparé de la terre ferme par une large fissure naturelle, que l'art de l'ingénieur a transformée en un fossé profond sur lequel on a jeté un pont-levis. Elle se compose d'une série de batteries avec épaulements en terre, reliées les unes aux autres par des courtines en pierre de taille. Au centre de cette enceinte, qui affecte la forme d'un triangle allongé, s'élève un donjon circulaire à deux étages, dont les différentes salles sont voûtées. La majeure partie de ces constructions paraît remonter à la fin du XVe siècle. Les Anglais assiégèrent inutilement la *Roche-Goyon*, en 1490 ; plus tard, sous la Ligue, elle fut occupée par les royaux qui s'y fortifièrent de manière à n'en pouvoir pas être délogés. Mais ce n'est qu'en 1689 que ce boulevard reçut tous les ouvrages capables de le mettre en défense. A cette époque, Louis XIV ayant contraint les propriétaires de la Roche-Goyon à lui vendre leur château, il le fit rétablir en meilleure forme par M. de Garingen, l'un des sous-ingénieurs de Vauban, et en fit également changer le nom qui fut converti en celui de fort *La Latte*, nom d'un village voisin. Une petite chapelle, que l'on voit encore près de la porte d'entrée, était, avant la Révolution, desservie chaque dimanche par un chanoine de la collégiale de Matignon, fondée aussi par la famille de Goyon, en l'an 1414. (*Bret. contemp.*, t. III, Côtes-du-Nord, pp. 39 et 40.)

* Les armes des Gouyon sont encore sculptées sur la porte d'entrée, à l'intérieur. Jusque sous Louis XVI, à l'époque de la guerre d'Amérique, le commandement de la place était réservé à un officier en retraite du nom de Gouyon. (*Fourmont, Ouest aux Croisades*, t. II, p. 21.)

Saint-Cast, Saint-Potan, etc., évêché de Saint-Brieuc, la maison de Goyon réunit tous les caractères qui élèvent aux premiers rangs de la noblesse, à la plus haute et à la plus antique extraction ; elle compte ses alliances dans les plus illustres maisons, telles que Matignon, Rieux, Dinan, Rochefort, Le Moine, Montbourcher, Mauny, du Perrier, Silly, Daillon de Lude, Maure, Orléans-Longueville, Guiche, Malon de Bercy, Grimaldi, La Moussaye, Chateaubriand, du Chastel, Champagné, La Tour d'Auvergne, Acigné, du Maz, Appelvoisin, La Musse, l'Espinay, Beaucorps, Coëtlogon, du Verger, Boisriou, Visdelou, La Chapelle, Rouvroi de Saint-Simon, de Kersauson, etc., etc. (Ansel., V, 391. — Morice, VII, 335. — La Chesnaye, t. VII.)

Elle doit son origine au sire de Goyon dont nous parlons en note, qui, au X⁰ siècle, aida Alain Barbe-Torte à repousser les Normands, et qui bâtit la Roche-Goyon. Au XI⁰ siècle, nous trouvons Guillaume, témoin des donations de Jean et Gédouin de Dol à l'abbaye de Saint-Florent-les-Saumur. (D. Lob., p. 137.) — Eudes, signataire d'une charte du Mont-Saint-Michel, en 1075. — En 1096 (première croisade), Etienne, mentionné au manuscrit de Bayeux publié par M. Dumoulin, « et qui suivit, dit Moréri (t. VII, p. 335), le comte Alain Fergent à la conquête de l'Angleterre, par Guillaume le Bâtard, et au voyage à la Terre-Sainte, où il signala sa valeur. » — A la septième croisade, nous voyons Guillaume de Gouyon traiter de son passage de Limisso à Damiette, en compagnie de Geoffroi de Montbourcher, Alain Dazy et Hervé de Bellenave. (Charte de Nymoc.) — Plus tard, Bertrand, sire de Matignon, est cité comme compagnon de Du Guesclin dans toutes ses expéditions, et portant sa bannière à Cocherel, en 1364. — Etienne, frère du précédent et auteur des srs de la Moussaye, maréchal et amiral de Bretagne, en 1385. — Alain, grand écuyer de France, mort en 1490. — Jacques, sr de Matignon, comte de Thorigny et maréchal de France, mort en 1597. — Charles, lieutenant général au gouvernement de Normandie, marié, en 1596, à Éléonore d'Orléans-Longueville. — Charles-Auguste, comte de Gacé, maréchal de France, mort en 1724. — Quatre lieutenants généraux des armées et trois maréchaux de camp depuis 1595, dont le dernier, gouverneur de Nantes en 1789. — Plusieurs gouverneurs de provinces. — Huit chevaliers de l'ordre du Roi. (V. M. de Carné, pp. 150 à 160.) — Un évêque de Luçon, 1427-1432. (Gall. christ., II.) — Trois évêques de Coutances. — Deux évêques de Lisieux. — Un évêque de Condom. — Jean-Louis de Goyon de Vaudurand, évêque de Léon, 1745-1763. (Gall. christ., XIV, 986.) — Des abbés de Lessay, de Thorigny, Foigny, Saint-Victor de Marseille, Boquen, Lavieuville, Saint-Mathieu, La Cour-Dieu, Sainte-Croix de Guingamp, Quimperlé, Chambon (Gall. christ., passim.) — Ansel., t. V. — Réf. de 1668, mmss. de Nantes, t. II, f. 1096-1097), et des abbesses du Paraclet, de Cordillon et de Saint-Désir. — La grandesse d'Espagne est entrée dans la maison de Goyon-Matignon depuis 1749. (Lainé, t. II.)

Goyon porte : *D'argent au lion de gueules couronné d'or* (sceau de 1219), qui
est Gouyon ; alias : *D'or à deux fasces nouées de gueules, accompagnées de 9
merlettes de même en orle*, 4, 2, 3 (sceau de 1289), qui est Matignon ; alias : *Écartelé de Goyon et de Matignon* (sceau de 1448) ; et depuis 1596 : *Écartelé de
Goyon et d'Orléans-Longueville*, pour les branches de Matignon, de Thorigny et
de Gacé[1].

Devise : *Honneur à Gouyon.*

La branche aînée n'a porté jusqu'en 1680 que le nom de Matignon. Celle de
Thorigny a été substituée en 1715 aux nom et armes de Grimaldi et possède depuis
cette époque la principauté de Monaco.

La branche de la Moussaye fondue en 1679 dans Montbourcher. — Celle de
Marcé, substituée par alliance, en 1745, aux nom et armes des Angier de Lohéac,
s'est fondue, en 1771, dans Goyon de Vaurouault.

Les cinq branches actuellement existantes sont celles de Matignon de Marcé, —
— de Saint-Loyal, — de Thorigny, — de Beaufort et de Beaucorps.

La branche de Marcé est représentée à Nantes par les deux fils du marquis
Joseph-Amaury et de demoiselle N. Burot de Carcouet, et les deux filles du comte
Auguste-Arsène et de demoiselle N. Richard de la Rouillière. La seconde de
celles-ci a épousé M. Louis de Charette de la Contrie, frère du général de ce nom.

La branche de Beaufort est représentée par la comtesse, veuve de Florestan-
François (mort en 1881), ses deux fils, Florestan-Louis-Marie-François, comte de
Gouyon, et Arthur-Marie-Jules, et sa belle-sœur demoiselle Marie de Gouyon,
par M. Ernest de Gouyon-Matignon de Beaufort, par M^me veuve de Kersauson de
Pennendreff, née Félicie de Gouyon, et enfin par M. et M^me Gustave Gouyon
Matignon de Beaufort.


Du mariage de Gustave de Kersauson avec demoiselle Félicie de Gouyon
de Beaufort, est issu un fils, Victor, mort au berceau.

Après la mort de son mari, M^me veuve de Kersauson est entrée en religion,
au monastère généralice des Dames Franciscaines de Notre-Dame-des-Anges,
à Angers.

Lorsque Victor de Kersauson, père de Mathilde, d'Adèle et de Gustave,
dont il vient d'être parlé, perdit sa seconde femme, Adèle du Marc'hallac'h,

---

1. Ne pas confondre les grands *Gouyon* ou *Goyon* de Bretagne, avec la famille *Goyon* ou
*Goujon*, originaire de Guyenne, mais possessionnée aussi en Bretagne, qui a fourni un général
de division en 1853, dont le fils aîné a été substitué, sous le dernier empire, aux nom et armes
des Clarke, ducs de Feltre.

DE COATAUDON

P. 91

en 1844, il épousa, quelques années après, en troisièmes noces, *Éléonore-Jacquette Lormier,* fille d'un cousin-germain de sa mère, et dont il n'eut pas d'enfants.

XXVI. ARMAND-MARIE I, comte de Kersauson de Pennendreff, fils aîné de Jean-Marie, précité, chef de nom et armes de sa maison, naquit à Morlaix, le 17 juin 1791. Après avoir fait ses premières études en cette ville, il entra à l'école militaire, d'où il sortit, en 1813, sous-lieutenant d'artillerie. Il gagna rapidement les épaulettes de capitaine, puis se retira du service en 1820 et se maria.

Il épousa en premières noces *Marie de Coataudon.*

Coëtaudon ou Coataudon (de), ramage de Pont-l'Abbé, sᵣ dudit lieu et du Froutven, en Guipavas, — de Kerenez, en Kerlouan, — de Kerannou, — de Kerduff, en Plouvien, et de Tromanoir, en Plouénan.

Ancienne extraction chevaleresque. — Réformes et montres de 1426 à 1534, en Léon. — Onze générations en 1669.

Blason : *D'or, au lion de gueules, armé, couronné et lampassé d'azur,* qui est Pont-l'Abbé ; alias : *à la bordure componé d'argent et de gueules.*

Devise : *Tout à souhait.*

Olivier de Coëtaudon épouse, vers 1400, Catherine de Touronce. — Un conseiller au Parlement en 1781. — Un volontaire pontifical, puis à Gaëte, en 1860.

Le comte de Kersauson eut de Marie de Coataudon, une fille, Victorine, qui mourut jeune.

Après la mort de sa première femme, il épousa, en 1835, *Pauline-Marie-Jeanne Huchet de Cintré.*

Les Huchet, d'ancienne extraction chevaleresque, ont pour berceau l'Irlande, où la branche aînée existe encore de nos jours, et porte : *D'argent à 3 huchets de sable.* Deux de ses membres font partie de la chambre des lords. Par suite du mariage de Bertrand Huchet avec Jeanne Talensac, dame de la Bédoyère, la famille Huchet porte aujourd'hui : *Écartelé aux 1 et 4 : d'argent à 3 huchets de sable, 2 et 1,* qui est Huchet ; *aux 2 et 3 : d'azur à 6 billettes forées d'argent, 3, 2, 1,* qui est la Bédoyère.

Cette maison a été maintenue au titre de chevalier, en 1668, et déclarée noble d'ancienne extraction, par arrêt du 7 octobre. Rapport de M. Descartes. — Réformes et montres de 1428-1444 et 1513.

La maison Huchet prouve sa filiation, par titres suivis, depuis Bertrand, dont nous venons de parler, secrétaire d'État, garde des sceaux du duc Jean V, en 1421, et son ambassadeur en Angleterre, en 1442.

Les sʳˢ de Cintré, issus de Charles Huchet, fils puîné de Jean II, sʳ de la Bédoyère, et de sa deuxième femme, Julienne du Cleuz du Gage [1], se sont alliés comme suit : Charles, sʳ du Plessis-Cintré [2] et de Rédillac, conseiller au Parlement, à Mathurine de Kerbiquet (1580), fille aînée et héritière principale et noble de Kerbiquet et de dame Renée de Couédor, dont deux fils, Jean, mort sans hoirs, et Briand, qui suit. — Briand, chevalier de Saint-Michel, en 1648, le 18 janvier, sʳ de Kerbiquet, de Langouet et du Plessis-Cintré, époux, en 1623, de Louise Robinard, fille aînée, héritière principale et noble de Guillaume et de dame Judith Oliff, sʳ de la Fleuriaye et de la Roche. Ce fut Briand qui fut maintenu à la réformation de 1668, en qualité de chevalier et de noble extraction avec son fils. — Isaac, marié, en 1666, à Angélique de Sesmaisons, fille de Claude, sʳ de la Sausinière, chef de nom et armes, chevalier de l'ordre, et de dame Barbe le Bigot, dont deux fils, Joseph, qui suit, et Louis, dit le chevalier de Cintré, tué à Ramilly. — Joseph, marquis de Cintré, vicomte de Tréguil, etc., marié, le 12 novembre 1699, à Catherine Crosnier de la Bertaudière, fille de Claude et de Marie Eon de la Baronie, dont deux fils : Louis-Marie et Claude-Joseph. — Louis, marquis de Cintré, vicomte de Tréguil, etc., commissaire des États, page de la grande écurie du roi, le 4 juillet 1719, marié, le 16 juin 1734, à Françoise-Jeanne-Pélagie de Talhouet de Keravéon, fille du sʳ de ce nom et d'Anne-Marie de Derval, dont un fils qui suit et deux filles. — Georges-Louis, marquis de Cintré, mineur, ainsi que ses sœurs, lors de la mort de leur père. Le conseil de tutelle fut composé du duc de Rohan-Chabot, de Louis de Loraine, sire de Pons, prince de Mortagne, de Jean Sévère, sire de Rieux, de Guy de Lopriac, de Claude de Sesmaisons, du sʳ de Vaucouleurs, comte de Lanjamet, de Joseph, marquis de Goyon, de Jean-Baptiste, comte de Saint-Gilles, de Noël Florimond, comte de la Bédoyère, de Joseph de Servaude, de Georges de Talhouet de Brignac, de Messire de Talhoët de Keravéon, du marquis de Coislin, de Messire Claude Huchet de Cintré, oncle des mineurs, et de Messire Pierre de Derval. — Georges de Cintré épousa, le 5 septembre 1763, Julie de Grimaudet, fille de N. de Grimaudet, président au

---

1. La première femme de Jean II était Julienne de Quédillac, dont un fils, Rolland, qui a formé la branche des sʳˢ de la Bédoyère.

2. La paroisse de Cintré (canton de Mordelles, près Rennes) a une petite église dont l'abside en hémicycle est romane ; les transepts et la nef avec les bas-côtés sont du XVIᵉ siècle. Les blasons des Huchet et de leurs alliances existent encore à l'intérieur, sculptés et peints sur les murs. Les mêmes écussons se remarquent sur les vitraux et à l'archivolte des arcades de la nef. A cinq ou six cents mètres à l'est du bourg, sur le bord du chemin vicinal, tout près de la métairie du Plessis-Cintré, on retrouve les vestiges d'une motte seigneuriale, qui indique l'emplacement de l'antique demeure des seigneurs de ce nom. (*Bret. contemp.*, t. III, p. 10.)

HUCHET DE CINTRÉ

Parlement, et de dame Françoise de la Coudraye. — De ce mariage, six fils et une fille. — François-Hippolyte, comte de Cintré (étant mort avant son père), marié : 1° à Henriette de Couesplan, dont un fils, Georges, qui suit ; 2° à Henriette de Capellis. — Georges, marquis de Cintré, marié à Rose Freslon de la Freslonnière. — Gabriel, comte de Cintré, à Elisa du Bois de la Véronnière. — Louis II, marquis, à Olympe de Derval. — Armand, comte, à Mélanie Buchez de Chauvigné. — Charles : 1° à N. Hérisson de Beauvoir ; 2° à Marguerite Roblot. — Charles, à Aimée Wish. — Henri, à Sophie Huon de Kermadec. — Armand : 1° à N. du Rocher de Saint-Riveul ; 2° à N. Hingant de la Tremblaye. — Constant, comte de Cintré, à Claire Fumel de Montségur. — Aimé, vicomte, à Mathilde Denis Keredern de Trobriand (19 mars 1819). — Bonaventure Huchet, marié : à N. Léziart du Dezerseul ; 2° à N. de Coataudon ; 3° à Fortuné d'Andigné de Mayneuf. — Alphonse, à Stéphanie d'Audibert de la Villasse, et Ludovic, à Marie Lasnier de Rocheville.

Du côté des femmes, les alliances de Cintré ne sont pas moins distinguées : on y trouve en effet les maisons de Saint-Brieuc, — du Guern, — de Vauférier, — Jonchet de la Béraudière, — de la Ville-Rolland, — de la Ville-Asselin, — Hattet de la Croisille, — Bodéan de Borniquet, — Glé de la Besneraie, — Martel de la Malonnière, — du Breil, en 1668, — de Pont-l'Abbé de Coataudon, — de la Goublaye de Nantois, — de Vaudrimez d'Avoust, — de Kersauson, — Apuril, — Garnier de la Villesbrest, — Fournier de Bellevue. (Réf. de 1668-1671. — Mss. de la Bibliot. de Nantes, t. II. — *Arm. général de France*, 1er reg., 1re partie. — Titres pour les honneurs de la cour. — La Chesnaye, t. VIII.)

Parmi les personnages remarquables de la maison Huchet, on distingue : Bertrand, nommé plus haut, envoyé par Jean V, en 1442, vers le comte de Staffort, en Angleterre. — Guillaume, chanoine de Saint-Brieuc, nommé le 22 novembre 1457 par le duc, pour régir, avec Hervé Coire, ledit évêché de Saint-Brieuc, pendant le séquestre. (D. Mor., *Pr.*, t. II, col. 1713.) — Charles, François, Gilles, André, Charles, autre Charles. tous conseillers et procureurs généraux au Parlement. (*Liste de NN. SS. du Parl. de Bret*. Rennes, 1754.) — Anciennement, on trouve dans la carrière des armes : Guillaume, dans la *Monstre de P. Catalan, escuier, et de dix autres escuiers, receus à Bourges le 21 juin 1418*. — Jean prête serment à Jean V en 1437, avec les autres nobles de la chatellenie de Jugon. — Autre Jean reçoit, le 7 janvier 1616, des lettres d'honneur du roi Louis XIII pour ses bons et loyaux services dans les armées. (Arch. de la famille.) — Gilles, sr de Langouet, lieutenant du Roi au régiment de Sale, capitaine à celui de Champagne, le 7 août 1668. — Louis, tué à Ramilly. (Preuves de cour.)

Depuis 1789, on signale : Claude-Joseph, dit le chevalier de Cintré, capitaine au régiment de Mailly, chevalier de Saint-Louis. — François-Hippolyte, comte de Cintré, créé général par brevet du comte de Provence, puis aide de camp de

14

Georges de Cadoudal. — Charles, chef de canton, division Bécherel, de 1794 à 1796. — Armand, lieutenant dans l'armée de Condé, chef de division de l'armée royale et catholique de Bretagne, chevalier de Saint-Louis. — Constant-Marie, comte de Cintré, colonel en second aux chevaliers catholiques de Puisaye, préfet sous la Restauration, chevalier de Saint-Louis et officier de la Légion d'honneur. — Aimé, vicomte de Cintré, aide de camp du général de Sol à la bataille de Muzillac, en 1815. (Th. Muret, p. 545.) (Tiré des arch. de la famille.)

Les Huchet ont fourni à la marine plusieurs officiers distingués : N. Huchet de la Bédoyère, capitaine de vaisseau, chevalier de Saint-Louis, en 1715. — Alexis, garde-marine en 1702, lieutenant en 1727, chevalier de Saint-Louis en 1728, capitaine de vaisseau en 1738, tué sur le *Monarque,* qu'il commandait dans le combat livré le 25 octobre 1747, où sept de nos vaisseaux combattirent *seize* vaisseaux anglais. (*Hist de la Mar. franç.*, par le comte de la Peyrouse-Bonfils, t. II, p. 320-327.) — Charles de Cintré. — Henri, son fils, capitaine de vaisseau, commandeur de la Légion d'honneur, chevalier de l'ordre du Bain pour sa belle conduite dans la mer d'Azof, lors de la guerre de Crimée, et de l'ordre de Medgidié. Charles, son neveu, mort aspirant et chevalier de la Légion d'honneur. — Henri et Armand, lieutenants de vaisseau. — Gustave, mort aspirant, en mer.

Dans les ordres de chevalerie, on cite : Jean, chevalier de Malte, le 3 juillet 1646. (Vertot, p. 168.) — Briand, chevalier de Saint-Michel en 1648. — Plusieurs chevaliers de Saint-Louis, etc. — Les titres de marquis et de comte sont usités dans la maison Huchet, dans les brevets et actes publiés depuis le XVIIIe siècle.

Cinq branches se sont formées sur le tronc principal : celles de la Bédoyère, de Cintré ou de Kerbiquet, de Quénétain, de la Ville-Chauve et de la Besneraye, ces deux dernières éteintes.

Armand-Marie I, comte de Kersauson de Pennendreff, est mort à Rennes, le 29 juin 1874, laissant de son second mariage avec dame Pauline Huchet de Cintré, trois enfants : Pauline, Armand et Marie.

1° PAULINE, née à Rennes, a épousé *Francisque Fraval de Coëtparquet,* contrôleur des contributions directes, actuellement à Bordeaux.

Les Fraval, srs de Crénihuel, en Silfiac, — de Locmaria, en Séglien, — du Plessis, en Langouélan, — de Kervégant, en Arzano, — de Coëtparquet, en Goarec, — de Kerbastic, en Guidel, — de Keruzon, — de Guervazic, en Ploerdut, sont d'ancienne extraction. Ils ont comparu aux réformations et montres de 1448 à 1539, dites paroisses, évêché de Vannes, paroisses de Saint-Thuriaff, de Quintin, évêché de Saint-Brieuc, et de Bourbriac, évêché de Tréguier.

FRAVAL DE COATPARQUET

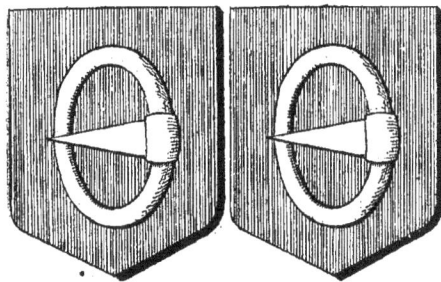

Blason : *De gueules, à la croix endentée d'argent,* comme Coëtgoureden et Phélippes.

On distingue dans cette maison : Geoffroy, écuyer de la compagnie de Pierre de Rostrenen au siège de Brest, en 1373. — Alain rend hommage au vicomte de Rohan en 1396. — Riou, homme d'armes, armé pour le recouvrement de la personne du duc, en 1420. — Geoffroy, appelé à la montre de 1469, à Quintin, excusé pour ce que le sire de Quintin a dit qu'il était de sa maison. — Louis, archer à la montre du maréchal de Rieux, reçu à Saint-Quentin, en Vermandois, en 1505.

La branche de Kervégant fondue dans Geoffroy. — Celle de Coatparquet a produit un abbé de Saint-Gildas-de-Rhuis, évêché de Vannes, lequel assista, en 1092, avec Brient, abbé de Saint-Méen, et Justin, abbé de Redon, aux obsèques de la comtesse Emma de Porhoët, célébrées en l'église de Sainte-Croix de Josselin, par Morvan, évêque de Vannes. L'année de la mort de l'abbé de Rhuis n'est pas connue ; le jour est marqué au 3 mars dans l'obituaire de Landévennec. (Abbé Trévaux, t. VI, p. 427.) — Pierre, gentilhomme de la garde ducale, parmi les gendarmes destinés à accompagner Richard de Bretagne en France. (D. Taill., t. II, col. 1108. Année 1419.) — Jacques, fils de Louis et de Louise Le Bris, sénéchal des juridictions de Robien, la Ville-Mainguy et la Coste, marié, en 1701, à Marie Rouault.

Du mariage de Francisque Fraval avec Pauline de Kersauson sont issus quatre enfants.

2° ARMAND-MARIE, dont l'article suit.

3° HENRI, vicomte de Kersauson de Pennendreff, né à Rennes, capitaine d'une compagnie de mobiles d'Ille-et-Vilaine en 1870-1871, chevalier de la Légion d'honneur pour sa brillante conduite pendant cette funeste guerre, a épousé, en 1871, demoiselle *Angèle Jan de la Gillardais,* d'une très honorable famille de Lorient.

De ce mariage sont nés trois garçons : Henri, le 8 novembre 1872 ; — Paul, en octobre 1873 ; — Jean, le 25 mars 1879, à Pau. Ce dernier a coûté la vie à sa jeune mère, qui s'est éteinte cinq jours après.

En 1883, le vicomte de Kersauson a contracté un second mariage avec demoiselle *Aimée de Kersauson,* de la branche de la Ferrière, fille d'Aimé de Kersauson, capitaine de vaisseau, et d'Eugénie des Champs de Mazais, dont nous reparlerons à l'article des Kersauson Vieux-Chastel.

XXVII. ARMAND-MARIE II, comte de Kersauson de Pennendreff, né à

Rennes, en 1837. Entré en 1855 à l'École militaire, il en sortit deux ans après dans l'état-major. Après le stage exigé pour tous les officiers de cette arme dans différents régiments, Armand de Kersauson fut nommé officier d'ordonnance du général de Lacretelle, et passa avec lui en Afrique. Au bout de quelques années de séjour en Algérie, il revint en France, toujours avec son général, et en 1870 il était en garnison au Mans. Incorporé avec M. de Lacretelle dans le 1ᵉʳ corps d'armée, sous les ordres du maréchal duc de Magenta, lors de la déclaration de guerre, Armand de Kersauson partit l'un des premiers pour la frontière. A la bataille de Frœschwiller il reçut au bras droit une balle qui le renversa de cheval. (Il avait eu, quelques moments auparavant, un premier cheval tué sous lui.) Fait prisonnier, il fut interné dans la Prusse Rhénane, à Dusseldorf, où il dut subir l'amputation du bras. A la fin de la guerre, il épousa demoiselle *Adélaïde de Saisy de Kerampuil,* dont le blason, à plus d'un siècle de distance, avait déjà, ainsi que nous le verrons, écartelé celui de Kersauson.

Saisy, sʳ de Kerampuil, de Kerléon et de Kercourtois, en Plouguer, — de la Haye, en Cléden-Poher, — de Goazannot, en Duault, — de Brenolou, en Motreff, — du Roz, en Merléac, — de Rungoff, en Pédernec, — de Kersaint-Eloy, en Glomel.

Ancienne extraction chevaleresque. — Sept générations en 1669, et quatorze générations par arrêt du Parlement en 1778. — Réformes et montres de 1481 à 1562, en Plouguer-Carhaix, Châteauneuf-du-Faou et Duault, évêché de Cornouailles.

Blason : *Écartelé aux 1 et 4 : de gueules, à trois colombes d'argent,* qui est Kerampuil ; *aux 2 et 3 : de gueules à l'épée d'argent en barre, la pointe en bas, piquant une guêpe d'argent ;* alias : *accompagnée d'une hache d'armes de même en pal,* qui est Saisy.

Devise : *Qui est Saisy est fort,* et aussi : *Mitis ut columba.*

Saisy a produit : Alain, qui prête serment au duc en 1372 et reçoit en 1376, du roi Charles V, mille francs d'or, en reconnaissance des services qu'il lui avait rendus dans les guerres. — Guillaume épouse, en 1435, Méance de Trémédern, et leurs descendants prirent le nom de Kerampuil, sous lequel cette famille a été maintenue en 1669. — Bizien, abbé de Saint-Maurice de Carnoët, rend aveu, en 1500, à Jean de Malestroit, sʳ de Pontcallec, et meurt en 1509. — Deux conseillers au Parlement, Henri-Albert en 1712, et Charles-Robert en 1738. — Cinq frères, (Charles-Marie-François, — Henri-Jacques, — Pierre-Anne, — Pierre-Marie et

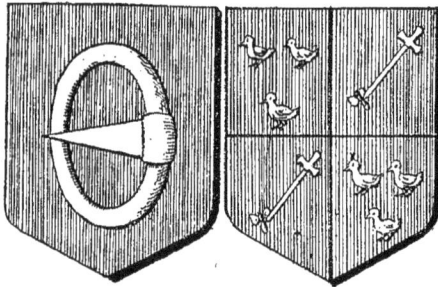

SAISY DE KERAMPUIL

P. 96

Joseph-Joachim), pages du Roi, de 1769 à 1777, dont l'un, capitaine aux dragons d'Artois, a fait ses preuves pour les honneurs de la cour, en 1789. — Un volontaire pontifical à Castelfidardo, en 1860.

A la mort de son père, en 1874, Armand-Marie II est devenu comte de Kersauson de Pennendreff et chef de nom et armes de sa branche. Il a quitté l'armée en 1880 avec le grade de chef d'escadron d'état-major et la rosette d'officier de la Légion d'honneur.

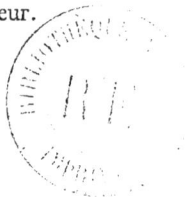

# TABLEAU GÉNÉALOGIQUE DE LA BRANCHE DE KERSAUSON DE PENHOET-PENNENDREFF

XIV. Guillaume I de Kersauson, fils aîné du second mariage d'Hervé I, avec Alliette de Lanros, est l'auteur de cette branche. Il épousa Isabeau (alias Gilaine) ou Gilonne du Chastel-Trémazan. Il comparut à la montre de 1443, au rapport de la paroisse de St-Frégant, d'où dépendait le domaine du Penhoët, acheté par lui en 1440. Il vivait encore en 1483, et se faisait en cette année représenter à une montre par son fils Guénolé, à cause de son grand âge. (Arrêt de maintenue à la Réf. de 1668-1669.)

XV. Guénolé, sr de Penhoët, comparut pour son père Guillaume aux montres de 1481 et 1483. Il épousa en 1478 Anne-Catherine de St-Gouesnou, alias Languéosnou, qui fut partagée noblement par son père et sa mère.

XVI. Guillaume II, sr de Penhoët, épousa, suivant contrat du 16 mars 1509, Catherine de Lescoët. Il vivait encore en 1535. | Isabeau épousa, suivant acte du 22 octobre 1520, Hervé de Kersanraiz.

XVII. Guillaume III, sr de Penhoët, épousa, suivant contrat du 14 août 1547, Claude de Cornouailles.

Guillemette, fille aînée, épousa, suivant contrat du 28 février 1569 : 1° Yves Pinart du Val, 2° en 1611, Tanguy de Kermenou. | XVIII. François, sr de Penhoët, de Kerduer, de Kerguézien, etc., épousa Marie de Kergadiou.

Marie épousa 1° Jean de Kerléan, sr du Carpont, 2° Jean de Kerliver, etc., épousa Marie du Drénec. Vincent-Gabriel eut nombre d'enfants, tous décédés sans hoira. | XIX (I). Vincent-Gabriel, haut et puissant messire, chevalier de l'Ordre du roi, sr de Penhoët, Kerguézien, Kervigdou, Guermeur, | XIX (II). Guillaume IV, fils cadet de François I, mais devenu par la mort des derniers enfants de son frère aîné, sans postérité, chef du nom et d'armes de sa branche, épousa 1° Marie du Quenquis, dont il n'eut pas d'enfants, 2° Marie de Kermorgant, héritière de la terre de Pennendreff, dont il prit le nom pour lui et ses descendants. | Catherine, mariée le 16 janvier 1571 à Alain de Parcevaux, sr de Kermorian. | Anne, épouse d'Olivier du Coëtlosquet.

XX. Hervé, sr de Pennendreff et autres lieux, épousa le 3 avril 1606 Françoise de Kerouartz, qui fut partagée noblement par son frère Claude, et mourut en 1644.

Sous-Branche de Coathuel. | François, premier juveigneur de la branche de Pennendreff, sr de Coathuel, épousa Catherine de Kerhoent.

XXI. Tanguy, sr de Pennendreff, Penadiorn, Pénivian, etc., qualifié haut et puissant seigneur, chevalier, épousa le 5 avril 1650 Gabrielle Rannou, dame de Glareau, et le 11 janvier 1656 Françoise Huon de Kermadec. | Sébastien, écuyer, sr de Lavalot, mort sans hoira. | Louis, époux de Marie Haillard de Trégoazec, mort sans hoira. | Laurent, sr de Coathénou, écuyer. | Renée, dame du Halegouer, mariée le 23 juin 1640 à Yves Courtois de Bonmeuf. | François, sr de Coathuel, épousa Françoise Huon de Keriézien. | Christopher, sr de Kervéguen, épousa Françoise Simon de Kerbriagall. | Mathurin ou Mathurin, sr de l'Isle, avocat à la Cour. | Laurent, décédé sans hoira. | Claude, aussi mort sans hoira.
Alain, Gabriel, Jean et Guillaumette, tous trois décédés sans hoira.

Enfants de Gabrielle Rannou (1er mariage). | Enfants de Françoise Huon de Kermadec (2me mariage).

Françoise-Anne-Louise, mariée à Claude de Penmarc'h, sr de Kerauroy. | Julienne, mariée le 5 août 1668 à Julien de Lochant, sr de Kerouriou. | XXII. Joseph-Hervé, mineur en 1669; il fut, ainsi que ses frère Tanguy et ses soeurs Louise et Anne, représenté devant la chambre de noblesse, le 30 octobre 1668, le 28 janvier, le 29 mars et le 11 juin 1669, par son tuteur, Claude de Penmarc'h, sr de Keranroy, époux de sa soeur aînée consanguine, Françoise-Anne-Louise. Les 4 arrêts de noblesse maintinrent les mineurs de Kersauson comme nobles d'ancienne extraction chevaleresque. Joseph-Hervé épousa, par contrat du 24 avril 1681, Marie Audren de Kerdrel. | Vincent-Tanguy épousa, suivant contrat de 1687, Marguerite Nadiou, dame de Penguilly. | Louise et Anne, mortes sans alliance.

XXIII. François-Louis, comte de Kersauson, sr de Pennendreff et autres lieux, né le 27 février 1683, capitaine général des gardes-côtes de Brest, chevalier de St-Louis, épousa en 1707 Elisabeth de la Fosse. | Julien-Claude-Joseph, dit le chevalier de Kersauson, capitaine de vaisseau, chevalier de St-Louis en 1737, épousa le 14 février 1748 Anne Moi, veuve de Coutandon, dont il n'eut pas d'enfants.

XXIV. Nicolas, comte de Kersauson, sr de Pennendreff et autres lieux, lieutenant de vaisseau, chevalier de St-Louis, il se retira de la marine en 1762, après plusieurs faits d'éclat. Il avait épousé Marguerite Dufour. | Jean-François-Joseph, dit l'abbé de Kersauson, mort recteur de Ploaré, en Cornouailles. | Suzanne-Vincente, demoiselle de l'Isle, religieuse ursuline à St-Pol, en 1744. | Jeanne-Ursule, demoiselle de la Villéon, aussi ursuline en 1744. | Marie-Françoise, Jeanne-Julienne et Elisabeth-Marie, mortes aussi toutes trois sans alliance.

XXV. Jean-Marie, comte de Kersauson, sr de Pennendreff et autres lieux, épousa en 1790 Marie-Anne-Guillemette Torrec de Basse-Maison. Il mourut en 1819. | Joseph-Claude-Marie, dit le chevalier de Kersauson, aide de camp du duc de Berry à l'armée des Princes, chevalier de St-Louis. Il épousa Julie-Joséphine Bortin en 1796, à Jersey, où il mourut en 1813. | Thomas-Perrine-Victoire, mariée à Jean-Marc de Penhadic. | Marie-Nicolase-Bonaventure, mariée à N. Palierne de la Hachaussais. | Marie-Jeanne-Sophie, mariée à Joseph-Marie Smith.

XXVI. Armand-Marie I, comte de Kersauson de Pennendreff, né à Morlaix en 1791, capitaine d'artillerie, épousa : 1° Marie de Coëtanson, dont une fille, Victoire, morte enfant ; 2° Pauline Hutlet de Cintré. Armand-Marie I est mort à Rennes le 19 juin 1874. | Nicolas, capitaine de vaisseau, commandeur de la Légion d'honneur, épousa Aimée Bernbe. Il mourut en 1854 à Cauterets. | Jean-Marie, garde-marine, mort jeune. | Joseph-Marie-Marc, ancien magistrat, démissionnaire en 1830. Député du Finistère en 1848, épousa Aimée Smith. | Victoire-Armand-Casimir-Marie, capitaine de vaisseau, commandeur de la Légion d'honneur, deux fois conseiller général et deux fois député du Finistère. Mort en 1871. Il épousa 1° Mathilde de Renault, 2° Adèle de Marc'hallach, 3° Eléonore Locmer. | Enfants de Mathilde de Renault. | Enfants d'Adèle du Marc'hallach.

Aline, mariée à Françoise Francigne ravat de Coëtanguer, dont 4 enfants. | XXVII. Armand-Marie II, comte de Kersauson de Pennendreff, chef d'escadron d'artillerie de la Légion d'honneur, né à Rennes en 1837, a épousé en 1871 Adèle de Saisy de Kerampuil. | Henri, vicomte de Kersauson de Pennendreff, chevalier de la Légion d'honneur, marié en 1873 à Angèle de la Gillardais, dont 4 enfants : Henri, Paul et Jean, remarié en 1883 à Aimée de Kersauson de la Ferrière. | Aimée, morte jeune. | Ernestine, morte jeune. | Marie, mariée en 1856 à Charles Hérisson de Beauvoir, dont 3 enfants. | Hippolyte, marié en 1873 à Isabelle du Plessix-Quenquis dont 6 enfants : Jeanne, Marthe, Robert, Cécile, Henriette et Madeleine. | Joseph-Marie, né le 31 août 1831, à Brest, licencié en droit, épousé le 11 mai 1855 Emilie Chesnard de Kerdavy, dont 3 filles : Emilie-Anne, Jeanne, Marie. L'aînée fille de la Charité depuis 1883. | Victor, mort au berceau. | Mathilde, née en 1829 à Louis de Tuault, dont 4 enfants : Joseph, mort jeune, Mathilde, Jean, Louis. | Adèle-Victorine, née le 28 novembre 1833, mariée le 11 avril 1871 à Arthur du Bois de la Villerabel, dont 3 enfants. Adèle est morte à St-Brieuc le 50 novembre 1878. | Gustave-Marie-Victor, né à Toulon, le 28 novembre 1845, lieutenant de vaisseau, a épousé le 10 mai 1871 Félicie de Goyon-Matignon de Beaufort, dont un fils, Victor, mort jeune. Gustave est mort le 17 octobre 1876.

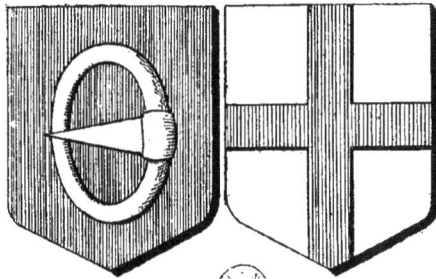

# BRANCHE DE VIEUX-CHASTEL

----

XIV. PAUL de Kersauson, second fils du second mariage d'Hervé I avec Alliette de Lanros, est l'auteur de cette branche, ainsi qu'il a été dit, pp. 18 et 27, auxquelles nous renvoyons également le lecteur au sujet de la question de primogéniture entre Paul et son frère Guillaume, auteur du Penhoët-Pennendreff. Paul de Kersauson épousa *Sibille de Saint-Georges,* héritière de sa maison.

Les Saint-Georges, qu'il ne faut pas confondre avec les Harscoët, s^rs de *Saint-George* (que nous verrons aussi plus tard s'allier à la branche de Vieux-Chastel), étaient s^rs dudit lieu et de Lannurien, en Plouescat, et de Mesqueffuruz, en Plougoulm ; ils étaient d'ancienne noblesse et avaient pris part aux réformations et montres de 1427 à 1481, en Plouescat, Plougoulm, Plounévez et Le Minihy, évêché de Léon.

Blason : *D'argent, à la croix de gueules,* comme Jobert.

La branche aînée fondue dans Kersauson par le présent mariage. — Une famille de mêmes nom et armes, originaire de la Marche et transplantée en Poitou, s'est alliée en Bretagne aux La Musse, Bavalan et Pioger ; elle remonte d'une manière certaine à Olivier, marié en 1404 à Catherine de Rochechouart, dame de Boissec, et elle s'est éteinte en 1858, dans la personne du marquis de Vérac, ancien pair de France.

Par le mariage de Paul, la boucle de Kersauson fut transportée et se fixa, pour la branche dont il est l'auteur, au manoir de Saint-Georges.

Paul mourut vers l'an 1502.

De son mariage issurent :

1° ALLICETTE, mariée à *Jean Pilguen,* s^r de Kerouriou, en Plouider.

Les Pilguen, qui ont produit six générations à la réformation de 1670, étaient d'ancienne extraction. — Réformes et montres de 1427 à 1503, paroisses de Plounévez, Guisseny, Plouénan et Le Minihy, évêché de Léon.

Blason : *D'or, à trois coquilles de gueules*, comme Kernezne et Keroual.

Sibille Pilguen épouse, vers 1420, Jean Barbier, sʳ de Lanarnuz. — Yvon, franc archer de la paroisse de Saint-Vougay, en 1543.

Alicette de Kersauson reçut de ses père et mère un hôtel situé au village de Kerneac'h, en Cléder.

2⁰ YVES, qui suit.

XV. YVES de Kersauson, sʳ de Saint-Georges, épousa N... Il comparut en brigandine, épée, salade et javeline, comme premier gentilhomme de la paroisse de Plouescat, à la montre générale de la noblesse de Léon, tenue à Lesneven par les seigneurs du Chastel, de Kermorvan et de Kerouzéré, commissaires et à la fin députés, le 25 septembre 1503. (*Antiquités du Finistère*, par Fréminville.)

Yves mourut en          , laissant un fils, dont l'article suit.

XVI. JEAN de Kersauson, écuyer, sʳ de Saint-Georges et de la Lande, épousa, en 1525, *Jeanne Le Prince.*

D'après Guy Le Borgne, les Le Prince portaient : *D'azur, à six coquilles d'argent, 3, 2, 1.*

De ce mariage :

1⁰ PAUL, dont l'article suivra.

2⁰ JEAN, né à Plouescat, le 10 mars 1537. Il fut un des signataires de la capitulation des ligueurs de Léon, au Folgoët, en 1594 (D. Mor., *Pr.*, p. 1601) et mourut sans hoirs.

3ᵉ HERVÉ, dont l'article suivra également.

4⁰ ALAIN, né le 8 avril 1531. Il épousa *Françoise Prau*, d'une famille qui habitait Roscoff, près de Saint-Pol-de-Léon. En lui commencent les sous-branches de Larmor, Coëtbizien et Pratmeur, que nous allons donner ci-dessous, pour ne pas entraver la marche régulière de la généalogie.

### SOUS-BRANCHE DE LARMOR

Les Kersauson de cette branche cadette, à l'exemple de beaucoup d'autres gentilshommes de cette époque, n'ayant que la cape et l'épée, trouvèrent de la fortune dans des mariages avec des commerçants.

PILGUEN

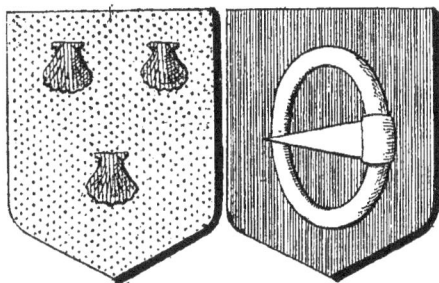

LE PRINCE

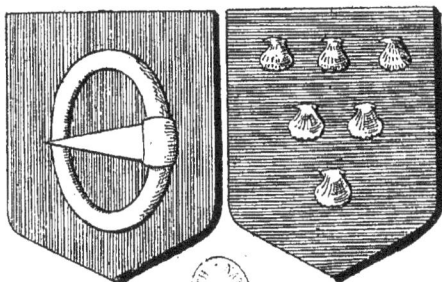

5o AMICE, qui épousa, le 21 mars 1551, *Jean de Penguern,* surnommé *Disarvoëz,* le célèbre généalogiste de la reine Anne, fils aîné de Christophe et de Marie de Kermodiern.

Du mariage d'Alain avec Françoise Prau issurent :

1o FRANÇOIS, dont l'article va suivre.

2o CLAUDE, marié à *Marguerite Maucon,* dont : Marguerite, née en 1601, — Claude, né en 1602, — François, né en 1607, et Alain, né en 1611.

3o HERVÉ, auteur de la branche de Coëtbizien, dont l'article suivra.

4° TANGUY, sr de Pratmeur et des Roches, dont il sera parlé ultérieurement.

FRANÇOIS, sr de Larmor, épousa *Marie Cloarec,* dont naquirent : 1o Jeanne, en 1599 ; — 2o Gilles, dont l'article suit ; — 3o François, en 1603 ; — 4o Alain, en 1606 ; — 5o Pierre, en 1608 ; — 6o Autre Gilles, en 1612 ; — 7o Guillaume, en 1613 ; — 8o Nicolas, en 1617 ; — 9o autre Jeanne, en 1619.

GILLES, sr de Larmor, né à Roscoff, en 1601, obtint des juges de Saint-Pol-de-Léon, par l'entremise de son curateur et oncle, Hervé de Kersauson, une sentence en date du 18 mars 1621, par laquelle la succession de son père, François, fut acceptée sous bénéfice d'inventaire. Gilles épousa *Anne Sourineau,* de Roscoff, dont :

1o YVES, né en 1640, et mort sans hoirs.

2o JEAN, né en 1642, également mort sans postérité.

3o FRANÇOIS, né en 1644, et devenu sr de Larmor à la mort de ses deux aînés. Il demeurait en la paroisse de Toussaint, à Saint-Pol-de-Léon, lors de la réformation de 1669, où il prouva son attache à la maison de Kersauson.

## SOUS-BRANCHE DE COETBIZIEN

Hervé de Kersauson, troisième fils d'Alain et de Françoise Prau, naquit en 1583. Qualifié du titre de sr de Coëtbizien, il épousa, le 30 juin 1625, *Catherine Bougé,* de Roscoff, et mourut 6 ans après, fin de 1631, laissant de son mariage :

1o MARIE, née en 1628.

2o HAMON, sr de Coëtbizien, né à Saint-Pol en 1630, et demeurant dans la paroisse de Toussaint, lors de la réformation de 1669 à laquelle il comparut pour lui et ses fils Joseph et Olivier, avec son neveu François, sr de Larmor. Il avait épousé, en 1655, *Perrine Denis,* d'une famille d'ancienne noblesse, qui, après avoir pris part aux montres de 1413 à 1534, en Plougerneau de Léon, où elle possédait la seigneurie de Lesmel, prouva sept générations à la réformation de 1670.

Cette maison, fondue dans Poulpiquet, portait : *D'argent, à 3 quintefeuilles de gueules,* comme Bellingant.

De ce mariage issurent :

1o Jeanne, née à Saint-Pol en 1656 ; — 2o Joseph, dont l'article suit ; — 3o Marie, née en 1661 ; — 4o Olivier, en 1662 ; — 5o Marie-Anne, en 1664 ; — 6o Perrine, en 1668 ; — — 7o Hervé, né en 1671, et qui épousa *Barbe Caraulay,* dont : 1o Jeanne, née en 1698 ; — 2o Catherine, en 1699 ; — 3o Marie-Marguerite, en 1700 ; — 4o Yves-Joseph, en 1701, et 5o Marie-Barbe, en 1702.

Penguern (de), ramage de Trésiguidy, comme on l'a vu, s<sup>r</sup> dudit lieu et du Parc, en Lopérec, — de Kerméno, en Dinéault, — de Kercarn, en Plomodiern, — de Kerrec, en Rosnoen, — de l'Isle, — de Roc'huel, — du Fao.

8° CATHERINE, qui épousa, le 8 janvier 1689, *Yves Sioc'han*, s<sup>r</sup> de Créachelen.

S<sup>rs</sup> de Kerrivoal, de Kersaouté, de Troguerut, de Tréguintin, de la Palue, de Praterou, de Creac'huelen, de Keradennec, de Saint-Jouan, de Kersabiec, etc., les Siochan ou Siokan, déclarés nobles d'ancienne extraction, par arrêt du 16 juin 1773 au Parlement de Bretagne, portent : *De gueules, à 4 pointes de dard en sautoir passés dans un anneau en abîme, le tout d'or* ; alias : *De gueules, à la croix ancrée, d'argent.* (Guy Le Borgne.)

Sioc'han a produit : Hervé, croisé en 1248 (charte de Nymoc), d'après un titre scellé du sceau de Geoffroy de Kersaliou. — Geoffroy, bailli et receveur de Léon, compris parmi les légataires du duc Jean II en 1305. — Jean, écuyer dans la compagnie d'Olivier de Clisson. (Revue passée à Vannes le 1<sup>er</sup> mars 1375.) — Jean, s<sup>r</sup> de Kerrivoal, marié à Jeanne Fliminc, fait son testament en 1521. — Un abbé de Vaas, au diocèse du Mans, en 1777.

Cette famille qui a pris une part glorieuse aux guerres de la Révolution et aux événements de 1832, lors de l'arrestation de la duchesse de Berry, a produit un chevalier de l'ordre de Marie-Thérèse en 1795, et deux frères, volontaires pontificaux, dont l'un blessé à Castelfidardo.

La famille Sioc'han, originaire de Basse-Bretagne, s'est alliée aux Fliminc, Crémeur, Le Gac, Helori, Dencuff, Hervé de Penhouët, Artur de la Gibonnais, Le Ségaller du Mescouez, de Kersauson, etc., etc., et depuis son établissement au Comté nantais, aux Budan du Vivier, de Biré, Mareschal de Poiroux, Prévost de la Chauvellière, de Vaujuas, Le Boulanger. (Pour plus amples détails, voir *Ouest aux Croisades,* t. II, pp. 287-295.)

JOSEPH, s<sup>r</sup> de Coëtbizien, né en 1659, épousa *Cécile Marʒin*, d'une famille de Roscoff, anoblie par le duc François II, pour services rendus à l'État. Elle était aussi comprise dans les rôles de l'arrière-ban de Léon, de 1501 à 1504, et portait : *D'argent, à la croix de gueules, cantonnée de quatre aigles.*

De ce mariage : 1° Yves-Joseph, qui suit ; — 2° Jean-François, né en 1691 ; — 3° Anne-Cécile, en 1692 ; — 4° Marie-Anne, en 1693 ; — 5° Pierre, en 1695.

YVES-JOSEPH, s<sup>r</sup> de Coëtbizien, né en 1690, épousa, en 1731, *Marie-Guillemette Prigent.*

Les Prigent, s<sup>rs</sup> de Kerscao, — de la Porte-Noire, — de Quérébars, en Sibéril, évêché de Léon, portaient : *D'azur, à l'épervier d'argent, soutenu d'un rocher de 3 coupeaux, de même, accompagné, en chef, d'un croissant accosté de deux étoiles, le tout d'argent. (Arm. de 1696).*

Jean-Claude Prigent, père de Marie-Guillemette, sénéchal de Léon, et petit-fils d'un capitaine de vaisseaux du roi en 1627, fut anobli, à la demande des États, par lettres de 1755, à l'occasion de l'érection, à Rennes, de la statue de Louis XV. La famille Prigent (éteinte) a encore produit un major de vaisseaux en 1786.

De ce mariage : 1° Marie, née en 1732 ; — 2° Marie-Anne, en 1736 ; — 3° Anne-Olive, en 1738 ; — 4° Claude-Joseph, qui suit :

CLAUDE-JOSEPH, s<sup>r</sup> de Coëtbizien, né en 1740, épousa *Marie Guillai de Kerenroy.*

Claude-Joseph dut mourir sans hoirs, car on ne trouve plus, après lui, trace du rameau de Coëtbizien.

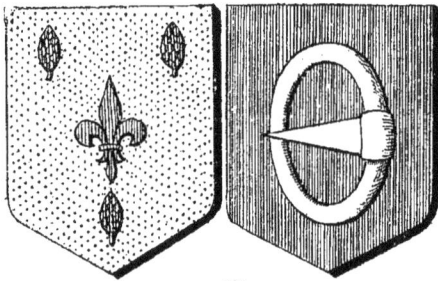

Ancienne extraction. — Neuf générations en 1669. — Réformes et montres de 1426 à 1562, en Loperec, Dinéault et Plomodiern, évêché de Cornouailles.

Blason : *D'or, à 3 pommes de pin de gueules, la pointe en haut,* qui est Trési-guidy, *une fleur de lys de même, en abyme.*

Devise : *Doué da guenta* (Dieu d'abord).

## SOUS-BRANCHE DE PRATMEUR

Tanguy de Kersauson, 4e fils d'Alain, sr de Larmor, et de Françoise Prau, naquit à Plouescat le 25 juillet 1584. Qualifié sire de Pratmeur, il épousa, vers 1620, *Jeanne Auffret,* d'une famille noble des environs de Quimperlé, où elle possédait la seigneurie du Cosquer (ou la Vieuville), et qui portait : *D'azur, au chevron d'or, accompagné de trois roues de Sainte-Catherine.*

La famille Auffret a produit l'auteur du premier dictionnaire breton, imprimé en 1499, et Pierre, bailli de Quimperlé en 1696.

De ce mariage : 1º François-Marie, qui suit ; — 2º Paul, né à Plouescat, en 1624, et y demeurant en 1669, lors de la réformation dans laquelle il figura avec son frère, sous la dénomination de sr des Roches.

FRANÇOIS-MARIE, sr de Pratmeur, né à Plouescat, en 1621, et y demeurant lors de la réformation de 1669, épousa *N...,* dont :

OLIVIER, sr de Pratmeur, qui épousa *N...,* dont :

FRANÇOIS-MARIE, sr de Pratmeur, qui épousa *Catherine-Paule-Ursule-Pélagie Pissivin,* dont :

1º Renée-Catherine, née en 1749 ; — 2º Jean-Yves, en 1751 ; — 3º Marie, en 1753 ; — 4º Jean-Jacques-Marie, en 1754 ; — 5º François-Marie : ayant embrassé l'état ecclésias-tique, il devint, en 1788, recteur de la paroisse de Plourin (d'où dépend, on se le rappelle, le château de Pennendreff). Obligé de s'exiler à la fin de 1790 ou au commencement de 1791, il se réfugia à Plounévez-Lochrist, près Plouescat. Le 22 germinal an III de la Répu-blique (12 avril 1795), il se présenta aux autorités de Plourin, déclarant vouloir y établir sa demeure et se conformer aux lois. Peu de temps après, le 21 floréal an IV (11 mai 1796), les habitants revendiquèrent l'église et le presbytère. François de Kersauson rentra donc dans sa paroisse, et fut obligé de se loger tout d'abord dans la maison à four de la ferme de *Tycos (Vieille Maison).* Mais la confiance commençant à renaître, le 13 frimaire an XII (3 décembre 1804), une somme de douze cents francs fut payée par douze notables et le presbytère fut racheté. Ce fut le comte Jean-Marie de Kersauson de Pennendreff qui fut chargé de la transaction. *(Communiqué par M. l'abbé Banabès.)*

Après avoir beaucoup souffert et beaucoup travaillé pour le rétablissement du culte, l'abbé François-Marie de Kersauson rendit sa belle âme à Dieu et fut enterré au milieu de ses paroissiens, le 29 janvier 1810.

Les descendants de Jean-Yves et de Jean-Jacques-Marie de Pratmeur, frères de l'abbé de Kersauson, vivent encore. Gentilshommes paysans, ils habitent toujours le vieux castel de Kergunic ou de Pratmeur, sur le fronton duquel est gravée dans la pierre *la Boucle* de Kersauson. Ce manoir est situé en la paroisse de Kernouës, près Lesneven, et les der-niers représentants des Larmor, Coëtbizien et Pratmeur, revêtus du vêtement traditionnel du pays de Léon, y donnent le spectacle des vertus patriarcales de leurs ancêtres.

On trouve dans cette famille : Jean, écuyer du corps et de la chambre du duc, en 1416. — Richard, contrôleur des recettes et revenus du duc en 1426, épouse Marguerite Guillemet. — Jean, surnommé Disarvoëz, *marié à Marie de Plomodiern* [1], auteur de la généalogie d'Anne de Bretagne, depuis Adam jusqu'en 1510, imprimée à la suite de l'*Histoire de Bretagne* de Pierre Le Baud. — Un page de Louis XVI, depuis colonel de la garde impériale et baron de l'Empire en 1813, confirmé sous la Restauration.

Du mariage ci-dessus naquirent trois enfants, d'où sont sortis tous les Penguern actuels.

6º FRANÇOIS, né à Plouescat, le 8 octobre 1543, et mort sans hoirs.

XVII (I). PAUL II de Kersauson, sᵣ de Saint-Georges, fils aîné de Jean et de Jeanne Le Prince, né à Plouescat, le 23 novembre 1529, épousa *N... de Penhoët.*

---

1. M. de Courcy, à qui nous empruntons ici l'article nobiliaire des Penguern, commet, croyons-nous, deux confusions : l'une de noms et l'autre de personnes. Il prétend, en effet, que Jean *Le Disarvoëz* était époux de Marie *de Plomodiern*, tandis que c'est Christophe de Penguern, son père, qui a épousé Marie *de Kermodiern* (et non Plomodiern, que M. de Courcy lui-même ne nomme pas dans son *Armorial* et qui est une simple localité du canton de Châteaulin). Ladite Marie de Kermodiern fut donc la *mère* et non la femme du *Disarvoëz*, lequel épousa *bien positivement* Amice de Kersauson.

Voici du reste l'article que consacre à Jean de Penguern la *Biographie bretonne*, article qui corrobore pleinement notre affirmation :

« Jean de Penguern, surnommé *Disarvoëz* (en langue bretonne *gaillard*, littéralement *sans rhu-* « *matismes*), fils aîné de Christophe de Penguern et de *Marie de Kermodiern*, naquit dans les der- « nières années du XVᵉ siècle, au manoir de Loperzec, aujourd'hui Lopérec (Finistère). Il entra « fort jeune au service de la reine Anne, par ordre de laquelle il composa la *Généalogie de très* « *haute, très puissante, très excellente et très chrestienne princesse et nostre sovvereine dame* « *Anne, très illustre Royne de France et duchesse de Bretaigne, et les noms des Roys et Princes* « *ses prédécesseurs, en droite ligne depuis la création jusqu'à présent, composée et extraite de* « *plusieurs livres et chroniques, par Disarvoëz Penguern, natif de Cornouailles, en l'honneur et* « *louange de ladite dame.* »

« Cette chronique, publiée par d'Hozier, à la suite de l'*Histoire de Bretagne* de Pierrre Le Baud, « sur un manuscrit que le marquis de Molac avait donné à l'éditeur, contient *1920* vers, divisés « en strophes de huit vers de dix syllabes... Elle s'arrête à l'an 1510, comme l'auteur nous l'ap- « prend lui-même dans les deux vers ou plutôt dans les deux lignes qui la terminent :

« Ce livre fut faict et accomply
« En l'an mil cinq cent et dix.

« Penguern resta au service de la France jusqu'à la mort de son père. Revenu alors en Cor- « nouaille, il épousa, le 21 mars 1551, *Amice de Kersauson*, fille de Jean, sᵣ de Saint-Georges, et « de dame Jehanne Le Prinze, dont il eut trois enfants. Il mourut dans un âge très avancé, en 1579, « et fut inhumé dans l'église paroissiale de Loperzec. » (*Biog. bret.* de Le Vot, t. II, p. 579.)

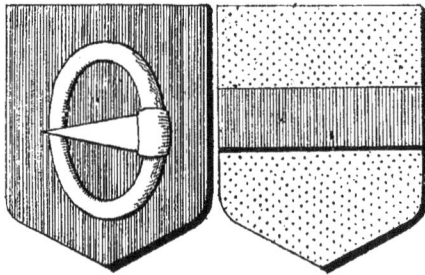

La lignée des sires de Penhoët (ou Pancouët, comme les désignent le manuscrit de Bayeux et Guy Le Borgne) est d'origine princière ; « elle est réputée pour l'une « des plus anciennes maisons du païs, qui tire son origine des anciens barons et « vicomtes de Léon. » (Guy Le Borgne.)

Penhoët (de), ramage de Léon, sr dudit lieu, en Saint-Thegonnec, — de Tronglézon et de Kerguizien, en Plouénan, — de Kergoallon et de Guérand, en Plouégat, — de Menez-Charuel, en Guerlesquin, — de Coëtfrec, en Ploubezre, — de Kerimel, en Kermaria-Sular, — de Coëtgoureden, en Pestivien, — de la Boissière, en Carentoir, — de la Marche, en Bédée, — de la Motte, en La Chapelle-Glain, — du Tourboureau, en la Chapelle-Heulin, — de Maupiron, en Moisdon, — de Fronsac, en Guyenne.

Réformes et montres de 1427 à 1543, en Saint-Thégonnec et Plouénan, évêché de Léon ; Plouégat et Ploubezre, de Tréguier ; Carentoir, de Vannes, et Bédée, de Saint-Malo.

Blason : *D'or, à la fasce de gueules.*

Devises : *Red eo* (il faut) et *Antiquité à Penhoët.*

Illustrations : Le manuscrit de Bayeux (p. 29) mentionne le sire de Pancouët (Penhoët) à la première croisade. — On trouve encore Hamon, dans un accord avec les moines du Relec, en 1235. — Guillaume, croisé en 1248. — Deux autres Guillaume, mentionnés dans la note ci-après. — Jean, gouverneur de Morlaix en 1402 (Toussaint de Saint-Luc, XIV, p. 502), vainqueur de la flotte anglaise en 1403 (id., 503). — Jean, amiral de Bretagne, à la prise de Lamballe en 1420 (id., XV, 586), reçoit de Jean V, pour lui et ses successeurs, *le droit de manger à celle table du duc qui lui plairait, et quand il n'y mangerait pas, d'avoir à dîner et à souper un pot du meilleur vin de la bouche.* (Lob., liv. xvi, p. 549.)

Par les Rohan-Gyé, en qui se fondit, en 1475, la branche aînée, la seigneurie de Penhoët passa successivement aux Rosmadec, Le Vicomte et Kerouartz. — La branche de Guérand transmit cette terre aux Bois-Eon, puis du Parc ; — celle de Kergoallon, fondue au XVIe siècle dans Groësquer ; — celle de Kerimel et de Coëtfrec, dans la Touche-Limouzinière, d'où ces seigneuries ont successivement appartenu aux Cosquer-Rosambeau, puis aux Le Pelletier.

Du mariage de Paul de Kersauson avec N... de Penhoët[1], naquit un fils, OLIVIER, qui mourut jeune et sans hoirs, et dont l'héritage fut estimé, concurremment à celui de ses oncles et tantes, en date du 5 juin 1586.

---

1. Nous avons restitué à la branche de Vieux-Chastel une ancêtre que M. Ludovic de Kersauson lui-même avait ignorée et omise dans son remarquable manuscrit sur sa maison. Il ressort en effet clairement et évidemment d'un document que nous avons lu, et actuellement entre les mains de

XVII (II). HERVÉ de Kersauson, troisième fils de Jean, s<sup>r</sup> de Saint-Georges, et de Jeanne Le Prince, devint, par la mort de son neveu Olivier,

M<sup>me</sup> la comtesse de Kersauson La Ferrière, que les Vieux-Chastel ont eu pour mère une Penhoët. Or la femme de Paul II étant la seule qui, jusqu'à ce jour, ne fût pas généalogiquement connue, ce ne peut être qu'elle qui ait appartenu à cette maison. La pièce manuscrite dont nous parlons est intitulée : *Plainte manifeste nécessaire, envoyée, le... samedi de novembre 1773, par M. le comte de Kersauson au R. P. Coste, prieur du couvent des Dominicains de Morlaix*. De ce factum, en 42 pages, et dont il est impossible, du reste, d'admettre les prétentions généalogiques, il appert que ledit comte de Kersauson se plaint amèrement près des Pères Dominicains de Morlaix de la disparition, dans le couvent, du blason des Kersauson et des Penhoët. « Or, dit le plaignant, vous « n'ignorez cependant pas, mon Révérend Père, que c'est à cette maison de Penhoët, *dont je des-* « *cends*, qu'appartenait *Julienne*, votre *fondatrice*, et dont l'épitaphe rappelait en quelques mots la « belle vie : *Mens sincera, manus larga et pudica caro...* »

Ces derniers mots jettent un jour tout nouveau sur une question restée, croyons-nous, sans réponse jusqu'à ce jour. Dans la *Bretagne contemporaine* (t. II, p. 60), M. de Courcy, parlant du couvent des Dominicains de Morlaix et des tombeaux que renferme l'église de ce monastère, rapporte. d'après Albert Le Grand, l'épitaphe d'une certaine *Julienne, fondatrice des Frères Prescheurs*, et dans laquelle se lisent les mêmes louanges (*Mens sincera, manus larga et pudica caro*) que dans la plainte du comte François-Joseph. « On n'a pu, ajoute M. de Courcy, découvrir à quelle famille et à quel siècle appartenait *dame Julienne*. »

Plus heureux que l'éminent auteur, nous pouvons répondre nous, grâce au manuscrit du comte de Kersauson, que *dame Julienne* était Penhoët et a vécu au XVI<sup>e</sup> siècle, à moins qu'au lieu de traduire *fondatrice* par *bienfaitrice*, il faille laisser à ce mot sa primitive acception, ce qui reculerait notre *Julienne* au XIII<sup>e</sup> siècle, les Dominicains de Morlaix ayant été fondés en l'an 1237. Quoi qu'il en soit, il n'en est pas moins établi que ladite *dame* était de la maison de Penhoët à laquelle appartenait également la femme de Paul II, puisque, encore une fois, l'alliance de ce dernier est la seule qui ait échappé aux investigations de M. Ludovic de Kersauson et aux nôtres, jusqu'à la prise de connaissance du factum.

Nous extrayons maintenant les lignes suivantes de la *Bretagne contemporaine* au sujet de l'antique château et du fief de Penhoët :

« Le château de Penhoët élève, au confluent des deux ruisseaux de Coatoulsac'h et de la Penzé, « ses ruines séculaires, où la nature réparatrice, travaillant auprès des ans, a semé une profusion « de lierres et de fleurs. Ces ruines consistent principalement en deux tours cylindriques, à pans « coupés à l'intérieur, revêtues, à l'extérieur, de pierres de moyen appareil. La plus haute de ces « tours, qui servait probablement de donjon, est surmontée d'un petit châtelet ; elles sont unies par « une courtine, aspectée à l'est et inscrite dans une enceinte ogivale, garnie de douves. Une autre « courtine, à l'ouest, se prolonge vers le midi, côté le plus accessible à l'ennemi ; il forme un ou-« vrage avancé présentant un plan rectangulaire défendu par un second fossé. Du banc de pierre « qui garnit la large embrasure d'une fenêtre, dans la tour du nord, on plonge délicieusement sur « un frais paysage, que le cintre gothique de la fenêtre encadre comme un tableau de maître.

« La seigneurie de Penhoët était une ancienne *bannière*, et la maison de Penhoët, issue, en ra-« mage, des comtes de Léon.

« Elle a compté plusieurs guerriers célèbres, depuis Guillaume, sire de Penhoët, qui, au retour « de la croisade, en 1248, où il avait accompagné le duc Pierre de Dreux, éleva le château dont il « ne reste que les ruines. Un autre Guillaume de Penhoët, dit le Boiteux, défendit la ville de Rennes « contre le duc de Lancastre, en 1356, et Jean de Penhoët, amiral de Bretagne, fils du précédent, « battit une flotte anglaise devant Saint-Mathieu, en 1404. La branche aînée de cette famille se « fondit en 1475 dans la maison de Rohan-Gyé. Le château de Penhoët, qui appartenait au siècle « suivant aux Rosmadec, fut incendié par *les ligueurs* qui en démolirent les fortifications, en 1590.» (*Bret. contemp.*, t. II, p. 87.)

De Kerouartz

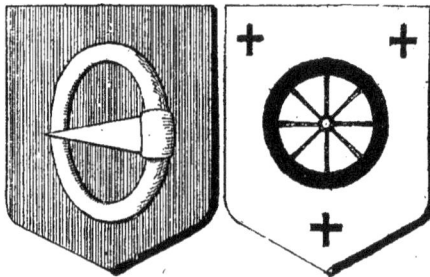

P. 197

chef de sa branche, son frère Jean n'ayant pas contracté d'alliance. Il épousa, en 1567, *Catherine du Faou* ou *du Fou.*

Fou ou Faou (du), s<sup>r</sup> de Pilmil, — de la Roche-Guézennec et de Locmaria, en Mûr, — de la Nervois, — de Bézidel, en Cléguérec, — de la Villeneuve, — de la Moinerie, en Allineuc, — de la Porte, — de Beauchesne, — de Launay, — de Kerdaniel.

Ancienne extraction chevaleresque. — Huit générations en 1669. — Réformes et montres de 1426 à 1562, en Mûr, évêché de Cornouailles.

Blason : *D'azur, à l'aigle éployée d'or.*

Guillaume du Fou, vivant en 1426, épouse Jeanne de la Houssaye. — Un gouverneur de Pontivy, en 1775. — Un membre de cette famille a été élevé à la dignité de comte en 1817.

Hervé de Kersauson était né à Plouescat, le 17 mars 1740. Sa femme lui apporta la terre de Mesguen. Il était aussi, du fait des Saint-Georges, famille de son arrière-grand'mère, s<sup>r</sup> de Coëtelez. Il vendit 700<sup>tt</sup>, à Olivier le Maigre, la garenne de Vieux-Chastel.

De ce mariage issut :

XVIII. FRANÇOIS I de Kersauson, s<sup>r</sup> de Mesguen, né à Plouescat, le 5 février 1568. Il épousa, à l'âge de 40 ans, en 1608, *Marie de Kerouartz,* sœur de Françoise, que. nous avons vu, p. 50, épouser, le 5 avril 1606, Hervé de Kersauson de Pennendreff.

Nous avons donné, à l'occasion de ce mariage, l'article nobiliaire et héraldique des Kerouartz. Nous le compléterons plus tard à la branche de Kerjan-Mos, à propos d'une troisième alliance des deux maisons.

François de Kersauson fut, en 1594, signataire de la capitulation, au Folgoët, accordée aux ligueurs de l'évêché de Léon, par René de Rieux, s<sup>r</sup> de Sourdéac. Il proposa aux États de Bretagne un projet de canalisation, pour la jonction de la Rance et de la Vilaine. Ce projet n'eut malheureusement pas de suite, mais il devait être repris, comme nous le verrons, plus d'un siècle plus tard, par son arrière-petit-fils.

François I mourut en 1632, laissant sa femme veuve avec quatre enfants.

1º JACQUES, dont l'article va suivre.

2º FRANÇOIS, dont l'article suivra également.

3° MARIE,     }
              }   mortes toutes deux sans hoirs.
4° ANNE,      }

XIX (I). JACQUES de Kersauson, s$^r$ de Mesguen, né le 29 mars 1609, épousa, en 1634, *Gilette du Chastel,* dame du Tressec, fille aînée d'Yves et de Claude de Kergoët.


Chastel (du), (parfaitement distincts des sires de Trémazan,) étaient s$^{rs}$ de Lannurien, en Plouescat et de Penamprat.

Ancienne extraction. — Sept générations en 1669. — Réformes et montres de 1446 à 1534, en Plouescat, évêché de Léon.

Blason : *De gueules, au château d'argent, adextré d'une épée de même garnie d'or, la pointe en haut.*

Yves du Chastel épouse, en 1483, Guillemette du Bois.


Jacques de Kersauson mourut en 1657, comme le prouve un acte de tutelle du 23 novembre de la même année, et relatif à son fils et à ses filles dont les noms suivent :


1° SÉBASTIEN, dont l'article va venir.

2° MARIE, mariée à *Gabriel du Plessis,* s$^r$ de Keradennec et de Lestévennec.


Cette famille, du ressort de Morlaix, portait : *D'azur, à la croix pattée d'argent.* (Armes de 1696.)


3° CLAUDE, mariée à *N... Le Ny.*


Le Ny, maison d'ancienne extraction chevaleresque, ayant pris part aux réformations et montres de 1426 à 1534, en Ploudiry, Taulé, le Drénec, Landouzan, Guiclan et Saint-Thégonnec, évêché de Léon, et prouvé onze générations en 1669, portait : *Ecartelé aux 1 et 4 : d'argent, à l'écu d'azur en abyme, accompagné de six annelets de gueules en orle, 3, 2, 1,* comme Jacobin et Lanuzouarn ; *aux 2 et 3 : de gueules à la tête de lièvre d'or,* qui est Coëtelez.

Devise : *Humble et loyal.*

Le Ny était s$^r$ de Trébrit, de Penanguer et de l'Ile-Yvon, en Ploudiry, — de

Du Chastel

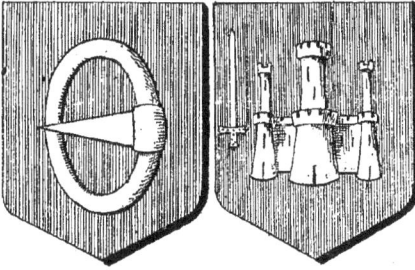

Du Plessis

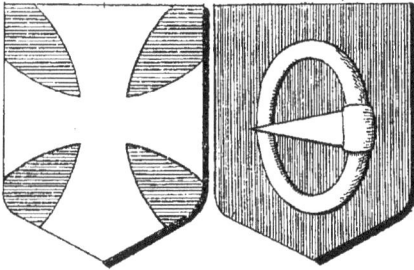

Le Ny

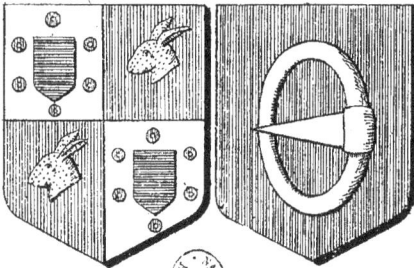

Coëtelez [1], paroisse du Drénec, — de Lanivinon, en Saint-Thégonnec, — de Kerriou, en Loquenolé, — de Keranflec'h, en Milizac, — de Coslen, en Plouzévédé, — de Lezirfin, en Guimaec, — de Coëtudavel, en Mespaul, — de Kerigan, en Plougoulm, — de Traonozven, en Cléder, — de Keraudy, — de Kerenez, — de Penanrest.

La maison Le Ny a produit : Salomon, chambellan du duc Jean IV, en 1380, époux : 1° de Marguerite, dame de Coëtelez ; — 2° de Jusette de Kersauson [2]. — Du premier lit naquit Hervé, sénéchal de Cornouailles, vivant en 1405, marié à Béatrix de Treffilz, et qui a continué la branche de Coëtelez.

Alliés aux Tournemine, Kergournadec'h, Rosmadec, etc., cette famille a encore fourni : François, abbé de Bon-Repos [3], de 1579 à 1606. — Mathurin, archidiacre de Vannes, puis évêque de Poitiers en 1698, mort en 1739, frère d'un page du Roi (Olivier Corentin, sr de Coëtudavel), lieutenant aux gardes en 1706. — Un lieutenant de vaisseau, dernier du nom, fusillé à Quiberon en 1795.

XX (I). SÉBASTIEN, sr de Mesguen, né en 1639, à Plouescat, y demeurait lors de la grande réformation. Il y justifia, comme aîné de sa branche,

---

1. A propos de la seigneurie de Coëtelez, rapportons ici l'étymologie que donne du nom Albert Le Grand, dans la *Vie de saint Tanguy*, abbé de Saint-Mathieu, et dont nous avons raconté la légende et celle de sa sœur Eode, des du Chastel-Trémazan, maison à laquelle ils appartenaient. « ... Une autre fois, le saint abbé (Tanguy) voulant aller à Occismor, voir son maître et père, « saint Pol, le rencontra en la paroisse du Drénec, es rabines d'une maison noble. Après s'être « salués, ils se retirèrent tous deux seuls dans le bois de cette noblesse, aïant laissez leurs com-« paignons quelque peu à cartier, et, après une longue conférence, s'étant mis en oraison, ils « furent récréés d'un concert mélodieux de voix angéliques, et tout en même temps un ange leur « apparut et leur donna advis que, dans peu de jours, ils sortiroient de cette vallée de larmes et « iroient jouïr de la couronne préparée à leurs mérites. Les saints se réjouirent extremmement « de cette bonne nouvelle, et, à cause de cette apparition angélique, cette maison fut appelée « *Coët-Elez*, c'est-à-dire *Bois-des-Anges*, nom qu'elle retient encore à présent, et est distante de « Lesneven de deux lieues. » (*Vies des Saints de Bretagne*, 1re édit., p. 639.)

2. Le rameau principal de Coëtelez s'est fondue dans Le Ny, dont la branche aînée, d'après M. de Courcy, aurait été substituée aux nom et armes de Kersauson, par le mariage de Juzette de Kersauson avec Salomon Le Ny, chambellan de Jean IV, en 1380. Or ce mariage, que nous ne nions pas, mais dont nous n'avons pas trouvé de preuves suffisantes pour l'introduire dans ce travail, ne fit pas, dans tous les cas, ainsi que le prétend l'auteur du *Nobiliaire*, tomber en quenouille la maison de Kersauson. (Voir polémique engagée à ce sujet aux pièces justificatives.)

3. Alain III, sr de Rohan, et Constance de Bretagne, son épouse, fondèrent, pour huit religieux, cette abbaye, le 24 juin 1184. Ils en jetèrent les fondements dans un vallon désert et inculte, arrosé par la rivière de Blavet, et situé dans une trève de la paroisse de Laniscat, nommée Saint-Gelvin (Olim., év. de Cornouailles, *nunc* de Saint-Brieuc). Les premiers religieux qui habitèrent le monastère furent tirés de l'abbaye de Boquen, au diocèse de Saint-Brieuc. L'abbé jouissait d'un revenu annuel de dix mille francs. Les bâtiments de Bon-Repos, aliénés dès le commencement de la Révolution, sont aujourd'hui détruits.

son attache à la maison de Kersauson, tant pour lui que pour François, frère cadet de son père, et pour Tanguy, son cousin germain, fils dudit François.

Sébastien mourut prêtre.

XIX (II). FRANÇOIS II de Kersauson, sᵣ de Vieux-Chastel et de Kergaouern, était le second fils de François I, sᵣ de Mesguen, et de Marie de Kerouartz. La mort sans postérité de son neveu Sébastien le rendit chef de sa branche. Né et baptisé à Plouescat, le 20 août 1611, il épousa, en 1633, *Catherine de Kerguvelen.*

Kerguvelen (de), (rameau de Kerroignant,) sᵣ dudit lieu, de Tromeur, en Plouvorn, — de Kernoaz, — de Gorréquer, — de Kergaradec et du Penhoat, en Plounévez-Lochrist, — de Kergonan, — de Kerestat, paroisse du Minihy.

Ancienne extraction. — Réformations et montres de 1426 à 1534, en Plouvorn et Plounevez, évêché de Léon. — Sept générations en 1669.

Blason : *D'azur, à la main dextre, d'argent en pal,* qui est Kerroignant, *accompagnée de trois étoiles de même.*

Hervé de Kerguvelen, à la réforme de 1443, entre les nobles de Guinevez (Plounévez) (marquis du Refuge), et époux de Jeanne de Keranraiz.

La branche de Kergaradec, fondue, en 1621, dans Jumeau ; — celle de Penhoët, en 1752, dans Le Borgne de la Tour.

Ainsi qu'il a été dit ci-dessus, François II fit justifier par son neveu Sébastien son attache à sa maison, en 1669, pour lui et pour son fils Tanguy.

De ce mariage issurent :

1º LOUIS, sᵣ de Kerneac'h,
2º JEANNE,                      morts tous trois sans hoirs.
3º FRANÇOIS,
4º TANGUY, dont l'article suit.

XX (II). TANGUY de Kersauson, sᵣ de Kerjaouen, du vivant de son père, prit, à la mort de ce dernier, le titre de sᵣ du Vieux-Chastel. Né à Plouescat, le 6 octobre 1634, il épousa, en décembre 1659, *Anne de Coëtnempren,* dame de Kersaint, fille de feu noble homme, Yves, sᵣ de Lamogan, et de Marie de Crec'hquérault.

Coëtnempren (de), sᵣ dudit lieu, — de Créchengar, — de Kerdournau, — de Leslouc'h, — de Kerdélégan, — de Kernilis et de Kerneizon, en Trefflaouënan, —

DE KERGUVELEN

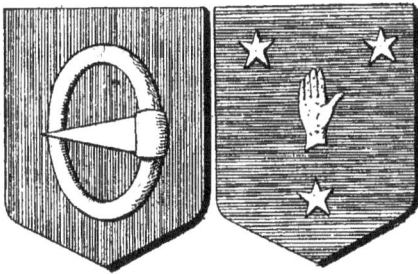

De Coetnempren

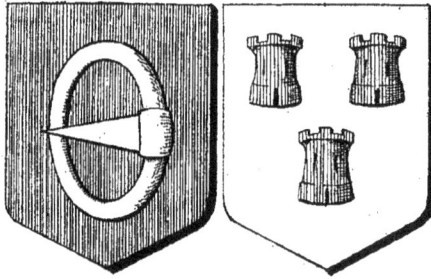

de Kerlaudy, en Plouénan, — du Vrénit, paroisse du Minihy, — de Keramel et de Kerénez, en Kerlouan, — de Kerléau, en Landunvez, — de Kerouc'hant et de Kerdanet, en Taulé, — de Kersaint, — du Cosquer[1] et de Crec'hmorvan, en Cléder, — de Coëtcanton, — de Trépompé, — de Lomogan et de Kerprigent, en Saint-Martin de Morlaix, — du Rouazle, en Dirinon ; mentionné aux réformes de 1426 à 1543 avec les nobles et gentilshommes des paroisses de Trefflaouënan, Plouënan, Minihy, Saint-Martin de Morlaix, Plounévez, évêché de Léon. (*Anc. réf.*, t. III.)

Déclarés nobles d'ancienne extraction par arrêt du 12 juin 1669. (Mss. de la Bibl. de Nantes, t. I), les Coëtnempren ont emprunté ou donné leur nom à une terre seigneuriale de la paroisse de Trefflaouënan.

Alliés aux Penanec, Kerourfil, Crec'hmorvan, Kerliviry, Kerouartz, Lié, Kerjean, Kersaintgilly, Crec'hengar, Pentrez, Kerlec'h, Keramel, Kerléau, Kergoulouarn, Penfeunteniou, Kermenguy, Guernizac, Kersauson, Le Cilleur, Marzein, Kernezne, Eustache de l'Escluse, Dalesso d'Eragny, Durfort, Halna, du Tremblay, de Saint-Yvon, etc., portent : *D'argent à 3 tours crénelées de gueules*, comme Crec'hquérault.

Devise : *Et abundantia in turribus tuis.*

Parmi les illustrations dont s'honore la maison de Coëtnempren, on remarque : *Raoul*, dont le nom se lit sur une des nombreuses procurations données, en 1249, à Hervé de Nantes, pour le passage de Limisso à Damiette, titre en vertu duquel ses armes ont été admises à Versailles. — *Prégent*, homme d'armes avec coustilleur et page, *à la montre des gens de guerre de l'ordonnance du duc, tenue à Nantes par M. de Rieux, maréchal de Bretagne, le 9 juillet 1374.* (Lob. II, 1342.) — *Yvon*, marié, en 1390, à Jeanne de Keramanac'h. — *Jacques, un des gens de la retenue du maréchal de Rieux,* en 1414 et 1421, compagnon d'armes de Richard de Bretagne. (Ibid., 967-969.) — *Yvon* et *Prégent* entre les nobles de Trefflaouënan, à la réforme de 1443. (Marquis du Refuge.) — *Jean*, homme d'armes de la compagnie de Lohéac, *reveue à Châteaubriant,* en 1464. (Lob., 1367.) — *Prégent*, homme d'armes *de Monsgr du Pont,* en 1464. (D. Mor., III, 125). — *Guillaume*, l'un des 30 archers de Jean de Launay, en 1481 (Ibid., 389), *à la montre et reveue faite à Dinan,* le 2e jour de septembre 1489. (Ibid., 732.) — En 1594, Jacques signe la capitulation des Ligueurs de Léon, au Folgoët. (Ibid.,

---

1. « Le château du Cosquer, l'un des plus beaux de Bretagne, a été reconstruit au commence-
« ment du siècle dans le style de la renaissance, par le comte de Kersaint. Lors de la création du
« Parlement-Maupou, en 1768, le Cosquer était possédé par le marquis de Kersalaün, doyen des
« conseillers du Parlement, qui partagea les opinions, la prison et l'exil du procureur général La
« Chalotais. Le château du Cosquer est situé dans la paroisse de Combrit, près Pont-l'Abbé,
« (Finistère). Sa façade principale au sud, en venant de l'île Tudi, se présente au fond d'un parc
« de 30 hectares, encadrée dans des bois de haute futaie. » (*Bret. contemp.*, t. II, p. 22.)

1601.) — Olivier, des *5o salades en garnison aux ville et château de Brest*, en 1595.

Mais c'est surtout dans la marine que les Coëtnempren ont brillé : jusqu'au XVIII<sup>e</sup> siècle, toutes les branches y ont eu leur part de gloire, l'aînée fondue dans Liscouët, et celles de Crec'henger dans Le Floch, — de Tréponpé dans du Parc, et du Rouazle dans Keraldanet. Depuis cette époque, c'est la branche de Kersaint qui, seule, a le droit de la revendiquer. Guy-François et ses trois fils, Armand, Joseph et Guy. — Guy-François, capitaine de vaisseau en 1747, chef d'escadre en 1756, tué dans la baie de Quiberon en 1759. — Armand-Guy-Simon, comte de Kersaint, capitaine de vaisseau en 1779, chef de division en 1781, gouverneur des îles Demerary, Essequibo et Borbice, enlevées par lui aux Anglais en 1782, membre de l'Assemblée législative et de la Convention. Ne pouvant sauver le Roi, il rompit avec la Révolution par une démission motivée qui le conduisit à l'échafaud. — Joseph, vicomte de Kersaint, lieutenant de vaisseau sous le bailli de Suffren. — Guy-Pierre, successivement chevalier, baron, puis comte de Kersaint, capitaine de vaisseau en 1786, émigré en 1790, volontaire à l'armée des Princes, préfet maritime d'Anvers en 1812, contre-amiral en 1814, préfet de la Meurthe en 1815, mis à la retraite en 1816, mort en 1822. — Armand-Guy-Charles, capitaine du génie sous le premier Empire, puis maître des requêtes, démissionne en 1830. (*Alm. roy.*; *Hist. de la Mar. franç.*, par le comte de Lapeyrouse Bonfils, t. III ; *Fastes de la Légion d'honneur*, t. V, 5 ; *Mon. un.*, passim), marié à Laure du Tremblay de Saint-Yvon. — De ce mariage : 1° Guy-Pierre-Léon, vicomte de Kersaint, né en 1827, marié, en 1852, à Marie-Charlotte-Ghislaine de Louvencourt ; 2° Guy-Gabriel-Henri, ancien enseigne de vaisseau, chevalier de la Légion d'honneur, député du Puy-de-Dôme sous Napoléon III, décédé en 1860, laissant de son mariage avec Claire de Baguenet de Parmentier deux fils : Raoul, né en 1857, et Jacques en 1859 ; 3° Hélène-Marie, mariée à Paul-Frédéric-Marie, marquis de Robien.

Les représentants actuels de la famille de Coëtnempren sont : Guy-Pierre-Léon et les enfants de Guy-Gabriel-Henri.

Du mariage de Tanguy de Kersauson avec Anne de Coëtnempren issut un fils, Hamon, dont l'article suit.

Devenu veuf de sa première femme, Tanguy se remaria, au bout de quelques années, à *Brigitte Huon*, de la maison de Kermadec, et sœur cadette de Françoise, femme d'autre Tanguy de Kersauson, s<sup>r</sup> de Pennendreff, qui l'épousait aussi, on se le rappelle, en deuxièmes noces.

Le nom de Huon est assez avantageusement connu du lecteur de cette

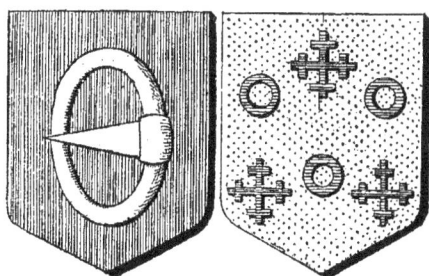

HUON

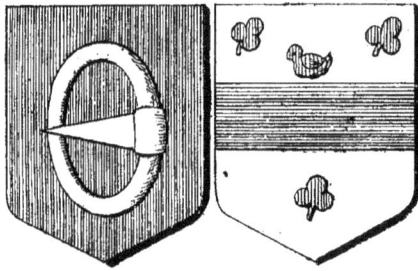

Le Levier

généalogie, puisque c'est pour la troisième fois qu'il revient sous notre plume, pour que nous nous dispensions de nous étendre ici davantage sur lui.

De ce second mariage de Tanguy du Vieux-Chastel naquit un fils, Charles, mort sans hoirs.

XXI. HAMON-NICODÈME, sʳ de Vieux-Chastel, fils du premier mariage de Tanguy, naquit et fut baptisé à Plouescat, le 19 juillet 1663. Il épousa *Anne-Agnès Le Levier.*

Levier (Le), sʳ de Kerroc'hiou, en Ploujean, — de Penarstang, — de Keranfors et de Kerloassezre, en Plougonven, — de Meshir, — de Keramprévost, — de Coatglaz, — de Kervezec.

Blason : *D'argent, à la fasce d'azur surmontée d'une merlette de même,* comme Cazin, Cosquerguen, Geoffroy, Keraminou, Kergoz et Kerhallic, *et accompagnée de trois trèfles de gueules.* (Guy Le Borgne.)

On trouve dans cette famille : Jean, sénéchal de Morlaix en 1533. — Jean, gouverneur du château du Taureau, en 1574. — Jean, conseiller au Parlement, en 1588, marié à Françoise de Talhouet de Boisorhant.

Aux États de Bretagne tenus à Dinan en 1718, Hamon signa les deux premières remontrances du 7 et du 11 août, adressées au Roi. Par suite, il fut impliqué dans la conspiration, dite de Pontcallec (que presque tous les auteurs ont confondue, à tort, avec celle de Cellamare), et incarcéré à Nantes par arrêt de la Chambre royale extraordinaire. Il fut élargi quelque temps après le supplice sur la place du Bouffai du marquis de Pontcallec, de Montlouis, de Talhouët et du Couédic[1].

De ce mariage issurent :

1° LOUIS, qui mourut religieux jacobin[2].

2° FRANÇOIS-JOSEPH, qui suit.

XXII. FRANÇOIS-JOSEPH, sʳ de Kerjaouen et de Vieux-Chastel, né à Plouescat, épousa *Françoise-Rose de Lantivy.*

---

1. Nous donnons aux pièces justificatives un résumé aussi succinct que possible de la conspiration bretonne, en général assez peu connue et surtout faussement interprétée, sur laquelle M. de la Borderie a donné, dans la *Revue de Bretagne et de Vendée,* des aperçus si nouveaux, si intéressants et si exacts.

2. On appelait ainsi l'ordre des Dominicains, ou Frères Prêcheurs, dont le premier couvent en France fut établi dans la rue Saint-Jacques, à Paris.

La cérémonie nuptiale fut donnée aux époux dans l'église Saint-Sauveur de Rennes, par Louis de Kersauson, frère aîné de François-Joseph et religieux jacobin, comme il vient d'être dit.

Rose de Lantivy apporta à son mari la terre de la Ferrière, en Buléon, près Josselin (Morbihan).

Lantivy ou Lentivy (de), (originaire d'Angleterre,) s<sup>r</sup> de Kernuzel, en Radenac, — de Saint-Urien, en Noyal-Pontivy, — du Crosco, en Lignol, — de Talhouët, en Stival, — de Kervéno, en Languidic, — de Kerandrenou, en Baud, — de la Haye, — de Kergo, — de Keradreuz, — de Ruillac, en Saint-Avé, — de Pennanec'h, — de Limur, — de Kerlogoden, — de Kerlan, — de Kermainguy, — de la Guittonnière, — de Pergamon, — de Kerascouet, — des Aulnays, — de la Ferrière, en Buléon, — du Rest, en Noyal, — de Larouet, — de Rondrécar, en Treffléan, — de Kermeur, — de Bernac, en Saint-Allouestre, — de la Villeneuve, — de Kerhervé, — du Ster, — vicomte de Trédion, en Elven, — s<sup>r</sup> du Breil, — de Kerven, — de Kerdoret, en Lochal-Auray, — de l'Ile-Tizon, — de la Lande, — de Champiré, — de la Vieuville et de Bouchau, en Anjou.

Ancienne extraction chevaleresque. — Douze générations en 1668. — Réformes et montres de 1448 à 1536, en Radenac, Noyal-Pontivy, Lignol, Stival, Languidic et Baud, évêché de Vannes.

Blason : *De gueules, à l'épée d'argent en pal, la pointe en bas ;* aliàs : *d'azur, à 8 billettes d'or, 3, 2, 2, 1, au franc canton de gueules chargé d'une épée d'argent.* (Guy Le Borgne.)

Devise : *Qui désire n'a repos.* (Sceau de 1401.)

Lantivy a produit : Pierre, marié vers 1350 à Aliénor de Lanvaux, père et mère de Raoul, qui fit hommage au vicomte de Rohan en 1396, et épousa : 1º Alliette de Lannouan ; 2º Aliénor de Kerfau ; 3º Alix de Baud. — Du premier lit : 1º Jean, auteur des sires de Talhouët et du Rest ; 2º Olivier, qui ratifia le traité de Guérande en 1381 ; — du troisième lit : Yvon, auteur de la branche du Crosco. — Un gouverneur de Pontivy en 1565. — Plusieurs conseillers au Parlement, depuis 1625. — Bernard, chevalier de l'ordre du Roi, en 1638, époux : 1º de Marie de Coulomb ; 2º de Jeanne de Servaude. (*Chev. bret. de Saint-Michel,* par M. de Carné, pp. 226-227.) — Un page du Roi en 1738, et trois chevaliers de Malte depuis 1763. — Un membre a fait ses preuves pour les honneurs de la cour en 1789.

La branche du Crosco fondue dans Rougé, puis Lorraine-Elbœuf ; — celle de Talhouët dans Le Gras.

Rose de Lantivy étant morte, François-Joseph épousa en deuxièmes noces *Anne de Bellingant,* veuve de François-Gabriel, baron de Penmarc'h.

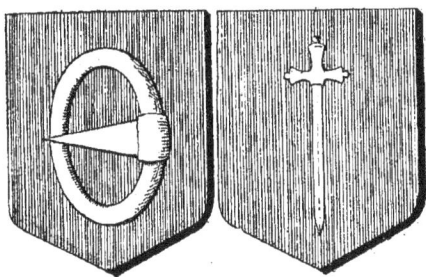

DE LANTIVY

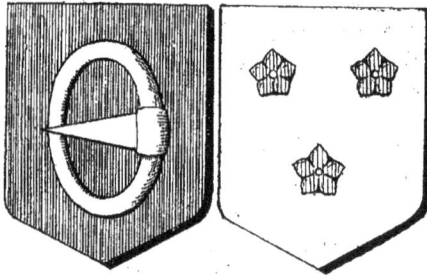

DE BELLINGANT

Bellingant (de), s$^r$ de Kerbabu, en Lannilis, — de Kerambelec, — marquis de Crénan, paroisse du Fœil.

Ancienne extraction chevaleresque. — Huit générations en 1669. — Réformes et montres de 1443 à 1534, en Lannilis, évêché de Léon.

Blason : *D'argent, à trois quintefeuilles de gueules*, comme Denis.

Hervé de Bellingant est nommé dans une charte datée de Limisso, en avril 1249 (septième croisade). — Guyon épouse, en 1400, Mahaut de Kermavan. — Guyomarc'h, entre les nobles de Lannilis, réforme de 1443. (Marquis du Refuge.)

Bellingant tirait ses alliances des nobles maisons de Kermaon, Kerouartz, Kerozrec, Lanuzouarn, Quélen, Lescoët, Kerbic, Perrien, Kerlec'h, Kersauson, etc. Mss. de la Bibl. de Nantes, t. I, fol. 102.)

Déclarée noble d'ancienne extraction et maintenue en la qualité de chevalier, par arrêt du 13 mai 1669. (Mss., ibid.)


François-Joseph de Kersauson se fit remarquer aux États de Bretagne par sa capacité comme écrivain distingué. (Ogée, nouv. édit., t. I.) La *Biographie bretonne* (t. II, p. 36) le signale aussi comme ayant écrit sur la langue bretonne, mais aucun de ses essais sur cette matière ne nous est parvenu.

Nous avons été plus heureux au sujet de deux remarquables rapports présentés par lui aux États de Bretagne, en 1746 et 1765, sur la canalisation de la Bretagne (sujet déjà traité par son trisaïeul), rapports dont les plans, appliqués tardivement il est vrai, nous ont valu, sous la Restauration, le réseau de navigation fluviale qui sillonne aujourd'hui notre province.

Il serait trop long d'analyser ici, comme ils le méritent, ces deux documents qui font tant d'honneur à leur auteur ; nous en renvoyons donc l'étude détaillée à la suite des pièces justificatives. N'omettons pas seulement de dire ici que les États voulurent payer l'impression des deux rapports qui, présentés à Louis XV, valurent de Sa Majesté à François de Kersauson une lettre autographe que la famille conserve précieusement dans ses archives, et dans laquelle le Roi qualifie M. de Kersauson du titre de comte.

Du premier mariage de François-Joseph de Kersauson issurent :

1° HONORAT-FRANÇOIS-JOSEPH-LOUIS-MARIE, dont l'article suit :

2° SOPHIE-ÉMÉRENTIANE, née à Buléon, baptisée le 28 octobre 1727. — Parrain : Louis-Maurice de Kersauson, écuyer, s$^r$ de Kerider ; marraine : Marie-Louise Le Guével, demoiselle de Keranloup.

Sophie-Émérantiane mourut sans alliance.

3º MARIE-CHARLOTTE-ROSE, demoiselle de la Ferrière, née à Buléon en 1732, et y inhumée le 9 août 1759.

4.º BENJAMIN-EMMANUEL-GUILLAUME-LOUIS, né à Buléon et baptisé le 1ᵉʳ novembre 1734. — Parrain : Messire Guillaume Fournier, sʳ de Pellan ; marraine : demoiselle Elisabeth-Louise Fournier, demoiselle de Pellan.

Benjamin-Guillaume mourut aussi sans hoirs.

Anne de Bellingant ne donna pas d'enfants à François-Joseph.

XXIII. HONORAT-FRANÇOIS-JOSEPH-LOUIS-MARIE, comte de Kersauson, sʳ de Vieux-Chastel et de la Ferrière, naquit à Morlaix, et fut ondoyé en 1726 à Saint-Martin-des-Champs. Les cérémonies du baptême lui furent suppléées à Buléon, le *13 novembre 1753* (il avait donc 27 ans). Fut parrain : Messire Honorat de la Touche, sʳ de Porman, Querniquello, etc.; marraine : très noble demoiselle Marie-Olive de Kerscau.

Honorat de Kersauson épousa, en premières noces, *Gillette-Anne-Françoise de Penmarc'h*, fille de haut et puissant Messire François-Gabriel, baron de Penmarc'h, et d'Anne de Bellingant. Cette dernière, on l'a dit, devenue veuve du baron de Penmarc'h, avait, aussitôt après le mariage de sa fille avec Honorat, épousé François-Joseph de Kersauson, père de son gendre.

Nous avons déjà donné l'article de noblesse de Penmarc'h : nous n'y reviendrons pas.

Gillette de Penmarc'h, dame de Kersauson de Vieux-Chastel, mourut jeune, laissant de son mariage un fils : François-Joseph-Denis, dont l'article suivra.

Après la mort de sa première femme, Honorat épousa en deuxièmes noces *Andrée-Vincente de Saint-Jean*.

Saint-Jean (de), sʳ de Sévigné et de la Pinelaye, en Gévezé, — du Clos, — du Breil, — de Lablaire, — de la Villeherbe, — de Hamot Forestier, — de la Huchetais, — de la Ville-Ely.

Ancienne extraction. — Sept générations en 1669. — Réformes de 1427 à 1513, en Gévezé, évêché de Rennes.

Blason : *D'argent, à la fasce vivrée d'azur, au lambel de quatre pendants de même.*

Guillaume de Saint-Jean, vivant en 1448, père d'Alain, marié à Alette Le Roux.

Les anciens registres paroissiaux de Saint-Allouestre, évêché de Vannes, portent, à la rubrique du 6 août 1769, la remarque suivante : *Bénédiction de*

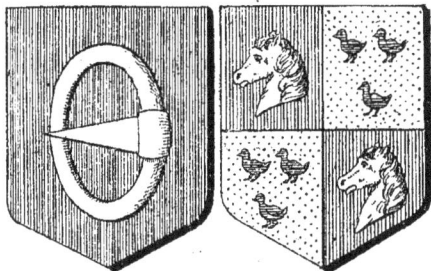

De Penmarc'h

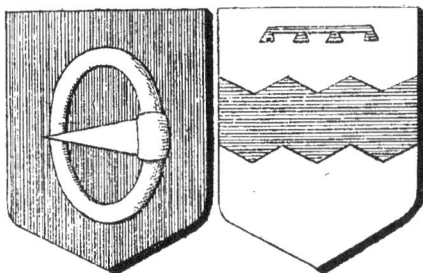

De Saint-Jean

P. 116

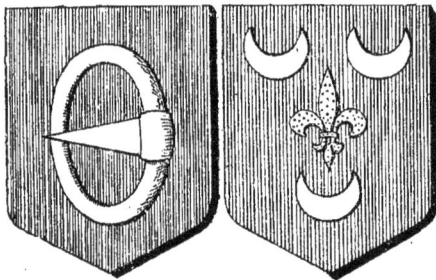

Le Moenne

*la grande cloche de l'église paroissiale : parrain, haut et puissant Charles-Joseph de Francheville, chevalier, s$^r$ de Bernac, de la Grande-Roche, etc.; et marraine, haute et puissante dame Andrée-Vincente de Saint-Jean, dame de Kersauson et de la Ferrière, issue d'ancienne extraction* [1].

Andrée-Vincente, dame de Kersauson, mourut en 1771, et fut inhumée le 16 novembre dans les caveaux seigneuriaux (ainsi du reste que Gillette de Penmarch, première femme d'Honorat), de la maison de la Ferrière ; elle était âgée d'environ 49 ans.

Devenu veuf pour la seconde fois, Honorat de Kersauson épousa en troisièmes noces demoiselle *Jeanne-Renée-Françoise Le Moënne de Launnay.*

Moënne ou Moine (Le), s$^r$ de Saint-Eloy et de la Touche-Rouault, en Plœuc, — du Quelennec, en Merléac, — du Caronnay, — du Bois-Riou, — de Ruffroger, — de la Vieux-Ville, — de la Boixière, — de Cléden, en Haut-Corlay.

Ancienne extraction. — Sept générations en 1669. — Réformes et montres de 1423 à 1535, en Plœuc, évêché de Saint-Brieuc.

Blason : *De gueules, à trois croissants d'argent, une fleur de lys d'or en abyme.*

Alain Le Moënne, vivant en 1469, père d'Antoine, vivant en 1483, marié à Louise de Villeguy.

Cette famille s'est fondue dans Le Métayer.

La dame de Kersauson mourut jeune, âgée de 35 ans seulement, en 1774, et fut, comme les précédentes, inhumée (le 14 mai) dans l'enfeu de la Ferrière.

Du mariage d'Honorat avec demoiselle de Saint-Jean n'issut aucun enfant ; de celui-ci naquit une fille, Marie-Honorée, dont l'article suit.

MARIE-HONORÉE de Kersauson de la Ferrière épousa *N... de Cibon.*


### ARTICLE DE CIBON

Du mariage de Marie-Honorée avec M. de Cibon naquirent :

1º ÉLISABETH, morte sans alliance.

1. La plupart des actes de baptêmes, mariages et sépultures de cette génération, et provenant des paroisses de Buléon, Saint-Allouestre et Ploërmel, sont extraits des archives du Morbihan (série E, suppl.), classées par feu M. Rozensweig, archiviste de ce département, et nous ont été communiqués par M. le baron de Saint-Pern.

Cibon, originaire de Provence, descend de Cibo, de Gênes, prince de Massa et de Carrerac.

Blason : *D'or , à l'aigle impériale de sable, chargée d'un écusson de gueules, à*

2º N..., mariée à M. Duthoya.

3º LOUIS, dont l'article va suivre.

4º ROSE, mariée à *N... de Brossart.*

Brossart, sʳ de Kermaut, en Silfiac, — du Verger, en Plouray, — de Launay, — de Lescouin.

Extraction. — Quatre générations en 1671, ressort de Ploërmel.

Blason : *D'azur, au chevron* (alias : *à la cotice) d'argent, accompagné de 3 fleurs de lys d'or.*

Devise : *Audenti succedit opus.*

Une famille de mêmes nom et armes a été maintenue en Normandie en 1667, et en Touraine en 1700, et remontait à Richard et Edmond, père et fils, de la paroisse de Saint-Martin, électeurs d'Arques, gentilshommes verriers, et néanmoins imposés à la recherche des élus d'Arques, en 1523.

Un frère du mari de Rose de Cibon, dame de Brossart, a épousé demoiselle *N... du Bot,* dont un fils, Gaston, mort élève en droit à Rennes, en 1851.

De ce mariage, une fille, ÉLIZA, mariée à M. *Gabriel Boelle,* officier de marine, dont un fils, ALFRED, et une fille, GABRIELLE, mariée, en 1880, à M. *N... Gilart de Keranflec'h,* frère aîné du mari de demoiselle Marie Palierne de la Haudussais, dont nous avons parlé, à la branche de Pennendreff.

Les Gilart (originaires du Maine), sʳˢ de Larchantel, en Quilbignon, — de Keranflec'h, en Milizac, — de Keranroux et de Loc'hant, sont d'ancienne noblesse ; ils ont pris part aux réformes et montres de 1503 à 1534, en Quilbignon et Milizac, évêché de Léon, et ont prouvé sept générations en 1669.

Blason : *De gueules à deux clefs d'argent en sautoir, les gardes en bas.*

Devise : *De Gilart servant ;* et aussi : *Et pour et contre.*

Bertrand Gilart épouse, en 1495, Hélène de Kerneau, dont Guillaume, marié à Catherine Garic.

LOUIS de Cibon, fils de Marie-Honorée de Kersauson, servit dans la marine, où il arriva au grade de capitaine de vaisseau. Il avait épousé *N... Collas de la Motte,* d'une famille d'ancienne chevalerie ayant possédé les seigneuries de Tertrébaron et de la Motte, en Pléboulle, — de la Ville-Hunaut, en Plurien, — du Bignon, en Noyal, — de la Barre, en Saint-Potan, — de la Baronnais, en Saint-Enogat, — de l'Épine, — de Bonord, — de Kergonval, — du Roslan, — d'Erbrée, en Talensac, et de l'Epronnière.

Réformes et montres de 1469 à 1535, en Pléboulle, Plurien et Ruca, évêché de Saint-Brieuc. — Huit générations en 1669, et maintenue par arrêt du Parlement de 1743.

Blason : *D'argent, à l'aigle impériale de sable, becquée, membrée et couronnée de gueules.*

Devise : *De tout temps immémorial.*

Collas a produit : Pierre, vivant en 1380, époux de Jeanne Michel, père de Bertrand, marié, en 1453, à Marie Gouyon de Vaurouault. — Deux volontaires à Saint-Cast, en 1758. — Deux filles à Saint-Cyr, depuis 1779. — Un chevalier de Saint-Lazare, en 1783.

Branche aînée fondue au XVᵉ siècle dans des Nos, puis Gouyon.

De Cibon

*la bande échiquetée d'argent et d'azur de trois tires,* qui est Cibo ; *au chef* de Gênes, *qui est d'argent à la croix de gueules.*

Devise : *Léauté passe tout.*

De ce mariage, trois filles et un garçon :

1º MARIE, qui a épousé *Emile Cramezel de Kerhué.*

Cramezel (originaire d'Angleterre), sʳ de la Ville-Brenoguen, en Saint-André-des-Eaux, — de la Salle-Branguen et de Kerhué, en Saint-Molf, — de la Touche, en Guérande, — de la Haye, — du Minihy, — de la Bernardière, en Saint-Dolay, — de Kergérault.

Extraction. — Arrêts du Parlement de 1741 et 1745. — Neuf générations.

Blason : *D'azur* (alias : *de gueules*) *à 3 dauphins d'argent.*

Devise : *Fidelis patriæ.*

Jean Cramezel épouse, vers 1470, Jeanne Bouchard, de la maison de Kerbouchard, en Saint-Guénolé de Batz. — Jean, petit-fils du précédent, gendarme à la bataille de Dreux, en 1562, épouse : 1º Jeanne de Kerpoisson ; 2º Jeanne de Keralan.

De ce mariage : Julie, Emilie, René, Bathilde et Louis.

2º BATHILDE, mariée à son oncle, (frère de sa mère), *N... Collas de la Motte,* dont la notice de famille vient d'être donnée.

M. ĕt Mᵐᵉ de la Motte habitent le château dè Lesven [1].

3º ERNESTINE, mariée à *François du Beaudiez.*

Beaudiez (du), sʳ dudit lieu, en Landunvez, — du Rest et de la Motte, en Plabennec, — du Mézou, en Plouvien, — de Kergoual, — de Traonédern.

---

1. Le château de *Lesven* ou *Lesguen* est situé en la paroisse de Plouguin (Finistère). D'après la relation du moine Ingomar, du cartulaire de Landévennec, et des auteurs qui l'ont suivi, Fracan ou Frégan, prince d'Albanie, en Ecosse, aborda en Armorique, au commencement du Vᵉ siècle avec sa femme Guen (*Alba*) surnommée *Trimamma,* parce qu'elle avait autant de seins que d'enfants. Chargé, dans la suite, du gouvernement du Bas-Léon, Fracan bâtit, dans la paroisse appelée, du nom de sa femme, Plouguen (*Plebs-Abba*), un château qui, pour la même raison, fut appelé *Lesguen* ou *Lesven* (*Aula vel curia Albæ*), château où naquit saint Guénolé, fondateur de l'abbaye de Landévennec (et aussi probablement saint Jacut et sainte Clervie, également enfants de Fracan.)

La chapelle de Lesven qui, ainsi que sa fontaine, est dédiée à saint Guénolé, renferme un tableau représentant le moine recevant de saint Corentin le froc d'abbé ; à sa gauche, Frégan, son père, en armure complète de chevalier, la rondache au bras, les cheveux et la barbe taillés à la mode de Louis XIII (ce qui précise l'âge de la peinture), lève les mains au ciel, ainsi que sainte Guen, figurée à droite, avec cette excroissance phénoménale qui rappelle la légende de la *Mamelle d'or,* inscrite sur un cartouche aux armes mi-partie Lesguen et Gourio : *Parti d'or au palmier d'azur,* qui est Lesguen, *et d'argent aux trois chevrons d'azur,* qui est Gourio.

La terre de Lesguen passa par alliance, à la fin du XVIᵉ siècle, aux Le Ny de Coëtelez. Jean Le Ny, sʳ de Coëtelez, bailli de Saint-Renan, mort en 1664, avait épousé Annette Gourio, de la maison de Rouazle, en Lannilis ; c'est donc du vivant de ces deux époux que fut peint le cartouche en question. Il est de tradition que la famille de Lesguen, dont le dernier représentant mâle a été tué à Quiberon, en 1795, descendait de Clervie, sœur de saint Guénolé. Cette tradition est appuyée sur un titre du IXᵉ siècle, le cartulaire de Landévennec, suivant lequel *les héritiers directs de Clervie lui succédèrent sous le roi Grallon, dans les héritages concédés à Frégan, près la rivière de Goat, en Saint-Brieuc, et aussi dans la possession de Lesguen et de ses dépendances,*

Dans la maison Cibo on remarque : Nicolas, archevêque d'Arles, en 1489, battant monnaie en son nom. — Laurent, cardinal, archevêque de Bénévent, pourvu, en 1490, par son oncle, le pape Innocent VIII, de l'évêché de Vannes, qu'il fit

Ancienne extraction. — Huit générations en 1668. — Réformes et montres de 1443 à 1534, en Landunvez et Plabennec, évêché de Léon.

Blason : *D'or, à 3 fasces ondées d'azur, cantonnées, à dextre d'un trèfle de même ;* alias : *surmontées de 2 coquilles de gueules.*

Bernard, sᵣ du Beaudiez, secrétaire du vicomte de Rohan, chargé, en 1449, de la garde de son châtel de Rohan, marié à Mahotte de Keraldanet. — Deux frères aux volontaires pontificaux, dont l'un tué à Castelfidardo, en 1860.

De ce mariage, deux enfants : Ernestine et François.

LOUIS de Cibon, chef actuel de sa maison, a épousé *Paule de Mellon.*

Mellon (de), sᵣ dudit lieu, en Pacé, — de la Guinardais, — de Vaugaillard.

Ancienne extraction. — Huit générations en 1669. — Réformes et montres de 1427 à 1513, en Pacé, évêché de Rennes.

Blason : *D'azur à trois croix pattées d'argent.* (Sceau de 1415.)

Devise : *Crux spes mea.*

Mellon a produit : Geoffroy, tué au combat des Trente, en 1351 ¹. — Jean, l'un des

---

*situées dans la paroisse d'Aber-Beniguet et dont la juridiction s'étendait depuis la mer septentrionale jusqu'à la rivière d'Elorn.*

Telles étaient la position de Lesguen et les limites de l'archidiaconé d'Ack, constituant le Bas-Léon. Les vestiges du château où naquit, vers 1465, saint Guénolé, ne consistent qu'en une motte de terre entourée d'eau, mais ce premier château existait encore en partie en 1678, suivant un aveu qui en fait mention en ces termes : *Une vieille tour dite* an Tour Moan, *où il y avait anciennement, du temps de monsieur saint Guénolé, un château ayant neuf pas, etc...*

Ce lieu fut témoin d'un des miracles innombrables attribués, par le moine Gurdestin, à saint Guénolé. Un jour que sa sœur Clervie poursuivait une bande d'oies dans la cour du château, l'une d'elles, voulant défendre sa couvée, se retourna brusquement, et, sautant au visage de Clervie, lui arracha un œil et l'avala. Saint Guénolé, qui était en oraison à son monastère de Landévennec, averti par un ange de l'accident arrivé à sa sœur, se rendit sur-le-champ à Lesven, et, commandant au troupeau de se rassembler, il saisit la plus belle oie, lui ouvre le ventre, en retire l'œil et le remet, parfaitement sain, à sa place. Ce qu'il y eut de plus admirable, ajoute le légendaire, c'est que l'oie ne souffrit pas plus de l'opération que si on ne l'avait pas touchée, et s'enfuit, en sautillant, rejoindre ses compagnes, marchant avec fierté et chantant, le cou tendu. *Exultans, superbe gradiendo, extento collo, decantans.* (*Bret. contemp.*, t. II, pp. 125-126.)

1. Le poème qui célèbre le combat de *My-Voie*, et dont nous avons déjà parlé, s'exprime ainsi au sujet de Geoffroy de Mellon :

> Et Guion de Ponblant ne mestroy en oubly
> Et Morisque du Port, un escuier hardy,
> Et Guiffray de Beaucorps, qui est moult son amy,
> Et celuy de Lenlop, *Guiffray Mellon aussy...*
> A la première (melée) fut grand le désconfort ;
> Charuels y fu prins, *Guiffray Mellon fu mort...*

La *Chronique* de Jean de Saint-Paul ne mentionne pas d'abord Geoffroy de Mellon au nombre

GIRARD DE LA HAYE

dministrer par son grand-vicaire, Louis Alémanis, et l'évêque de Synope, jus-
u'à sa mort en 1502.

Cibon a produit : Gaspard, l'un des trois consuls d'Aix, en 1667. — François,
leutenant général en la sénéchaussée d'Aix, en 1698. — Un capitaine de vaisseau
n 1780, et un chevalier de Malte en 1792 (Jean-François-Éléazar-Paul).

Le capitaine de vaisseau en 1780 était le mari d'Honorée de Kersauson.

Après la mort de sa troisième femme, Honorat de Kersauson convola une
uatrième fois, et épousa, le 17 novembre 1775, à Ploërmel, demoiselle *Lau-
ence-Thérèse-Jacquemine Girard de la Haye,* fille de feu Messire Nicolas
Girard de la Haye.

Girard (originaire de Paris), sʳ de la Haye, — du Pellan, — anobli en 1697,
essort de Carhaix. (G. G.)

Blason : *D'azur, à la tête de licorne d'argent, surmontée d'un croissant de même.*
Arm. de 1696.)

Deux secrétaires du roi de ce nom à la grande chancellerie, depuis 1658.

Il paraît qu'à partir de son quatrième mariage, Honorat de Kersauson vint,
u moins quelquefois, habiter Ploërmel, car il y mourut et fut inhumé le
o mars 1790. (*Arch. du Morbihan,* série E, suppl.)

Après la mort du comte de Kersauson, son époux, Laurence-Thérèse
vint habiter le château de la Ferrière. Celui-ci fut vendu nationalement pen-
ant la Révolution et racheté par la comtesse, qui mourut en 1832 et fut éga-
ment inhumée dans l'enfeu de la famille, à la Ferrière.

gnataires de l'association de la noblesse de Rennes pour empêcher l'invasion étrangère
1379, père d'autre Jean, vivant en 1427, marié à Guillemette Baudouin, dont : Jean,
arié à Perrine de l'Estourbeillon ¹.

s trente Bretons choisis par Beaumanoir, mais, réparant deux pages plus loin son oubli, elle
oute : *Lors joignirent les batailles ensemble, et à la première prinse fuct Charuel prins, Geffray
ellon fut mort...*

ι. L'Estourbeillon (de), maison d'ancienne extraction chevaleresque (Arrêt du 21 novembre 1668,
ss. de la Bibl. de Nantes, t. II), est d'extraction bien ancienne, en effet, puisqu'un titre cité par
Lob. (t. II, col. 215) la fait remonter aux années qui précèdent la première croisade. Dans
titre de 1093, Pierre de l'Estourbeillon témoigne que les moines de Marmoutiers ont droit à une
levance sur la terre d'Acigné. Cette ancienneté, jointe à de belles alliances et aux services
ndus à la Bretagne et à la France (Jean prit la croix en 1248), assigne aux l'Estourbeillon une
ace distinguée dans les rangs de la noblesse bretonne. — Armes : *D'argent, au griffon de sable,
né et lampassé de gueules.* — Devise : *Crains le tourbillon.*

Du quatrième mariage d'Honorat de Kersauson avec demoiselle Girard de la Haye issurent sept enfants, dont la descendance forme la branche de la Ferrière, que nous traitons ci-dessous, avant de terminer celle de Vieux-Chastel, que nous reprendrons ensuite.

# BRANCHE DE LA FERRIÈRE

XXIV. 1° FRANÇOIS-JOSEPH-DENIS, qui mourut sans hoirs.

XXV. 2° HONORAT-DENIS-MARIE-JEAN-BAPTISTE, fils, dit l'acte que nous avons sous les yeux, d'Honorat-François-Joseph-Louis-Marie de Kersauson, chevalier, s$^r$ de la Ferrière, de Kerjaouen, Evigné et Penhoët, et de demoiselle Laurence-Thérèse-Jacquemine Girard de la Haye, né et baptisé à Buléon le 25 juin 1776. Parrain fut : très noble Messire François-Joseph-Denis de Kersauson, frère de l'enfant ; marraine : dame Marie-Mathurine-Thérèse Larcher, du Bois-du-Loup, veuve de Messire Nicolas Girard, chevalier, s$^r$ de la Haye, aïeule maternelle dudit enfant.

Honorat-Denis mourut aussi sans hoirs.

3° LOUIS-MARIE, dont l'article suit.

4° FULGENCE-MARIE-THÉRÈSE, morte sans alliance.

5° AIMÉ-MARIE-JOSEPH, qui épousa *Marie-Rose de Prioul*.

Prioul, s$^r$ du Tertre, — du Hauchemin, — de la Lande-Guérin, — de la Rouvraye, — des Aulnays, — de l'Espinay, en Saint-Gilles, — de la Cormerais, — de la Robinaye.

Maintenue par les commissaires de 1699 et par arrêt du Parlement de 1772. — Six générations et admis aux États en 1768.

Blason : *D'argent, au cygne nageant de gueules, accolé d'une couronne d'or ; au chef de gueules chargé de 3 annelets d'or.*

On distingue dans cette famille : deux conseillers au Présidial de Rennes, depuis 1568. — Julien, secrétaire du Roi en 1597, époux de Catherine Besnard. — Deux procureurs syndics de Rennes, en 1635 et 1637. — Joseph et René-Hyacinthe,

De Prioul

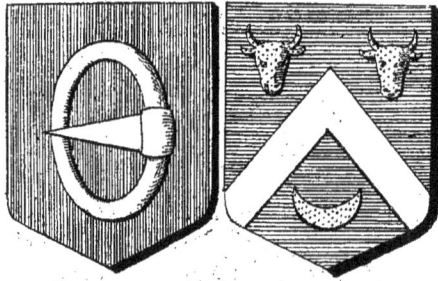

De la Villegontier

greffiers en chef aux requêtes en 1709 et 1736 ; le dernier, père de deux officiers au régiment de Béarn, en 1770.

6° PÉLAGIE-MARIE-THÉRÈSE, morte sans alliance.

7° THÉRÈSE-MARIE-FRANÇOISE, également décédée sans postérité.

XXIV (III). LOUIS-MARIE-LAURENT naquit et fut baptisé à Buléon, le 8 septembre 1777. Parrain fut : Messire Jean-Marie Larcher, chevalier, sᵣ de la Vallée ; marraine : demoiselle Marie-Jeanne-Françoise Girard de la Haye, dame le Mélorel.

Nous venons de voir qu'il était second fils du quatrième mariage d'Honorat. Il devint, à la mort de son frère aîné, chef de sa branche. Il avait épousé *Marie-Ange de la Villegontier.*

Villegontier (de la), sᵣ dudit lieu, en Parigné, — de la Lande, en la Chapelle-Janson, — de la Chapelle, en Saint-Georges de Reitembault, — des Orières, — de la Coustelière, en Saint-Léonard, — du Mesnil, — de Leffinière, — de la Jalesne.

Cette famille de noble extraction a pris part à la réforme de 1513 dans la paroisse de Saint-Georges de Reitembault et la Chapelle-Janson, évêché de Rennes, et produit huit générations en 1669.

Blason : *D'argent, au chevron d'azur, au chef d'azur, chargé d'une fleur de lys d'or.*

On trouve : Guillaume de la Villegontier, croisé en 1248. — More, receveur des fouages à Fougères en 1500, s'est plégé et opposé par la Cour de Rennes à l'encontre des collecteurs, et épouse : 1° Guillemette de Saint-Germain ; 2° Ambroise Le Porc. — Un page du Roi en 1755.

La branche aînée fondue dans Morel ; — moderne, Frain.

Cette famille Frain, qui n'est autre que celle de la Villegontier actuelle, n'a avec l'ancienne du même nom d'autre différence que dans les armes qui se blasonnent ainsi : *D'azur, au chevron d'argent, accompagné en chef de 3 têtes de bœufs d'or et en pointe d'un croissant de même.*

Sʳˢ de la Villegontier, — du Chesnaye, — de la Marqueraye, — de la Vrillière, les Frain ont été maintenus à la grande réforme de 1669, en ressort de Rennes.

Ils ont produit : Guillaume, l'un des témoins élus et jurés pour la réforme des fouages de Cesson en 1513. — Bonaventure, huissier à la Cour du Parlement en 1590. — Sébastien, avocat du Roi au Présidial de Rennes, en 1593, puis sénéchal de Fougères, auteur de commentaires sur les coutumes, anobli en 1624. — Un pair de France de nos jours, élevé au titre de comte.

De ce mariage issurent :

1º JOSÉPHINE, mariée à M. Jean-Baptiste Dohin du Quesnay.

2º LOUIS-MARIE, dont l'article va suivre.

3º ANNE (Nanine), mariée à M. *Honorat Larcher.*

Larcher ou L'Archer, sᵣ de la Touche-Bourdin et de l'Abbaye, en Campénéac,
— du Quilly et de la Vieille-Ville, en Loyat, — de Tréjogat, — du Bois-du-
Loup, — de la Touraille et de l'Escoublière, en Augan, — du Croisil, — de la
Vallée.

Ancienne extraction. — Neuf générations en 1669. — Réformes et montres de
1426 à 1513, en Campénéac et Loyat, évêché de Saint-Malo.

Blason : *De gueules, à trois flèches tombantes d'argent.*

Devise : *Le coup n'en faut.*

Guillemot Larcher, archer dans une montre reçue à Melun en 1351. — Jean et
André, abbés de la Chaume ¹, au diocèse de Nantes : le premier de 1391 à 1402,
et le second de 1402 à 1413. — Pierre, fils de Jean, marié à Perrine de Bellouan,
mort avant 1473.


4º FULGENCE, marié à *Caroline de la Touche Limouzinière.*

Touche (de la), châtelain dudit lieu, paroisse de la Limouzinière, — sᵣ de Seraine,
en Saint-Lumine-de-Coutais, — de la Marousière, en Saint-Philbert, — de Grand-
bois, en Géneston, — du Poiret, en la Chapelle-Hullin, — de Kerimel, en Loc-
maria-Sular, — châtelain de Coëtfrec, en Ploubezre, — sᵣ de Lesnévez, en Lanvellec, — de Keronido, en Perros-Guirec, — du Plessis-Marie et de la Loherie,
en Saint-Viaud, — de la Forestrie, en Héric, — de Bougon, en Couëron, — de
Mauny, en Saint-Père-en-Retz, — de la Simotière, — du Boismasson, — de la
Masure, en Frossay, — des Grées-de-la-Pinsonnière, — de la Souchays.

Ancienne extraction chevaleresque. — Dix générations en 1668 et maintenu à
l'intendance en 1699. — Réformes et montres de 1430 à 1543, en la Limouzinière,
Géneston, la Chapelle-Hullin, évêché de Nantes, Kermaria, Ploubezre, Lanvellec
et Perros-Guirec, évêchés de Tréguier et Dol.

Blason : *D'or à trois tourteaux de gueules.*

Le nom de Jean de *Thusca* ou de la Touche se lit dans un titre de la collection

---

1. L'abbaye de la Chaume, située paroisse de Machecoul, diocèse de Nantes, reconnaissait pour
son fondateur Harscoët, sᵣ de Retz, qui, en 1051, donna à Perennès, abbé de Redon, les églises
de Notre-Dame et de Saint-Jean, près Machecoul. Cette fille de Saint-Sauveur de Redon était
fondée pour quatre religieux seulement. Au XVIIIᵉ siècle, elle fut unie à la prévôté de Vertou.

De Larcher

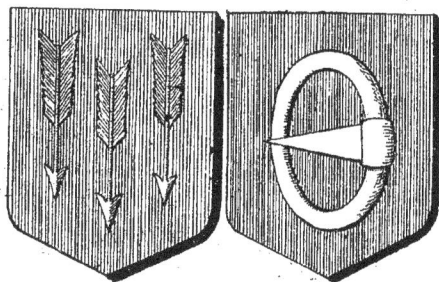

De la Touche

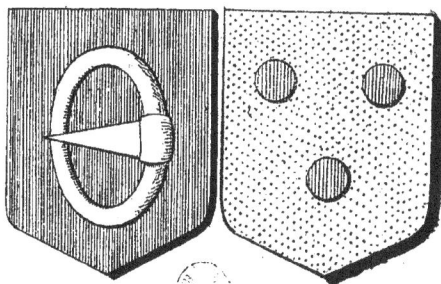

LE BOUEDEC

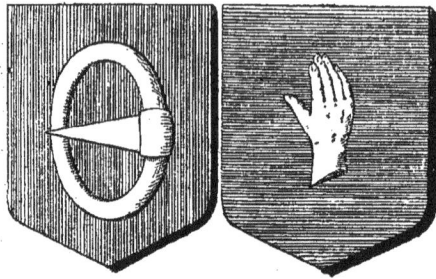

GRIGNARD DE CHAMPSAVOY

Courtois (Charte de Nymoc, septième croisade). Il accompagnait Raoul Audren et Hervé de Kerguelen. (V. p. 59.) — Robin, marié, vers 1312, à Isabeau de l'Estang, père : 1° de Robin, qui a continué la branche aînée ; 2° de Guillot, partagé à viage par son aîné, en 1367, marié à Marie Mainguy, auteur de la branche de Mauny, qui existe encore. — François, s<sup>r</sup> de la Touche, épouse, vers 1492, Jeanne de Penhoët, dame de Kerimel et de Coëtfrec. — Un conseiller au Parlement en 1777.

La branche aînée fondue en 1560 dans Saint-Amadour puis Bretagne-Vertus.

Les de la Touche Limouzinière sont issus à la Martinique des de Beltgens et des de Collart.

Aucun enfant n'est issu de ce mariage.

5° HIPPOLYTE, qui épousa N... Le Bouédec.

Bouédec (Le), s<sup>r</sup> de Saint-Luc, évêché de Vannes. — Henri rend hommage au vicomte de Rohan en 1396.

Blason : *D'azur, à la main dextre d'argent.* (Arm. de l'Arsenal.)

Aucun enfant de ce mariage.

6° VICTORINE, mariée à N... Grignart de Champsavoy.

Grignart, s<sup>r</sup> de Champsavoy, en Evran, — de la Hunaudière, en La Chapelle-Blanche, — de la Lande-Josse, — du Pont-Harouart, paroisse de Saint-Judoce, — des Verreries, — de Trémédern, en Guimaëc, — de la Jéhardière, — baron de la Musse, en Baulon, s<sup>r</sup> de la Ville-Guihart, en Sérent, — de la Touchelais, en Savenay.

Ancienne extraction. — Onze générations en 1668: — Réformes et montres de 1428 à 1513, en Evran, Pleurtuit, Saint-Judoce, Saint-Hélon et Epiniac, évêchés de Saint-Malo et Dol.

Blason : *De sable, à la croix d'argent, cantonnée de 4 croissants de même.*

Devise : *En elle je mets mon espoir.*

Robert, vivant en 1360, épouse Jeanne du Tertre. — Jeannot, leur fils, écuyer dans une montre de 1380, marié à Jeanne Costard. — Philippe, commandeur de Saint-Lazare, en 1612. — Trois pages du roi et une dame de Saint-Cyr, de 1737 à 1787.

18

7° AIMÉ, a épousé *Eugénie des Champs de Mazais,* fille de Pierre-Paul des Champs de Mazais et d'Agathe-Justine Richard d'Aubia, d'une famille noble d'Auvergne.

Les des Champs de Mazais appartiennent à l'ancienne noblesse de robe du Poitou.

Blason : *D'argent, à la bande ondée d'azur, accompagnée de 3 merlettes de sable, ailées de gueules.*

Pierre-Paul des Champs, père de Madame de Kersauson, fils de René-Pierre-Charles et de Renée-Victoire-Geneviève de Lavau, et mort au château de Mazais en 1856, âgé de 82 ans, avait épousé : 1° Ester de la Pergillerie, dont il n'eut pas d'enfants ; 2° Justine d'Aubia, dont : Malsi, veuve de M. Doré ; Eugénie, dame de Kersauson, et Armand des Champs de Mazais.

Pierre-Paul des Champs eut huit frères dont voici les noms :

1° Joseph-Armand, né le 12 janvier 1756, mort en 1794, pendant les guerres de la Vendée ; — 2° René-Louis, né en 1757, officier dans la marine royale, mort à la côte d'Aucole, le 17 mars 1790 ; — 3° Pierre-François, sʳ du Colombier, blessé à mort, dans les plaines de Fontenay-le-Comte, par un bataillon républicain, en mai 1793 ; — 4° Louis-Joseph, sʳ de la Vincendière, mort en 1838 ; — 5° Charles-Victor, mort prieur de Saint-Warant ; — 6° Henri, mort curé de Poitiers en 1794 ; — 7° Pierre-François, baron des Champs, mort en 1828, colonel d'infanterie, chevalier de Saint-Louis, officier de la Légion d'honneur ; — 8· Alexandre, né en 1767, mort jeune.

Voici maintenant l'abrégé de la vie maritime et les états de service d'Aimé de Kersauson, états qui sont trop brillants pour être passés sous silence.

Né à Saint-Méen (Ille-et-Vilaine), en 1810, Aimé fut reçu à 16 ans à l'école de marine d'Angoulême. A sa sortie, il fit, comme aspirant, une campagne dans la Méditerranée et prit part ensuite à l'expédition d'Alger en 1830, et à celle de Lisbonne en 1831.

Enseigne de vaisseau le 1ᵉʳ janvier 1833, il s'embarque cinq jours après sur la frégate *l'Astrée,* pour les Antilles. A bord de la corvette *la Sapho,* il se distingue tout particulièrement au blocus de La Plata et principalement dans l'expédition de l'Afalaza, en 1839.

Lieutenant de vaisseau en 1841, il s'embarque en 1844, le 1ᵉʳ avril, sur *l'Ariane,* et passe cinq ans en Océanie, dont vingt-huit mois de guerre. Nommé chevalier de la Légion d'honneur en 1847 et capitaine de frégate en 1852,

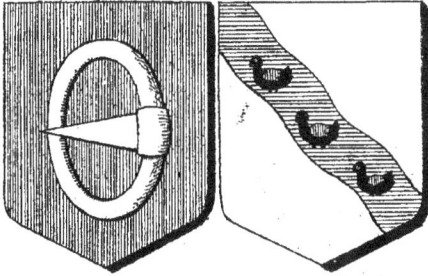

DES CHAMPS DE MAZAIS

VIART DE MOUILLEMUSE

après une campagne dans la mer du Nord, il fait, en 1855, celle de Kams-
chatka avec l'amiral Fevrier des Pointes, comme chef de pavillon, sur la frégate *la Forte*. Officier de la Légion d'honneur en 1857, Aimé de Kersauson
part, en 1860, avec *l'Andromaque,* qu'il commande, pour la Chine. Après
deux ans passés à Tshefou, où il commande alternativement la frégate *la
Renommée* et le vaisseau *le Duperré,* il prend part à l'expédition meurtrière de
Chang-Haï. A la mort de l'amiral Protet, tué à ses côtés à Madjao, M. de
Kersauson prend le commandement en chef des forces françaises et anglaises
réunies et poursuit le siège de plusieurs villes, rétablissant partout les missions
détruites. Pendant cette guerre, il fut nommé capitaine de vaisseau, et, à son
retour, commandeur de la Légion d'honneur.

Atteint d'une maladie grave, contractée pendant son séjour en Chine, M. de
Kersauson meurt à Toulon, le 20 décembre 1863.

Aimé de Kersauson, également commandeur de l'ordre royal de Danemarck,
comptait 37 ans de services effectifs dont 25 ans et 10 mois à la mer. (*Communiqué, ainsi que l'article sur la famille des Champs de Mazais, par
M<sup>me</sup> la comtesse de Kersauson, veuve de M. Aimé de Kersauson, capitaine
de vaisseau.*)

De ce mariage trois enfants : Aimée, mariée, en 1883, à son cousin, le
vicomte Henri de Kersauson de Pennendreff, — Louis-Marie et Robert.

XXV. LOUIS-MARIE II, fils aîné de Louis-Marie I et de Marie-Ange de
la Villegontier, a épousé *N... Viart de Mouillemuse.*

Viart, s<sup>r</sup> de Jussé, — de Mouillemuse, en Vern, évêché de Rennes.
Blason : *D'azur, à 2 arcs d'or passés en sautoir, cantonnés de 4 fers de flèche
appointés d'argent.* (Arm. de 1696.)
On trouve dans cette famille : Un conseiller au Parlement, en 1554. — Quatre
conseillers à la Chambre des Comptes de 1527 à 1783, dont deux généraux de
finances en 1752 et 1753, et un président en 1766. — Un secrétaire du Roi en 1737,
mort doyen en 1765.

Louis-Marie II et sa femme étant morts sans postérité, et d'un autre côté
Fulgence et Hippolyte n'ayant pas non plus laissé d'enfants, Louis-Marie III,
fils aîné d'Aimé de Kersauson et d'Eugénie des Champs de Mazais, est
aujourd'hui chef de la branche de la Ferrière.

XXIV. FRANÇOIS-JOSEPH-DENIS, comte de Kersauson-Vieux-Chastel, fils du premier mariage d'Honorat, son père, avec Gillette de Penmarc'h, épousa en premières noces *Victorine-Marie-Jeanne Drillet de Lannigou,* d'une famille d'ancienne bourgeoisie de Morlaix.

Les Drillet, s$^{rs}$ de la Cassière et de Lanigou, en Taulé, évêché de Léon, portaient :

*Fascé d'argent et de sable de six pièces, au lion d'or couronné de gueules, brochant.* (Arm. de 1696.)

Cette famille a produit : un jurat de Morlaix en 1707. — Un contrôleur à la chancellerie en 1779.

François de Kersauson n'eut pas d'enfants de sa première femme, après la mort de laquelle il épousa *Cécile-Marie-Perrine Drillet de Lanigou,* sœur cadette de Victorine.

François de Kersauson, né à la Ferrière, fut tenu à Buléon sur les fonts du baptême, le 10 octobre 1754, par son grand-père, François-Joseph, comte de Kersauson, et la seconde femme de ce dernier, Anne de Bellingant, veuve de Penmarc'h, et par conséquent, en même temps grand'mère *maternelle* de l'enfant, quoique sa grand'mère *paternelle* par son second mariage.

La mère de François IV, Gillette de Penmarc'h, fille d'Anne de Bellingant, étant morte jeune, et son père, Honorat, s'étant remarié, François fut élevé au manoir de Kerjaouen, en Plouescat, par son grand-père, François-Joseph.

Du chef de sa mère il était devenu seigneur de Lesmoal, principal fief de la paroisse de Plounérin, avec haute, moyenne et basse justice. Il se fixa ensuite à Morlaix, où il avait des parents du côté d'Anne Le Levier, sa bisaïeule, et finit par y faire la connaissance de l'abbé Drillet de P..., doyen de la collégiale du Mans, membre correspondant de l'Académie des Inscriptions et Belles-Lettres, et dont il épousa successivement les deux nièces.

François de Kersauson émigra lors de la Révolution et prit part à l'expédition de Quiberon ; mais comme il était de la deuxième division, commandée par le comte d'Artois, et qui débarqua à l'Ile-Dieu, il échappa au sort de la plupart de ses malheureux compagnons d'armes. Sa femme resta à Morlaix et

DRILLET DE LANNIGOU

DRILLET DE LANNIGOU

GUILLOTOU DE KEREVER

es enfants furent cachés chez une tante maternelle, dame Marie-Anne Bernard le Basseville, au manoir de Kerfénébat, en Plouezoc'h.

A la rentrée de l'émigration, le comte de Kersauson trouva une grande partie de ses biens vendus par la nation. Lors de la Restauration, il fut nommé membre du Conseil général du Finistère et maire de Plouézoc'h, positions qu'il garda jusqu'en 1830. Il mourut à Morlaix, en octobre 1832, âgé de 78 ans.

Deux enfants étaient nés de son second mariage avec Cécile de Lanigou : Anne-Cécile et Louis-Guillaume.

ANNE-RENÉE-CÉCILE-MARIE-FRANÇOISE, née à Morlaix en 1783, épousa *René Guillotou de Kerever,* sʳ de Keromnès.

Guillotou, sʳ de Trovern, — de Launay, — de Kerduff, en Plouzévédé, — de Kéréver, en Plouénan, — de Crec'hgrizien, en Plougoulm, — de Saint-Germain, en Saint-Martin de Morlaix, — de Kerozac'h, en Plougean, — de Kervézec, en Garlan, — de Kermabon, en Plougaznou.

Blason : *D'azur, à deux goëlands d'or nageant sur une rivière de même, mouvante de sa pointe* ; aliàs : *accompagnée de 2 étoiles de même.*

Gilles Guillotou, capitaine de la milice de Saint-Melaine de Morlaix en 1674, épouse Anne Prigent, dont : 1º Prigent, sʳ de Launay, juge consul de Morlaix, dont la postérité fondue dès 1764 dans Gualès ; 2· François, sʳ de Kerever, époux de Marie Rolland.

Plusieurs jurats et maires de Morlaix depuis 1703. — Un secrétaire du roi en 1739. — Un gentilhomme de la vénerie en 1745.

Anne de Kersauson, dame de Kerever, mourut en 1845 ¹.

XXV. LOUIS-GUILLAUME-FRANÇOIS-MARIE, comte de Kersauson de Vieux-Chastel, sʳ de Vieux-Chastel, Trodibon, Kerbabu, Kerolain, du

---

1. De ce mariage une fille, Cécile de Keréver, a épousé, en 1840, *Fortuné, comte de Pluvié*, des sᵣ de Kernio, en Plumelec, — de Kerdrého et de Ménéhouarn, en Plouay, — de Kerléau, — du Poustoir, — de Vieux-Chasteau, — de la Ville-Martel.

Les Pluvié sont d'ancienne noblesse ; ayant pris part aux réformes et montres de 1441 à 1536, à Plumelec et Plouay, évéché de Vannes. — En 1669, ils ont prouvé neuf générations.

Blason : *D'azur, au chevron d'or, accompagné de 3 roses de même.*

Ils ont produit : Eon, vivant en 1441, père de Payen, marié à Catherine de Kermérien. — Guillaume, fils des précédents, époux, en 1499, de Jeanne du Pou. — Une fille à Saint-Cyr (Catherine) en 1687. — Deux pages du roi (Jean-Toussaint et N...) en 1739 et 1741. — Le comte de Pluvié a été, en 1786, admis aux honneurs de la cour.

La branche de Kerdrého fondue au XVIᵉ siècle dans du Botdéru.

Bouëtiez, Saint-Nudec, etc., naquit à Morlaix le 7 janvier 1788. Il épousa, le 31 mai 1818, *Olympe-Françoise-Louise du Bahuno de Kerolain,* fille d'Annibal, comte de Kerolain, et de Pauline du Coëtlosquet.

L'ancienne maison du Bahuno, originaire de l'évêché de Vannes, était en possession des terres et seigneuries de la Demiville, — de Kerolain, — du Bois de la Salle, — de Limoges, — de Berrien, — de Kerdisson, — de Kermadéhoa, — du Liscoët, — du Bois de la Roche ; on la voit figurer au rôle des réformes de 1448 à 1536, avec les nobles et gentilshommes des paroisses de Landévant, Plouhinec, Belz, évêché de Vannes. (*Anc. Réf.*) — Par arrêt du 24 novembre 1668, au rapport de M. Descartes, Guillaume et François du Bahuno ont été déclarés nobles d'ancienne extraction et maintenus en la qualité de chevaliers. (*Mss. de la Bibliot. de Nantes,* t. I, fol. 63-64.)

Les du Bahuno tirent leurs alliances des maisons suivantes : Lindet, — Salarun, — de Clechunault, — Gibon, — de Coëtmeur, — de Couëtsal, — Le Picart, — Le Flo, — de la Coudraye, — de Lohéac, — Sorel, — du Bois de la Salle, — Rolland, — du Liscoët, — Le Borgne, — de Coëtlogon, — de Cornulier, — Urvoy de Closmadeuc, — de Kersauson.

Blason : *De sable, au loup passant d'argent, surmonté d'un croissant de même.*
Devise : *Plutôt rompre que plier.*

Une charte de Nymoc (collect. Courtois) prouve qu'Hervé du Bahuno prit part à la septième croisade. — On trouve encore dans cette maison : Guillaume, alloué du Broërec, l'un des commissaires employés à la réformation des fouages de l'évêché de Vannes en 1426. — Jean, sʳ de Londevyrille, figure au *rôle de la garnison d'Auray en 1554, sous la charge de noble Louis-Olivier d'Aradon, etc., pour marcher pour les monstres générales à Landévant.* (D. Mor., t. III, fol. 1113). — Olivier, chevalier de l'ordre, en 1653, capitaine garde-côte de l'évêché de Cornouailles en 1657. — Cinq pages du roi et de la reine, de 1669 à 1779. — Un chevau-léger de la garde du roi.

Les représentants actuels de la maison du Bahuno sont : Edouard-Victor, marquis de Bahuno du Liscoët, et Armand-Sigismond, comte du Bahuno du Liscoët, marié à Mᵐᵉ la baronne Omorre, dont un fils, Sigismond-Ebbe, comte du Bahuno.

Mᵐᵉ la comtesse de Kersauson, née du Bahuno de Kerolain, est morte au château de Trodibon, en Plouezoc'h (Finistère), le 21 octobre 1867, à l'âge de 69 ans.

Le comte Louis-Guillaume de Kersauson avait servi dans l'armée, avant son mariage. Cavalier au 3ᵉ régiment des gardes d'honneur, en 1813 et 1814,

Du Bahuno de Kerolain

P. 130

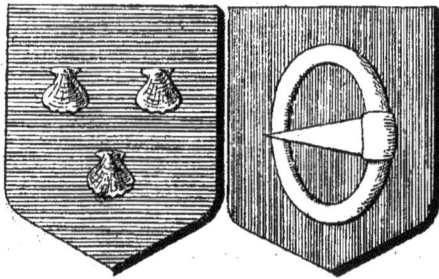

HARSCOUET DE SAINT-GEORGE

devint mousquetaire noir du roi, lors de la première Restauration, chevalier
la Légion d'honneur, en 1815, puis lieutenant au 2ᵉ cuirassiers.
De ce mariage issurent Emma-Louise et Ludovic-Marie, qui suivent.
EMMA-LOUISE-MARIE, née à Hennebont en 1819, mariée, en 1837, à
ul *Harscouët, comte de Saint-George.*

Harscouët, sʳ de Kerverzio, — de Maugouër, — de Kerleanmarec, — de Ker-
guy et de Saint-George, en Plouha, — de Kerhingant, en Saint-Quay, — de
asbihan, — du Poullou, — de Keralbin, — de Quélen, — de Trohadiou, en
édarzec, — de Keramborgne, — de Chateau-Croc, en Pordic, — de Keravel, —
Kermain, — de Keriquet, en Ploezal, — de Kerascouët, en Ploubaznalec.
Ancienne extraction. — Réformes et montres de 1423 à 1513, dites paroisses,
chés de Saint-Brieuc et Tréguier. — Huit générations en 1669.
Blason : *D'azur, à 3 coquilles d'argent.*
Devise : *Enor ha franquiz* (Honneur et franchise).
Geoffroy et Eon Harscouët, priseurs commis par Charles de Blois pour faire
e assiette de biens à Isabeau d'Avaugour en 1354. — Alain et Jean, écuyers dans
s montres de 1375 et 1382. — Eonet, varlet de Marguerite de Bretagne, com-
se de Porhoët, et au nombre de ses légataires en 1428, prête serment au duc
tre les nobles de Tréguier, en 1437, et épouse Marguerite Le Merdy. — Un page
*Monsieur,* en 1780.

La comtesse de Saint-George mourut au bout de trois ans de mariage,
1840, laissant quatre enfants, dont l'aîné, René ٠, habite actuellement le
âteau de Keronic, en Pluvigner (Morbihan).

. Le comte René de Saint-George a épousé demoiselle Jeanne de la Bourdonnaye Blossac, dont
q filles et un fils.
Voici les noms des représentants actuels de la maison Harscouët.
Branche aînée : comtesse douairière Harscouët, née Félicité-Caroline de Vossey, fille de Guy-
ussaint, comte de Vossey, et de Félicité de la Bourdonnaye de Claye, vicomte de Raoul, comte
rscouët, dont :
1º *Raoul-Casimir,* comte Harscouët, époux de Pauline de Granclos-Meslé, dont : Jean, Guy et
oul.
2º *Octave,* vicomte Harscouët, époux de Michelle de Charette de la Contrie, dont Marie-Thérèse.
Branche de Saint-George. Premier rameau : 1° *comte René,* marié à Jeanne de la Bourdonnaye-
ossac, dont cinq filles et un fils.
2º *Vicomte Ernest,* marié à Marie Brossaud de Juigné, dont : Louis, — Raymond, — Guy, —
nest, — Marguerite, — Henriette et Anna.
3º *Vicomte Roger,* marié à Berthe de Chamillard.
4º *Mathilde,* mariée au marquis Guillard de Fresnay, dont : Jean et Charles.
Deuxième rameau : 1° *Vicomte Henri de Saint-George,* marié à Léontine de Perrien, dont postérité.

XXVI. LUDOVIC-MARIE-FRANÇOIS, comte de Kersauson de Vieux-Chastel, né à Hennebont le 30 juillet 1825, licencié en droit, membre du Conseil général du Finistère pour le canton de Lanmeur, a épousé, le 24 septembre 1849, *Marie-Louise-Françoise du Dresnay,* fille du vicomte Joseph, chevalier de la Légion d'honneur, membre légitimiste de la Chambre des députés sous le gouvernement de Juillet, et de Marie-Aimée du Marchallach.

Dresnay (du), sʳ dudit lieu, en Plougras [1], — de Kervizien, en Scrignac, — de Keradennec, de Kerroué, de Tréogat et de Kerbihan, en Loguivy, — de Trobodec, en Gurunhuel, — de Pontélory, — de Kercourtois [2], en Plouguer Carhaix, — de Trédiec, en Riec, — du Roz, en Balaznec, — de Locdu, en Louargat, — de Leslec'h et de Kergean, en Plestin, — de Doudron, en Plouégat-Moysan, — de Trobescont et de Keramezre, en Plouégat-Guérand, — de Pluscoat, en Botlézan, — de la Roche-Huon, en Trézélan, — de Launay, en Brélevenez, — de Kerbaul, en Chatel-Audren, — du Roc'hou, en Plouezoc'h, — de Castellenec, en Henvic, — de Coëtilézec, en Pleiber-Christ, — de Lohennec, en Saint-Thégonnec, — de Kerlaudy et de Rosnévez, en Plouénan, — de Penanrue, paroisse du Minihy, — de Pontplancoët, en Plougoulm, — baron de Montrelais.

Ancienne extraction. — Réformes et montres de 1427 à 1562, en Plougras, Gurunhuel, Plestin et Botlézan, évêché de Tréguier ; Scrignac, Plouguer, Plusquellec et Riec, évêché de Cornouailles. — A fourni huit générations en 1669.

Blason : *D'argent, à la croix ancrée de sable, accompagnée de 3 coquilles de gueules.*

Devise : *Crux anchora salutioris,* et *En bon esp.*

Du Dresnay a produit : Bonabes, qui épouse, vers 1280, Olive, dame de Kervizien. — Robin ou Robinet et Even, avec leurs porte-targes, dans une montre de 1356 ; tous deux au service de Jean, roi de France, sous les ordres de Foulques de Laval. — Bonabes, à une montre de Jean de Penhoët en 1420, paraît pour aller à la délivrance du duc Jean V, enfermé à Chasteauceaux, et meurt au siège de Beuvron en 1426. Il avait épousé Alliette de Trobodec. — Charles envoyé à Rome, en 1424, près du pape Martin V par le duc de Bretagne Jean V. Le même

2. *Alix,* mariée au comte Aymard de Roquefeuil, dont : Alix (mariée au comte Olivier de Carné), un fils et une autre fille.

Autre branche, dite de Keravel. Il existait, il y a peu d'années, à Rennes, un M. *Harscouët de Keravel,* ancien chef de bataillon d'infanterie, marié à            dont un fils. — Même origine, même nom et mêmes armes, que les autres Harscouët. (Communication de M. A. du Bois de la Villerabel.)

1. Le vieux château du Dresnay, en Plougras (Côtes-du-Nord), est aujourd'hui en ruines.

2. On nous saura gré, nous n'en doutons pas, de reproduire ici quelques strophes du chant des

DU DRESNAY

maître des Comptes au Parlement en 1444, mort en 1451. — Renaud, maître d'hôtel de la dauphine Marguerite d'Ecosse en 1440, puis capitaine de Château-Thierry ; chambellan du duc d'Orléans, gouverneur, pour ce prince, du comté et de la ville d'Asti, en Piémont, en 1447 ; commandant de l'armée royale en Italie, fait prisonnier à la bataille de la Frascheda et payant *quatorze mille écus* pour sa rançon, mort bailli de Sens en 1462. (Sismondi, *Rép. italiennes du moyen âge ; —* Bertrand d'Argentré, *Hist. de Bret.*) — Perrot, chevalier de Saint-Jean-de-Jérusalem, gouverneur de l'hôpital de Balaznant, en Plouvien, en 1443. — Jean, bailli

ligueurs (extrait du *Barzaz-Breiz*), s'appliquant au seigneur de Kercourtois, le jeune et vaillant René du Dresnay :
« Le chant du départ des ligueurs cornouaillais de l'armée de Mercœur pour le siège de Craon.
« défendue par huit ou dix mille hommes, tant Anglais que Français, qui furent mis en déroute
« sous les murs de la ville (mai 1592), est resté dans la mémoire belliqueuse des paysans des Mon-
« tagnes-Noires ; il m'a été appris par un vieillard de Maël-Pestiven. (Note de M. de la Villemarqué.)

Hago tant euzar ve de deleizac'h oalenne :
— Mena gelimm mezer ru denom groaz abrenne ?
Kena droc'haz Kalonec'h potr maner Kercourtez :
— Kemerit skouerdigan in hag-eviot krouzetez !
Ne oa ked'hegomz gant tran, hegomz ac'huet mad,
Oa toullet gwinn he vrec'h kena stinkazor goad,
Hawar dal he borpont wenn eur groaz ru avagret
Hazabarz ne meur amzer ho helle oant kroazet...

En quittant le cimetière, ils (les ligueurs) demandaient
[en foule :
Où trouverons-nous du drap rouge pour nous croiser
[présentement ?
Le fils du manoir de Kercourtois répondit en brave :
Prenez exemple sur moi et vous serez croisés !
A peine achevait-il ces mots, qu'il s'était ouvert une
[veine du bras
Et que son sang jaillissait et qu'il en avait peint
Une croix rouge sur le devant de son pourpoint blanc,
Et que tous s'étaient croisés en un instant...

« Les trois strophes que nous venons de citer ont trait à René du Dresnay, sr de Kercourtois,
« chef des ligueurs de la Haute-Cornouaille, et l'un des plus beaux caractères du XVIᵉ siècle. A
« l'époque du siège de Craon, il n'avait que 22 ans ; en 1594, il commandait une compagnie de
« gens d'armes de 150 salades, « qui lui avait été donnée de préférence à plusieurs gentilshommes et
« vieux soldats, lesquels, néanmoins, n'en furent pas jaloux, dit un contemporain, la voyant bailler
« à celui qui la méritait si bien. Car c'était un gentilhomme rempli de belles qualités entre la no-
« blesse et parmi les gens de guerre : vaillant de sa personne autant qu'on pouvait l'être, dis-
« cret, parlant peu, mais bien à propos, ne jurant jamais, ne s'adonnant pas aux femmes, comme
« la plupart des autres recherchent si curieusement, ne manquant pas de remplir son devoir de
« bon chrestien, jeûnant le caresme, mesme à la compaigne, ce qu'il faisait quand il fut tué, qui
« fut le jeudi absolu (Jeudi-Saint) ou le jour de devant (6 ou 7 avril 1594) ; mais il semble que Dieu
« le voulait à lui, le trouvant disposé de jouir de la gloire éternelle. »
« Kercourtois eut une de ces morts glorieuses, si communes dans les temps modernes ; il périt
« en gardant le pont de la Houssais, près Pontivy, qu'il défendit seul, pendant près d'une heure,
« contre six ou sept cents arquebusiers ennemis, jusqu'à ce que, tentant un dernier effort pour les
« chasser au delà, et *s'estant avancé avec force*, dit l'historien déjà cité, « son cheval eut un de ses
« pieds de derrière pris entre deux planches du pont et tomba sur lui. Dans ce moment accourut
« un soldat, qui lui donna, au défaut de la cuirasse, de son épée au travers du corps... Et il tré-
« passa à cheval sur celui même qui avait combattu. Son corps fut rendu à Kemper et enterré aux
« Cordeliers avec une grande magnificence et beaucoup de pleurs de toutes sortes de gens, car il
« estoit fort aimé. » (*Barzaz-Breiz*, p. 283 et suiv.)

de Cornouailles, en 1476. — René, seigneur de Kercourtois, capitaine ligueur, tué à la tête du Pont, près Pontivy, après une héroïque défense. (Chanoine Moreau. *Hist. de ce qui s'est passé en Bret. pendant les guerres de Religion.*) — François-Julien, chef d'escadre en 1768, puis gouverneur des îles de France et de Bourbon, en 1776. — Cinq membres admis aux honneurs de la cour, savoir : marquis du Dresnay, en 1766 ; — comtesse du Dresnay, en 1768 ; — marquis du Dresnay, enseigne de chevau-légers de la garde, en 1783 ; — comtesse du Dresnay des Roches, même année ; — comtesse du Dresnay, en 1788.

*Joseph-Michel-René* (1707-1784), fils aîné de *Joseph-Marie* du Dresnay et de Marie-Gabrielle-Thérèse Le Jar du Clesmeur; mousquetaire dans sa jeunesse; chevalier de Saint-Louis, colonel de la garde-côte du pays de Léon, inspecteur général du haras du dit pays ; gouverneur, commandant pour le roi, de Saint-Pol, Roscoff, etc., épouse : 1° en 1740, *Elisabeth de Cornulier,* dont issu : *Louis-Ambroise-René,* aide de camp du prince de Condé pendant la campagne de 1761 et 1762, breveté colonel en 1777, monté dans les carrosses du roi en 1763, émigré, nommé maréchal de camp par les princes français, chargé de la correspondance avec Jersey (avec le chevalier Joseph-Claude de Kersauson, dont nous avons parlé p. 74), nommé colonel du régiment français de son nom, qui fit partie de l'expédition de Quiberon.

De ce mariage un fils, *Louis-Ambroise,* marquis du Dresnay, comme son père, qui épousa, vers 1772, *Marie-Joseph du Coëtlosquet,* et fut tué à Quiberon en 1795, laissant un fils, Marie-Joseph-Gabriel-Ambroise, page de la Reine en 1788, colonel breveté, chevalier de Saint-Louis en 1814, et époux de *Rose-Jacquette de Quélen* ; et une fille, *Marie-Louise-Reine,* que nous verrons, à la branche des Kersauson-Kerjan, épouser, en 1814, Armand, comte de Kersauson.

*Joseph-Michel-René* du Dresnay, devenu veuf de sa première femme (Elisabeth de Cornulier), épousa, en 1745, *Marie-Anne de Montaudouin,* dont : Joseph-Marie-Léonard, né en 1752, et mort émigré à Londres en 1797. Il avait été chevau-léger de la garde ordinaire du roi, aide de camp de son oncle, François-Julien du Dresnay, pendant que ce dernier était gouverneur des îles de France et de Bourbon; émigra à l'armée de Condé; capitaine au régiment du Dresnay; chevalier de Saint-Louis ; il épousa, le 29 juin 1790, *Marie-Françoise-Félicité Le Forestier de Kerosven,* mariage dont issu *Joseph-Marie-Nicolas,* marié, le 18 juin 1827, à Marie-Aimée du Marc'hallac'h, et qui eut pour enfants : *Alfred,* mort sans postérité, et *Marie-Louise-Françoise,* qui nous occupe en ce moment, et épouse du comte Ludovic de Kersauson Vieux-Chastel.

La maison du Dresnay s'est alliée aux : de Quélen, de Pluscoat, de Kergrist, de la Roche-Huon, de Kerimel, etc., antérieurement au XVIe siècle ; et depuis, aux : de la Haye, de Coëtlogon, du Perrier, de Lannion, de Beaufort, de la Boissière, de Kergorlay, de Penmarc'h, du Coëtlosquet (deux alliances), Hersart de

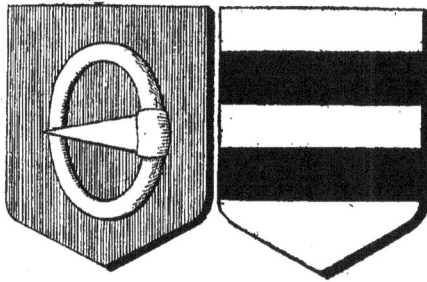

Saint-Briac, du Fresnay, de Montigny, de Bragelogne, de Caumont, de Cornulier, de Montaudoin, de Quélen, du Rusquec, de Kersauson, etc. (*Communication de M. le marquis du Dresnay.*)

Les représentants actuels de du Dresnay sont : 1º Renaud, marquis du Dresnay, époux de demoiselle du Fay, dont : 1º Renaud ; 2º Bonabes, officier au 118º de ligne, mort pendant la campagne de Tunisie ; 3º Maurice et 4º demoiselle Amice ; — 2º N..., mariée à M. de la Touche, à Saint-Brieuc ; ils descendent de Marie-Joseph-Gabriel-Ambroise et de Rose-Jacquette de Quélen.

Marie-Louise du Dresnay a apporté à la maison de Kersauson de Vieux-Chastel les terres de Lanidy et de Kermaz.

Le comte Ludovic de Kersauson, son époux, est mort en 1777, d'un accident de voiture.

De ce mariage sont issus :

1º LOUIS-JOSEPH-MARIE, dont l'article suivra.

2º JOSEPH-PAUL-MARIE, vicomte de Kersauson de Vieux-Chastel, né à Morlaix le 4 mai 1852. Il a épousé demoiselle *N... Barbier de Lescoët*, fille de Jonathas, marquis de Lescoët, et de Nathalie Pinczon du Sel des Monts.

Barbier (en breton Barver), sʳ de Lanarnuz, en Tréflez, — marquis de Kergean, en 1618, en Saint-Vougay, — sʳ de Lanorgant, en Plouvorn, — de Kernaou, en Ploudaniel, — de Landouzan, paroisse du Drénec, — vicomte de Trouzilit, en Plouguin, — châtelain de Lescoët, en 1656, en Lesneven, — sʳ de Mézarnou, en Plounéventer, — de Kerc'hoent, paroisse du Minihy, — de Tromelin, en Kernouez, — de Kernatoux, en Ploudalmezeau, — du Lescoat, en Lanarvily, — de Kergoff, en Kernouez, — de Kerhuon, — de Kerrannou, — de Lesquiffiou, en Pleiber-Christ.

Ancienne extraction chevaleresque. — Réformes et montres de 1443 à 1534, en Plounévez-Lochrist et Saint-Vougay, évêché de Léon. — Neuf générations en 1669.

Blason : *D'argent, à deux fasces de sable,* comme Tuomelin.

Devise : *Var va buez* (Sur ma vie).

Jacques et Richard Barbier, compris dans le sauf-conduit donné par le roi Edouard II au comte de Richemont et à ceux de sa compagnie, en 1324. — Guillaume, arbalétrier, et Alain, écuyer, dans une montre de 1378. — Jean, armé pour le recouvrement de la personne du duc en 1420, marié à Sybille Pilguen. — Maître Yves, fils du précédent, époux de Marguerite de Kersulguen, possédait un hôtel noble, exempt de fouages, en 1443, en Plounévez. — Hamon, conseiller aux grands jours de Bretagne, chanoine de Nantes et de Saint-Pol-de-Léon, archidiacre de Quemenet-Illy, au diocèse de Léon, et abbé de Saint-Mathieu, en 1533. — Deux chevaliers de Saint-Michel [1]. — Alexandre-Claude-Marie, chevalier de Malte, en 1744. — Deux chanoines, comtes de Lyon, dont l'un, abbé d'Ardorel, au diocèse de Castres, en 1761.

La branche aînée fondue, en 1689, dans Coëtanscours, qui hérita ainsi du marquisat de Kergean, lequel a passé depuis aux Kersauson, puis aux Brilhac, Forsanz et Coëtgourden. La branche de Trouzilit fondue, en 1610, dans Carné.

La famille Barbier paraît avoir une commune origine avec les Tuomelin ou Tromelin, qui ont quitté le nom de Barbier, tout en conservant les mêmes armoiries, ainsi que nous l'avons vu, p. 18.


3º PAULINE-MARIE-LOUISE, née à Trodibon, le 15 septembre 1854, mariée, le 29 septembre 1873, à son cousin, Auguste, vicomte de Pluvié, fils de Fortuné, comte de Pluvié, et de Cécile de Keréver, fille elle-même d'une Kersauson.

Nous avons donné, précédemment, la notice héraldique et nobiliaire de Pluvié. (Voir p. 129.)

4º HENRI-PAUL-MARIE, né à Morlaix, le 19 mai 1857.

XXVII. LOUIS-JOSEPH-MARIE, comte de Kersauson de Vieux-Chastel, fils aîné de Ludovic, en son vivant comte de Kersauson, et de Marie-Louise du Dresnay, est né à Morlaix, le 7 août 1850. Pendant la guerre de 1870, il a servi comme officier de mobiles du Finistère. Il a été, à la suite, nommé chevalier de la Légion d'honneur. Lors de la mort de son père, le canton de Lanmeur, voulant honorer la mémoire de celui qui venait de laisser un fauteuil

---

1. M de Courcy, dans son *Armorial* (t. I, p. 30), ne donne qu'un seul collier de l'ordre à la maison Barbier, qui a cependant possédé deux chevaliers, l'un et l'autre du nom de René. L'auteur du nobiliaire fait aussi épouser à son *unique* chevalier (qui le fut d'ailleurs en 1612 et non en 1618) Françoise de Parcevaux, dame de Mezarnou. Or ledit René épousa Françoise de Quélen, fille d'Olivier, sʳ du Dresnay, et de Claude de Bois-Éon. Ce fut son fils, René II (mais non chevalier de l'ordre), qui fut l'époux de la dame de Mezarnou.

Nous disons qu'un second Barbier fut encore décoré des mêmes insignes. En effet, on trouve, en 1626, la nomination de René, sʳ de la Fontaine-Blanche, dont la réception eut lieu le 1ᵉʳ janvier 1627, par le duc de Chevreuse. Ledit René, fils de Jacques, sʳ de la Fontaine-Blanche, Kernaou, Lanorgant, de la Salle, et de Claude du Liscoët, mourut sans hoirs, en 1633, assassiné par un nommé Rosnel. Il était, ainsi que l'autre René, chevalier de l'ordre comme lui, gentilhomme ordinaire de la chambre du roi. (Voir *Chev. bret. de St-Michel*, par M. G. de Carné, pp. 18 et 19.)

De Pluvié

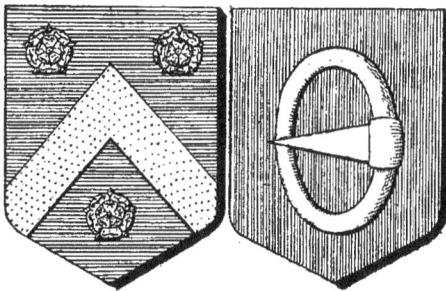

vide au Conseil général du Finistère, autant que témoigner ses sympathies à son fils, a tenu à être représentée à l'assemblée départementale par le comte Louis de Kersauson.

Louis-Joseph-Marie a épousé, en 1879, demoiselle *N... de Ville-Féron.* Il est actuellement chef de nom et armes de la branche de Kersauson de Vieux-Chastel.

XIV. Paul I de Kersauson, fils aîné du second mariage d'Hervé I avec Alliette de Lanros, est l'auteur de cette branche. Il épousa *Sybille de St-Georges*, et mourut vers 1501.

| | |
|---|---|
| ...neste de Kersauson, mariée à *Jean Pilguen*, sr de Kerouriou. | XV. Yvon de Kersauson, sr de St-Georges, épousa *N. N...* Il comparut à la montre de noblesse tenue à Lesneven, le 25 février 1503 (Fréminville). |

XVI. Jean II de Kersauson, écuyer, seigneur de St-Georges et de la Lande, épousa *Jeanne le Prince* en 1525.

| ...Paul II de Kersauson, né en 1529, épousa ... de Penhoet et eut un fils, Guillaume, qui ...rut jeune, sans hoirs. | Jean, né en 1537, signa la capitulation du Folgoët. Mort sans hoirs. | XVII (II). Hervé de Kersauson, né à Plouescat en 1540, marié à *Catherine du Fou* vers 1567. | Alain, né le 8 avril 1541, marié à *Françoise Prau*. | Amice, née en 1542, mariée en 1561 à *Jean de Penguern (Disarvoez)*. | François, né le 8 octobre 1543, mort sans hoirs. |
|---|---|---|---|---|---|
| | | | *Sous-Branche de Larmor.* | *Sous-Branche de Coëtbizien.* | *Sous-Branche de Pratmeur et des Roches.* |
| François I de Kersauson, sr de Mesguen, né à Plouescat le 5 février 1568, fut, en 1594, un des signataires de la capitulation ...olgoët. Il épousa, à 40 ans et en 1608, *Marie de Kerouartz*. François proposa aux États un projet de jonction de la Rance à la ... Il mourut en 1653. | | | François, né en 1581, épousa de *Marie Cloarec*, dont postérité existant jusqu'à la fin du XVII° siècle. | François, né en 1583, époux de *Catherine Bougé*, dont postérité existant jusqu'à la fin du XVIII° siècle. | Tanguy, né le 25 juillet 1584, époux de *Jeanne Auffret*, dont postérité encore existante. |
| ... Jacques, sr de Mesguen, né en ...1639, représente sa branche ... la réformation de 1669. Il ...rut prêtre. | Sébastien, sr de Mesguen, épousa en 1634 *Gillette du Plessis*, et ...tel. Il mourut en 1657. | XIX (II). François II, sr de Vieux-Chastel et de Kersauson, né en 1611, épousa vers 1633 *Catherine de Kergwelen*. | Marie, morte sans hoirs. | Anne, morte sans hoirs. | | |

XX (II). Tanguy, sr de Kerjaouen, puis de Vieux-Chastel à la mort de son père. Né en 1634, marié à 1° *Anne de Coëtnempren, dame de Kersaint*, 2° à *Brigitte Huon*.

| | | Marie, mariée à *Gabriel du Plessis, sr de Keradennec*. | Claude, mariée à *N. le Ny*. | | Louis, sr de Kernéac'h, mort sans postérité. | Jeanne, morte sans alliance. | François, mort sans hoirs. |
|---|---|---|---|---|---|---|---|

XXI. Hamon, Nicodème, fils de Tanguy et d'Anne de Coëtnempren, né en 1653, marié à *Anne-Agnès Le Levier*. | | | | | | Charles, fils de Brigitte Huon, mort sans hoirs.

François III-Joseph, fils cadet d'Hamon, devint chef de nom et d'armes de Vieux-Chastel, par l'entrée de son frère dans les ...ordres. François se rendit célèbre aux États de Bretagne par 2 mémoires présentés au roi Louis XV sur la canalisation ... province. Il épousa 1° *Rose de Laniroy*, qui lui apporta la terre de la Ferrière, en Buléon (Morbihan) et dont il eut un fils, dont le nom suit; 2° *Anne de Bellingant*, veuve de François-Gabriel, baron de Penmarc'h, et dont il n'eut pas ...fants. François-Joseph mourut en 1774. Il fut qualifié du titre de comte par le roi pour ses 2 mémoires.

Honorat-François-Joseph-Louis-Marie, comte de Kersauson de Vieux-Chastel, né en 1726 à Morlaix, épousa 1° *Gillette de Penmarc'h*, fille de haut et puissant messire François-Gabriel, baron de Penmarc'h, et d'Anne de Bellingant, seconde ...se de François III, comte de Kersauson, père d'Honorat lui-même, dont un fils; 2° *André-Vincente de St-Jean*, dont il n'eut pas d'enfants; 3° *Jeanne-Renée-Françoise Le Moenne de Launay*, dont une fille; 4° *Laurence-Thérèse-Jacquemine ...rd de la Haye*, dont 3 garçons et 3 filles. Honorat mourut à Ploërmel en mars 1790.

| Enfant de Gillette DE PENMARC'H (1er mariage). | Enfants de Jeanne-Renée-Françoise LE MOENNE DE LAUNAY (3me mariage). | Enfants de Laurence GIRARD DE LA HAYE (4me mariage). Branche de la Ferrière. | | | | | |
|---|---|---|---|---|---|---|---|
| François IV-Joseph-Denis, comte de Kersauson de Vieux-Chastel, né à la Ferrière, le 9 octobre 1754, épousa 1° *Victorine-Marie-Jeanne ...let de Lanigou*, dont il n'eut pas d'enfants; 2° *Cécile-Marie-Perrine de Lanigou*, dont 2 enfants. François IV mourut à Morlaix ...833. | Marie-Honorée de Kersauson de la Ferrière, mariée à *N. de Cibon*. De ce mariage issurent 3 filles et un fils, qui épousa N. Collas de la Motte. Le représentant actuel de la famille de Cibon est M. Louis de Cibon, marié à Mlle Paule de Mellon. | Honorat-Denys-Marie-Jean-Baptiste, mort célibataire. | Louis-Marie-Joseph, époux de *Marie-Ange de la Villegontier*. | Fulgence-Marie-Thérèse, morte sans alliance. | Aimé-Marie-Joseph, époux de *Marie-Rose de Frioul*. | Pélagie-Marie-Thérèse, morte sans hoirs. | Thérèse-Marie-Françoise, morte sans hoirs. |
| ...rie-Cécile-Marie-Françoise, née à Morlaix ...781, mariée à *René Guillotou de Kerever*, sr de ...mnot, dont une fille, Cécile de Kerever, mariée ...ão à *Fortuné, comte de Pluvié*. Anne-Renée ...rut en 1835. | XXV. Louis-Guillaume-François-Marie, comte de Kersauson de Vieux-Chastel, sr de Trodibon, de Kerbabu, etc., épousa en 1818 *Olympe du Bahuno de Kerolain*. | Joséphine, mariée à *Jean-Baptiste du Quesnay*. | Louis-Marie, époux de *Nathalie Viart de Mouillemuse*. | Nanine, mariée à *Honorat de Larcher*. | Fulgence, époux *de Caroline de la Touche-Limousinière*. | Hippolyte, époux de N. le Bouédec. | Victorine, mariée à *N. Grignard de Champisnovy*. | Aimé, capitaine de vaisseau, époux d'*Eugénie des Champs de Maraix*. |
| ...à Hennebont en 1819, mariée en 1837 à *Paul Harscouët, comte de St-Georges*, ...un fils qui a épousé Mlle de la Bourdonnaye. Emma-Louise est ...rte en 1840. | Emma-Louise-Marie, ... | XXVI. Ludovic-Marie-François, comte de Kersauson de Vieux-Chastel, né à Hennebont le 30 juillet 1825, licencié en droit, membre du conseil général du Finistère, épousa, le 24 septembre ... | | | | Aimée de la Ferrière, mariée en 1883 à son cousin *Henri, vte de Kersauson de Pennend'eff*. | Louis de la Ferrière. | Robert de la Ferrière. |
| ...e, Marie-Louise-Françoise du Dresnay. Ludovic de Kersauson est mort en 1877. | | | | | | | | |
| Louis-Joseph-Marie, comte ... Kersauson de Vieux-Chastel, à ... Morlaix, le 7 août 1850, con-... général du Finistère, che-... de la Légion d'honneur, à ...nté en 1899 N. Villefron, ...ond en 1883. | Joseph-Paul-Marie, vicomte de Kersauson de Vieux-Chastel, veuf sans enfants de N. Barbier de Lescoët. Joseph est né à Morlaix, le 4 mars 1852. | Pauline-Marie-Louise, née à Plouézoc'h le 15 septembre 1854, mariée à son cousin *Auguste, vte de Pluvié*, dont 2 enfants. | Henri-Paul-Marie, né à Morlaix, le 15 mai 1857. | | | | |

GUILLAMOT

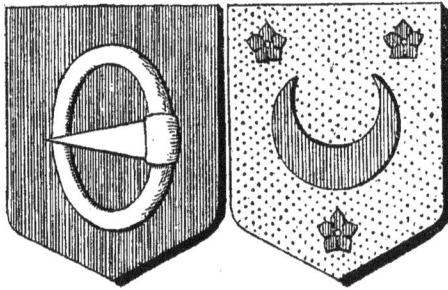

## BRANCHE DE KERVEN

---

Il ne faut pas s'attendre à trouver ici de nombreux détails sur les différentes personnalités qui forment ce rameau de la maison de Kersauson. La filiation de la branche de Kerven a été prise sur une généalogie (fautive même en différents endroits, mais que nous avons lieu de croire exacte en ce qui regarde la branche en question), rédigée probablement en 1669 pour Prigent de Kersauson (branche de Brézal), lorsqu'il dépouillait ses papiers afin de faire ses preuves à la réformation de cette époque.

Ladite généalogie existait aux archives du château de Brézal, détruites ou du moins enlevées lors de la Révolution. Une partie de ces archives fut déposée à Quimper et il est probable que c'est là que M. de Kerdanet découvrit le document qui concerne la branche de Kerven et l'adressa au comte Jean-Marie de Kersauson de Pennendreff. C'est donc aux archives du château de Pennendreff que nous avons puisé les renseignements que nous allons fournir, renseignements que nous donnons dès lors sous toute réserve, n'ayant à l'appui de notre dire aucun autre monument officiel.

Pour retrouver l'origine de la branche de Kerven, il faut remonter à Hervé I, sr de Kersauson, et à sa seconde femme, Alliette de Lanros. Nous avons dit, en effet, pp. 18 et 19, que de ce mariage naquirent six enfants, dont Hervé fut le dernier.

XIV. HERVÉ de Kersauson épousa *Marguerite Guillamot,* dame de Kerven, en Plôneis, et du Plessis, fille de Yvon, sr de Kerven, maître des requêtes du duc Jean V et son ambassadeur extraordinaire à Rome, et de Catherine La Palue. Tous deux vivaient en 1446 et 1459.

Le nom de Guillamot ne figure, à notre connaissance, sur aucun armorial. Les archives de Pennendreff lui donnent pour blason : *D'or, au croissant de gueules, accompagné de 3 quintefeuilles de même.*

On ignore l'année de la mort d'Hervé de Kersauson de Kerven, mais, son père, Hervé I, étant mort en 1416, il est à présumer qu'elle eut lieu dans la seconde moitié du XV⁰ siècle, d'autant plus que nous allons voir son fils Germain vivant en 1460 et 1488.

De ce mariage issurent :

1⁰ GERMAIN, dont l'article va suivre.

2⁰ AMICE, qui épousa *Yvon de Keringarz*. Elle fut partagée en 1461.

Nous avons donné, p. 45, la notice héraldique et nobiliaire de cette famille, à propos du mariage de Marie de Keringarz avec Guillaume IV de Kersauson-Penhoët.

3⁰ MARIE, mariée à *Guillaume de Trémélan ou Trémillan*. Elle était veuve en 1482.

Trémélan ou Trémillan (de), sʳ dudit lieu et de Kernévez, en Plouzané.
Réformes et montres de 1417 à 1543, en Plestin, évêché de Tréguier.
Blason : *Echiqueté d'or et de gueules, au bâton d'hermines.*

XV. GERMAIN de Kersauson, sʳ de Kerven, épousa, vers 1459 ou 1460, *Plézou de Guer* [1], fille de Guillaume III, sʳ de la Porte Neuve [2], et de Catherine Morillon.

Guer (de) (rameau de Sénéchal de Carcado), sʳ dudit lieu, — de Hénan et de Rustéphan, en Nizon, — de la Porte Neuve et de Kerfichant, en Riec, — marquis de Pontcallec, en Berné, en 1657, — sʳ de Tronchâteau, en Cléguer, — de Kerhars, — de Kermel, — de la Haye-Paynel, en Normandie, — de Lizandré, en Plouha, — de la Noë-Verte, en Lanloup, — du Parc, en Rosnoen, — de Coëtenez, en Plouzané, — du Ster, en Cléden-Poher.

---

1. « Guer, » lisons-nous dans une généalogie manuscrite intercalée dans un acte d'aveu de la terre de *la Porte Neuve*, « est une ancienne châtellenie sortie de Malestroit, donnée pour apanage à un cadet « de cette maison, pour en porter le nom et les armes avec une brisure en marque de *puinesse*. Cette « seigneurie est située en l'évêché de Saint-Malo, à huit lieues de Rennes. Son antiquité est fort « considérable ; quantité de maisons nobles en relèvent : on tient en commun proverbe qu'il y en « a quatre-vingt-dix-neuf. Elle a été possédée par les sʳˢ d'Acigné, à présent par le sʳ du Bordage ; « mais il y a certains gentilshommes qui ont conservé ce nom de Guer. »

2. La généalogie que nous venons de citer s'exprime ainsi au sujet de la Porte Neuve : « La Porte « Neuve est le nom et le siège d'une ancienne châtellenie, située en la paroisse de Riec, évêché de

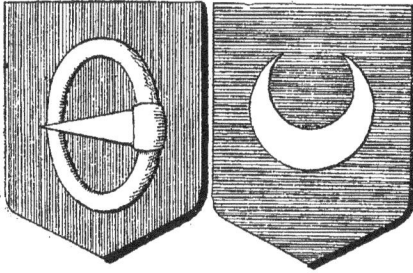

De Trémélan

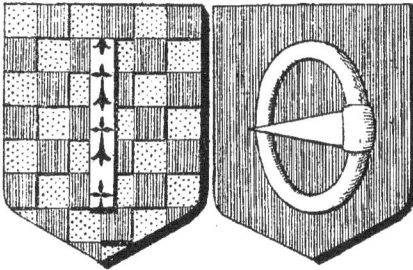

De Guer

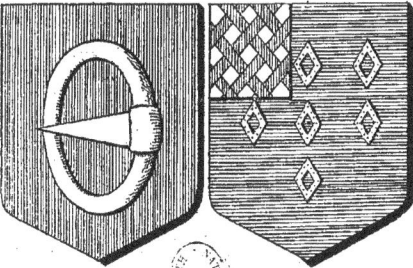

## Du Marc'hallac'h

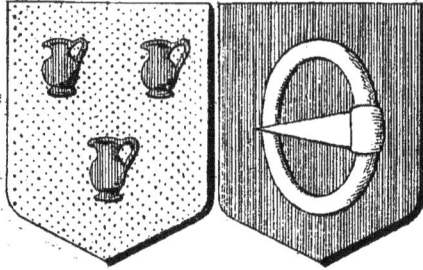

## De Kergoff

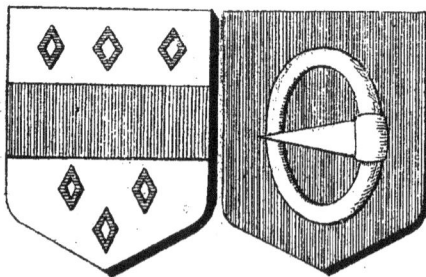

Ancienne extraction chevaleresque. — Neuf générations en 1669. — Réformes et montres de 1444 à 1562, en Nizon et Riec, évêché de Cornouailles.

Blason : *D'azur, à sept macles d'or, 3, 3, 1,* qui est Sénéchal, *au franc canton d'argent, fretté de 8 pièces de gueules.*

Devise : *Sine maculis.*

On trouve dans cette famille : Charles-René, page du roi en 1699. — Chrysogone-Clément, décapité à Nantes, le 26 mars 1720, pour avoir été le chef de la conspiration dite de Pontcallec [1]. (Famille éteinte.)

Germain de Kersauson et sa femme, Plézou de Guer, vivaient en 1488.

De ce mariage issurent :

1º RENÉ, dont l'article suivra.

2º JEAN, mort sans hoirs, ou du moins dont l'alliance ni la postérité ne sont connues.

3º BÉATRIX, qui épousa, en mai 1493, *Rolland du Marc'hallac'h.* Elle vivait encore en 1536.

La notice de cette maison a été donnée, p. 85, à la branche de Pennendreff.

4º AMICE, mariée à *Laurent de Kergoff,* sʳ du Guers.

« Cornouailles, sénéchaussée de Quimperlé, et de très grande étendue. Sa juridiction s'exerce non « seulement sur les dites paroisses, mais aussi dans la ville de Pont-Aven, qui est un hâvre habité « par nombre d'honnestes marchands. C'est où se tient aussi la juridiction du Hénan, châtellenie « également fort ancienne, sortie du comté de Cornouailles. Chacune de ces châtellenies a ses privi-« lèges particuliers, avec des droits qui marquent de tout temps l'antiquité de cette maison. »

La seigneurie de la Porte-Neuve appartenait vers 1240 à une famille noble, du nom de Morillon, dont les armes étaient : *D'or, au griffon de gueules, armé de sable...* Vers 1445 (ou même avant, croyons-nous), Catherine Morillon, dame de la Porte-Neuve, Riec, etc., porta ces terres à Guillaume de Guer, troisième du nom, sʳ du Parc, en Redené, près Quimperlé.

Guillaume de Guer et Catherine Morillon eurent un fils, Yvon, qui continua la lignée, et quatre filles, dont Plezou, dame de Kersauson.

Le dernier des de Guer, Louis-Armand-Corentin, neveu du marquis de Pontcallec, décapité à Nantes, en 1720, est mort à Paris le 29 octobre 1797, sans postérité, laissant, par testament, sa fortune et ses biens à son filleul et fils adoptif, Armand-Auguste-Corentin de Bruc, qui devint ainsi propriétaire de Pontcallec et de la Porte-Neuve.

Par acte du 3 décembre 1834, le marquis de Malestroit de Bruc a vendu la Porte-Neuve à MM. Arnaud, de Nantes, originaires de Vendée. Aujourd'hui le possesseur de l'antique châtellenie de la Porte-Neuve est l'époux de demoiselle Elisabeth Arnaud, M. le comte A. de Bremond d'Ars, marquis de Migré, ancien sous-préfet de Quimperlé, fils du général de ce nom et petit-fils du député de la noblesse de Saintonge aux États généraux de 1789. (Ces deux articles sur les châtellenies de Guer et de la Porte-Neuve, ainsi que les détails généalogiques sur la famille de Guer, sont extraits du *Bulletin de la Société archéologique du Finistère* et d'une plaquette de M. A. de Bremond d'Ars lui-même.)

1. M. de Courcy prétend, à tort, que le marquis de Pontcallec et ses trois malheureux compagnons de supplice à Nantes, en 1720, furent des chefs de la conspiration de Cellamare ; celle-ci fut totalement distincte du complot breton, dont le dernier acte se déroula sur la place du Bouffay ; nous le démontrerons dans un article spécial, à la suite des pièces justificatives.

Kergoff (de), sʳ dudit lieu et de Pratalan, en Plouider, — du Guers.

Ancienne extraction. — Sept générations en 1670. — Réformes et montres de 1448 à 1534, en Plouider, évêché de Léon.

Blason : *D'argent, à la fasce de gueules, accompagnée de six mâcles d'azur, 3, 3, celles de la pointe rangées, 2 et 1.*

On trouve Christophe de Kergoff, fils Bernard, vivant en 1503, et époux d'Anne Le Vayer. (C'était probablement le frère de Laurent.)

La famille de Kergoff portait anciennement le nom de Dérian et avait conséquemment la même origine que les Kermenguy, dont nous avons déjà parlé.

Amice mourut le 19 juillet 1523.

5° MARGUERITE, qui s'allia à la famille de Kersulgar, dans la personne d'*Henry de Kersulgar,* sʳ de Kernaou.

Kersulgar (de), sʳ dudit lieu, — de Mezanlez, en Ergué-Gabéric, — de Kernaou.

Ancienne extraction. — Sept générations en 1669. — Réformes et montres de 1426 à 1562, en Ergué-Gabéric, évêché de Cornouailles.

Blason : *D'azur, à trois fleurs de lys d'argent, rangées en fasce, accompagnées en chef de deux quintefeuilles de même.*

Alain de Kersulgar, vivant en 1426, épouse Jeanne de Mézanlez, qui lui apporta la seigneurie de ce nom.

XVI. RENÉ épousa, en 1492, *Catherine de Kerigny,* fille de Maurice, sʳ de Kerigny et de Kerdrein, et de Jeanne de Rosserf.

Kerigny (de), sʳ de Kervrac'h, paroisse de Guengat, et de Kerdrein.

Réformes et montres de 1426 à 1481, dite paroisse, évêché de Cornouailles.

Blason : *D'azur, au lion d'or.*

Famille fondue dans Tivarlen, qui elle-même dans Rosmadec et de Plœuc.

Catherine de Kerigny dut mourir en 1503. Cinq ans après, en 1508, René de Kersauson épousa, par contrat du 29 octobre, *Jeanne de Lézivy,* veuve de Pierre de la Lande.

Les Lézivy étaient sʳˢ dudit lieu, en Saint-Divy, évêché de Léon.

Blason : *D'argent, à trois chevrons de sable.*

Cette maison s'est fondue dans Mescam, qui elle-même dans Audren de Kerdrel et Huon de Kermadec.

René de Kersauson n'eut pas d'enfant de son second mariage. Il mourut en 1512.

De Kersulgar.

De Kerigny

De Lesivy

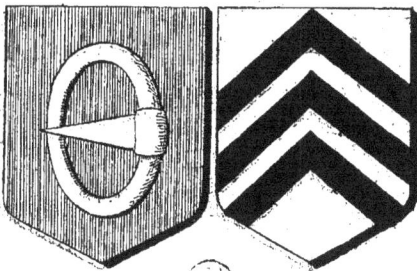

Du Bois

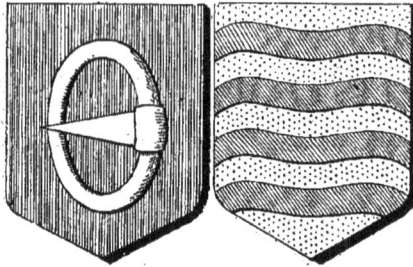

De la Lande

De la Lande

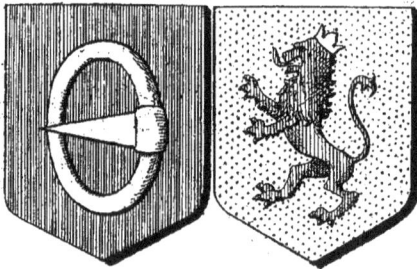

De son premier, avec Catherine de Kerigny, issurent :

1º HENRI, dont l'article va suivre.

2º JEAN, qui épousa *Hélène du Bois*, héritière de Lesnonan.

Bois (du), sʳ de Lesnonan, — de la Villemanouel, — de la Villesalon, en Saint-Germain de Matignon, — de la Villejouan, — de la Chapelle, en Bourseul. Fondu, vers 1500, dans du Breil de Raiz et dans Kersauson.

Blason : *D'or à quatre fasces ondées de sinople.*

3º RENÉ, sʳ de...  ⎫
4º RAOUL,  ⎬ morts sans hoirs.
5º GUILLAUME, vivant en 1566,  ⎭

6º MARIE, mariée à *Jean de la Lande,* sʳ de Lestremeur, fils de Pierre et de Jeanne de Lezivy, (que nous venons de voir épouser, en deuxièmes noces, René de Kersauson, père de Marie.)

La sœur de Jean de la Lande ayant épousé le suivant, c'est à l'article d'Henry que nous allons donner la notice de cette famille.

XVII. HENRI de Kersauson, sʳ de Kerven et du Plessis, vivant en 1520 et 1561, épousa par contrat du 20 juin 1518 *Marguerite de la Lande,* sœu du précédent.

La Lande (de), sʳ de Lestremeur, de Ploudalmezeau, — de Lesgoff, en Saint-Gilles. Réformes et montres de 1429 à 1543 en Pommerit-le-Vicomte et Saint-Gilles, évêché de Tréguier.

Blason : *D'or au lion de gueules, couronné d'argent.*

René de Kersauson, père d'Henri, étant mort en 1512, il fallut pourvoir à la tutelle de celui-ci, qui était encore mineur. Les archives départementales du Finistère (série E) possèdent l'acte de pourvoyance de cette tutelle, qui donne les noms de ceux qui composèrent le conseil de famille. Cet acte est du 22 septembre 1512 [1].

Dans les registres de la chancellerie du Parlement de Bretagne, il est aussi plusieurs fois fait mention de Henri de Kersauson : c'est ainsi qu'au fol.

---

1. 22 septembre 1512. — Pourvoyance de tutelle pour Messire Henry de Kersauson, sʳ de Kerguen (Kerven), fils mineur de feu René de Kersauson et de feue dame Catherine Kerigny. Le conseil de famille auquel prennent part et assistent Messires Charles de Rosserff, oncle au ma-

111, on trouve une réintégrande pour ledit Henry, en la possession d'écussons et prééminences de l'église de Clutin (1519). — Fol. 366 : Jehan de Moeslien, sieur dudit lieu, contre Henry de Kersauson (1535). — Fol. 397 : Relief d'appel pour ce dit Jehan de Moeslien, contre ledit Henry, au Parlement (1541). — Fol. 850 : Evocation pour ledit Henry contre Jehan de Moelyan (28 mars 1533). (Communiqué par M. de Carné).

De ce mariage issut :

RENÉE, héritière de sa branche, qui, d'abord fiancée en 1547 à Germain de Kersalaün, épousa, le 2 juillet 1548, *Charles de Guer*, fils aîné de Charles, s<sup>r</sup> de la Porte-Neuve, et de Françoise de Kervigant [1].

La notice de la famille de Guer a été donnée précédemment. Nous y renvoyons le lecteur.

Ce mariage fut annulé par la cour de Rome, on ne sait pour quelle raison, car celle de parenté n'était pas à invoquer. Charles mourut sans postérité de ce mariage et de celui qu'il avait précédemment contracté avec Marie de Rosmadec, mais sa mort n'arriva au plus tôt qu'en 1561, car le 3 octobre 1560 on le trouve rendant hommage au Roi.

Deux ans après ce mariage annulé, Renée épousa, le 17 juillet 1550, *François de Leʒandeveʒ*, dont le nom, quoique absent des armoriaux, est cité par le Laboureur en son histoire de la maison de Budes, p. 16. Ledit François fit souche de son mariage avec Renée de Kersauson, qu'il avait lui-même épousée en deuxièmes noces, s'étant d'abord marié à Marie du Chastel, fille de Jean, s<sup>r</sup> de Mesle, et de Catherine de Plœuc, dont deux filles.

En Renée de Kersauson s'éteignit la branche de Kerven, qui s'était perpétuée durant un siècle et demi. Toutes les montres au ressort de Plonéïs, en Cornouailles, font mention des Kersauson de Kerven de 1440 à 1536, ce qui prouve que tous les chefs de nom et armes de cette branche, c'est-à-dire Hervé, Germain, René et Henry, y comparurent.

---

ternel dudit Henry, Christophe du Kerhoent, cousin au maternel, Henry de Penguily, René le Sioc'han, Pierre de Kermoysan, Jehan de Kersaudy, René Tivarlen, Jehan de Guicaznou, Jehan Hirgarz, Alain de Kerraoul. Jehan de la Lande, Jehan de Launay, s<sup>r</sup> de Pratanreau, missire Alain Bourzart, recteur de Plouerezal, Messire Jehan le Roujait, s<sup>r</sup> de Loc'han, dame Marthe de Pontplancoët, dame de Silguy, la dame de Kerraoul, Jehanne Hirgarz, et plusieurs autres, confient la tutelle à Messire Jehan de Kersauson, oncle paternel dudit Henry. (Arch. du Finistère, section E.)

1. Charles de Guer, père de l'époux de Renée de Kersauson, avait épousé : 1° Françoise de Kerharo, ~~dont il n'eut pas d'enfant~~; 2° F. de Kervégant, dame de Kerfichant, fille de Raoul et de Louise de Cornouailles, dont 2 fils : François, mort sans hoirs, et Charles dont nous parlons.

## TABLEAU GÉNÉALOGIQUE DE LA BRANCHE DE KERSAUSON DE KERVEN.

XIV  Hervé de Kersauson, sixième fils du second mariage d'Hervé I, sʳ de Kersauson, avec Alliette de Lanros, est l'auteur de cette branche. Il épousa vers 1446 Marguerite Guillamot, dame de Kerven et du Plessis.

| XV  Germain, sʳ de Kerven, épousa Plézou de Guer de la Porte-Neuve. Ils vivaient encore en 1488. | Amice épousa Yvon de Kerengarz. | | Marie épousa Guillaume de Trémélan ou de Trémillan. |
|---|---|---|---|
| XVI René, sʳ de Kerven, épousa : 1º Catherine de Kerigny, en 1492, et, le 29 octobre 1508, Jeanne de Lesivy, dont il n'eut pas d'enfants. | Jean, mort sans hoirs. | Béatrix, vivant encore en 1536, épousa en 1493 Rolland du Marc'hallac'h. | Amice épousa Laurent de Kergoff, sʳ du Guers. | Marguerite épousa Henry de Kersulgar, sʳ de Kernaou. |
| XVII Henry, sʳ de Kerven, épousa, le 20 juin 1518, Marguerite de la Lande. | Jean épousa Hélène du Bois, héritière de Lesnonan. | René | Raoul | Guillaume, morts tous trois sans hoirs. | | Marie épousa Jean de la Lande, sʳ de Lestremeur, frère de Marguerite. |

Renée, héritière de Kerven, fiancée, en 1547, à Germain de Kersalaün, épousa en 1548 Charles de Guer de la Porte-Neuve. Le mariage fut annulé par la cour de Rome, on ne sait pour quelle raison, et Renée contracta, deux ans après (1550), une nouvelle alliance avec François de Lezandevez, veuf, avec deux filles, de Marie du Chastel de Mes'e. Renée de Kersauson eut des enfants de son second mari, qui fit branche dans sa famille. — En Renée s'éteignit la branche de Kersauson de Kerven.

# BRANCHE DE BRÉZAL

---

Il peut paraître bizarre, au premier abord, que cette branche de la maison de Kersauson ait pris son nom de celui d'une de ses dernières alliances, au lieu de s'appeler, par exemple : *Branche de Bouteville* ou *de Launay*, noms tirés de ses deux premières alliances, ou même *de Coëtmeret*, fief fort important.

La raison qui a fait prédominer la dénomination *de Bréȝal*, c'est que ce fief, le plus considérable de la paroisse de Plounéventer, valut aux deux derniers Kersauson de ce rameau le titre de marquis et une prépondérance très marquée sur la noblesse du Bas-Léon.

XVI. GUILLAUME, fils aîné d'Hervé II, s$^r$ de Kersauson, et d'Ysabeau de Pontplancoët, est l'auteur de cette branche, qui ne fit, du reste, que continuer la filiation directe du tronc générateur.

Du vivant de son père, il était qualifié écuyer et s$^r$ de Coëtléguer. En 1478, il fut institué sénéchal de Saint-Pol-de-Léon. Il était encore pourvu de cette charge le 16 février 1479, car nous le voyons figurer comme tel, à cette date, à l'installation du capitaine du château de Roche-Maurice [1], par Louis Le Sénéschal de Rosnyvinen [2], qui fut faite devant lui. (D. Mor., *Pr.*, t. III, p. 387.)

Guillaume était *coustilleur* (homme armé d'une coustille ou dague) du duc François II, en 1485, et reçut, comme tous ceux de sa charge, quatre aunes et demie de drap noir pour son deuil, en 1488. (D. Lob., pp. 1471-1504.)

Lorsque le mariage de la duchesse Anne eut soumis la Bretagne à la

---

1. Le château de la Roche-Maurice, en Ploudiry (ancien évêché de Léon), fut saisi en 1472 par le duc François II, sur les Rohan, à qui il appartenait, pour les punir d'avoir suivi le parti du Roi de France.

2. Louis Le Seneschal (qu'il ne faut pas confondre avec Le Sénéchal de Carcado) eut ses quatre fils tués en 1488, à Saint-Aubin du Cormier.

France, un *parlement fixe* fut créé dans la province. Un Kersauson y figure parmi les *conseillers laïcs,* nommés par Charles VIII, en 1495. Le prénom de ce Kersauson vient encore préciser la personnalité, et ici le doute n'est pas possible ; c'est évidemment de notre Guillaume qu'il s'agit.

Par suite d'une balourdise de copiste, reproduite nécessairement depuis, le nom de Kersauson a été transformé en *Besançon* dans les *Actes de Bretagne.* (Voy. D. Tailland., p. 224 ; les *Actes de Bret.,* t. III, col. 781 ; d'Argentré, liv. xiii, chap. lx[1].)

A la mort de son père, en 1495, Guillaume prit le titre de chevalier et fut qualifié sire de Kersauson. Il comparut en équipage d'homme d'armes, avec deux archers, coustilleur et page, à la montre de Lesneven, le 25 septembre 1503, comme premier noble de la paroisse de Guiclan, et reçut injonction de s'armer. (Fréminville, *Antiquités du Finistère.)*

Le 31 décembre 1505, il transigea, par contrat d'échange, avec Alain de Tournemine, s[r] de Coëtmeur, pour le rachat de défunt Messire Hervé II, son père, acquis, par son décès, à la seigneurie de Coëtmeur, sauf le douaire d'Isabeau de Pontplancoët. Cet acte est signé : Kerourfil et Nicolas, passes.

Guillaume de Kersauson épousa en premières noces, en 1492, *Catherine de Bouteville,* fille de haut et puissant Messire Jean de Bouteville, baron du Faouët, et de Marie de Kergomar. *(Archives du château de Pennendreff.)*

---

1. Voici le texte de D. Taill. au sujet du Parlement institué en 1495, et qui dura jusqu'en 1554, sous le nom de Parlement des Grands-Jours :

« Le Parlement de Bretagne, où se portaient, par appel, les causes des autres tribunaux, n'avait
« pas de temps fixe où il tint ses séances, le Roi s'étant réservé la liberté de l'indiquer, quand il le
« jugerait à propos. On fit observer à ce prince, lorsqu'il était à Lyon, qu'il pouvait résulter beau-
« coup d'inconvénients pour la province, de cette manière de convoquer le Parlement, et qu'elle
« aurait beaucoup à souffrir, si le Parlement n'étoit pas assemblé chaque année. Pour prévenir cet
« inconvénient, le Roi fixa un terme pour le tenir tous les ans, sans autre convocation, qui fut
« depuis le 1er septembre jusqu'au 8 octobre. Les officiers qu'il nomma pour composer ce Parle-
« ment étoient deux présidents : *Gannai* (Jean) et *du Breil* (Rolland) ; — huit conseillers clercs :
« *Ruzé* (Martin) ; du Hautbois (Charles), plus tard évêque de Tournai ; du Bouschet (Jean) ; Cal-
« louet (Jean) ; Boschier (Jean), abbé de Buzay et de Saint-Gildas-des-Bois ; Ferré (Olivier);
« *Kerude* (de Kerroudault, Olivier) ; *Kermagoët* (de Kermogoar, Geoffroy) ; — dix conseillers laïcs :
« Arbaleste (Guy) ; *Besançon* (Kersauson, Guillaume) ; Guillard (Charles), président en 1508 ; Daniel
« (Jacques) ; Racine (Nicolas) ; Scliczon (Rolland) ; *Gougeon* (Gouyon, Rolland) ; Le Forestier (Alain);
« *Quenecquivili* (de Quénec'hquivilly, Amaury), président en 1513 ; Quenguisio (Alain) ; — un
« greffier : de Penancoët (Hervé), — et deux huissiers : Verus et Bourgeois. Parmi ces officiers,
« il y en a plusieurs François que le Roy inséra parmi les Bretons pour veiller de plus près à ses
« intérêts. » — On s'aperçoit que presque tous les noms sont estropiés.

DE BOUTEVILLE

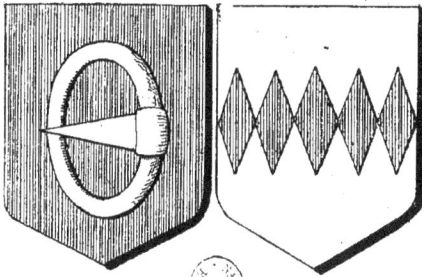

De Scliczon

Les de Bouteville, maison d'ancienne chevalerie, et ayant pris part aux réformes et montres de 1426 à 1562, paroisses du Faouët et de Glomel, évêché de Cornouailles, y figuraient en équipage d'homme d'armes, à cinq chevaux. Originaires de Normandie, ils étaient barons du Faouët et s<sup>rs</sup> de Barigan, paroisse du Faouët, — vicomtes du Coëtquénan, en Plouguerneau, — et s<sup>rs</sup> de Coëtgouraval, en Glomel.

Blason : *D'argent, à cinq fasces de gueules, en fasce* (sceau de 1275).

On remarque dans cette famille : Hervé, sénéchal de Ploërmel et Broërec, en 1270, Jean prisonnier des Anglais au siège du Mont-Saint-Michel en 1427. (Famille éteinte, fondue dans Goulaine.)

Devenu veuf, Guillaume, qualifié, depuis la mort de son père, haut et puissant s<sup>r</sup> de Kersauson, épousa *Hélanie de Clisson,* ou *Scliczon,* fille d'Ollivier, s<sup>r</sup> de Clisson et de Kerenfaut, lieutenant général des armées de la duchesse Anne, et de Jeanne du Liscoët, et veuve de Jean de Lannion, s<sup>r</sup> du Cruguil.

Scliczon ou Clisson (qu'il ne faut pas confondre avec Clisson, s<sup>r</sup> dudit lieu, évêché de Nantes, baron de Pontchâteau, etc.), s<sup>r</sup> de Keranfao, ou Kerenfaut, en Servel, — de Keraziou, en Trébeurden, — de Guictaulé, en Taulé, — de Keralio, en Plouguiel, — de Penarstang, en Brélevenez, — de Kerrivault, en Penvenan, — de Clessérant, en Plougrescant, — du Méné, en Goulien, — de Crec'h-bizien, — de Kermarquer, en Lanmodez, — de Largentaye, — de Lanserff, — de Kérémar, — de Coëtgonien, en Berhet, — du Plessis-Tourneufve, en Orvault, — de la Gohardière, par. de Gorges.

Ancienne extraction chevaleresque, 7 générations en 1669. — Réformes et montres de 1427 à 1562 en Plestan, évêché de Saint-Brieuc ; Taulé, évêché de Léon ; Servel, Thébeurden, Plougrescant, Plouguiel, Brélévenez et Penvénan, évêché de Tréguier ; Goulien, évêché de Cornouailles.

Blason : *D'azur au croissant d'argent, accompagné de trois molettes de même,* (G. le B.) ; aliàs : *de gueules au lion d'argent, armé, lampassé et couronné d'or,* comme Clisson.

Olivier de Scliczon et Mahaut de Kerhamon, sa mère, sont assignés au Parlement général de 1384, sur envoi du sénéchal de Tréguier, de la barre de Lannion. — Olivier et Fraval prêtent serment au duc entre les nobles de Tréguier en 1437. — Jean, président universel de Bretagne, en 1460, époux de Jeanne, dame de Keralio. — Rolland, leur fils, sénéchal de Guingamp, maître d'hôtel et ambassadeur de la duchesse Anne, en 1492, épouse Marguerite l'Epervier, dont : 1° Christophe, auteur de la branche de Kermarquer, éteinte en 1719 ; 2° Yvon, auteur de celle du Mené, qui a produit un capitaine aux Gardes-Françaises, tué à Fontenoy en 1745.

De ce second mariage de Guillaume naquit une fille, LOUISE, qui épousa *Guillaume de Penhoët,* sr de Kergoalon [1]. (Mss. de Keroulas, communiqué par M. de Carné.)

Nous avons donné précédemment l'article nobiliaire et héraldique de Penhoët.

Du premier mariage de Guillaume de Kersauson avec Catherine de Bouteville issurent :

1° ROLLAND, dont l'article va suivre.

2° JEANNE, mariée, par contrat du 12 janvier 1523, à noble écuyer *Jean Barbier,* sr de Kergean.

La notice et les armoiries de cette maison ont été détaillées (voir p. 135,) à la branche de Vieux-Chastel.

Après la mort de son premier époux, Jeanne contracta une nouvelle alliance avec *Alain du Louet,* sr de Kerrom.

Louet (du), sr de Liorzinic, en Plougastel, — du Plessix et de Lesquivit, en Dirinon, — de Coëtjunval, en Ploudaniel, — de Keranhoat, en Loperhet, — de Kerhoent et de Kerrom, paroisse du Minihy, — de Kerguiziau, en Bohars, — de Quijac, en Lambézellec, — de Penanvern, en Saint-Martin de Morlaix, — de Kerengarz, de Treffilis et de la Fosse, en Lannilis, — de la Villeneuve, en Plouezoc'h, — de Penanec'h, — du Rest et de Trévéhy, en Plouénan, — de Lesplougoulm, en Plougoulm, — de Penaot, en Mahalon, — vicomte de Pirvit, en Plédran.

Ancienne extraction chevaleresque. — Dix générations en 1669. — Réformes et montres de 1426 à 1534, en Plougastel, — Daoulas et Dirinon, évêché de Cornouailles, et Ploudaniel, évêché de Léon.

---

1. Un manuscrit de 1676 (fol. 300, r° et v°) décrit ainsi les prééminences de la chapelle Sainte-Anne, en Plouagat-Gallon (Guérand), où était située la seigneurie de Kergoalon, apanage de Guillaume de Penhoët, époux de Louise de Kersauson : « ... Et ladite vitre de ladite chapelle est chargée de six écussons : le 1er, dans la première rose, « est d'or à la fasce de gueulle (armes de Penhoët-Kerhallon) ; le 2e, de même, my-partie d'argent « à 3 fasces de gueules ; le 3e, de mesme et de gueules, chargé de fleurs de lys d'azur sans nombre ; « le 4e, de mesme et d'or au lion léopardé d'azur ; le 5e, de mesme et *de gueules à la boucle d'ar-* « *gent* ; le 6e et dernier, d'azur, à six quintefeuilles d'or... » (Communiqué par M. P. de Lisle du Dréneuc, conservateur du musée archéologique de Nantes.)

De Penhoet

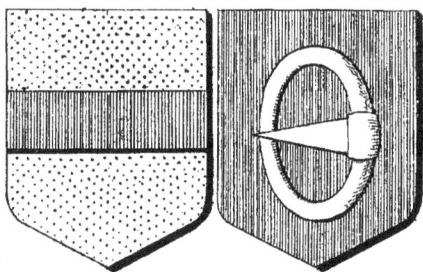

Barbier

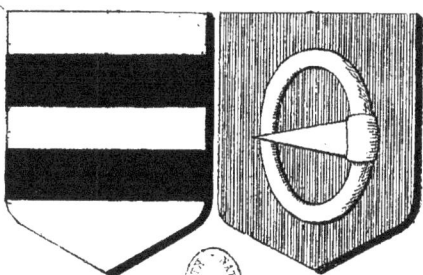

Du Louet

Blason antique : *D'or, à trois têtes de loup de sable, arrachées de gueules ;* — moderne : *Fascé de vair et de gueules,* qui est Coëtménec'h.

Du Louet a produit : Macé, conseiller du duc Jean IV, en 1391. — Pierre, sᵣ de Liorzinic, marié à Marguerite de Launay, veuve en 1426, laissa de ce mariage Alain, vivant en 1448, époux de Marie de la Palue, père de Jean, marié à Françoise de la Lande, dont : 1° Pierre, sᵣ de Keranhoat, marié, vers 1515, à Marguerite de Coëtmenech, dame de Coëtjunval, dont il prit les armes ; 2° Jean, auteur des sᵣˢ de Lesquivit, marié à Ysabeau Simon, de la maison de Kerbringal. — François, Jean, Vincent, Olivier, René et Jean, chevaliers de l'ordre du Roi, de 1573 à 1651. (V. *Chev. bret. de Saint-Michel,* par M. de Carné, p. 234, 235 et 236.) — René, dernier abbé régulier de Daoulas, en 1581, mort le 18 juillet 1598, et enterré devant le maître autel de son église, où l'on voit encore son tombeau avec une épitaphe[1]. — Autre René, évêque de Cornouailles en 1642, né en 1584, connu sous le nom d'abbé de Kerguiziau, grand-chantre de Léon, ecclésiastique d'un rare mérite et d'une haute vertu, mort en 1668, à l'âge de 84 ans. Il était petit-fils de Pierre, sᵣ de Keranhoat, et de Marguerite de Coëtjunval, et neveu de l'abbé de Daoulas. René du Louet fut le protecteur des deux apôtres de la Basse-Bretagne, Michel Le Nobletz et le Père Maunoir.

La branche de Keranhoat fondue dans du Harlay, puis Montmorency-Laval ; celle de Lesquivit dans Kerguern.

3° FRANÇOIS, qui, par contrat du 24 septembre 1535, reçut de son père cent francs de rente assis sur la terre de Lespbugoulm, à charge de levée de ramage de la seigneurie de Kersauson, pour tous droits en la succession échue et future de sa mère, Catherine de Boutéville.

François mourut sans hoirs.

4° RAOUL, qui fut chapelain en la cathédrale de Léon, de la chapellenie de Saint-Martin, fondée et dotée par son arrière-grand-oncle, Guillaume de Kersauson, évêque de Léon.

XVII. ROLLAND, intitulé du vivant de son père, et comme fils aîné, sᵣ de Coëtléguer, et qualifié, à la mort de Guillaume, de noble et puissant sᵣ de Kersauson, épousa, en 1520, *Louise de Launay.*

Launay (de), sᵣ de Coëtmerret, en Lanhouarneau, — de Castellenec, en Taulé, — du Parcoz, en Plougourvest, — de l'Estang, en Plougar, — de Kersabiec, en

---

1. Voici cette inscription : *Hic jacet Renaus Du Louet, abbas hujus cœnobii de Daoulas, quiquidem acquisivit ei silvam de Daoulas et plura alia bona, et rexit illud annis sexdecim. Obiit autem 12 julii anno 1598, cujus anima pace fruatur.*

Plounevez-Lochrist, — de Kerguiduff, en Plougoulm, — de Keralsy, en Lanmeur.

Ancienne extraction chevaleresque. — Huit générations en 1670. — Réformes et montres de 1426 à 1534, en Lanhouarneau et Plouzévédé, évêché de Léon.

Blason : *D'argent, au lion d'azur, armé et lampassé de gueules, couronné d'or*, comme du Bois et Dourduff. (Sceau de 1371.)

Devise : *Soit, soit.*

On remarque dans cette maison : Guillaume, vivant en 1426, époux de Marguerite de Lesquelen. — Autre Guillaume, religieux jacobin, docteur en théologie, prédicateur et confesseur du duc de Mercœur, abbé de Saint-Maurice de Carnoët, de 1593 à 1609[1]. — Jean-Marie, s<sup>r</sup> de l'Estang, page de la reine en 1748.

Louise de Launay apporta à son mari le beau fief de Coëtmerret, qui passa aux Montbourcher, en 1776, par une alliance dont nous aurons occasion de parler.

De ce mariage issurent :

1° TANGUY, dont l'article suivra.

2° JEANNE, mariée, le 14 décembre 1542, à *Olivier de Tuomelin*, ou *Tromelin,* s<sup>r</sup> du Bourouguel, Lanarnuz et autres lieux[2].

Nous avons donné à la souche mère la notice de cette famille, à propos du mariage de Marguerite, fille d'Hervé I, sire de Kersauson, et de sa deuxième femme, Alliette de Lanros, avec Henri de Tuomelin.

Après la mort d'Olivier de Tuomelin, Jeanne de Kersauson épousa, en 1561, *Alain III, banneret de Penmarc'h,* dont elle n'eut pas d'enfants.

Voir, pour la notice de Penmarc'h, le mariage de Françoise-Anne-Louise, de la branche de Pennendreff, avec autre Claude de Penmarc'h, s<sup>r</sup> de Kerenroy, pp. 55-56.

Devenue veuve pour la deuxième fois, Jeanne se remaria en troisièmes noces à *Yves Pinart du Val,* dont elle n'eut pas non plus d'enfants.

---

1. Frère Guillaume de Launay fut un ardent partisan de la Ligue, et, au dire d'Henri IV, il obtenait plus de succès par ses prédications que le duc de Mercœur par ses arquebusades. Fait prisonnier par des coureurs *royaux*, il fut conduit au sieur de Saint-Luc, lieutenant d'Henri IV, en Bretagne. Saint-Luc déclara la capture bonne et méritant récompense. « Elle est peut-être bonne, *selon Saint-Luc,* répondit ingénieusement l'abbé de Carnoët, mais non *selon saint Jean.* »

2. De ce mariage naquit une fille, Marie, qui épousa : 1° en 1563, Claude de Penmarc'h, chevalier de l'ordre du roi, et fils d'Alain III, deuxième mari de sa mère ; Claude mourut en 1585 ; - 2° le 10 juillet 1588, le fameux Anne de Sançay, comte de la Maignane, mort en 1610.

DE LAUNAY

DE TUOMELIN

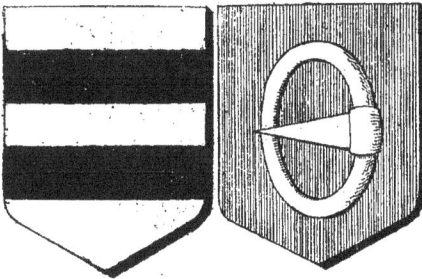

DE PENMARC'H

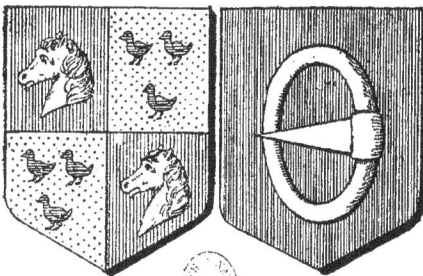

PINART DU VAL

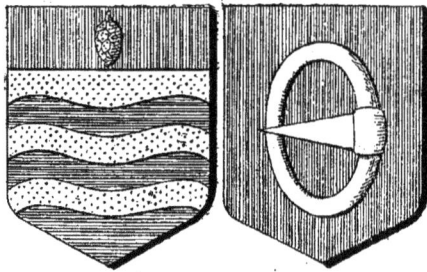

Nous renvoyons pour la notice de cette famille à la page 36.

XVIII. TANGUY, sire de Kersauson, s^r de Rosarnou, de Lesplougoulm, de Coëtmeret, de Coëtléguer et de Kerguilien, est une personnalité assez sérieuse dans la maison de Kersauson, pour que nous nous y arrêtions quelques instants. Né en 1521, il eut, lors de la mort de son père, à continuer un long procès, pendant à la juridiction de Carhaix depuis 1524, pour les droits de Catherine de Bouteville, son aïeule, contre Jeanne de Bouteville, assistée de son époux, Claude de Goulaine, s^r de Pommérieux, vicomte du Faouët, etc.

Il paraît qu'il se réconcilia avec les du Faouët, car on trouve un Kersauson (c'était François, fils de Tanguy), un Coëtrédrez et un Rosampoul au siège de Kerouzéré (1590), par M. du Faouët, commandant l'armée de la Ligue en Bretagne. (Voir, aux pièces justificatives, Capitulation du château de Kerouzéré.) On voit par là que les Kersauson tenaient pour la Ligue, contrairement à quelques historiens qui ont prétendu le contraire et ont même été jusqu'à dire qu'ils s'étaient faits protestants [1].

Tanguy s'attira, par les services qu'il rendit à la cause royale [2], les faveurs d'Henri III qui le décora du collier de Saint-Michel. Il est, en effet, qualifié tel dans un ordre que lui donna le baron de la Hunaudaye, le 13 may 1585, pour convoquer le ban et l'arrière-ban du diocèse de Léon, en

---

1. Comme justification de la Ligue et de ses partisans, au moins en Bretagne, nous ne croyons pouvoir mieux faire que de citer ici les dernières paroles d'une étude historique sur l'origine et le caractère de ce mouvement religieux dans notre province :

« J'honore, » dit M. de Kerdrel, « chez les Royaux, partout où je les trouve, le dévouement, « le courage et la conviction. Mais, d'un autre côté, quand mes regards se portent sur le parti de « la Ligue, ils n'y rencontrent pas seulement des hordes de fanatiques et de pillards, recrutés « par un ambitieux, ils y découvrent la Bretagne presque toute entière, qui, après quarante années « de craintes, d'angoisses et de colères, à grand'peine contenues, estime enfin que le moment est « venu de vaincre ou de mourir, mais de mourir catholique ; la Bretagne, sage dans le conseil, « héroïque dans l'action, dévouée à Mercœur, tant qu'elle le considère comme le champion de sa « Foi, puis, l'abandonnant le jour où, transformé en ambitieux vulgaire, il combat, non plus un « roi huguenot, mais un roi catholique, c'est-à-dire la Royauté même ; la Bretagne, enfin, se ré-« concilie avec Henri IV, en attendant que, par sa fidélité à ses successeurs très chrétiens, elle « justifie, mieux qu'aucune autre province, ce mot de M. de Bonald, dont j'ai besoin de me souvenir, « quand je prends la défense de la Ligue : *Les ligueurs du XVI^e siècle seraient les royalistes de* « *notre temps.* » (*Bret. et Vendée*, t. III, année 1858. — Etude de M. Vincent de Kerdrel sur la Ligue.)

2. Les Archives départementales de Quimper possèdent un titre de quittance, à la date du 25 décembre 1570, de la somme de 92₶ de rentes, créé par le roy Charles IX, au profit de Tanguy de Kersauson, sur les fouages de l'évêché de Léon, « à raison du denier douze, *en raison* de laquelle il « a payé à François Miron, conseiller du roy, la somme de 1092₶, au désir de sa quittance. » (Section E, 331.)

l'absence du marquis de la Roche. (Arrêt de la Ch. de réf. de la noblesse de Bretagne, rendu en faveur de la maison de Kersauson, le 26 mars 1669.) C'est aussi à lui que sont adressées deux lettres royales en date du 31 mars 1585 et 22 may 1586, par lesquelles Henri III l'exhorte, dans la première, à demeurer toujours attaché à son service et d'y maintenir ses amis pour les empêcher de se livrer à d'autres partis, et après, par la seconde, de lui envoyer des levriers et des levrettes, les plus grands et les plus forts qu'il pourrait trouver. »

Nous venons de dire que Tanguy prit parti pour la Ligue contre Henri IV, tant que celui-ci demeura dans la religion réformée ; mais, aussitôt son abjuration, il se rangea de son parti, et il est à peu près démontré que ce fut lui qui détermina les ligueurs du Léon à signer leur soumission au Folgoët, en 1594[1] ; ce qui prouve cette assertion, c'est une sauvegarde que lui octroya le maréchal d'Aumont, le 14 octobre suivant, afin de servir d'intermédiaire entre les deux partis.

En récompense des services rendus par Tanguy et ses ancêtres aux rois et à Henri IV, en particulier, celui ci lui adressa des lettres patentes, en date d'avril 1595, établissant un jour de marché par semaine et une foire par an au bourg de Saint-Gilles, dépendant de la seigneurie de Kersauson. Ces lettres, malgré l'opposition du duc de Rohan, prince de Léon, furent de nouveau confirmées, en mars 1602, à Paris.

A l'exemple de son prédécesseur, Henri IV fit aussi à Tanguy l'honneur de lui adresser plusieurs lettres particulières et relatives soit à son service, soit encore à ses plaisirs. Dans l'une, il lui demande des levriers, comme Henri III ; dans une autre, il lui permet de faire porter une arquebuse, par un des siens, à la chasse au renard et aux oiseaux de rivière, enfin, de faire la huée des loups.

Le sire de Kersauson épousa en premières noces *Barbe Le Sénéchal.*

Sénéchal (le) (rameau de Rohan,) baron de Carcado, en 1624, en Saint-Gonnery — sᵣ du Bot, en Saint-Caradec, — de Goueletreau, en Noyal-Pontivy, — de Bonnepart, — vicomte de Chateauneuf, en Goello, — vicomte de Saint-Maudan, par. de ce nom, —sᵣ de Brohais, — de la Rivière, —vicomte d'Appigné, par. du Rheu,

---

1. Trois Kersauson signèrent la capitulation du Folgoat. Nous ferons une étude à part de cet acte important.

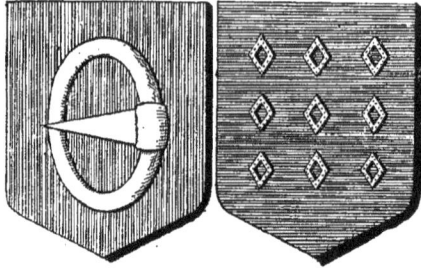

Le Ny

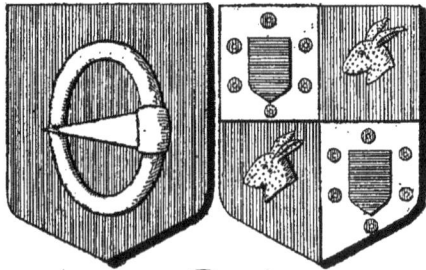

— baron de Quélen, en Duault, sʳ du Gué de l'Isle, en Plumieux, — de la Feillée, en Goven, — de Belleisle, — baron de Molac, par. de ce nom, — baron de Sérent, par. de ce nom, — sʳ de Kergournadec'h, en Cléder, — marquis de Pontcroix, en Beuzec Cap-Sizun, en 1719, — sʳ de Tréduday, — de Kerguizec, en Surzur, — de Cranhac, en Peillac, — de Cuhain, en Crossac, — de Crévy, en Pontchâteau.

Ancienne extraction chevaleresque, 12 générations en 1670. — Réformes et montres de 1427 à 1536, en Saint-Gonnery, Noyal-Pontivy, et Saint-Caradec, évêchés de Vannes et de Cornouailles.

Blason : *D'azur à neuf* (alias : *sept*) *macles d'or, 3. 3. 3. (Sceau de 1262.)*

Daniel le Sénéchal, sergent féodé de Rohan, assiste en 1184 à la fondation de l'abbaye de Bon-Repos, par Alain de Rohan et Constance de Bretagne, sa femme. — Olivier, croisé en 1248, frère d'Eon, mariée à Olive, dame de Carcado. — Jean, tué à Pavie, en 1525, en couvrant de son corps le roi François Iᵉʳ. — Yves, abbé de Redon en 1440, mort en 1467, et enterré dans la chapelle de Bonne-Nouvelle, qu'il avait fait construire en son monastère et où se voyait son tombeau avec épitaphe [1]. — Jean, abbé de Saint-Gildas-des-Bois, de 1462 à 1492. — Michel, abbé de Paimpont de 1473 à 1501, était fils de Raoul et de Catherine de Coëtlogon. — Eustache, d'abord aumônier d'Anne d'Autriche, abbé de la Madeleine de Géneston en 1674, puis évêque de Tréguier en 1686, mort en 1694 et inhumé dans le chœur de l'église Saint-Cosme, à Paris, où ses cendres ont reposé jusqu'en 1836, époque à laquelle cette église a été démolie. — René, tué à Sénef en 1674, marié à Marie-Anne de Rosmadec, dame de Molac. — Claude-Sylvestre, chevalier de Malte, en 1700. — Louis-Gabriel, page du Roi, en 1731. — Un maréchal de camp, tué au siège de Turin, en 1706. — Deux gouverneurs de Quimper, depuis 1724. — Un colonel des grenadiers de France, tué au siège de Prague, en 1751. — Quatre lieutenants généraux, de 1708 à 1781. — Sept membres admis aux honneurs de la Cour, en 1739, 1751, 1756, 1777, 1782, 1784, et 1786.

Barbe le Sénéchal apporta à la maison de Kersauson la vicomté de Mangrenieux, et mourut jeune, laissant de son mariage un fils, François de Kersauson, dont l'article suivra.

Tanguy de Kersauson épousa en deuxièmes noces, le 10 septembre 1579, *Claude le Ny*, fille aînée de noble homme, François le Ny, et de Françoise de Keranflec'h, sʳ et dame de Coëtelez [2].

1. Voici cette épitaphe : « *Hic jacet venerabilis Dominus Yvo le Sénéchal, abbas insignis hujus monasterii, qui hanc œdificavit capellam, aliaque multa reœdificavit œdificia. Tandem, post multa valde laudabilia et laude digna, moritur die januarii, anno 1467. Anima ejus requiescat in pace. Amen.*

2. Voir aux pièces justificatives.

Nous renvoyons, pour l'article de cette famille, le lecteur à la p. 108.

De ce mariage issurent :

1° LOUIS, dont l'article suivra également.

2° JEAN qui fut l'auteur de la sous-branche de Rosarnou ou de Poncelin, dont nous donnons ci-dessous la filiation.

## SOUS-BRANCHE DE ROSARNOU, OU DE PONCELIN.

JEAN, sʳ de Rosarnou et de Poncelin, épousa *Marie de Touronce.*

Touronce (de) (rameau de Keraldanet), sʳ dudit lieu, — de Kerveatoux, — de Kerloaz et de Guicarzel, en Plouarzel, — de Mespérennez, — de Mesguen, — de Goazmérien, — de Penamprat, — de Gorréquer, en Lannilis, — de Kerelec, — de Kergoff, — de Kerstang, — de Kerscau, — de Coëtmanac'h, en Plouzané, — de Keramis, — du Leuré, — de Kergoniou, — de la Haye.

Ancienne extraction, 10 générations en 1669. — Réformes et montres de 1427 à 1534, en Plouarzel et Plouzané, évêché de Léon.

Blason : *De gueules, au chef endenché d'or,* qui est Keraldanet, *chargé de trois étoiles de sable.*

Devise : *A bien viendra par la grâce de Dieu.*

Guillaume de Touronce, vivant en 1400, épouse l'héritière de Kervéatoux, dont : Hervé, vivant en 1431, marié à Marguerite Le Borgne.

Branche de Kervéatoux fondue dans Lesguern, celle de Gorréquer dans Callouet.

De ce mariage issut :

GABRIEL I, sʳ de Rosarnou de Poncelin, demeurant au manoir de ce nom, en Plouzané de Léon. Il épousa, en 1651, *Claude Gourio,* fille de François du nom et de Jeanne de Kergroadez.

Gourio, sʳ de Lannoster, en Plébennec, — du Rouazle, en Lannilis, — de Menmeur et de la Salle, en Plounéour-Trez, — de Coëttanguy, — de Kerquiriou, — du Boisriou, — du Band, — du Refuge, en Plouvien, — du Bourg, — de Lezireur, en Taulé, — de Keravel, — du Frout, — de Kerellec, — de Kermaniou, de Cornangazel, en Cleder, — de Saint-Hilivay, en Buhulien.

Ancienne extraction, six générations en 1669. — Réformes et montres de 1481 à 1534, en Lannilis, évêché de Léon.

Blason : *Écartelé aux 1 et 4 : de gueules à deux haches d'armes adossées d'argent, au chef d'or,* qui est Lannostor ; *aux 2 et 3 : d'argent à trois chevrons d'azur,* qui est Gourio.

Devise : *Dieu me tue.*

Gourio a produit : Alain, écuyer dans une montre de 1378. — Galhot, un des capitaines envoyés en Poitou, contre les Penthièvre, en 1420. — Guillaume, vivant en 1481, père de Christophe, époux de Jeanne de Kersulguen.

Gabriel de Kersauson justifia de son attache à sa maison, à sa réformation de 1669 [1].

---

1. L'Armorial de d'Hozier (p. 551), nomme Gabrielle-Françoise de Pomplancoat (*Pontplancoët*), comme veuve de Gabriel de Kersauson, écuyer, sʳ de Rosarnou. C'est évidemment ici de Gabriel I qu'il s'agit, puisque nous allons voir, à l'autre page, la *veuve* de Gabriel II convoler en second mariage.

Claude le Ny mourut le 20 janvier 1592. Tanguy lui survécut de sept années. Il mourut lui-même en 1599.

De son premier mariage avec Barbe le Sénéchal était issu :

1º CHARLES, sr de Coetléguer, qui signa, ainsi que son père et son frère, la capitulation du Folgoët, et mourut sans hoirs.

XIX. 2º FRANÇOIS, sire et baron de Kersauson, sr de Rosarnou, Coët-meret et de Kerguélen, vicomte de Maugrenenieu, avait, comme son père, pris parti pour la Ligue. En 1590, le 5 juillet, le duc de Mercœur lui fit don du revenu d'une année de la terre de Kermelec, en considération de ses services, lors des guerres civiles et des frais qu'il avait faits pour le service de la Sainte-Union. Il le nomma le même jour capitaine de 100 hommes

De son mariage issurent :

1º GABRIEL II, sr de Poncelin, qui épousa, le 4 février 1678, *Marie-Anne de Coëtlosquet*, fille de Guillaume et de Louise Simon, dame de Kerannot. Marie-Anne était la sœur de Barbe, mariée à François du Dresnay, sr de Kerroué, fils d'autre François et Claude de Penmarc'h.

Nous avons donné précédemment l'article de la maison du Coëtlosquet.

Devenue veuve de Gabriel II de Kersauson, Marie-Anne épousa en deuxièmes noces Jean du Dresnay, sr de Penannec. (Généalogie du Dresnay.)

2º CLAUDE, sr de Kerbreder et de Mespérennez, et y demeurant, par. de Plouider, épousa, la même année que son frère, en 1678, *Jeanne d'Estaing*, fille unique de Christophe d'Estaing.

Originaires du Rouergue et maintenus en Champagne en 1668, les d'Estaing étaient marquis dudit lieu, srs de Saillant, comtes de Crozon et marquis de Poulmic, en Crozon, évêché de Cornouailles.

Blason : *De France au chef d'or.*

Suivant une tradition rapportée par la charte des Bénédictins, Dieudonné d'Estaing reçut concession de ses armes à la bataille de Bouvines en 1214, pour avoir relevé Philippe-Auguste, renversé de cheval, et sauvé son écu. — Un vice-amiral en 1777, décapité en 1793, et marié en 1746 à Marie-Sophie Rousselet de Château-Renaud, héritière de Crozon et de Poulmic [1].

---

1. Du mariage de Claude naquit une fille, *Marie-Louise, dame de la Marche*, qui épousa, en 1709, Charles de Kernezne, sr de Pennanech, arrière-petit-fils d'autre Charles, vicomte de Curru, chevalier de l'Ordre du Roi, époux, en 1606, d'Anne de Coëtanezre. Charles de Kernezne eut de Marie-Louise de Kersauson une fille, Marie-Jeanne-Rose, née le 22 juin 1712, et baptisée deux ans après à Lesneven. Elle eut pour parrain messire Jean de Kersauson, et pour marraine Marie de Kernezne, dame de Kercham. Ladite Marie-Jeanne-Rose de Kernezne épousa, en février 1729, Michel du Coëtlosquet, lequel devenu veuf sans enfants, se remaria à Élisabeth Le Pappe de Kerminihy, riche héritière, dont une branche de famille, celle de Lescoat, s'est fondue dans Damesme.

22

d'armes montés à la légère ; ce fut probablement à ce titre qu'il prît part au siège de Kérouzéré, ainsi que nous l'avons dit à l'article de Tanguy. Mais, ayant signé, en 1594, après l'abjuration d'Henri IV, sa soumission au Folgoët, il devint aussi chaud royaliste qu'il avait été fougueux ligueur. Dès l'année suivante, 1595 (25 août), il reçut du roi de France une lettre l'invitant à se trouver aux Etats de Bretagne. Peu de temps après, il devint commandant du ban et arrière-ban de Léon, fut créé chevalier de l'ordre du Roi (on en trouve trace dans des actes du 15 février 1601, 30 avril 1603, 7 mai 1608, (lettre royale), 2 avril 1610 et 25 janvier 1613, ce dernier postérieur à sa mort), puis enfin gentilhomme ordinaire de la Chambre.

D'Hozier donne à François de Kersauson le titre d'*abbé de Landévennec*, et nous ne comprenons pas en vérité pourquoi, car jamais François n'administra même le temporel de la célèbre abbaye. A l'époque où il eût été à même d'y être appelé, l'abbé était Pierre Loargan, prêtre fort simple, (fort ignorant même, dit-on,) qui était gouverné par le marquis de la Roche, administrateur du temporel du monastère et en percevant les fruits. L'assertion de d'Hozier est donc par là même réduite à néant.

François de Kersauson épousa en premières noces *N... de Plœuc,* quatrième fille de Vincent, sire de Plœuc, du Timeur et de Breignou, et de sa première femme, Anne du Chastel [1].

Plœuc (de) (rameau de Poher), sʳ dudit lieu, paroisse de ce nom, — du Plessis, en Ergué-Armel, — marquis du Timeur, en 1616, en Poullaouen, — sʳ de Ker-

---

1. Une généalogie manuscrite, que nous avons eue entre les mains, fait épouser en premières noces à François de Kersauson Mauricette de Goulaine, *dame de Plœuc.* Il y a ici confusion évidente, et le généalogiste se sera laissé induire en erreur par le nom de Plœuc porté par les deux personnalités en question.

Il est, en effet, impossible de donner créance au mariage de François avec la *dame de Plœuc.* D'abord, les auteurs qui ont parlé de Goulaine, le P. du Paz et Le Laboureur, le *Registre de Goulaine* lui-même, pas plus que les registres de la réforme de 1668, ne font mention de cette alliance. Les dates elles-mêmes s'y opposeraient au besoin, car nous lisons au *Registre de Goulaine* que *Moricette de Goullayne, madame de Plouet (Plœuc), fut baptisée le vingt-septiesme jour de juillet, l'an 1661, en l'esglize de Sainct.* (*Mél. hist. et litt.* publiés par M. de la Borderie pour les Bibliophiles bretons, p. 115.) Elle n'aurait donc pu épouser Vincent de Plœuc que vers 1581 tout au plus, et François de Kersauson que dans les dernières années du XVIᵉ siècle, alors que nous allons voir qu'il était déjà, et depuis longtemps, marié en premières noces. Donc ce mariage est inadmissible, chronologiquement parlant.

Il l'est même, d'autant plus que ce fut le père de la dame de Kersauson, Vincent de Plœuc lui-même, qui, après la mort de sa première femme, Anne du Chastel, épousa Mauricette de Goulaine.

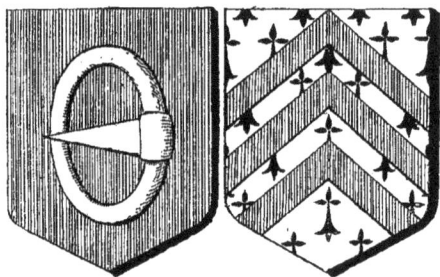

DE PLŒUC

véguen, en Scaër, — de Poulmic, en Crozon, — vicomte de Coëtquénan, en Plou‑
guerneau, — sᵣ de Coëtcanton, en Melguen, — baron de Kergorlay, en Motreff, —
sᵣ du Breignou, en Plouvien, — de Kernuz, en Plobannalec, — de Kerharo, en
Beuzec-Cap-Sizun, — de Guilguiffin, en Landudec, — du Val.

Ancienne extraction chevaleresque. — Neuf générations en 1671. — Réformes
et montres de 1423 à 1562, en Plœuc, évêché de Saint-Brieuc, Poullaouen et
Scaër, évêché de Cornouailles.

Blason : *D'hermines, à trois chevrons de gueules,* comme Cillart ; alias : *Ecar‑
telé ; vairé d'or et de gueules,* qui est Kergorlay.

Devise : *L'âme et l'honneur.*

Cette ancienne maison, alliée aux Penhoët, Quélen, du Chastel, du Juch, Ros‑
madec, Goulaine, Rieux, etc., remonte à Juhaël, sire de Plœuc, vivant en 1202,
aïeul de Guillaume, marié, vers 1269, à Constance de Léon, dont Jeanne, fille,
unique héritière, qui épousa, vers 1292, Tanguy, juveigneur de Kergorlay, à con‑
dition que leurs descendants prendraient les nom et armes de Plœuc. — Guillaume,
arrière-petit-fils du précédent, ratifie le traité de Troyes, en 1427. — Jean, son
frère, évêque de Tréguier, de 1442 à sa mort, en 1453. — Charles, sᵣ du Timeur,
époux, vers 1568¹, de Marie de Saint-Gouezno, dame du Breignou, dont :
1º Vincent, auteur des marquis de Timeur, chevalier de l'ordre du roi (*père de
la dame de Kersauson*) ; 2º Jean, aliàs Pierre, commissaire de l'arrière-ban de
Cornouailles, marié, en 1598, à Anne de Tivarlen, dame de Kerharo et de Guil‑
guiffin.

La branche de Timeur et Guilguiffin a produit : Suzanne, abbesse de la Joie,
de 1689 à 1705, date de sa mort. — François-Hyacinthe, successeur de M. de
Coëtlogon sur le siège de Cornouailles, en 1707, mort plein de jours et de vertus,
en 1739. — Nicolas-Louis et Louis-René, sᵣ de Kerharo, conseillers au Parlement,
le premier en 1730 et le deuxième en 1759.

(*Hist. de la maison de Plœuc,* par M. Denis de Thésan.) Si l'on doit renoncer pour François à
l'alliance avec ladite Mauricette, un lien très rapproché de parenté n'en exista pas moins à cette
époque entre les Kersauson et les Goulaine, car on trouve dans d'Hozier un Jean, sᵣ et baron du
Faouët et de Poulmic (frère cadet de Mauricette et fils, comme elle, de haut et puissant sᵣ Claude
de Goulaine et de Jeanne de Bouteville), époux d'Anne de Plœuc, également fille de Vincent et
d'Anne du Chastel. Par ce mariage François de Kersauson devint donc beau-frère de Jean de Gou‑
laine.

1. La date de 1568 donnée par M. de Courcy au mariage de Charles de Plœuc est évidemment fau‑
tive, car, en l'admettant, Vincent, fils aîné, qui en issut, aurait eu onze ans à peine en 1580, époque à
laquelle d'Hozier nous le montre député de la noblesse de l'évêché de Léon aux États de
Bretagne, tenus pour la réformation des coutumes de cette province. Au lieu de 1568, nous croyons
donc qu'il faut lire 1548 environ. (Pour plus amples détails sur Vincent de Plœuc et Charles, son
père, tous deux chevaliers de l'ordre du Roi, ainsi que Nicolas, sᵣ de Kerharo et de Guilguiffin,
voir *Chev. bret. de St-Michel,* par M. G. de Carné, pp. 304-305.)

La seigneurie de Plœuc a été érigée en comté en 1696, en faveur du sʳ de la Rivière.

La branche de Timeur s'est fondue, en 1673, dans Percin, d'où le marquisat du nom a passé aux Ferret, puis La Bourdonnaye-Blossac.

Après la mort de sa première femme, dont il n'eut pas d'enfants, François de Kersauson épousa en deuxièmes noces, le 14 février 1605, *Suzanne de Guémadeuc,* troisième fille de Thomas, chef de nom et armes de Guémadeuc, et de Jacquemine de Beaumanoir.

Guémadeuc (de), *olim* Madeuc, sʳ et châtelain de Guémadeuc, en 1451, en Plé-neuf, — baron de Callac et sʳ de Cadoudal, en Plumelec, — de la Tourniole, en Pleudihen, — de l'Estourbillonnaye, en Ercé, près Gosné, — de Trévécar, en Escoublac, — vicomte de Rezé, paroisse de ce nom, — sʳ de la Roche-Ballue, en Bouguenais, — de Blossac, en Goven, — de Crenolle, en Plessala, — baron de Pont-l'Abbé, — sʳ de la Vigne, en Plurien, — de la Vannerie, en Haute-Goulaine.

Ancienne extraction chevaleresque. (Arrêt du 26 juillet 1670.) — Quatorze gé-nérations en 1670. — Réformes et montres de 1423 à 1478, en Pléneuf, évêché de Saint-Brieuc, et Pleudihen, évêché de Dol.

Blason : *De sable, au léopard d'argent, accompagné de six coquilles de même, 3, 3.* (Sceau de 1276.)

Illustrations : Olivier Madeuc est nommé avec Alain d'Angoulvent, Guillaume Hersart et Rolland Kaergoët, écuyers, dans une procuration datée de Limisso, en avril 1249. (Charte de Nymoc.) — Rolland ratifie le traité de Guérande en 1381.— Autre Rolland, chevalier de l'Hermine en 1454, et chambellan du duc Pierre II. — Plusieurs gouverneurs de Fougères, Ploërmel et Saint-Malo, dont l'un député de la noblesse aux États généraux de 1614. — Armand-Jean-François, lieutenant au régiment du Roi, tué à Nerwinde en 1693. — Sept chevaliers de l'ordre du Roi (dont Thomas, père de Suzanne). (Voir *Chev. bret. de St-Michel,* pp. 167 et suiv.) — Sébastien, d'abord aumônier de la Reine, puis abbé de Saint-Germain-des-Prés, et enfin évêque de Saint-Malo, de 1671 à sa mort, en 1702. — Suzanne, sœur du précédent, prieure de Locmaria, puis première abbesse du Mont-Cassin. — N..., aussi abbesse du Mont-Cassin, après sa sœur Suzanne.

La branche aînée fondue en 1626 dans Vignerot de Pontcourlay, dont les enfants furent substitués aux nom et armes du Plessis-Richelieu ; — celle de Crenolle dans Quengo, dès 1464, par le mariage de Béatrix Madeuc avec Rolland du Quengo.

La maison de Guémadeuc est déclarée par du Paz *très noble, grande et ancienne.* On peut en juger par ses alliances avec les Briquebec, en 1300, — Penhoet, 1330,

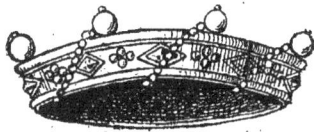

DE GUÉMADEUC

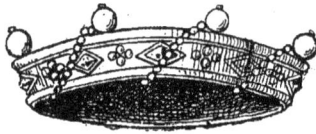

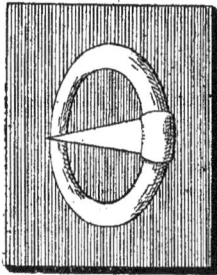

René-Pierre, baron de Kersauson

— Combourg, 1338, — Gouyon-Matignon, — Kerimel, — Budes, — Montbour-cher, — Péan, — Villeblanche, — Coëtlogon, — Rostrenen, — Quélénec, — Coëtquen, — Sévigné, — Beaumanoir, — du Besso, — Breil de Pontbriant, — Kersauson, — Parcevaux, — Ruellan, etc., etc. (*Hist. généal. des Budes.*) — Le Laboureur la qualifie illustre (p 67)[1].

François de Kersauson mourut vers la fin de 1610, laissant deux enfants de son second mariage :

1° FRANÇOIS, qui mourut jeune et sans hoirs.

2° RENÉ, dont l'article suit.

XX (I). Haut et puissant Messire RENÉ-PIERRE, chevalier, baron de Kersauson, né en 1608, déclaré majeur en 1628, servit comme lieutenant dans la compagnie de chevau-légers du sire de Pontcourlay, général des galères, et son parent. Il devint plus tard capitaine de la même compagnie, et mourut,

---

1. « Thomas, sʳ de Guémadeuc, de Québriac, etc., vicomte de Rezé, baron de Blossac, etc., grand « escuier de Bretagne, épousa Jacquemine de Beaumanoir, fille de Jacques, vicomte de Besso, et de « Jeanne du Quélénec, sa deuxième femme, dont : Toussaint, sʳ du Guémadeuc, mort sans enfants. « — Thomas, — Marguerite, qui épousa : 1° le sʳ de la Charronnière, et 2° Charles de Boucherolles, « baron de Hergueville ; — Jacquemine, mariée à René du Breil, sʳ de Pontbriant et du Pin ; — Su-« zanne, mariée 1° à François de Kersauson, dont René, sʳ de Kersauson, tué au siège de Saint-Omer, « en 1638 ; — 2° à Alain de Parcevaux, sʳ de Mézarnou, dont Françoise, dame de Mezarnou, femme « de René Barbier, marquis de Kergean ; — 3° à Jean de Kerliver, sans enfants.

« Thomas, sʳ de Guémadeuc, etc., baron de Blossac, vicomte de Rezé, etc., se maria avec Jeanne « Ruelan, fille de Gilles, sʳ du Rocher Portal, et de Françoise de Nicolaïs, et sœur aînée de la du-« chesse de Brissac.

« Marie-Françoise, dame de Guémadeuc et de Québriac, baronne de Blossac, vicomtesse de Rezé, « fille unique, a hérité encore, à cause d'Hélène de Beaumanoir, marquise d'Acigné, sa cousine, des « baronnies de Pont et de Rostrenen, de la vicomté du Fou, des seigneuries du Quélénec, etc. Elle « a épousé en premières noces François de Vignerot, marquis de Pontcourlay, chevalier de l'ordre « du Roi, général des galères de France, et en deuxièmes noces Charles de Grossode, marquis « d'Orouet, sʳ des Pesselières, gouverneur de Fougères ; de ce second lit, elle a eu des enfants « morts jeunes, et du premier sont nés : Armand de Vignerot, dit du Plessis de Richelieu, duc de « Richelieu, pair et général des galères de France, le marquis et *l'abbé* de Richelieu, etc., etc. » (*Généal. des Budes*, par Le Laboureur, pp. 67 et 68.)

Château de Guémadeuc. — « On ne voit plus que l'emplacement, dans la paroisse de Pléneuf « (Côtes-du-Nord), de ce berceau de l'illustre famille de Guémadeuc. Il fut à plusieurs reprises « brûlé par les Anglais qui ont fréquenté assez souvent la côte, puis il fut entièrement détruit, à la « suite des guerres de la Ligue. Cette terre avait été érigée en bannière par le duc Pierre II, en fa-« veur de Thomas de Guémadeuc, dont une des descendantes, Françoise, a été la *mère* du cardinal « de Richelieu[1]. » (*Bret. contemp.*, t. III, Côtes-du-Nord, p. 18.)

1. M. Gaultier du Mottay, auteur de cette partie de l'histoire des Côtes-du-Nord, confond ici *l'abbé de Richelieu* avec le *célèbre cardinal* de ce nom ; la distinction est, en effet, nécessaire. La mère de l'évêque de Luçon s'appelait Suzanne de la Porte et non Françoise de Guémadeuc, qui épousa, en 1603 seulement, René-François de Vignerot, marquis de Pontcourlay.

ainsi que le dit Le Laboureur, au siège de Saint-Omer, le 19 juin 1638. Il
était âgé de 30 ans, ne s'était jamais marié, et laissait par conséquent pour
héritier de sa maison son oncle Louis, sʳ de Coëtmeret, demi-frère de son père,
et dont l'article suit.

XX (II). LOUIS de Kersauson, fils aîné du second mariage de Tanguy
avec Claude Le Ny, et intitulé auparavant sʳ de Coëtmeret et de Kernabat,
devint, par la mort de son neveu, chef de nom et armes et baron de Kersauson. Il avait épousé, depuis déjà neuf ans à cette époque, le 3 février 1629,
*Claude de Kergorlay,* dame du Plessis, troisième fille mineure de haut et
puissant Messire Charles, chef de nom et armes de Kergorlay, et de dame
Charlotte de la Voue, fille elle-même de François et de Gabrielle de Carman,
sʳ et dame du Cleuzdon.

Kergorlay (de) (rameau de Poher), baron dudit lieu, en Motreff, — sʳ de Frian-
dour, en Quimper-Guézennec, — du Cleuzdon, en Plougonver, — de Keriavilly,
en Plouaret, — baron de Pestivien et sʳ du Bulat, en Pestivien, — de Lossulien,
en Guipavas, — de Rimaison, en Bieuzy, — de Guengat, paroisse de ce nom, —
de Keranguez, paroisse du Minihy, — du Plessix, en Plougar, — de Botcozel, en
Haut-Corlay, — de Kersalaün, en Plouvien, — de Tromenec, en Landéda, — de
Trouzilit, en Plouguin, — de Coëtvoult, en Saint-Thégonnec.

Ancienne extraction chevaleresque. — Onze générations en 1671. — Réformes
et montres de 1481 à 1562, en Plougonver et Plouaret, évêché de Tréguier, et
Haut-Corlay, évêché de Cornouailles.

Blason : *Vairé d'or et de gueules.* (Sceau de 1312.)

Devise : *Ayde-toi, Kergorlay, et Dieu t'aidera.*

La maison de Kergorlay descend, par Rivallan, comte de Poher, des comtes de
Cornouailles, c'est-à-dire de la maison ducale. D'Argentré la met au nombre des
plus grandes anciennes et illustres, avec celles de Rohan, de Rieux, de Rostrenen,
de Dinan, de Derval, du Chastel et de Montfort ; dans l'enquête produite en 1341,
par Charles de Blois contre Jeanne de Montfort, on la trouve qualifiée l'une *des
plus grandes* et notables de la province. (Extrait du *Mémor. de la noblesse.*) A la
*pureté* de son origine (Chérin, *Pr. de cour*), à la noblesse de son extraction
viennent se joindre de belles alliances avec les maisons de Penthièvre, de Lamballe,
de Quélen, de Lanvaux, d'Avaugour, de Lannion, de Rohan, de Rieux, de Léon,
de Montfort, de Beaumanoir, de Bulzic, du Cleuzdon, de Tournemine, de Plusquellec, de Pestivien, de Kersalaün, de Boisgelin, de Faudoas, de la Luzerne, et
l'illustration que donnent la carrière des armes, la carrière politique, les charges,
les dignités, les récompenses honorifiques.

De Kergorlay

Illustrations : Le manuscrit de Bayeux, publié par du Moulin (*Hist. de Normandie*, append., p. 27), mentionne le sire de Gargoulé au nombre des bannerets qui accompagnèrent Alain Fergent en Terre-Sainte.

Pierre et Geoffroy de Kergorlay figurent à la VIIe et à la VIIIe croisade. Nous lisons dans D. Lob. (*Pr.*, col. 412), qu'avant de partir, Pierre emprunta au duc 1,000[lt] tournois et son frère 100.

Sur la foi de ces titres, les armes de Kergorlay ont été placées à Versailles, salle des Croisades, n° 331.

Dès le XIe siècle, les chartes attestent l'importance de l'illustre famille de Kergorlay. En 1284, on trouve Pierre III, le Croisé, présent avec ses chevaliers à la montre de Ploërmel. — Jean I, banneret, et qualifié monseigneur, un des vingt-quatre hauts seigneurs bretons, qui reçurent, en 1304, des lettres personnelles de Philippe le Bel pour la guerre de Flandres. — Pierre, tué à Mons-en-Puelle, en 1304. — Jean III, qui se couvrit de gloire à la bataille de Mauron, en 1352, et fut tué à Auray avec la fleur de la chevalerie. (Froissard, p. 227.) — Rolland et son frère ratifièrent le traité de 1365 à Guérande, et y apposèrent leur sceau. — Jean IV de Kergorlay, auteur de la branche qui existe aujourd'hui, épouse, vers 1395, Alix Bilzic (ou Bulzic), dame du Cleuzdon, dont Jean V, époux d'Ysabeau de Tournemine, prisonnier à Pontorson, en 1427, et prenant part à la bataille du Mont-Saint-Michel. — Alain-Marie, s[r] de Kersalaün et de Trouzilit, capitaine aux gardes françaises, blessé grièvement à Fontenoy en 1745, lieutenant général en 1784, mort en 1787, laissant deux fils, pairs de France sous la Restauration. — Charles et René (père et frère de Claude, dame de Kersauson), chevaliers de Saint-Michel en 1596 et 1629. — Louis-Gabriel-Marie, comte de Kergorlay, officier de cavalerie à la campagne des princes, député de la Manche de 1820 à 1827, pair de France, mort en 1830, et Louis-Florian-Paul qui prit part, comme son frère, à la campagne des Princes, fut député de l'Oise de 1815 à 1822, pair de France en 1823, célèbre orateur, inébranlable dans son attachement à l'ancienne monarchie, mort en 1856.

Les Kergorlay remontent, nous l'avons dit, au XIe siècle ; un banneret de ce nom et son frère David, chevalier, figurent à l'assise (dite charte d'Eudon) tenue à Nantes en 1057 (assise à laquelle assista également Pierre de Kersauson). Ils comptent plusieurs chevaliers de Saint-Louis, deux chevaliers de l'ordre et deux membres admis aux honneurs de la cour.

*Louis-Gabriel*, comte de Kergorlay, pair de France, avait épousé Justine de Faudoas, en 1787, dont : 1° Jean-Florian-Hervé, marié à Louise d'Hervilly, et père de Louis de Kergorlay ; 2° Pierre-Ernest-Alain, marié à Octavie de Mérona, dont trois fils : Raymond, Christian, Pierre, et trois filles : Marie, Alice, Gabrielle.

*Louis-Florian*, frère cadet du précédent, avait épousé Blanche de la Luzerne, dont : 1° Louis-Gabriel-César, qui prit part à l'expédition d'Alger, démissionnaire en 1830, marié à Mathilde de Saumery Lacarre, dont trois fils : Florian, Geoffroy, Jean, et une fille, Jeanne ; 2º Cécile, mariée à Louis-Charles-Robert, comte de Sesmaisons ; leur fille, Françoise, a épousé Charles de Faucigny, prince de Lucinge et Cystria ; 3º Mᵐᵉ la comtesse de Kergorlay.

La branche aînée tomba en quenouille à la fin du XIVᵉ siècle, en la personne de Jeanne, dame de Kergorlay, mariée, en 1383, à Raoul de Montfort, et d'Aliénor, sa sœur, qui rentra en possession de la baronnie de Kergorlay, qu'elle transmit par mariage à la maison de Beaumanoir, et cette seigneurie a été possédée depuis par les Coëtquen, Bellouan, Avaugour, Saint-Laurent et de Plœuc.

Louis de Kersauson mourut en 1642.

De son mariage avec Claude de Kergorlay issurent :

XXI (I). 1º SÉBASTIEN, qualifié sʳ de Coëtléguer du vivant de son père, et de Coëtmeret depuis la mort de son oncle François, prit, lors de celle de Louis, et quoique mineur, le titre de baron de Kersauson. Il devint plus tard chevalier de l'ordre du Roi et est désigné comme tel dans un acte du 17 septembre 1651. Il donna, le 29 août 1655, un partage à son cousin Gabriel, sʳ de Rosarnou, et mourut sans hoirs.

2º PRIGENT, dont l'article va suivre.

3º RENÉ-PIERRE, qui mourut chevalier de Malte. Nous donnons aux pièces justificatives l'extrait des pièces produites, en 1650, au grand prieuré d'Aquitaine, lors des preuves pour Malte de René-Pierre, *escuier prétendant* [1].

4º MARIE-LOUISE, qui épousa *François de Kerguiziau, sʳ de Kerscau.*

Kerguiziau (de), sʳ dudit lieu, en Boharz, — de Tronjolly et de Quijac, en Lambézellec, — de Penfeld, en Guiler, — de Kervasdoué et de Kerscao ou Kerscau, en Plouzané, — de Tréléon, en Milizac, — de Keranliou, — de Kerbiriou, en Crozon, — de Keravel et de Kerestat, paroisse du Minihy de Léon.

Ancienne extraction chevaleresque. — Neuf générations en 1669. — Réformes et montres de 1427 à 1534, en Bohars, Lambézellec, Guiler, Plouarzel et Plouzané, évêché de Léon.

Blason : *D'azur, à trois têtes d'aigle* (alias : *d'épervier*) *arrachées d'or.*

Devise : *Spes in Deo.*

Henri de Kerguiziau, dans une montre de du Guesclin, reçue au siège de Brest

---

1. Les Carrés de d'Hozier (Mss. Bibl. nat.) font épouser à René-Pierre Guillemette du Poulpry, maison d'ancienne extraction chevaleresque, qui porte : *D'argent, au rencontre de cerf de gueules* ; mais rien dans les archives de famille ne vient corroborer une pareille assertion.

RENÉ-PIERRE DE KERSAUSON,
CHEVALIER DE MALTE

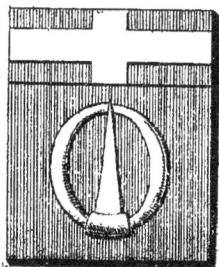

DE KERGUIZIAU

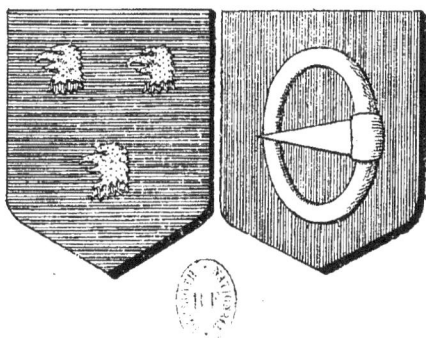

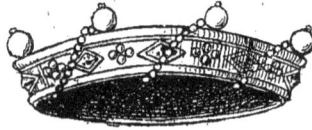

Le Cozic

en 1373. — Jean, vivant en 1427, époux d'Adelice Le Normand. — Alain, s^r de Kervasdoué, marié, vers 1480, à Méance de Quilbignon. — Jean, abbé de Daoulas, en 1573, mort en 1581. — Jean, s^r de Kerscao, chevalier de Saint-Michel, fils de Claude et de Claudine du Louet, marié, en 1627, à Françoise de Kergroadez, veuve d'Adrien de Lezormel, s^r des Tournelles, et fille de François de Kergroadez et de sa deuxième femme, Gillette de Quélen.

La branche aînée fondue, vers 1530, dans du Louet.

XXI (II). Haut et puissant Messire PRIGENT, chevalier, baron [1] de Kersauson, s^r de Coëtléguer, Coëtmeret, Kerguelen, Kernabat, Kersaintgilly, Prathougan et des Salles, mineur, comme ses frères et sœur, lors de la mort de son père, devint, par celle de son aîné, chef de sa maison. Il représenta sa branche et comparut à la grande réformation de 1669 ; il demeurait alors à son manoir de Coëtmerret, en Lanhouarneau. Un titre original du 6 juillet 1673 le qualifie de chevalier de l'ordre du Roi. Prigent épousa, le 6 septembre 1669, *Françoise Le Cozic de Kermellec,* dame de la Forest, en Plougouven [2], fille de noble et puissant Messire Yves, chevalier, s^r de Kermelec, Kerloaguen, Garspern, Keraudren, et de Gillette de Kerguillien.

Cozic (le), s^r de Kerhuel, en Ploumagoër, — de Kerloaguen, — de Kermellec et de la Forest, en Plougonven, — de Lostanvern, en Botsorhel, — de Coëtgourhant et de Locdu, en Louargat, — du Mur, — de Saint-Ilio.

Ancienne extraction, 8 générations en 1670. — Réformes et montres de 1427 à 1543, dites par., évêché de Tréguier.

Blason : *D'argent, à l'aigle de sable, membrée et becquée de gueules,* qui est Kerloaguen ; aliàs : *De gueules, au croissant d'or, accompagné de six trèfles de même.*

Illustrations : Mathieu, croisé en 1248. — Olivier, de la ville de Guingamp, entendu dans l'enquête pour la canonisation de Charles de Blois, en 1731. — Pierre époux, vers 1427, de Catherine de Pestivien. — Jean, abbé de Sainte-Croix, de Guingamp (1536-1556).

---

1. D'Hozier (frère du dernier juge d'armes) qualifie à tort Prigent de Kersauson du titre de marquis. Ce fut son fils, Jacques-Gilles, qui le porta le premier. Lors de la réformation de 1669, Prigent négligea même de prendre sa qualification de *baron* qui lui appartenait et ne voulut porter que le nom de simple chevalier.

2. Devenue veuve de Prigent de Kersauson, Françoise Le Cozic se remaria à Germain de Talhouët, s^r de Bonamour, président aux Requêtes, fils de N... de Talhouët, s^r de Kerdren, et de N... de Sécillon.

23

Fondu dans Kersauson par le présent mariage, puis dans Talhouet-Bonamour. De ce mariage issurent:

1º JACQUES-GILLES, dont l'article va suivre.

2º CLAUDE-BARBE, qui épousa *François le Borgne de Lesquiffiou*, pour la notice et le blason de qui nous renvoyons le lecteur au mariage de Casimir Audren de Kerdrel avec demoiselle le Borgne de Keruzoret (p. 67), article Kerdrel.

Claude-Barbe et son mari fondèrent, vers 1660, un couvent de Minimes, en leur paroisse de Plourin, évêché de Tréguier [1] (Ogée, art. Plourin).

XXII. JACQUES-GILLES, qualifié haut et puissant messire, baron de Kersauson, après la mort de son père, sʳ de Kerloaguen, Kerscau, Keryvinic, Coëtmeret, Kerroignant, Coëtléguer, etc., naquit au manoir de Coëtmeret, le 25 octobre 1671. A l'âge de 25 ans, il fut reçu (le 31 décembre 1696) conseiller au Parlement.

L'année précédente, le 15 juin, il avait épousé demoiselle *Marie-Anne Huchet de Langouet*, fille de Gilles et de dame Rose-Renée de la Vallée. Le blason et la notice Huchet ont été donnés (pp. 91 et suiv.), à propos du mariage de demoiselle Pauline Huchet de Cintré avec Armand, comte de Kersauson de Pennendreff.

De ce mariage ne naquirent que des filles, dont les noms des deux aînées seulement nous sont parvenus. — L'aînée, FRANÇOISE-GILLETTE, épousa, par contrat passé à Rennes devant Chassé et Le Barbier, notaires, le 29 juin 1717, Messire *Louis-Célestin de Saint-Pern, chevalier, sʳ, comte du Lattay*, deuxième fils de Pierre, président des Enquêtes au Parlement (fils aîné de Jean de Saint-Pern, châtelain du Lattay, sʳ de Saint-Jean, Prédalun, Galpic, Pléson, la Provostaye, conseiller maître ordinaire en la Chambre des Comptes de Bretagne, conseiller du Roi en ses conseils d'Etat et privés, et d'Héloïse de la Noue), et de Yolande de la Marche, comtesse de Conablès, sa deuxième femme (fille de Yves de la Marche, chevalier, sʳ de Kerfors, lieutenant particulier civil et criminel au présidial de Quimper, et de Jeanne Frollo).

1. De ce mariage naquit une fille, Perrine le Borgne, en qui s'éteignit la branche de Lesquiffiou, par son alliance avec Claude-Alain Barbier de Lescoët, dout la notice de famille et le blason ont été donnés précédemment.

Le Borgne

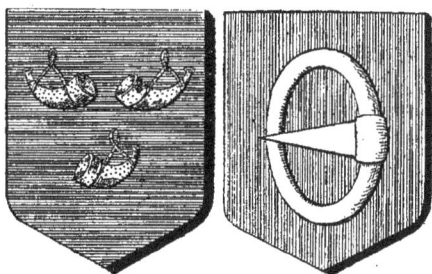

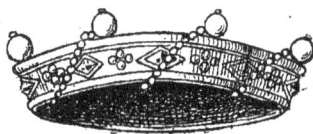

Huchet

DE SAINT-PERN

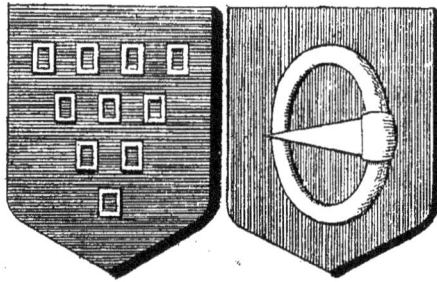

Louis-Célestin de Saint-Pern, né en octobre 1685, fut d'abord destiné à l'ordre de Malte, mais à la mort de son frère aîné, Jean-Bertrand, arrivée le 6 juin 1704, il renonça à cette carrière pour entrer dans la magistrature. Il fut reçu conseiller au Parlement le 22 juin 1714, épousa, comme il vient d'être dit, demoiselle Gillette de Kersauson en 1717, et mourut à Rennes le 29 juin 1730. Son corps fut transporté le lendemain à Guenroc, pour y être inhumé suivant son désir [1].

Une grosse en parchemin, signée de deux notaires, du présent contrat de mariage nous apprend que l'apport de Françoise-Gillette de Kersauson à son mari fut de 86.008ᵗᵗ 12 sols 5 deniers, suivant la liquidation faite le 31 mai 1717, entre elle et le baron de Kersauson son père. A la mort de son époux, elle fut nommée, le 5 août 1730, tutrice de ses enfants par acte exercé devant le sénéchal de Rennes. Aux signatures de cet acte on remarque celles de Jacques-Gilles de Kersauson, aïeul maternel des mineurs, Louis-Marie Huchet, marquis de Tréguil et de Cintré ; Toussaint-Marie de la Noue, cheva-

---

1. De ce mariage issurent : 1° Pierre-Placide-Marie-Anne de Saint-Pern, chevalier, sʳ du Lattay, né et baptisé à Rennes, le 11 janvier 1720 (arch. du château de la Combaudière). Il fut du nombre des volontaires de Saint-Cast en 1758. En 1768, il était lieutenant des maréchaux de France à Quimper ; il avait assisté aux Etats de 1746 et 1765. Il mourut à Rennes le 19 décembre 1784 et fut inhumé le lendemain aux Cordeliers de cette ville (id. ibid.). Il avait épousé : 1° en 1743, Jeanne-Charlotte-Hiéronyme de Cornulier, dame de la Tronchaye, fille puînée de deffunct Messire Charles-René de Cornulier, sʳ chevalier, marquis de Châteaufremont, comte de Largouet et de Vair, baron de Montrelais, président à mortier au Parlement de Bretagne, et de Marie-Anne de la Tronchaye. De ce mariage, un fils, en qui s'éteignit la branche de Saint-Pern du Lattay, et une fille, Marie-Anne-Céleste, mariée le 11 avril 1765 à J.-B. Marie-Anne Regnault le Vicomte, sʳ de la Houssaye, conseiller au Parlement. 2° à Rennes, le 29 janvier 1761, demoiselle Nathalie de la Bourdonnaye de Lyré, fille de feu haut et puissant sʳ François-Marie et de haute et puissante dame Madeleine-Nicolas de la Claye, d'où un fils et une fille morts tous deux sans hoirs.

2° Bertrand-Gilles-Julien-Angélique, né le 8 septembre 1722 et mort avant le 5 avril 1750 (arch. de la Combaudière).

3° Louis-François, baptisé en l'église de Saint-Etienne de Rennes, le 14 décembre 1726 (id. ib.)

4° François-Louis, ne le 13 décembre 1729, également baptisé à Saint-Etienne de Rennes, le 18 dudit mois, et mort avant le 5 août 1730 (id. ibid.).

5° Françoise-Gillette-Célestine, née au château du Lattay, le 6 mai 1718, baptisée en l'église de Guenroc le 5 juin suivant (Jacques-Gilles de Kersauson, son grand-père, fut son parrain). Elle épousa, par contrat du 20 novembre 1738, J.-B. Marie-François le Roux, comte de Kerninon, chef de nom et d'armes, âgé de 23 ans, fils unique de Joseph-Marguerite le Roux, sʳ de Kerloas, Keropert et Lézénor, vicomte châtelain du Boisdulié et de Chelun, et de demoiselle Jeanne-Marie Pastour, dame de Kerineurt, des Salles, etc. De ce mariage naquirent 9 enfants.

6° Marie de Saint-Pern, inhumée à Rennes, paroisse de Saint-Etienne, le 14 mai 1728.

7° Marie-Gillette-Emilie, née en septembre 1728.

lier, sʳ de Beaugarde (expédition de la sénéchaussée, signée Barault, greffier).

Françoise-Gillette renonça le 12 août de la même année (1730) à la communauté qui avait existé entre elle et feu le sʳ du Lattay, son mary, sous la réserve de tous les droits à elle acquis par son contrat de mariage. (Expédition de la cour, signée Porie, pour le greffier.)

Saint-Pern (de) sʳ dudit lieu, de Ligouyer et de la Tour, paroisse de Saint-Pern, — de Champalaune, en Pacé, — de Brondineuf, en Sévignac, — de la Ville-Ernoul, — de Couëllan, en Guitté, — de Merdrignac, paroisse de ce nom, — châtelain du Lattay en 1647, en Guenroc, — de Cohan, en Saint-Gilles, — de la Bourgonnière, — de la Rivière, en Saint-Aubin d'Aubigné, — de Bovrel, en Saint-Guyomar, — de Lochrist, en Trébrivant.

Ancienne extraction chevaleresque, 11 générations en 1668. — Réformes et montres de 1427 à 1513, en Saint-Pern et Guenroc, évêché de Saint-Malo, Pacé, Saint-Gilles et Saint-Aubin, évêché de Rennes.

Blason : *D'azur, à dix billettes percées d'argent 4, 3, 2, 1.*

Devise : *Fortiter Paternus.*

La maison de Saint-Pern, reconnue d'anciennne noblesse et chevalerie par toutes les réformes depuis 1427 et notamment par celle de 1668 (mss. de la Bibliot. de Nantes, t. III, fol. 2181-2184), apparaît dès le Vᵉ siècle en la personne de saint Patern, premier évêque de Vannes. Une tradition mentionnée dans toutes les anciennes chartes de Bretagne où il est question des Saint-Pern rapporte que cette maison, originaire d'Irlande, s'appelait autrefois *Saint-Patern*, nom qu'elle imposa à la paroisse où elle vint se fixer près de Bécherel, ancien évêché de Saint-Malo. D. Lobineau et D. Morice, dans leurs nombreuses citations, traduisent toujours *Sanctus Paternus* par Saint-Pern. Le premier auteur connu de la maison de Saint-Pern est Guirmaroc qui, du consentement de sa femme Rotrucie, fit don vers 1050 ou 1060 de l'église de Saint-Pern aux moines de l'abbaye de Saint-Nicolas d'Angers. (Bibl. nat., cartul. de Saint-Nic.-d'Angers. — Recueil de D. Housseau, t. II, nᵒ 596.) Après lui on trouve Guenguenou, qui de sa femme, Piris, eut au moins cinq enfants (voir pour toute cette filiation les chartes inédites de Saint-Nicolas, celles des Blancs-Manteaux et aussi le Pouillé de l'archidiocèse de Rennes , par M. l'abbé de Corson, t. II, p. 580.)

La filiation suivie de la famille, reposant sur des actes authentiques existant encore, tant à la Bibl. nat., section des manuscrits, qu'aux archives des châteaux de Couëllan, de Bourgonnière et la Combaudière, ne commence réellement qu'à Philippe de Saint-Pern, vivant en 1240, et demoiselle Bahaut. (Le nom n'a pu être lu en 1668, tous les actes étaient vieux et usés. La lacune qui existe entre Guillaume, petit-fils de Guirmaroc, et Philippe est comblée par : 1ᵒ Pierre et Rolland, frères, figurant en 1198 comme témoins d'un accord passé entre Juhel de Mayenne, sʳ de Dinan, et les moines de Lehon (cart. de Marmoutiers, t. III, p. 192); 2° Jean, témoin, en 1218, d'un accord passé entre les moines du prieuré de Saint-Jacques de Bécherel et divers sʳˢ au sujet de la dîme de Trogor (D. Morice. Pʳ I, col. 859. — D. Lobineau. Pʳ col. 144); 3° Gilles qui épousa, en 1220, Eve de la Moussaye (Arch. de Guérin de la Grasserie); 4° Hervé, qui apposa son sceau à un acte de 1249, pour son passage et celui de Macé de Kerouartz, Guillaume de la Fontaine et Eudon Janvier ou Janvre, de Limisso à Damiette, en foi de quoi ses armes ont été placées à Versailles.

La famille de Saint-Pern a fourni nombre de personnages remarquables.

I. Dans l'Église : Jeanne et Philipotte, abbesses de Saint-Georges de Rennes. — Gauthier, LXIᵉ évêque de Vannes en 1347, mort en 1359 [1]. (Gall. Christ. t. XIV, col. 784-785 et 930). — Thérèse-René, docteur en Sorbonne, chanoine et vicaire-général de Chartres, avant-dernier abbé commendataire de Montbenoît (diocèse de Besançon), aumônier de la Reine Marie-Antoinette, mort vers 1790.

II. Dans les armes : *Bertrand*, 1ᵉʳ du nom, chevalier, sʳ de Ligouyer, petit-fils de Philippe. Il fut parrain du connétable du Guesclin, dont il était cousin germain par les de Malesmoins et les de Mauny. En 1351, il fit partie de la célèbre ambassade envoyée en Angleterre pour y conduire les enfants de Charles de Blois, otages de leur père ; en 1354, il assista du Guesclin dans son combat singulier contre Guillaume Troussel ; en 1357, lors du siège de Rennes par Lancastre, il se jeta le premier, l'épée à la main, dans la mine de Saint-Sauveur, repoussa les Anglais par son courage, sauva la ville de Rennes. *Bertrand*, 2ᵉ du nom, fils du précédent, filleul de du Guesclin, et commandant en deuxième de sa compagnie de 100 lances, — caution du connétable, avec les sires de Matignon et de Montbourcher, à Auray en 1365, fait qui lui valut, en 1371, le gouvernement de la Roche-Derrien (*Histoire de du Guesclin*, par Hay du Chastelet, pages 14, 15, 16, 28, 349, 362, etc. D. Lob.) — *Jude*, chevalier de l'Ordre du Roi en 1574. Connétable de Rennes, 1575. — *René*, chevalier, sʳ de Ligouyer, comme le précédent, chevalier de l'ordre, connétable de Rennes, après son père, en 1595. — Autre *René*, fils du précédent, chev. de l'ordre. — Jude-Vincent, marquis de Saint-Pern et de Champalaune, vicomte de la Gobetière, lieutenant général en 1748, commandeur de Saint-Louis en 1750, etc., mort, en 1761, à Francfort-sur-le-Mein ; il allait être créé maréchal de France. — *Louis-Bonaventure*, chevalier de Saint-Pern, commandant de la réserve à Saint-Cast, en 1758, chevalier de Saint-Louis depuis 1741, lieutenant général en 1780, etc., mort à Quimperlé en 1798. On trouve encore dans la famille sept autres chevaliers de Saint-Louis.

---

1. Sans compter saint Patern, fondateur du même siège vers 465, et dont il a été fait mention plus haut.

III. Dans l'ordre de Malte : *Charles*, reçu chevalier le 19 mai 1662 et qui, emmené esclave par les Turcs en la même année, fut racheté en considération de sa valeur, par les États de Bretagne.

IV. Dans la magistrature : trois conseillers au Parlement et un président des Enquêtes de 1679 à 1787, trois conseillers maîtres et un maître à la Chambre des Comptes de Bretagne, de 1640 à 1676.

V. Dans la carrière politique : Joseph-Christophe-Marie-Philippe Patern, comte de Saint-Pern, de Couëllan, maire de Dinan, conseiller général des Côtes-du-Nord, et député en 1825.

VI. Honneurs de la Cour : Bertrand-Marie-Hyacinthe, admis dans les carrosses du Roi en 1787.

VII. Écurie du Roi : On y compte quatre Saint-Pern, de 1704 à 1778.

VIII. Pages de la Reine : Joseph-Marie-Thérèse de Saint-Pern de la Tour, reçu en 1785.

IX. Maison royale de Saint-Cyr : Jeanne, Françoise de Saint-Pern de la Tour, reçue le 5 avril 1726.

X. Maison royale de l'Enfant-Jésus : Jeanne-Marie-Françoise de Saint-Pern de la Tour, admise le 5 septembre 1738.

La maison de Saint-Pern a payé un lourd et douloureux tribut à la Révolution : 1º Marquis de Saint-Pern (René-Célestin-Bertrand) mort à l'hôpital Monplain à Paris, le 3 vendémiaire an III (4 octobre 1795), des fatigues d'une longue détention. 2º Marquise de Saint-Pern, sa femme, née Marie-Philippe de l'Ollivier de Saint-Maur, exécutée, à l'âge de 70 ans, à Paris, le 2 messidor an II (20 juin 1794). — Le 1er thermidor an II (19 juillet 1793), 6 autres Saint-Pern montaient sur l'échafaud, savoir : Marie-Jeanne Magon de la Balue, marquise de Saint-Pern, âgée de 40 ans, — et son fils, âgé de 16 ans 1/2, — sa fille, marquise de Cornulier, âgée de 20 ans, — son père, J.-B. Magon de la Balue, banquier de Louis XVI, âgé de 81 ans, — son oncle, Louis Magon de la Blinaye, âgé de 80 ans, — enfin son cousin germain, Prosper-Charles-Auguste Magon de la Lande, lieutenant des maréchaux de France, âgé de 45 ans. Tous furent exécutés, à l'exception de la marquise de Cornulier, qui ne dut la vie qu'à l'enfant qu'elle portait dans son sein.

La maison de Saint-Pern s'est alliée aux d'Andigné, — d'Avaugour, — de Becdelièvre, de Bellouan, — de Botherel-Quintin, — de la Bourdonnaye, — de Bourré (d'Anjou), — de Broc de la Tuvilière, — de Caradeuc de la Chalotais, — de Champalaune, — de Châteaubriand, — du Châtellier, — de Cornulier, — de Derval, — Espivent de la Villeboisnet, — des Forges, — de Forsans, — de France, — de Freslon, — Glé de la Villechérel, — de Gouvello, — du Han de Hinnisdal (de Champagne), — de la Houssaye, — Hue de Montaigu, — de Kersauson, — de la Lande de Calan, — de la Lande du Lou de Trégomain, — de Longvilliers de Poincy (île de France), — de Lorgeril, — Magon de la Marche, — de la Marzelière, —

de Mauny, — Milon de la Villemorel, — de Monti, — de la Noue, — de l'Ollivier de Saint-Maur, — du Parc de Locmaria, — du Plessis de Grénédan, — Le Roux de Kerninou,— Ruffier-de-Saint-Gilles, — de Saint-Brieuc, — de la Tullaye,— du Vergier de Kerhorlay, — Levicomte de la Houssaye.

Cette famille a formé plusieurs branches.

I. Branche aînée ou de Ligouyer, subdivisée en plusieurs rameaux : 1° première branche de Ligouyer, (encore existante) 2° de Brondineuf, (éteinte) ; 3° deuxième branche de Ligouyer (éteinte) ; 4° branche de Couëllan (éteinte) au moins dans sa postérité masculine.

II. Branche du Lattay : éteinte à la fin du siècle dernier.

III. Branche de la Tour, divisée en deux rameaux, l'un établi à Nantes et en Anjou, le second à Paris.

IV. Branche de Cohan, dont on ne connaît pas la jonction avec la branche aînée, et qui s'est éteinte à la fin du XVII<sup>e</sup> siècle. (*Tout ce qui concerne la maison de Saint-Pern nous a été très aimablement communiqué par M. le baron de Saint-Pern, sous-directeur du Haras d'Hennebont.*)


La seconde fille de Jacques-Gilles et de dame Marie-Anne Huchet de Langouet, nommée *Louise-Marie-Jacquette de Kersauson,* épousa, vers 1718, Messire *Joseph-Marie de Trécesson,* chevalier, s<sup>r</sup> dudit lieu [1].


Trécesson, (de) comte dudit lieu en 1681 et s<sup>r</sup> de Brénéant, — du Cleyo et de la Touche, en Campénéac [2], — de Château-Merlet, en Cruguel, — de Boisbrun, en

---

1. De ce mariage naquit au moins un fils dont voici l'acte de baptême, extrait des registres paroissiaux de Campénéac :

« *13 Juin 1724* : Baptême de Jean-Louis-Joseph-Hippolyte de Trécesson, fils de H. et P. s<sup>r</sup> « Messire Joseph-Marie de Trécesson, chevalier s<sup>r</sup> comte dudit lieu, et de dame Louis-Marie-Jac- « quette de Quersauson. Parrain : H. et P. s<sup>r</sup> Messire Jean-Baptiste-René de Saint-Gilles, chevalier, « comte de Perronnay ; marraine : H<sup>te</sup> et P<sup>se</sup> dame Marie-Jeanne de Trécesson, femme de M<sup>e</sup> Olivier- « Jacques de Lezildry, chevalier, s<sup>r</sup> dudit lieu. »

2. « On montre en la paroisse de Campénéac le château de Trécesson, dont un étang baigne les « murs et dont le portail, composé de deux portes à cintre bissé est flanqué de 2 tours rondes, à la « droite desquelles s'élève une troisième en forme polygonale. Les murailles polygonales de ce « manoir, en schiste d'un bleu sombre, son isolement au milieu d'un pays dont la population est « très clair semée, tout prédispose l'imagination à recueillir avec émotion une tragique histoire, « dont le souvenir est resté vivant dans le pays. On raconte qu'un soir, dans le parc de Trécesson, « une jeune fille, vêtue de blanc, portant encore une couronne nuptiale, fut jetée vive, malgré ses « cris, dans une fosse que ses frères avaient fait creuser d'avance. Un braconnier, témoin par « hasard de cette horrible scène, courut prévenir le châtelain qui fit aussitôt déterrer la victime, « mais celle-ci, revenue un instant à la vie, rendit bientôt le dernier soupir, et l'on assure que la

Tréal, — du Fau, en Gael, — de Lezildry, en Plouguiel, — de Kergadiou, en Plourin, — de Dounant, — de Kernéguez, — de Kerdéval, — de Ranorgat, en Plouguerneau, — de Lestrémeur, en Ploudalmézeau, — marquis de Coëtlogon, en Plumieux, — vicomte de Méjusseaume, par. du Rheu, — baron de Pleugriffet, par. de ce nom, — sr de Launay-Guen, en Laurenan.

« robe nuptiale, la couronne et le bouquet de la mariée restèrent exposés dans la chapelle de Tré-
« cesson jusqu'à la Révolution. (Bret. contemp., t. I, p. 116. — M. Aurélien de Courson.)

    M. l'abbé F. Mathorel, vicaire à Campénéac, a bien voulu nous communiquer la description suivante du château de Trécesson : nous lui en adressons ici tous nos remerciements.

    « L'antique château de Trécesson est situé au nord-ouest de Campénéac, à une distance de
« 3 kilomètres du bourg.

    « Construit au pied d'une colline, dans une riante vallée, ce vieux manoir, d'une architecture
« élégante et sévère à la fois, ajoute aux richesses du paysage un aspect vraiment pittoresque.

    « Les murs sont construits en grand et moyen appareil rectangulaire, et entourés de douves larges
« et profondes, qui, s'élargissant au sud-ouest, forment un étang assez vaste. Le pont-levis a com-
« plètement disparu et est remplacé par un pont de pierres reposant sur deux arches.

    « Le portail est composé de deux portes à cintre légèrement brisé et réunies par une voûte cintrée
« en moyen appareil.

    « Sous le porche à droite, une porte à linteau sur consoles est l'entrée d'une salle carrée, voûtée
« en pierres, qui, selon toute probabilité, devait être la chambre des gardes ou des soldats chargés
« du service du pont-levis. A gauche, une autre porte, mais plus petite, conduit à un escalier en
« pierre, lequel donne accès aux appartements.

    « Le portail est flanqué de deux élégantes tourelles rondes, sur un encorbellement, sortant à
« demi du plan de la façade.

    « Une tourelle hexagonale et descendant jusqu'au pied du mur défend le château de l'autre côté
« (est). Les deux façades sont couronnées de machicoulis avec corbelets grêles à six retraites.

    « Les murs sont irrégulièrement percés de baies étroites et carrées, les unes servant de fenêtres,
« les autres de meurtrières.

    « Au-dessus du cintre de la porte, une moulure en saillie encadrait un blason qui a complè-
« tement disparu. A gauche de cette même porte, on aperçoit une large échancrure qui serait, d'après
« la tradition, la trace d'un boulet lancé sur le château dans un des combats de la Révolution.

    « Les salles ne présentent plus aucun motif rappelant le style du XIIe siècle, époque probable de
« la construction du château. Les murs en sont recouverts de boiseries richement fouillées et
« ornées dans le style Renaissance. On remarque une petite chambre voûtée et décorée de belles
« peintures murales peu anciennes.

    « Dans la cour du château, accolée à un autre bâtiment, se trouve la petite chapelle portant
« l'ogive plus accentuée. La façade est percée d'une porte et d'une fenêtre ogivales. La fenêtre est
« ornée d'animaux richement sculptés et formant en haut la fleur de lis. L'intérieur de ce petit mo-
« nument n'a absolument aucun motif d'architecture.

    « De magnifiques dépendances font à ce vieux manoir un riche encadrement, et l'ensemble du
« tableau, où la nature a varié ses beautés, offre à l'œil un aspect ravissant.

    « Le château de Trécesson appartenait en 1250 à Jean, chevalier, sr de Trécesson et de Campénéac.
« Nous avons vu précédemment la filiation de la famille jusqu'à François, fils de Jeanne, dame de
« Trécesson et d'Eon, juveigneur de Carné, qui par lettres de Charles VIII données à Ploërmel, le
« 21 avril 1494, obtint de reprendre, pour lui et ses hoirs, les nom et armes de Trécesson. François
« eut plusieurs enfants, dont l'aîné, Prigent de Trécesson, épousa, en 1556, Gillette d'Avaugour,
« dont il eut un fils, Paul, père de François-Gilles, vicomte de Trécesson, époux de Jeanne de
« Bruc, en faveur duquel la terre de Trécesson fut érigée en comté en 1681. Aujourd'hui, elle est
« la propriété de Mme la baronne Roger de Sivry. »

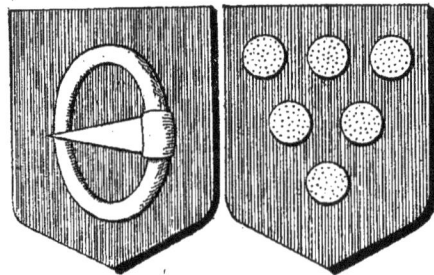

De Brézal

P. 173

Ancienne extraction chevaleresque, 14 générations en 1669. — Réformes et montres de 1426 à 1536, en Campénéac, Cruguel et Tréal, évêchés de Saint-Malo et de Vannes.

Blason : *De gueules à 3 chevrons d'hermines.*

Jean, vivant en 1336, père d'autre Jean, marié, en 1356, à Catherine de Montauban, dont : Jean, chambellan et connétable de Jean IV, en 1368, époux d'Olive de Quélen.—Jeanne, dame de Trécesson, épouse, en 1440, Eon, juveigneur de Carné, dont François, qui prit pour lui et ses hoirs les nom et armes de Trécesson, par lettres du roi de 1494. Mathurin-Paul, chevalier de Malte en 1668. — Un lieutenant général des armées du roi en 1734, mort en 1743. — Un chef de division des armées navales en 1786.— Pierre-Hyacinthe épouse, en 1703, Thérèse de Lezildry, dame dudit lieu, père et mère de Gilles-Jacques-Pierre, marié, en 1720, à Perrine, marquise de Coëtlogon, dont les descendants écartèlent : aux 1 et 4 de Trécesson ; aux 2 et 3 de Coëtlogon, sur le tout de Carné.

Après la mort de sa première femme, Jacques-Gilles de Kersauson se remaria, le 25 août 1710, à *Bonaventure-Julienne-Marie-Angélique de Brézal,* fille de Messire Joseph de Brézal, chevalier, sr marquis dudit lieu, et de dame Françoise-Antoine de Marnières, demeurant au château de Brézal, en la paroisse de Plounéventer. La cérémonie nuptiale se fit dans la chapelle seigneuriale.

En épousant l'héritière de Brézal, Jacques-Gilles prit le titre de marquis de Kersauson.

Brézal (de), sr dudit lieu, en Plounéventer, — de Rosnivinen et des Salles, en Ploudiry. — de Treffilis, — de Rosily, — de Belizal, en Saint-Martin de Morlaix, — de Coëtelant, en Plourin, de Tréguier.

Ancienne extraction chevaleresque. — Dix générations en 1668. — Réformes et montres de 1426 à 1534, en Plounéventer, évêché de Léon.

Blason · *De gueules à six besants d'or, 3, 2, 1.*

Devise : *Spes mea Deus.*

On trouve Yvon de Brézal dans une montre reçue à Gouesnou en 1375.— Jean, vivant en 1400, épousa Sibille de Rodalvez. — Derrien, son fils, entre les nobles de *Guiniventer* (Plounéventer) en 1443, époux de Marguerite de la Roche. Vincent, chevalier de l'ordre en 1623.

Fondue par le présent mariage dans Kersauson, puis Tinténiac. La maison de Brézal avait équipage d'hommes d'armes et le fief du nom était le plus considérable de Plounéventer.

Jacques-Gilles de Kersauson avait fondé à Plougouven sur le bien de sa mère (qui mourut postérieurement à 1710, car elle signe à l'acte de mariage de son fils) une maison de sœurs du Saint-Esprit, dites sœurs blanches, établissement qui fut vendu nationalement à la Révolution. Il mourut à Paris le 18 novembre 1737, âgé de 72 ans. On vendit, le 2 mai 1738, moyennant 46500ᵗᵗ, à Louis-Jacques Piquet, sʳ de Montreuil, sa charge de conseiller et son hôtel à Rennes.

De ce mariage issurent :

1° JEAN-JACQUES-CLAUDE, dont l'article suivra.

2° LOUIS-FRANÇOIS-GILLES, comte de Kersauson, né et baptisé le 13 août 1718, page du roi en 1737 et qui épousa, le 9 septembre 1755 [1], *Suzanne-Augustine de Coëtanscours*, fille d'Alexandre-Paul-Vincent et de Louise-Marguerite Chambon d'Arbouville [2].

---

1. La bénédiction nuptiale fut donnée à Messire Louis-François-Gilles de Kersauson-Brézal, « et à haute et puissante demoiselle Suzanne-Augustine de Coëtanscours, dans la chapelle du « château de Kerjean, par vénérable et discret Missire Salomon Kermoru, recteur de Saint- « Vougay. »(Albert le Grand, Ed. de 1837, ann. par M. de Kerdanet, p. 306.)

2. La nouvelle édition du dictionnaire historique de Bret., par Ogée, raconte le trait caracté- ristique suivant de la comtesse de Kersauson. — « La dernière marquise de Kerjean, Suzanne « de Coëtanscours, femme renommée autant pour sa beauté que pour son luxe et son orgueil, « tenait garnison dans un château de Kerjean, dont les créneaux portaient de l'artillerie, et, « chaque soir, les clefs de la place étaient déposées sur le chevet de la châtelaine. On rapporte « d'elle des traits d'un orgueil fou. Monseigneur de la Marche, évêque de Léon, l'étant venu « voir avec six curés des environs, elle fit servir ceux-ci à l'office. Le prélat, s'étant aperçu de « cette insolence, prit son couvert et se leva. Où donc allez-vous, monseigneur ? lui dit la mar- « quise. Dîner avec mon clergé, répondit l'évêque. Madame de Coëtanscours comprit la leçon « et envoya prier les curés de dîner avec elle.

« Une autre fois un huissier lui apporte des papiers : elle les lit lentement et laisse l'homme « de loi debout. Celui-ci s'impatiente et s'assied. Que faites-vous ? dit la marquise. Sachez que « jamais huissier ne s'est assis ni couvert devant moi. C'est, répondit l'huissier, sans se lever ni « se découvrir, que ceux-ci n'avaient ni c... ni tête.

« En 1794, le château de Kerjean fut démantelé et l'artillerie emmenée à Brest. Mme de « Coëtanscours, aussi fière devant le tribunal révolutionnaire qu'à Kerjean, se fit condamner à « mort et fut exécutée le 2 juin 1794. » (Ogée, Dict. hist. et géog., t. II, p. 882.)

Il est bien évident que, quoique non désignée sous le titre de comtesse de Kersauson, c'est bien de la veuve de Louis de Kersauson que veulent ici parler les annotateurs d'Ogée. Nous avons voulu citer les faits ci-dessus pour leur originalité, mais nous en prétendons d'autant moins garantir l'authenticité, qu'aucun document de famille ne vient les corroborer, et nous laissons aux auteurs de ce récit toute la responsabilité de leur narration.

Bien différente d'ailleurs est la peinture que nous fait de Suzanne de Coëtanscours l'érudit commentateur d'Albert de Morlaix, M. de Kerdanet : « Le 30 avril 1790, Mme de Coëtanscours, « veuve du comte Louis de Kersauson, fournit la somme de 4500 liv. pour sa contribution pa- « triotique, Un an après on pilla son château et, en 1793, on la plongea dans les prisons de

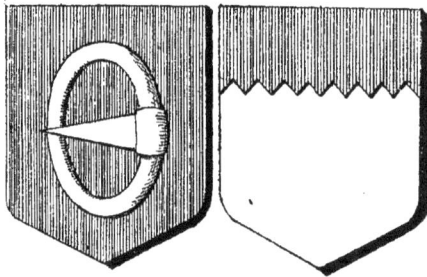

DE COETANSCOURS

Coëtanscours (de), sr dudit lieu, en Plourin, — de Kermorvan, — de Rozalec, — de Kerbazic, en Locquémeau, — de Kerduff, en Ploumiliau, — du Rest, — de Launay, en Ploubezre, — du Roscouet, — de Kerveny et de Tromelin, en Plougaznou, — marquis de Kerjean, en Saint-Vougay.

Ancienne extraction chevaleresque. — Huit générations en 1669. — Réformes et montres de 1427 à 1543, en Plourin, évêché de Tréguier.

Blason : *D'argent, au chef endenché de gueules.*

Devise : *A galon vad* (de bon cœur).

Guillaume de Coëtanscours, vivant en 1427, épouse Plézou de Goësbriand. — Jeanne, fille de René, sr de Kerveny, et de Marie de Kerret, mariée vers 1600 à Pierre Arrel, sr de Kermerc'hou et du Leurven, chevalier de l'ordre, capitaine d'une escadre de vaisseaux pour le service de Sa Majesté ; Renée, qui épousa Pierre Arrel, d'où Marie Arrel, épouse, en 1667, de Sébastien le Bigot, chevalier de l'ordre du Roi.

Coëtanscours s'est fondu par le présent mariage dans Kersauson.

Louis de Kersauson eut en 1763 une fille, *Marie-Anne-Jacquette*, qui mourut en octobre 1767, âgée de 4 ans et 5 mois, suivant d'un mois son père dans la tombe. Le comte de Kersauson était mort à Kerjean, le 4 septembre 1767 [1]. — Nous avons vu que la comtesse, sa femme, lui survécut et fut exécutée à Brest en 1794.

3º JACQUES-MATHURIN-JULIEN, né en septembre 1723, intitulé sr de Coëtléguer, Pentrez, Kerivinic et Rastellec, fut d'abord, comme son frère et en même temps que lui, page du Roi en 1737 ; il n'était alors âgé que de 14 ans. Plus tard, il devint sous-brigadier dans la deuxième compagnie des mousque-

« Brest, où le tribunal révolutionnaire tenait ses assises sanglantes ; elle y fut condamnée et périt « sur l'échafaud le 27 juin 1794, à l'âge de 70 ans, un mois, jour pour jour, avant la chute de « Robespierre.

« Ainsi mourut cette femme vénérable, qui, entourée des biens de la fortune, avait su ré- « pandre autour d'elle les trésors de sa charité, soins aux malades, dotations aux hôpitaux et « aux églises : telles furent ses bonnes œuvres... Sa mémoire est en vénération dans le pays « qu'elle habitait : on y raconte partout des prodiges de sa bienfaisance : adorée aussi de ses do- « mestiques, quelques-uns ne purent même lui survivre : Jean Polin, son valet de chambre, lui « survécut, mais il la pleura pendant douze ans et pria Dieu pour elle. Louis Jam, son cuisinier, « finit ses jours au château de Kerjean, qu'il n'avait jamais pu se résoudre à quitter, après la « mort de sa bonne maîtresse. » (Alb. le Grand, annoté par M. de Kerdanet, p. 306.)

Nous sommes loin, on le voit, et très loin du tableau des continuateurs d'Ogée !

1. Voir aux pièces justificatives ses preuves de noblesse pour son entrée dans l'écurie du Roi.

taires de la garde à cheval du Roi, chevalier de Saint-Louis, et fut mis à la
retraite en 1770, avec le grade de lieutenant-colonel. Il mourut sans hoirs.

4º N... qualifié sʳ de Coëtmeret, épousa N... dont il eut une fille, mariée à
N. du Garspern.

Garspern (du), sʳ dudit lieu et du Cosquer, en Plougonven, de Kertanguy, —
de Kermoal, en Ploësquellec, — de Langoat, — de Chefdeville, — du Lojou, en
Bourbriac, — de Rosperez.

Ancienne extraction chevaleresque. — 9 générations en 1670. — Réformes et
montres de 1441 à 1543, en Plougonven, évêché de Tréguier.

Blason : D'or, au lion de gueules, accomp. de 7 billettes d'azur, en orle.

Devise : Qui s'y frotte s'y pique. Et : En bon espoir.

Robert de Gaspern, fils de Guyon, vivant en 1441, épouse Marguerite de
Coëtquis. La charge de sénéchal ducal de Guingamp était héréditaire dans cette
famille, qui a produit : Pierre, pannetier de la reine Claude de France, en 1518,
et dont la branche aînée s'est fondue dans Kerloaguen, puis Carné. Moderne Kersauson.

Le Garspern, en Plougonven, avait moyenne justice.


XXIII. Haut et puissant Messire Jean-Jacques-Claude, marquis de Kersauson, sʳ dudit lieu, de Kermellec, de Kerroignant, de Kerloaguen, de Brézal,
de Coëtélan, Tréfilis, Rosnivinen, Trébrit, etc. Il ne reste d'autre souvenir de
sa jeunesse, qu'il dut passer tout entière au château de Brézal, qu'un séjour
qu'il fit en 1733, au château du Pordor, en Avessac (diocèse de Nantes), et
où il assista, le 27 août, dans la chapelle seigneuriale, à l'abjuration de demoiselle Marie Stanlay, veuve de Pierre Van Ruyven, originaire du diocèse de
Londres (Angleterre). Les anciens registres paroissiaux d'Avessac donnent,
entre autres signatures des témoins, celles de : Butault de Marzan, — de Brézal
de Kersauson, de Keramprat (également Butault), — Butault de la Chatai-
gneraye, etc. Devenu en 1743, à la mort de son père, marquis de Kersauson,
il épousa, en 1746, Marie-Renée de Saisy de Kerampuil.

Nous renvoyons pour l'article de la famille de Saisy au mariage d'Armand,
comte de Kersauson de Pennendreff, p. 96.

Le château de Brézal (en Plounéventer, près Landivisiau, arrondissement
de Morlaix), où habitaient les Kersauson depuis le mariage de Jacques-Gilles
avec l'héritière de cette maison, fut, du temps de son fils, le rendez-vous de la

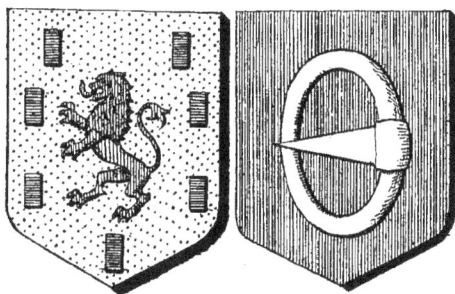

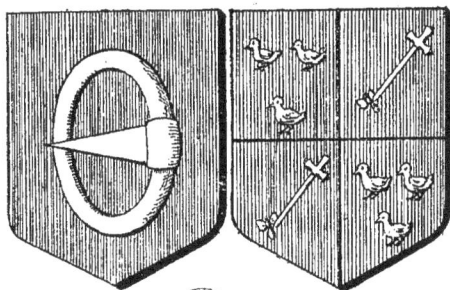

De Saisy

noblesse. La haute position de rang et de fortune occupée par le marquis de Kersauson lui permettait de recevoir grandement. Des princes du sang daignèrent même venir le visiter. Il est entre autres fait mention d'un séjour que fit à Brézal le duc de Chartres, depuis tristement célèbre sous le nom de *Philippe-Egalité*, et d'une chasse au cerf à laquelle assista le Prince [1].

Jean-Jacques-Claude, dernier marquis de Kersauson, mourut en 1788, laissant de son mariage trois filles. En lui s'éteignit la branche dite de Brézal, qui était l'aînée de toute la maison de Kersauson, puisqu'elle avait continué sans interruption la souche mère par ordre de primogéniture.

La marquise de Kersauson était morte en 1766.

Les trois filles du marquis de Kersauson furent :

1° MARIE-YVONNE-GUILLEMETTE-XAVERINE, qui, par acte du 23 mars 1775, épousa, dans la chapelle de Brézal, haut et puissant seigneur Messire *Hyacinthe-Joseph-Jacques de Tinténiac*, officier au régiment du Roi infanterie, fils de haut et puissant sr Messire François-Hyacinthe de Tinténiac, chef de nom et armes, chevalier, sr marquis de Tinténiac, baron de Quimerc'h, chevalier de Saint-Louis, et de haute et puissante dame Antoinette-Françoise de Kersulguen, dame marquise de Tinténiac, demeurant à leur château de Quimerch, paroisse de Balanec, évêché de Quimper.

Tinténiac (de), sr dudit lieu, par. de ce nom [2], — de Montmuran, par. des Iffs, — de la Roche-Moysan, en Arzano, — de Bécherel, par. de ce nom, — de Romillé, par. de ce nom, — de Millac et de la Villescoz, en Bais, — de la Marre, du Bourg et du Freux, en Marcillé-Robert, — du Porcher, de la Coqueraye, du Plessis-Meslé, de Sénones et d'Entrehais, en Anjou, — baron de Quimerc'h,

1. Avant d'aller à Brézal, le duc de Chartres avait été reçu, à Morlaix, dans l'hôtel qu'y possédait le marquis de Kersauson; de splendides fêtes furent données à cette occasion, et on parle encore d'un certain repas où le prince, fort aimable du reste, se serait laissé aller à boire un peu plus que de raison. De Morlaix, on partit pour Brézal, où de grandes réceptions eurent également lieu, et où fut donnée la fameuse chasse au cerf.

2. L'église de Tinténiac, qui se recommande par quelques vestiges de l'antiquité, renferme un ancien bénitier accusant « le XIVe siècle, armorié du blason du vieux sire de Tinténiac. Dès le « XIe siècle, le duc Alain III, fondant l'abbaye de Saint-Georges, lui faisait don de la paroisse « de Tinténiac : *Vicum non exiguum, nomine Tinteniacum*, et de la suzeraineté féodale sur les « fiefs situés dans le ressort de cette seigneurie. Aussi, jusqu'à la Révolution , les srs de Tinté- « niac se reconnaissaient vassaux de l'abbaye de Saint-Georges. Tinténiac a donné son nom à une « noble et illustre famille, dont les représentants font une grande figure dans nos annales bre- « tonnes. (Bret. cont., t. III, pp. 12 et 13.)

en Bannalec, — s<sup>r</sup> de la Noë-Sèche, en Saint-Turiaff de Quintin, — de Combout, en Querrien, — de Tréanna, en Elliant, — de Badiliau, en Plougouver, — de Brézal, en Plounéventer.

Ancienne extraction chevaleresque, — 9 générations en 1669. — Réformes et montres de 1427 à 1562, en Bais, Marcillé-Robert, Bannalec et Saint-Turiaff de Quintin, évêchés de Rennes, Cornouailles et Saint-Brieuc.

Blason antique : *D'or, à deux jumelles d'azur, au bâton de gueules brochant en bande sur le tout.*

Blason moderne : *D'hermines au croissant de gueules,* qui est Quimerc'h.

Illustrations : Denoal, mentionné dans un titre de Saint-Georges à Rennes, en 1036. — Etienne était s<sup>r</sup> de Tinténiac du temps du comte Eudon, c'est-à-dire en 1050. — Guillaume, contemporain de Regnault, évêque de Saint-Malo, de 1062 à 1081 (et non de 1079 à 1087, comme le prétend le P. du Paz.) — Un sire de Tinténiac et Alain se croisèrent en 1096 (Mss. de Bayeux, pp. 27 et 29). — Marc et Geoffroy, frères, accompagnèrent, en 1248, le duc Pierre Mauclerc en Terre Sainte. — Etiennette, abbesse de Saint-Georges, en 1184. — Guillaume, abbé de Saint-Melaine, en 1220 — Alain, le croisé, fut père d'Olivier, marié à Havoise d'Avaugour, dame de Bécherel, dont Olivier III, marié à Eustaisse de Châteaubriand. De ce mariage : 1° Jean, l'un des champions du combat des Trente, en 1351, et qui, d'après du Paz, « fut estimé le meilleur combattant de tous du côté des Bretons et qui mérita le mieux le nom de preux et vaillant en ceste meslée[1]. » Jean fut tué l'année suivante à la bataille de Mauron. Il n'eut de Jeanne de Dol qu'une fille, Isabeau, mariée à Jean de Laval, d'où les seigneuries de Tinténiac et de Bécherel passèrent aux Coligny, par le mariage de Charlotte de Montfort-Laval avec Gaspard de Coligny, puis par acquêt aux Lopriac et par alliance aux Kerhoent ; 2° Alain, qui, lui aussi, eut une part glorieuse au combat des Trente[2]. On ne sait rien de sa postérité ; 3° Olivier, tige des s<sup>rs</sup> de Quimerch, qui existent encore aujourd'hui. Il se maria, en 1343, à Amice de Léon, et fut père de Geoffroy, marié

---

1. Prenez qu'il vous plaira très noble baron. *Je prend Tinténiac,* a Dieu soit benischon (bénédiction). Et Guy de Rochefort, et Charruel le Bon... grande fut la bataille, alientour planier (complet, plein). *Tinténiac le bon* estoit tout le premier, celluy de Beaumanoir que l'on doict renomer... (Poème sur le combat des Trente, publié par Fréminville et Crapelet.)

« Lors Beaumanoir, de son gré et consentement, fist la choaisye et print premier Tinténiac et « Guy de Rochefort.

« Tinténiac, le preux, estoict le premier, et le doit lui sur toutz remembrer. (Chronique de « Jean de Saint-Paul, pp. 4 et 9.)

2. Voici ce que dit d'Alain de Tinténiac le poème cité plus haut à l'occasion de son frère :

« Après couient choisir moult très noble escuier.
« De Montauban Guille prendray tout le premier,
« Et de *Tinténiac Alain* qui tant est fier
« Pinctenien (Pestivien) Tritran qui tant fait aproisier (apprécier)... »

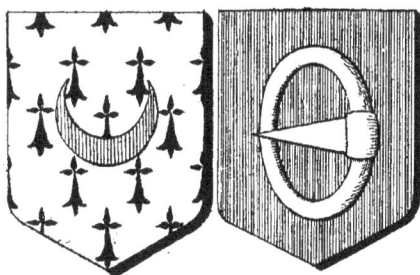

De Tinténiac

à Béatrix du Maiz, dont la postérité s'établit au XVᵉ siècle en Anjou. Cette branche a produit : Simon, écuyer tranchant des rois de Sicile, Jean et Charles d'Anjou, et capitaine de Provins en 1480. — Deux abbés de Saint-Aubin d'Angers, au XVIᵉ siècle. — Pierre, sʳ du Porcher, revint en Bretagne par son mariage, en 1520, avec Françoise, dame de Quimerch, dont René, chevalier de l'ordre du Roi, marié, en 1549, à Renée de Carné, fille elle-même de Jérôme et de Adelice de Kerloaguen. — Un maréchal de camp en 1815. — Un membre admis à la cour en 1788.

En mariant sa fille aînée au marquis de Tinténiac, le marquis de Kersauson voulut stipuler que son gendre prendrait, à toujours, pour lui et ses hoirs, le nom de Kersauson. Pour éluder cet engagement, le marquis flatta tellement l'amour-propre de son beau-père, en composant trois bouts rimés, qui sont passés à l'état de dicton, que celui-ci n'exigea pas l'exécution de la promesse qui avait été faite. Voici ce dicton :

> N'est noble que de nom
> Qui ne porte au ceinturon
> La boucle de Kersauson.'

De ce mariage issurent : ·

1º *Marie-Josèphe-Hyacinthe*, née et ondoyée le 3 juillet 1777. Les cérémonies du baptême lui furent suppléées, en la chapelle du château de Brézal, en 1779. Fut parrain : haut et puissant sʳ Messire François-Hyacinthe de Tinténiac, chef de nom et armes, chevalier, sʳ marquis de Tinténiac, baron de Quimerc'h, chevalier de Saint-Louis, capitaine de la noblesse de Quimper, aïeul paternel ; marraine : haute et puissante dame Marie-Renée de Saisy de Kerampuil, marquise de Kersauson, aïeule maternelle de l'enfant.

2º *Jacques-Gabriel-Hyacinthe-Marie*, né le 26 février 1779, et baptisé le lendemain en la chapelle de Brézal. Fut parrain : haut et puissant Messire Jacques-Mathurin-Julien de Kersauson, sʳ de Keryvinic-Pentrez, Rostellec et autres lieux, chevalier de Saint-Louis, ancien officier dans la 2ᵉ compagnie des mousquetaires de la garde à cheval de Sa Majesté, lieutenant-colonel de cavalerie ; et marraine : haute et puissante dame Marie-Julienne-Josèphe de Kersauson, marquise de Montbourcher, faisant pour et au nom de haute et puissante dame Anne-Gabrielle de Quélen, marquise de Kersulguen.

3o *Bonaventure-Marie-Ange*, né le 18 septembre 1780, ondoyé le même jour et baptisé le 26 du même mois. Parrain : haut et puissant sʳ Messire Guillaume-Bonaventure du Breil, vicomte de Rays, capitaine de dragons ; marraine : Agathe-Marie-Françoise de Saisy de Kerampuil. La cérémonie fut faite par M. l'abbé de Pentrez.

A la mort du marquis de Kersauson, en 1788, la seigneurie du nom et berceau de toute la maison de Kersauson passa à Xaverine, marquise de Tinténiac, dont les enfants l'ont transmise à la famille Le Bihan de Penclé, qui la possède aujourd'hui. Il n'y a pas de longues années, on voyait encore à Guiclan l'antique banc seigneurial à la place d'honneur, dans l'église paroissiale, et timbré de *la Boucle* de Kersauson.

2º MARIE-JULIENNE-JOSÈPHE, seconde fille de Jean-Jacques-Claude, marquis de Kersauson, épousa, le 18 janvier 1776, haut et puissant sʳ Messire *René-François-Joseph, marquis de Montbourcher*, officier de cavalerie, demeurant en son hôtel, place des Lices (paroisse de Saint-Etienne), à Rennes, fils mineur de feu haut et puissant sʳ Guy-Joseph-Amador de Montbourcher, décédé lieutenant-colonel du régiment de dragons, chevalier de Saint-Louis, et de haute et puissante dame Céleste de Saint-Gilles, dame de la Rossignolière et autres lieux.

Montbourcher (de) (rameau de Vitré), sʳ dudit lieu, en Vignoc, — de Tizé, en Thorigné, — du Pinel, en Argentré, — marquis du Bordage[1], en 1656, et de l'Estourbillonnaye, en Ercé, près Gosné, — du Plessix-Pellet, en Dourdain, — de la Rossignolière, en Pacé, — de la Mayanne[2], en Andouillé, — de Champagné, en

1. « *Le Bordage*, en Ercé, au nord de la forêt de Rennes, est un des grands fiefs tenus par les
« Montbourcher au XIIIᵉ siècle... Sous la Ligue, le château du Bordage, dont le sʳ avait embrassé
« la cause calviniste, fut occupé en 1589, pendant cinq mois, par les troupes du duc de Mercœur.
« Cette seigneurie fut érigée en marquisat en 1656 en faveur de Philippe de Montbourcher. Il ne
« reste que peu de choses du vieux château, transformé en habitation moderne par le propriétaire
« actuel.
   « Chasné, qui relevait féodalement du Bordage, auquel il avait été uni par les lettres d'érection
« de cette terre en marquisat, a pour témoin de sa vieille importance, comme fief, sa triple motte,
« entourée de fossés, vis-à-vis la porte occidentale de l'église d'Ercé. » (*Bret. cont.*, t. III, p. 28.)
   2. « Si c'est en Vignoc que se trouvent la ferme et le bois de Montbourcher, titre d'une ancienne
« châtellenie ou fief de bannière, possédée pendant plus de 800 ans par l'illustre famille qui en porte
« le nom, c'est entre Aubigné et Andouillé-Neuville, au fond d'un étroit vallon, où s'étend une
« fraîche coulée de prairies, que se présente, dans la solennelle régularité de son architecture du
« XVIIᵉ siècle, le beau château de *la Mayanne*, dominé par un plateau de landes, dont le sommet
« atteint jusqu'à 109 mètres. Sur les versants de cette lande aride descendent de longues et om-

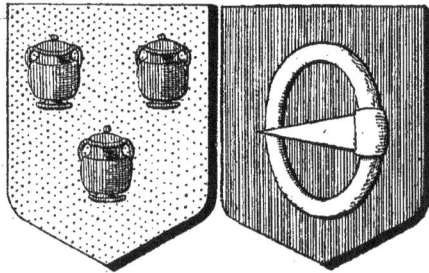

DE MONTBOURCHER

Gévezé, — de Saint-Gilles, — du Bois-Chambellé, — de la Tourniole, en Saint-Suliac, — de la Vigne, en Plurien, — de Trémerreuc, paroisse de ce nom, — de la Haie-d'Iré, en Saint-Rémy du Plain, — du Plessix, en Vern, — de Chasné, paroisse de ce nom, — de la Roche, en Cuguen.

Ancienne extraction chevaleresque. — Treize générations en 1671. — Réformes et montres de 1427 à 1513, en Vignoc, Ercé, Argentré, Dourdain, Pacé, Vern et Cuguen, évêchés de Rennes et de Dol.

Blason : *D'or à 3 channes ou marmites de gueules;* aliàs : *A l'orle semé de tourteaux* (aliàs : *De fleur de lys d'azur* (sceau de 1352).

Devise : *Assez d'amis quand elles sont pleines.*

Illustrations. Le manuscrit de la bibliothèque de Nantes et Le Laboureur font descendre la maison Montbourcher des sᵣˢ de Vitré. N. de Montbourcher était fils puîné de Tristan, baron de Vitré, et d'Ygnoguen de Fougères. Ils eurent Simon et Guillaume. Ce dernier fit le voyage d'Orient (première croisade de 1096) avec Alain Fergent (Mss. de Bayeux, p. 3o) ; Simon II et Guillaume II, père et fils, furent témoins dans un accord entre le duc et Raoul de Fougères, en 1170. — Geoffroy, fils de Guillaume II, croisé en 1248, épousa Téphanie de Tinténiac, dont Guillaume, sire de Montbourcher, marié à Asseline, dame du Pinel. — 2º Renaud, sᵣ du Bordage, marié 1º à Jeanne de Saint-Brice ; 2º à Catherine de Coesmes. A son retour de Terre-Sainte, Geoffroy accompagna le sire de Laval, lorsqu'il rejoignit Charles d'Anjou, croisé contre Mainfroy ; pendant ce voyage, le sire de Laval nomma Geffroy son exécuteur testamentaire et lui fit sceller de ses armes son testament (1255). — Auffray de Montbourcher, compagnon de du Guesclin, et le chevalier le plus accrédité dans l'armée de Charles de Blois. — Jean, gouverneur de Nantes, sénéchal et gouverneur du Limousin, en 1350, l'un des héros de la bataille de Maurou, en 1352. — Renaud II, qui avait épousé Honorée Raguenel, sœur de Tiphaine (femme du connétable du Guesclin), sert de pleige, à la rançon de ce dernier. — Simon, chambellan et conseiller du duc. — Bertrand II, grand écuyer de Bretagne et chambellan de Jean V en 1400, fait prisonnier à Pontorson. — René ou Bertrand, gouverneur de Rennes, en 1522, lieutenant général de Bretagne, conseiller et maître d'hôtel de la Reine. — René V, maréchal des camps et armées du Roi, tué devant Philipsbourg en 1688. — René-Amaury, marquis du Bordage, ancien maistre de camp de cavalerie, fils de René V.

« breuses avenues. La somptueuse façade du château, avec la double rampe de son grand perron et
« les tourelles cylindriques accolées aux deux angles extérieurs des pavillons en saillie, offrent
« un ensemble imposant, digne du crayon de l'artiste. C'est vers 1550 que René de Montbourcher,
« sieur de Chasné, épousa l'héritière de la Mayanne. La branche de Montbourcher qui a pris le
« surnom de cette terre, l'a conservé pendant huit générations, et c'est de nos jours seulement
« que la dernière héritière de cette noble famille *(demoiselle Isidore de Montbourcher)* a porté la
« Mayanne dans la maison des Nétumières. » (*Id.*, ibid., p. 26.)

— Autre René, gouverneur de Rennes et lieutenant général de Bretagne. — Trois chevaliers de l'ordre du Roi. — Quatre conseillers au Parlement. — Un président aux enquêtes en 1707 et un président à mortier en 1738.

Les Montbourcher tirent leurs alliances des illustres maisons qui suivent : 1° dans la première branche : Fougères, Tinténiac, Giffart, du Pinel, de Coesmes, Lansamort, Coupu, du Breil, Courceriers, La Cigogne, d'Orenges, Partenay, Piedevache, du Bois, Monteclair. — Dans la deuxième : de Vandigné, La Faucille, Brézé, Champagné, La Lande-Pouste, Raguenel, Beaucé. — Dans la troisième : de Saint-Brice, Coesmes, Goujon, Raguenel, Le Vayer, Champagné, Blossac, Québriac, Lesbiest, La Duchays, Malestroit, Thierry, Bellouan, Massuel, Huguet, du Bouays, Durcot, Goujon. — Dans la quatrième : de la Maignanne, Renouart, du Bois, Gérault, Montalembert, Briend, Montaudouin, Saint-Gilles, Kersauson, Caradeuc, de Langle, Hay des Nétumières. (Mss de la Bibliothèque de Nantes et la Chesnaye du Bois.)

La branche aînée fondue dans Franquetot de Coigny, en 1699 ; celle de la Tourniole en Guémadeuc, et celle du Plessis-Pillet, dans Bouan.

La branche de la Mayanne a eu pour dernier représentant mâle René-François-Joseph II, marquis de Montbourcher, fils de Marie-Julienne-Josèphe de Kersauson, député d'Ille-et-Vilaine sous la Restauration et marié à demoiselle N. de Caradeuc. Né le 15 août 1778, il est mort en 1850, âgé de 72 ans, laissant une fille, Isidore-Marie-Françoise, mariée elle-même à Charles Hay, comte des Nétumières, dont : Berthe, mariée au comte Ludovic de Menou. — Françoise, au comte de Guitton de Villeberge. — Gabrielle, au comte Paul de Kernier, et René actuellement comte des Nétumières [1].

Par le mariage de Marie-Julienne-Josèphe avec le marquis René, la terre de Coëtmeret, acquise aux Kersauson depuis deux siècles et demi, passa de cette maison à celle de Montbourcher.

3° JOSÉPHINE. Cette troisième et dernière fille du marquis de Kersauson dut mourir sans alliance. Nous n'avons du moins, et malgré nos très minutieuses recherches, rien découvert la concernant.

---

1. M. le comte des Nétumières possède un ancien armorial anglais où se trouvent le nom et les armes de Montbourcher ; il est probable qu'une branche de cette famille s'était établie en Angleterre après la conquête de Guillaume le Bâtard ; la preuve en est d'ailleurs dans le catalogue publié par M. André du Chesne, qui signale un Montbourcher à la bataille d'Hastings.

# TABLEAU GÉNÉALOGIQUE DE LA BRANCHE DE KERSAUSON DE BRÉZAL

XVI. Guillaume de Kersauson, sénéchal de Léon en 1478, fils aîné d'Hervé II et d'Isabeau de Pontplancoët, est l'auteur de cette branche. Il épousa 1° en 1492, *Catherine de Bouteville*, et en secondes noces, *Hélénie de Scitcyon*, dont il eut une fille, *Louise*, qui épousa *Guillaume de Penhoët*.

| XVII. Rolland, sr de Kersauson, de Coëtliguer et de Coëtmeret, chevalier, épousa vers 1520 *Louise de Launay*. | Jeanne, mariée 1° en 1523, à *Jean Barbier*, sr de Kerjean; 2° à *Alain du Louet*, sr de Kerrom. | François, mort sans hoirs. | Raoul, chapelain de la cathédrale de St-Pol-de-Léon. |

VIII. Tanguy, sr de Kersauson, de Coëtliguer, de Coëtmeret et de Maugrenyer, chevalier, épousa 1° *Barbe le Sénéchal*, 2° *Claude le Ny*. Pacificateur de la Ligue en Léon, il reçut d'Henri IV des lettres patentes confirmées en 1602. Il fut créé chevalier de St-Michel. — Jeanne, mariée 1° en 1543, à *Olivier de Tuomelin*; 2° en 1561, à *Alain III*, banneret de Penmarc'h; 3° en 1566, à *Yves Pinart du Val*.

| Enfant de Barbe LE SÉNÉCHAL (1er mariage). | | Enfants de Claude LE NY (2me mariage). | |
|---|---|---|---|

IX. Messire François, chevalier, baron dudit lieu, sr de Coëtliguer, Maugrenyer, etc., commissaire du ban et de l'arrière-ban de l'évêché de Léon, chevalier des ordres du roi, gentilhomme de la chambre, épousa 1° *N. de Plœuc*, 4e fille de Vincent et de sa 1re femme, Anne du Chastel, dont il n'eut pas d'enfants; 2° le 14 février 1605, *Suzanne de Guémadeuc*. François fut un des signataires de la capitulation du Folgoët en 1594. Il mourut à la fin de 1610.

XX (II). Louis, sr de Coëtmeret et de Kernabat, fils du 2me mariage de Tanguy, devint, par la mort sans postérité de son neveu René, chef de nom et d'armes de sa maison. Il épousa, le 3 février 1619, *Claude de Kergorlay*, dame du Plessix. Il mourut en 1642.

Jean, sr de Rosarnou, épousa en 1621 *Marie de Touronce*.

Branche DE ROSARNOU ou DE PONCELIN.

Messire Gabriel I, sr de Rosarnou, demeurant à son manoir de Poncelin, épousa *Claude Gouvio*.

| François, mort jeune et sans hoirs. | XX (I). Haut et puissant messire René-Pierre, chevalier, baron de Kersauson, né en 1608, lieutenant aux chevau-légers du sire de Pontcourlay, mort au siège de St-Omer vers 1638, capitaine de la même compagnie. | XXI (I). Sébastien, sr de Coëtliguer, mort sans hoirs. | XXI (II). Haut et puissant messire Patoret, sr de Kersauson, chevalier, comparut à la réformation de 1669. Il épousa *Françoise le Corlc de Kernuellec*, dame de la Forest, dont 2 enfants: — 3°, René-Pierre, mort chevalier de Malte. — 4°, Marie-Louise, mariée à *François de Kerguiciau*, sr de Kerscao. | Gabriel II, sr de Poncelin, épousa le 4 février 1678 *Marie-Anne de Coëtlosquet*. | Claude, sr de Kerbreder et de Mezperonnes, épousa *Jeanne d'Estaing*. |

Louise, dame de la Marche, épousa en 1709 *Charles de Kernezne*.

XII. Jacques-Gilles, marquis de Kersauson, reçu conseiller au parlement de Bretagne le 31 décembre 1696, épousa 1° en 1693, *Marie-Anne Huchet de Langouet*, dont 2 filles: l'aînée, François-Gillette, mariée à *Louis-Célestin de St-Pern*; la deuxième, Louise-Marie-Jacquette, qui épousa *Joseph-Marie de Trécesson*; 2° en 1710, *Marie-Angélique-Bonaventure-Julienne de Brézal*. Il mourut à Paris le 18 novembre 1737, à l'âge de 72 ans.

Claude-Barbe épousa *François le Borgne de Lesquiffiou*.

## BRANCHE DE COETANSCOURS.

Louis-François-Gilles, comte de Kersauson, page du roi en 1737, épousa en 1755 *Suzanne-Augustine de Coëtanscours*, qui périt à Brest sur l'échafaud en 1793. Louis de Kersauson était mort à Kerjean en 1767, laissant une fille, Marie-Anne-Jacquette, morte sans hoirs.

XIII. Haut et puissant messire Jean-Jacques-Claude, dernier marquis de Kersauson, sr de Kermellec, Kerroignant, Brézal, Coëtlilis, Treffilis, Rospyvinen, Tréborit, etc., fils d'Angélique de Brézal, épousa en 1746 *Marie-Renée de Saizy de Kerampuil*. Il mourut en 1788.

Jacques-Mathurin-Julien, né en 1723, sr de Coëtliguer, chevalier de St-Louis, page du roi en 1737, puis sous-brigadier aux mousquetaires et enfin lieutenant-colonel.

N..., sr de Coëtmeret, épousa N..., dont une fille N..., mariée en ... à *N. de Garspern*.

| Marie-Yvonne-Guillemette-Xavérine, mariée en 1775 à *Hyacinthe-Joseph-Jacques, marquis de Tinténiac*. | Marie-Julienne-Josèphe, mariée en 1776 à *René, marquis de Montbourcher*. | Joséphine, morte sans alliance. |

# BRANCHE DE GUÉNAN

---

**XVI.** JEAN de Kersauson, écuyer, sᵣ de Rosarnou, second fils d'Hervé **II** et d'Isabeau de Pontplancoët, et frère puîné de Guillaume, tige de la branche dite de Brézal, que nous venons de traiter, est l'auteur de celle de Guénan. Ledit Jean comparut comme homme d'armes, en 1505, dans une montre du maréchal de Rieux. (D. Mor, P., p. 870.) Le 30 avril 1519, il intervint dans une ratification d'échange avec Guillaume, son frère aîné, et Rolland, son neveu.

Jean de Kersauson épousa *Catherine du Quenquis*, dame de Lannuvet. — La notice et le blason de cette maison ont été donnés, pp. 44 et 45, à la branche de Penhoët.

Par acte du 18 décembre 1494, Jean et sa femme abandonnèrent à leurs quatre enfants une partie de leur héritage, « à la charge, par eux, d'en faire « hommage, comme fief de ramage, à leur frère aîné, ainsi que doivent faire toutes personnes nobles. »

De ce mariage issurent :

1° YVES, dont l'article suit.

2° ANDRÉ, qui, bien que cadet, continua la branche de Guénan, par suite d'un échange de terres avec son neveu Hervé, comme nous le verrons ultérieurement.

3° JEAN était archer de la garde ducale en même temps que son frère aîné, Yves, à la mort de François II, en 1488. Tous deux ils reçurent pour leur deuil 10ᵘ, 10ᵉ de drap. (D. Lob. *pr*, p. 1504. — Reg. de la Chancel. du Parl., fol. 1025.)

4ᵉ GUILLAUME, qui paraît être mort sans hoirs, ainsi que le précédent.

**XVII.** YVES, sᵣ de Guénan, archer de la garde ducale, comme il vient d'être dit, en 1448, épousa *Françoise-Eymard de Kernec'h*.

Kernec'h, Kergnec'h Kergrech Kerguenec'h, ou Keranec'h (de), sʳ dudit lieu, de Kericuff, de Kergrist et de Langonnery ; en Plougrescant, — de Coatalio, en Kermaria-Sular, — du Pont, — de Keraëret, — du Verger, en Trédarzec, — du Bourné, en Lannébert, — de Kerbélanger, en Plouguiel.

Ancienne extraction. Sept générations en 1669. — Réformes et montres de 1427 à 1513, en Plougrescant et Plouguiel, évêché de Tréguier.

Blason : *D'argent, au pin de sinople, chargé d'une pie au naturel.*

Jean de Kernec'h, vivant en 1481, marié à Tiphaine Nicolas, dont : 1° Olivier, auteur des sʳˢ de Kericuff : 2° Henry, auteur des sʳˢ du Bourné. — Un lieutenant des maréchaux de France à Guingamp, en 1775.

Branche aînée fondue dans Halegoët — celle de Kericuff dans Sparler ; celle de Coatalio dans Trogoff.

Yves mourut en 1506, ainsi que le prouvent une évocation et commission aux juges de Lesneven, à la requête de Françoise-Eimar, veuve d'Yvon de Kersauson, pour la nomination d'un tuteur à Hervé de Kersauson, son fils, 23 décembre 1506. (Rég. de la Chancell. du Parl., fol. 161.)

Ladite Françoise mourut vers 1511.

De ce mariage issurent :

1° HERVÉ, dont l'article va suivre.

2° JEAN, qui mourut sans hoirs.

3° MARGUERITE-JEANNE, mariée, en 1518, à *Bernard le Digouris de Kerduden.*

Digouris (le), sʳ de Kerhuel et de Coëtmeneuc, en Tréhou, de Kerduden et de Kerbiquet.

Réformes et montres de 1446 à 1481, en Tréhou et Ploudiry, évêché de Léon.

Blason : *De gueules, au lion d'or, au chef d'azur, chargé de trois roses d'argent* (Armorial de l'Arsenal).

XVIII (I)¹. Hervé, sʳ de Guénan, épousa, vers 1510, *Marguerite le Digouris de Kerbiquet,* sœur, ou au moins cousine de l'époux de Jeanne susnommée, et dont on vient de donner la notice de famille.

Hervé échangea, en 1515, la terre de Guénan contre celle de Kerangomar

---

1. Le manoir de Guénan était situé à Saint-Pol-de-Léon, paroisse de Toussaint, près le champ de la Rive; il en reste encore la fontaine, dont toute la ville se sert aujourd'hui.

LE DIGOURIS

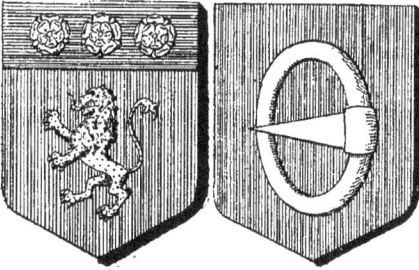

LE DIGOURIS

Du Bouays

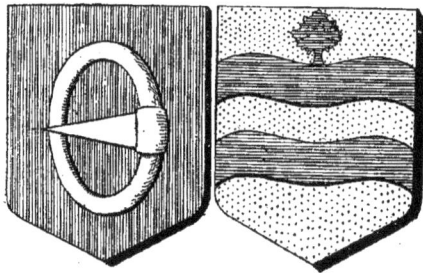

avec son oncle André, frère cadet de son père. Il mourut au commencement de l'année 1518, comme il conste d'une pièce très curieuse que nous relatons ci-dessous in-extenso [1]. Par suite de l'échange précité, Hervé devint l'auteur de la sous-branche de Kerangomar dont la filiation se déroule ci-après, et André devint en retour tige du rameau de Guénan.

XVIII (II). ANDRÉ, fils cadet de Jean, devint donc par cet échange, en 1515, chef de la branche de Guénan. Il épousa, l'année suivante (1516), *Marie du Bouays* ou *du Bois*.

Bouays (du), que l'on écrirait plus correctement du Bois, sᵣ dudit lieu, en Gouëznou et de Cozlen, en Plouzevédé.

Réformes et montres de 1426 à 1534, dites paroisses, évêché de Léon.

Blason : *D'or, à deux fasces ondées d'azur, surmontées d'un arbre de même.*

Fondue, en 1580, dans Lé Ny.

---

1. Testament de Messire Hervé de Kersauson, sᵣ temporel du manoir du Marmec, en Bas-Léon (*dominus temporalis in Manery de Le Marmec*), ouvert par devant Messire Alain Brezal, recteur de Plouescat, en présence d'Olivier Coroller, François de Kersauson, son fils, et Jehan de Kersauson, frère germain dudit Hervé. Par son testament, Mᵉ Hervé de Kersauson, après avoir re-
« commandé son âme à Dieu, à la bienheureuse Vierge Marie et aux prières de toute l'Église, veult
« et ordonne que son corps soit enséputuré dans le chœur de l'église paroissiale de Ploëgar; que
« toutes ses dettes soient payées; que 4 messes soient célébrées annuellement dans l'église de
« Ploëgar pour le repos de son âme, et que l'une d'elles soit à notte (chantée) ; qu'une messe décen-
« nale soit également dite dans l'église de Ploëgar pour le repos de son âme, en comptant à partir
« du quatrième jour après son décès jusqu'au 70ᵉ ; de plus enjoint à son trésorier, Tanguy Her-
« goumarc'h, de prendre toutes les sommes nécessaires pour payer lesdites messes, sur ses revenus
« de Bodily (*Bodilis*) et Guissény. Il lègue la somme de 4 liv. à Marguerite Bary, de Lesmen, sa
« chambrière, plus 7 liv. 60 s. 8 d. à Jehan Sidehour et Jehanne Kerut, ses hôtes ; à Marianne
« Kergalen, de Boternou, sa servante, 6 liv. ; à Jehan Coulomgnier, son serviteur, 7 liv. et 70 s. ; à
« Yvonne Madec, sa servante, 7 s. 6 d. ; à Jehan Geffroy, gouverneur de Lambader, 10 s. ; à Yvon
« Menou, 13 s. ; à Alain Tourbault, 30 d. 4 s.; au fils de Louise Le Goar, 75 s. ; à Jean Le Neauff,
« de Landerneau, 78 liv. ; à Yvon le Bihan, 12 liv. 8 s. 2 d. ; à Prigent le Guern, 30 s. ; à Nicolas
« Guyeroch, 18 liv. ; à Joseph le Guillart, 70 liv. ; à Jean le Saout, 4 liv.; à Yvon Bigot, 15 s. ; à Alain
« Briant, 6 s. 6 d. ; à Marguerite de Kersauson, sa sœur, 25 liv. ; à Bernard le Digourys, 4 liv. 8 d. ; à
« Noël Bozec, 8 liv. 10 s. 4 d. ; aux héritiers d'Henri Plocgolen, 35 liv. De plus ledit Hervé veut et
« ordonne que Messire Jehan de Kersauson, son frère germain, soit le tuteur de Mᵣᵉ François de
« Kersauson, son fils et héritier principal ; il veut cependant que, tant qu'il sera *impuber*, il reste
« sous la garde (*domicellam*) de Marguerite le Dygourys, son épouse, mère de son fils (*atque idem*
« *Franciscus* duran *tempus impubertatis, nutriatur...* par *domicellam Margarita* an *Dygourys,*
« *uxoris dicti testatoris atque dicta Margarita domicella habebit* provision *seu salarum y* pertinentem
« *propter nutritum dicti Francisci).* Enfin, ledit Hervé de Kersauson choisit pour exécuteurs testa-
« mentaires Messires Tanguy de Lesquelen et Jehan de Kersauson. Ledit testament *acto in domo sui*
« *manerii* de Guénan le 28 février 1518. » (*Manuscrit sur parchemin de 0,80ᶜ de long, presqu'illisible,
mais fort curieux, vu sa rédaction composée en latin mêlé d'un grand nombre de mots français et
surtout bretons. — Dû à l'obligeance de M. le comte Régis de l'Estourbeillon.)*

André, s$^r$ du Guénan, mourut vers 1543.

De son mariage issut :

XIX. FRANÇOIS, s$^r$ du Guénan, qui épousa *Louise Le Jacobin de Keramprat.*

Jacobin (Le), s$^r$ de Keramprat et du Mesarc'hant, paroisse du Minihy de Léon, — du Dourduff, en Plougoulm, — de Kercourtois, en Plouguer-Carhaix.

Ancienne extraction chevaleresque. — Huit générations en 1668. — Réformes et montres de 1443 à 1534, paroisse du Minihy de Léon.

## SOUS-BRANCHE DE KERANGOMAR

Du mariage d'Hervé avec Marguerite Le Digouris issut un'fils, FRANÇOIS, qui épousa, vers 1533, *Isabelle du Dresnay* [1]. Nous avons donné précédemment la notice de cette maison à l'article de Ludovic, comte de Kersauson de Vieux-Chastel, p. 132 et suiv.

Après la mort d'Isabelle du Dresnay, François épousa, en 1545, *Catherine de Kerouzéré.*

Kerouzéré (de), baron dudit lieu et s$^r$ de Kersauson, en Sibéril, — de Kerménaouet et de Menfantet, en Cléder, — de Trogoff, en Plouescat, — de Kerandraon et de Keraliou, en Plouguerneau, — de Kerdrein, — de Kernavallo, — de Kerangomar, en Taulé, — de Trévéhy et de Tromanoir, en Plouénan.

Réformes et montres de 1426 à 1534, dites paroisses, évêché de Léon.

Blason : *De pourpre, au lion d'argent.*

Devise : *List, list* (laissez, laissez).

Kerouzéré a produit : Eon, président universel de Bretagne en 1390. — Jean, son fils, échanson du duc Jean V, bâtit le château de Kerouzéré [2], contribua au siège de Chateauceaux et à la délivrance du prince, prisonnier de Penthièvre en 1420, et épousa Constance

---

1. Evocation pour Yvon Le Breton et Marguerite du Dresnay, sa femme, contre François de Kersauson et Isabelle du Dresnay, sa femme, 2 septembre 1534. (*Reg. de la Chancell. du Parl. de Bret.*, fol. 860) (non indiqué dans la table).

2. Le château de Kerouzéré, » dit M. de Courcy, dans son *Itinéraire de Saint-Pol à Brest*, « qui « s'élève au milieu d'un grand bois de futaie, mérite qu'on s'y arrête, tant à cause de son architec- « ture qu'à cause des événements historiques dont il a été le théâtre.

« Construit en 1458, ainsi qu'il résulte de l'inventaire des titres du château de Nantes, par Jean « de Kerouzéré, échanson du duc, époux de Constance Le Barbu, dame de Trévéhy, paroisse de « Plouénan, et fils d'Eon de Kerouzéré, président universel de Bretagne, ce château présente un « édifice de forme carrée, flanqué de trois tours rondes, à créneaux et machicoulis. A deux de ces « tours sont liées deux tourelles à nid d'hirondelles : l'une destinée à la *guaite* ou sentinelle du « château ; l'autre, à recevoir la cloche du beffroi qu'on y voit encore et sur laquelle on lit :

L'an mil cinq cant LVII, vocatur
N. Dame de Clarté (*sic*).

« ... Entièrement bâties en pierre de taille, ses murailles ont plus de quatre mètres de largeur et « renferment au premier étage une chapelle pratiquée, partie dans leur épaisseur, partie dans un

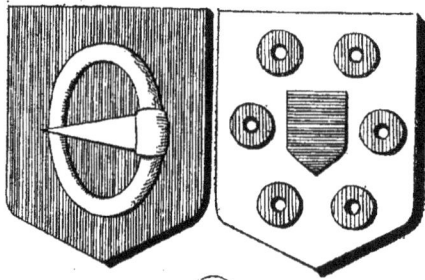

Le Jacobin

Blason : *D'argent, à l'écu d'azur en abyme, accompagné de six annelets de gueules, mis sur orle,* comme Lanuzouarn et Le Ny.

Guillaume et Henri, entre les nobles du Minihy, en 1443. — Jean, époux, en la même année, de Jeanne du Roscoët, père et mère d'Yves, marié à Jeanne Le

Le Barbu, dame de Trévéhy. — Yvon, conseiller et chambellan du duc François II, en 1462.

La branche aînée fondue, en 1527, dans Kerimel de Coëtnizan, d'où la baronnie de Kerouzéré a passé par alliance aux Bois-Éon. Le château fut assiégé et pris par les Ligueurs, en 1590, et vendu aux du Poulpry, en 1680. Il a appartenu successivement depuis aux Bréhant, des Clos, Larlan, Eon de Vieux-Chastel, Penfeunteniou, Rosnivinen et du Beaudiez. La branche de Kerandraon fondue, au XVII<sup>e</sup> siècle, dans Kerhoent.

Du premier mariage de François de Kersauson avec Isabelle du Dresnay naquit une fille, GILLETTE, qui épousa *François Rivoalen,* s<sup>r</sup> de Mesléan.

Rivoalen (rameau de Rosmadec), s<sup>r</sup> de Mesléan, en Goueznou.

Réformes et montres de 1445 à 1534, dite paroisse, évêché de Léon.

Blason : *D'argent, au chevron de gueules, accompagné de 3 quintefeuilles de même.*

Jean, entre les nobles de Goueznou, à la réforme de 1443. — Guillemette Rivoalen, abbesse de la Joie en 1489, morte en 1522. — Deux chevaliers de l'ordre du Roi.

Fondue, en 1639, dans Penmarc'h.

Le tombeau des Rivoalen est dans l'église de Goueznou.

Du second mariage de François de Kersauson avec Catherine de Kerouzéré, naquit une autre fille, MARIE, qui épousa, vers 1566, *François Rivoalen,* fils de l'époux de sa demi-sœur.

Le premier François Rivoalen se remaria, après la mort de Gillette : 1° à Catherine de...; 3° à N... Le Moyne.

Le second François Rivoalen convola, après la mort de Marie : 1° à N... du Quellenec ; 3° à N... de Penancoët.

En Gillette et Marie de Kersauson s'éteignit la sous-branche de Kerangomar, qui aurait dû être celle de Guénan, sans la cession qu'en fit Hervé à son oncle, comme si, par intuition, il avait lu dans l'avenir l'extinction de sa race.

« massif de maçonnerie élevé en encorbellement du côté du midi. Ce côté du château a été restauré
« après le siège soutenu en 1594 contre les Ligueurs, et une quatrième tour, à l'angle ouest, ruinée
« vraisemblablement à la même époque, n'a point été relevée depuis ; les toitures ont été aussi mo-
« dernisées, mais les faces nord et est paraissent appartenir à la construction primitive. On trouve
« dans le chanoine Moreau, auteur contemporain de la Ligue, et ligueur lui-même, les détails de
« la prise de Kerouzéré par les paroisses voisines, soulevées par le seigneur de Goulaine...

« Jean de Kerouzéré, fondateur du château de ce nom, mort en 1440, fut enterré dans l'église pa-
« roissiale de Sibéril, où existe encore son tombeau, en Kersanton, qui le représente armé de toutes
« pièces, la tête soutenue sur un oreiller par deux anges et les pieds appuyés sur un lion rongeant
« un os.

« La branche aînée de cette famille s'éteignit au XVI<sup>e</sup> siècle dans la maison de Kerimel qui
« transmit, par mariage, Kerouzéré aux Bois-Éon. Ces derniers aliénèrent, en 1680, le domaine
« de Kerouzéré, « avec tous ses droits de juridictions, haute, moyenne et basse, halles, droits hono-
« rifiques, prééminences, supériorités et fondations, droits de patronage, reliefs et rachats, lots et

Rouge, de la maison du Bourouguel. — Henri, abbé de Saint-Mathieu en 1515.
— Trois conseillers au Parlement, depuis 1646.

Fondue, en 1704, dans Butault.


François de Kersauson mourut jeune, ainsi que le constate une pourvoyance
de tutelle, en date du 29 novembre 1548, acte par lequel François du Bois,
sʳ de Cozlen, oncle du défunt (frère de sa mère), est nommé tuteur de ses
enfants mineurs et Jean de Penfeunteniou, sʳ de Kermoru, curateur, comme
le prouve une transaction passée entre eux le 3 mai 1558.

Les deux enfants issus du mariage de François de Kersauson avec Louise
Le Jacobin furent :

1° HAMON, dont l'article suit.

2° ANDRÉ, qui reçut partage de son frère aîné en 1567, époque probable
de sa majorité, et un supplément en 1581. Il devint l'auteur de la branche de
Kervélec, qui a continué celle de Guénan. Son article suivra à son rang.

XX. HAMON I, sʳ de Guénan, épousa, en 1581, c'est-à-dire âgé de 35 ans
environ, *Jeanne de Kersaint-Gilly*, fille de N... de Kersaint-Gilly, sʳ de
Keruzoret, et de Françoise de l'Estang.


Kersaint-Gilly ou Saint-Gilles (de), sʳ dudit lieu, en Guiclan, — du Cosquerou,
— de Keruzoret, — de Keroudot et de Mesprigent, en Plouvorn, — de Kersaliou,
— de Kerenec, — du Prathir et de Keravel, paroisse du Minihy, — de Kerscao,
en Plougean, — de Truonjulien, en Plounevez-Lochrist, — de la Ville-Jégu, —
de la Ville-Colvé, — de Messilian, — de Kerdalaez, en Guipavas, — de Kerivoaz,
— de Kergadiou, — de Pontanézen.

L'arrêt du 23 août 1669 les a déclarés nobles d'ancienne extraction et maintenus

« ventes, droits de champarts (*campi pars*, espèce de dîme en nature levée sur les défrichements),
« franchises, déshérences, succession de batards, foires et marchés, et généralement tout ce qui ap-
« partient aux barons de Kerouzéré du fief de Maillé et vers lui chargé d'*une épée dorée* à la mort
« de chaque possesseur. » Voilà ce que nous apprennent les archives de Kerouzéré, château qui a
« plusieurs fois changé de maître depuis 1680, et qui serait depuis longtemps démoli si sa solide
« construction n'avait fait reculer devant les frais de sa démolition ¹.

1. « Il sera désormais à l'abri d'un danger semblable, grâce au goût du possesseur actuel qui y a même rétabli des
« cheminées à vastes manteaux de granit, soutenues sur des corbelets, en prenant le gabari de celles qui n'étaient point
« détruites. » (*Bret. et Vendée*, t. VI, année 1859, pp. 23 et 24.)

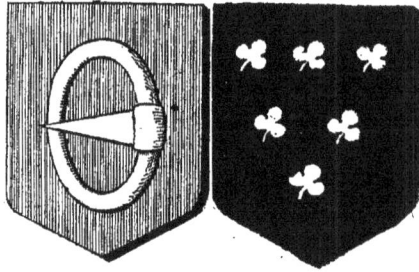

De Kersaintgilly

en qualité de *chevalier* (Mss. de la Bibl. de Nantes, t. II). On les voit figurer aux réformes de 1426 à 1534, en Guiclan, Plouvorn et Le Minihy, évêché de Léon.

Blason : *De sable, à six trèfles d'argent, 3, 2, 1 ;* aliàs : *une croix échiquetée.* (Sceau de 1303.)

D'après Guy Le Borgne, la maison de Kersaint-Gilly a positivement la même origine que celle, non moins illustre, de Saint-Gilles ; elle a toujours suivi la carrière des armes. En première ligne, il faut nommer Geoffroy, croisé en 1248. Etant passé à Damiette, au printemps 1249, il contracta un emprunt, dont l'acte a fait admettre ses armes à Versailles. Eon, *l'un des dix escuiers,* figurant *à la montre de Huet de Kerautret, receue à la Guerche,* 15 décembre 1355. (D. Lob., II, col. 495.) L'*Histoire de du Guesclin,* p. 392, nomme en outre Guillaume. — Hervé, fils Yvon, épouse, en 1348, Marie, dame du Cosquérou, dont Bernard, marié, en 1388, à Louise de Penmarch. — Guillaume et Alain, entre les nobles de Plouénan et de Ploëmahorn (Plouvorn), en 1443. (Marquis du Refuge, p. 78.) — Pierre, homme d'armes dans la compagnie de Messire Maurice du Mené. (D. Mor., III, col. 352.) — Guillaume, dans une montre faite à Dinan, le 1er septembre 1489. (Ibid., col. 632.) — N... de Kersaint-Gilly, signataire de la capitulation des ligueurs de Léon, au Folgoat, le 8 août 1794. (Ibid., col. 1601.) — Un sénéchal de Morlaix, en 1580. — Guy Simon, mestre de camp, chevalier de Saint-Louis en 1771. — Louis-Anne-Joseph, capitaine-commandant au 11e chasseurs, 31 août 1836, chef d'escadron au 8e dragons, 5 mars 1849, chevalier, puis officier de la Légion d'honneur. (*Ann. milit.,* ann. 1836-1854.) — Un volontaire pontifical à Castelfidardo.

La branche aînée de Kersaint-Gilly fondue dans Kersauson, en 1581, par le présent mariage. (Mss. de la Bibl. de Nantes, t. II, fol. 1428.) — Celle de Keruzoret dans Le Borgne, par le mariage d'Isabeau avec Adrien Le Borgne, vers 1600. (Ibid., t. I, fol. 209.) — Celle du Cosquérou dans Goesbriant, par le mariage de Marie avec Christophe de Goesbriant, en 1610 [1]. (Ibid., t. II, fol. 1020.) — Enfin, celle de Kersaliou dans Simon de Kerenez.

Les trois seules branches existantes de Kersaint-Gilly sont : celle de la Ville-Colvé, représentée par M. le comte Amaury, ses deux fils, Aimé et Amaury, et quatre sœurs ; celle de la Ville-Jégu, par cinq ou six membres. Une troisième habite Saint-Pol-de-Léon.

A la requête de son épouse, Hamon de Kersauson somma sa belle-sœur, Marie de Crec'hquérault, dame douairière de Keruzoret, et curatrice de son

---

1. Du mariage de Christophe de Goesbriant avec Marie de Kersaint-Gilly issurent deux filles : Anne de Goesbriant, mariée, en 1651, à Jacques de Kermenguy, et Constance, que nous allons voir épouser Pierre de Kersauson, arrière-petit-fils d'Hamon I.

fils, Hervé de Kersaint-Gilly, sᵣ de Keruzoret, d'accepter la levée des héritages qu'on lui avait baillés en partage, pour acquitter le rachat dû au sᵣ du fief, par suite du décès de Françoise de l'Estang, sa belle-mère. Cette sommation est datée du 21 novembre 1581.

Dans un enrôlement de rentes dues au seigneur évêque de Léon, sur les terres de l'île de Batz, en 1577, il est question d'Hamon de Kersauson, sᵣ de Guénan, qui y est qualifié du titre de sénéchal de la juridiction des régaires de Léon. En 1573, on trouve le même Hamon ayant un colombier avec droits concédés par l'évêque de Léon de le faire réparer.

De ce mariage issurent :

1º HAMON, dont l'article va suivre.

2º GILLETTE, mariée à *François Le Marc'hec,* sᵣ de Launay, écuyer.

Marc'hec (Le), sᵣ de Launay, — de Penalan, — du Merdy et de Trobriant, en Plougaznou, — de Keridec, en Lanmeur, — de Lavallot, en Taulé.

Ancienne extraction chevaleresque. — Huit générations en 1669. — Réformes et montres de 1427 à 1543, en Plougaznou, évêché de Tréguier.

Blason : *D'azur, à 2 badelaires d'argent, garnis d'or, passés en sautoir, la pointe en haut.*

Guillaume Le Marc'hec épouse, en 1477, Anne de la Forest.

La branche de Penalan fondue dans Toulgouet, puis Le Gualès ; celle de Lavalot dans Penhoadic.

Gillette reçut un partage noble et avantageux de son frère Hamon, en date du 10 septembre 1615.

XXI. HAMON II, sᵣ de Guénon, épousa *Marie Le Ny,* de la maison de Coëtelez.

La notice et le blason de cette famille ont été donnés p. 108 et suiv.

Hamon mourut jeune, laissant une veuve et des enfants mineurs, ainsi qu'il est constaté par un inventaire de meubles fait après son décès, le 28 décembre 1617.

De ce mariage issurent :

1º PRIGENT, dont l'article suit.

2º YVONNE, qui reçut un partage noble après la mort de sa mère, le 22 août 1625, et mourut sans hoirs.

Le Marc'hec

Le Ny

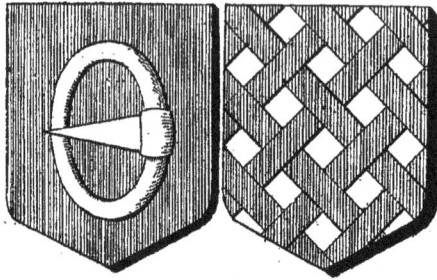

De Penfeunteniou

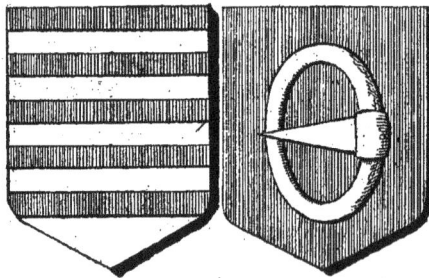

XXII. PRIGENT, sʳ de Guénan, écuyer, épousa, en 1628, *Jacquemine de Pégaignon*, fille de Messire Bertrand de Bégaignon, sʳ du Rumain, et de Françoise Loz.

Bégaignon (de), sʳ dudit lieu et de Kerhuidonez, en Plestin, — de Kergadiou, en Bourbriac, — de Coatgourden, en Pestivien, — de la Villeneuve, — de Kerdéval, — de Pouldouran, paroisse de ce nom, — de Suzlé, en Plésidy.

Ancienne extraction chevaleresque. — Huit générations en 1669. — Réformes et montres, de 1427 à 1481, en Plestin, évêché de Tréguier.

Blason : *Fretté d'argent et de gueules*, comme Le Rouge. (Sceau de 1420.)

Yves de Bégaignon, écuyer dans une montre reçue à Dinan en 1356. — Even, évêque de Tréguier, mort en 1378. — Guy épouse, en 1444, Jeanne de Troguindy.

La branche aînée fondue dans Le Rouge.

Prigent de Kersauson mourut en 1640, laissant sa veuve tutrice de ses enfants mineurs.

De son mariage issurent :

1º PIERRE, dont l'article suit :

2º RENÉE-FRANÇOISE, mariée à *Sébastien de Penfeunteniou*, écuyer, sʳ de Mesgral ¹.

Penfeunteniou (de) (en français Cheffontaines), sʳ dudit lieu, en Sibéril, — de Kermoruz, paroisse du Minihy, — de la Villeneuve, en Plouvien, — du Louc'h, — de Mesgral, en la Forest, — de Mesnaolet, en Guiler, — de Coëtqueno, — de Kermorvan, en Trébabu, — de Penhoët, en Plougonven, — de Kermoal, — de Keroman, — du Cosquer, — de l'Isle, — de Coëtalan, — de Kervéréguen, en Loctudy, — baron de Kergoët et de Bodigneau, en 1680 (sous le nom de Cheffontaines), en Clohars-Fouesnant, — sʳ de Rosvern, — de Kerventenou, — de Lesveur, — de Rosarnou, en Dinéault, — de Kermahonet, en Cuzon.

Ancienne extraction chevaleresque. — Dix générations en 1669. — Réformes et montres de 1426 à 1534, en Sibéril, Cléder et Le Minihy, évêché de Léon.

---

1. Nous possédons un parchemin avec les blasons accolés et peints de Sébastien de Penfeunteniou et de sa femme, Françoise de Kersauson.

Ce parchemin est signé Charles d'Hozier, général d'armes de France, et daté de Paris, le 18 mars 1698. C'est un brevet attestant que lesdites armoiries ont été reçues et enregistrées à l'armorial général, dans le registre costé Bretagne, en conséquence du paiement des droits réglés par les tarifs et arrest du conseil du 20 novembre 1696.

Blason : *Burelé de dix pièces de gueules et d'argent.*

Devise : *Plus quam opto.*

Hervé de Penfeunteniou, témôin dans un accord entre le vicomte de Léon et les moines du Relec, en 1310. — Jean, s<sup>r</sup> de Kermoruz, épouse, vers 1430, Catherine Heusaff. — Christophe, général des Cordeliers et archevêque de Césarée, mort en 1594. — François-Claude, chevalier de Malte, en 1709. — Georges-Marie-René, id., en 1783. — Ambroise-Joseph-Étienne, Achille-Guy-Michel et Armand-Louis-Marc-Urbain, id., en 1784. — Jean-Baptiste, page du Roi, en 1708. — N..., id., en 1765. — Marquis de Penfeunteniou de Cheffontaines, admis aux honneurs de la cour en 1788. — Deux maréchaux de camp de 1815 à 1830. — Un général de brigade en 1861.

Branche aînée fondue, au XVI<sup>e</sup> siècle, dans Lesquelen, puis, en 1616, dans Le Rouge.

3° **YVONNE**, morte sans alliance.

Toutes deux furent partagées noblement par leur frère en 1662.

**XXIII.** Pierre, qualifié Messire s<sup>r</sup> de Guénan et demeurant au mànoir de ce nom, fut baptisé à la cathédrale de Saint-Pol de Léon, le 2 août 1638. Il épousa en 1661 *Constance de Goesbriand,* fille de Messire Christophe de Goesbriand, s<sup>r</sup> du Rozlan, et de Marie de Kersaint-Gilly.

Goesbriand (de), s<sup>r</sup> dudit lieu et de Glahéra, en Plouigneau, — de Kerantour, de Penanrue, en Stival, et de l'Armorique, en Plougean, — de Kervéguen et de Kermenguy, en Guimaëc, — du Rozlan, en Plougaznou, — du Cosquérou, en Mespaul, — de la Noë Verte, de Triévin et de Keraudy, en Plouézoch, — de Coatcoazer, en Lanmeur, — de Guermorvan, en Louargat, — de Lanhaca, — du Roscoat et de Keralliou, en Tréduder, — de Crénard, en Vannes et de Kerdaoulas, en Saint-Urbain.

Ancienne extraction chevaleresque. — 14 générations en 1669. — Réformes et montres de 1427 à 1543, en Plouigneau, Plougaznou et Plouezoc'h, évêché de Tréguier.

Blason : *D'azur, à la fasce d'or.*

Devise : *Dieu y pourvoira.*

La maison de Goesbriand a produit : Auffray, cap. de 50 lances en 1200, père de Graslin, marié à Louise, dame de Kerantour. — Autre Auffray, gouverneur des ville et château Saint-Macaire, en 1389, épouse Alix de Rodalvez. — François, prisonnier à la bataille de Saint-Aubin-du-Cormier, en 1488. — Un gentilhomme de la Chambre du Roi François I<sup>er</sup> et gouverneur de Morlaix depuis 1540. —

De Goesbriant

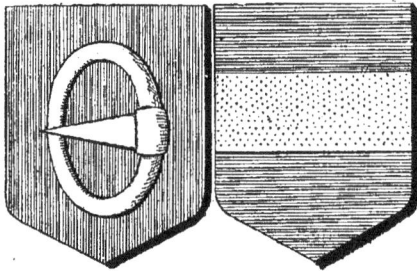

Un capitaine royaliste qui défendit Kérouzéré contre les Ligueurs en 1590.— Trois pages du roi : Charles-Jean, en 1680; Julien-Joseph (page de la Dauphine), en 1682; Jean, en 1686. — Quatre chevaliers de l'ordre du Roi (voir chev. bret. de Saint-Michel, par M. de Carné. pp. 142-143-144), et un 5ᵉ mentionné par M. de Courcy, en 1704, mort en 1744, lieutenant général [1]. — Un maréchal de camp, en 1738, mort en 1752. — Marie-Anne, abbesse de Kerlot, de 1715 à 1738, date de sa mort. — Un évêque de Burlington, frère d'un volontaire pontifical, blessé à Castelfidardo, en 1860. — Goesbriand s'est allié aux Barbier, de la Marzelière, de Coëtlogon, de Kersauson, de Kerpoisson, de Kersaint-Gilly, de Parcevaux, du Breil, de Rays, etc., etc.

La branche aînée s'est alliée aux Béthune et aux Chatillon, et s'est fondue, en 1747, dans Suffren, celle du Rozlan, en 1651, dans Kermenguy ; elle brisait d'un lambel de gueules. Cette fusion s'effectua par le mariage d'Anne, sœur aînée de Constance, dame de Kersauson, avec Jacques de Kermenguy, chevalier de l'ordre du Roi, à qui elle apporta la terre de Rozlan, comme en fait foi un partage de meubles intervenu entre les deux sœurs le 21 novembre 1668.

Pierre de Kersauson justifia son attache à sa maison lors de la réformation de 1669 et son arrêt du 16 février dite année [2] le maintient en la qualité d'*écuyer, messire* et *chevalier* (c'est-à-dire d'ancienne extraction chevaleresque), « avec tous droits, privilèges et prééminences attribués aux chevaliers de Bretagne. »

Pierre mourut sans laisser de postérité ; en lui s'éteignit la branche de Guénan.

---

1. Château de Goesbriand, en Plouigneau, près Morlaix, ancien évêché de Tréguier. — Au milieu des landes marécageuses qui forment le tiers de la superficie de la commune de Plouigneau, on trouve les restes du château de Goesbriand, possédé depuis le XIIIᵉ siècle par la famille de ce nom, qui a produit, sous Louis XIV, un lieutenant général, chevalier des ordres. Assiégé, en 1710, dans la ville d'Aire, par le prince Eugène et le duc de Marlborough, il ne consentit à capituler que sur un ordre exprès du Roi, et après avoir fondu son argenterie pour payer les Suisses de la garnison, qui, justifiant le proverbe : *Pas d'argent, pas de Suisse*, refusaient de combattre. On a conservé dans la famille du marquis de Goesbriand une des monnaies obsidionales qu'il avait fait frapper. Cette pièce d'argent, poinçonnée seulement d'un côté, porte dans le champ les armes de Goesbriand et la date de 1710, et pour légende : *Aria 50 obs. pro Rege et patriâ*. (*Bret. contemp.*, t. II, p. 62.)

2. Jugement de la Chambre de réformation de la noblesse, séant à Rennes, qui reconnaît comme noble et maintient avec la qualité d'écuyer Messire Guillaume de Kersauson, sieur de Guervélec, (Kervélec) et ses enfants, à l'instar de Messire Pierre de Kersauson, sieur de Guénan, qui a déjà fait sa déclaration de noblesse, attendu que ledit sieur Guillaume de Kersauson tire comme lui son origine de la maison de Guénan. » (Arch. du Finistère, série E, 331.)

Du Garo

Gourio

# BRANCHE DE KERVELEC OU KEREDEC

## PLUS TARD GOASMELQUIN ET AUJOURD'HUI KERJAN-MOL

### RAMAGES DE GUÉNAN

———

**XX.** ANDRÉ II de Kersauson, écuyer, frère cadet de Hamon I, sʳ de Guénan, est la tige de ces différents rameaux. Ainsi qu'il a été précédemment dit, André fut partagé noblement par son frère aîné en 1567 et 1581. Il épousa *Anne du Garo,* dame de Kervelec ou Keredec, en Plouzané, de Kerloys et de Crec'hpiquet, qui apporta à son mari les dites seigneuries.

Les Garo (du), sʳˢ de Kervelec ou Keredec, en Plouzané, de Kerloys et de Crec'hpiquet, ont comparu aux réformes et montres de 1447 à 1534, dite paroisse, évêché de Léon.

Blason : *D'argent à trois sarcelles de sable.*

Cette famille s'est fondue dans d'Andigné.

De ce mariage issurent :

1º PRIGENT, dont l'article suit.

2º JEAN, sʳ de Kervéguen, qui transigea en 1603 avec son frère aîné ; il mourut sans hoirs.

**XXI.** PRIGENT, sʳ de Kervelec, Kerloys et Crec'hpiquet, écuyer, épousa *Marguerite Gourio.*

Nous avons donné antérieurement l'article de cette famille.

Prigent mourut en 1648.

De son mariage issurent :

1º GUILLAUME, dont l'article va suivre.

2º BENOIT, sʳ de Meshuel, mort sans hoirs.

3º JEANNE, dame de Garshuel, décédée sans alliance.

4º FRANÇOIS, qui, ainsi que son frère Benoît et sa sœur Jeanne, reçut, de son frère aîné Guillaume, un partage noble, en date du 18 octobre 1651. François mourut aussi sans hoirs.

XXII. GUILLAUME, sʳ de Kervelec, etc., écuyer, demeurait à Landerneau, en 1669, lors de la grande réformation. Nous avons parlé de sa maintenue de noblesse à l'autre page, en même temps que de celle de Pierre, sʳ de Guénan, dont il recueillit les titres et la qualification, ce dernier étant mort sans postérité.

Guillaume épousa, en 1633, *Jacquette le Gac.*

Gac (le), sʳ du Plessix et de Launay, en Plouasne, — de Coëtlespel, en Plou-néventer, — de Kerraoul, par. de la Roche-Maurice, — de Coetgestin, en Guipavas, — de Penanech, — de Kerlezouarn, — de Lohennec, — de Keramprovost, — de Kerjaouen, — du Cosquer, — du Gorrépont.
Maintenu à l'intendance en 1701 et 1715. — Sept générations, ressort de Lesneven. — Réformes et montres de 1448 à 1513, évêché de Saint-Malo.
Blason : *D'azur, au dextrochère d'argent, tenant cinq flèches en pal, ferrées et empennées d'argent.*
Devise : *Virtus unita* et *Sicut sagittæ in manu potentis.*
Jean le Gac prête serment au duc entre les nobles de Saint-Malo, en 1437. Guillaume, homme d'armes du château de Dinan, assiégé par le vicomte de Rohan en 1488. — Olivier, vivant en 1513, épouse Thomine le Camus. — Sébastien signe la capitulation du Falgoët le 8 août 1594. Les sʳˢ de Lanorgar, en Trefflaouénan, de Kersauté, et du Gouëzou, par. du Minihy, déboutés en 1670.

De ce mariage issurent :

1º CHARLES, dont l'article va suivre.

2º JEAN, sʳ de Kergouescon et du Roscoët, mort sans hoirs.

3º MARIE-CATHERINE, décédée sans alliance.

XXIII. CHARLES, sʳ de Kervelec et de Crec'hpiquet, né à Landerneau, par. de Saint-Houardon, le 24 mai 1636, épousa *Louise-Scholastique Prigent,* dame du Cosquer et de Kerandraon.

Prigent, sʳ du Cosquer, de Kerandraon, de Kervézec, en Plougaznou, — de Kerbridou, en Plouant, — de Kerdinain, — comparant aux réformes et montres de 1481 à 1543, dites par., évêché de Tréguier.

LE GAC

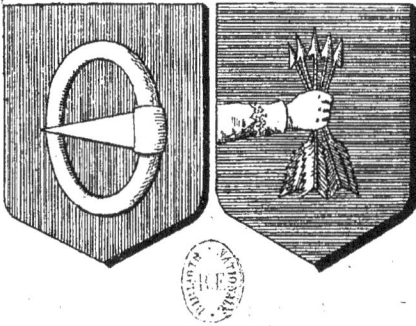

LE CHOSSEC

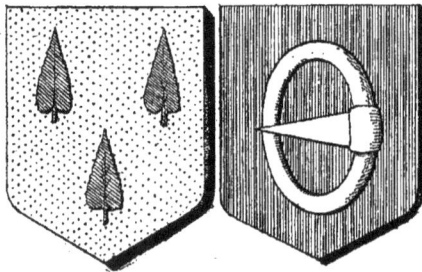

Blason : *D'argent, à trois tourteaux de sable, accomp. d'un croissant de même, en abyme.*

Charles de Kersauson demeurait, en 1676, au manoir de Lossulien, en Guipavas.

De ce mariage issurent :

1° HERVÉ-LOUIS, dont l'article suivra.

2° LOUISE-GABRIELLE, née au manoir de Lossulien en 1674, mariée, en 1711, à *Gabriel le Chossec,* sʳ de Penanrun et du Froutven [1], fils des feus Jacques et Anne Mescam. — Louise-Gabrielle mourut le 20 novembre 1714 et fut enterrée dans la chapelle privative du Froutven connue sous le vocable de N.-D. de Rhun. Gabriel le Chossec, qui était sénéchal de Saint-Pol-de-Léon, mourut à Brest le 9 août 1721, et fut transporté le lendemain à Guipavas, et inhumé près de sa femme à N.-D. du Rhun.

Chossec (le), sʳ de l'Isle, en Plougaznou, de Penanrun, et du Froutven, en Guipavas.

Blason : *D'or, à trois feuilles de sauge de sinople* (arm. de 1696).

La branche de l'Isle fondue, en 1670, dans le Gouz-d'Ossac ; celle du Froutven, en 1754, dans Coataudon.

3° LÉONART, né le 28 novembre 1675 à Lossulien. Il eut pour parrain : noble homme Léonart Dumano, sʳ de la Longrais, de Rennes, et marraine : demoiselle Catherine de Kersauson, dame du Mescoat-Moreau, demeurant au bourg et paroisse de Guimilio, tante de l'enfant. Léonart de Kersauson mourut sans hoirs.

4° FRANÇOIS-XAVIER, qui épousa, en 1696, demoiselle *Thomase le Mayer,* dame de la Villeneuve.

Mayer (le), orig. d'Espagne, sʳ de la Villeneuve, — de Kerigonan, — de Kermenguy, — du Rest.

---

1. De ce mariage naquirent : Marguerite-Renée, le 5 septembre 1712, baptisée le 7. Parrain: Écuyer René de Moéliens, sʳ de Goandour ; marraine, demoiselle Marguerite du Mescam ; 2° Jacques, le 16 novembre 1714; parrain et marraine : Hervé Traouil et Catherine le Guen, pauvres du Froutven.

Blason : *D'argent à deux chevrons dentelés de gueules* (arm. de 1696).

Thomas, maire de Brest, en 1680, épouse Anne le Barzic, dont Thomase, dame de Kersauson (présent mariage), et Marie-Thérèse, mariée à Yves le Dall, sʳ de Kérian.

François-Xavier était bailli de Brest lorsqu'il se maria en 1696. Il ne vivait plus le 28 septembre 1718, et même depuis d'assez longues années, paraît-il, puisque l'on trouve, à cette date, Thomase le Mayer établie au Havre et veuve pour la deuxième fois de Louis Vidar de Saint-Clair, mort lieutenant de vaisseau au département du Havre (Bibl. nat., dépôt de titres. Communiqué par M. de Carné).

5º MARIE-LOUISE, mariée vers 171... à *Y. de Kernezne,* écuyer.

Kernezne (de), sʳ dudit lieu, en Quilbignon, — vicomte de Curru, en Milizac, — sʳ de Kergaraoc, en Plouvien, — de Languéouez, en Tréouergat, — de Penanech, en Saint-Renan, — de Kervéguen, — de Keruzas, en Plouzané, — de Penanec'h, en Lannédern, — du Gartz, — marquis de la Roche-Helgomarc'h, en Saint-Thoix, — baron de Laz, par. de ce nom, — comte de Gournois, en Guiscriff, — vicomte de Trévalot, en Scaër, — sʳ de Coatarmoal, en Plouzévédé, — de Kermoalec, en Saint-Thomas de Landerneau, — de Lesmeleuc, — de Penamprat, — de Coadou, — de Keraudy.

Maintenu à l'intendance en 1701 et par arrêt du Parlement de 1775.

Ancienne extraction chevaleresque. — 14 générations. — Réformes et montres de 1443 à 1534, par. de Milizac, évêché de Léon.

Blason : *D'or à trois coquilles de gueules*, comme Keroual et Pilguen ; aliàs : *Écartelé au 1 : de la Roche ; au 4 : de Kerusas ; au 2 : de Kergoët ; au 3 : de Jouan*, sur le tout : *mi-parti* de Kernezne et de Coatarmoal.

Gestin de Kernezne, fils d'Olivier, marié, vers 1360, à Marie Faramus, dame du Curru [1], dont : Jean, grand écuyer du duc de Bourgogne, mort à Paris en 1416,

---

1. Le manoir du Curru, près Saint-Renan, paroisse de Milizac, passa, au XIVᵉ siècle, avec son titre de vicomté, de la « maison Faramus en celle de Kernezne, par le mariage, en 1350, de Marie « Faramus, dame du Curru, avec Gestin de Kernezne, père de Jean, grand écuyer du duc de Bour- « gogne, mort en 1416. Le manoir du Curru, connu dans le pays sous le nom de château du roi « Faramus, fut construit, vers l'an 1526, par Jean de Kernezne, époux de Marie Jouan, dame de « Penanec'h. Des portes en ogives, des fenêtres et croisées de pierre, celles du rez-de-chaussée, « garnies d'épais barreaux de fer, annoncent le commencement du XIVᵉ siècle. Une faible partie de « cet édifice conserve sa toiture, et ses ruines sont considérables. Le portail était décoré du pennon « généalogique de Charles de Kernezne, vicomte du Curru, chevalier de l'ordre du Roi, marquis

LE MAYER

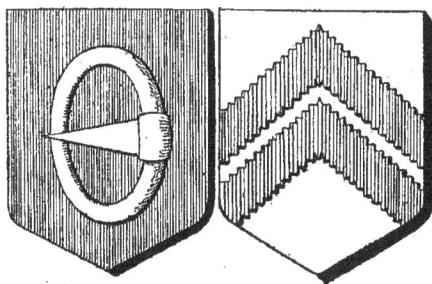

DE KERNEZNE

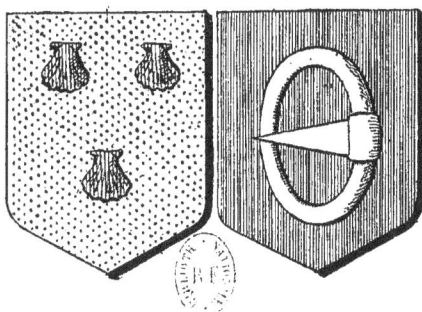

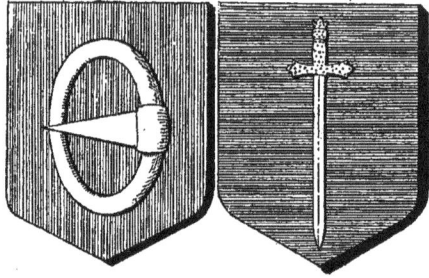

De Goudelin

enterré à Saint-Yves. — Robert, entre les nobles de Milizac, en 1443. (Marquis du Refuge, p. 741.) — Jean, époux, vers 1526 de Marie Jouan, dame de Penanec'h. — Charles, vicomte du Curru, salade dans la garnison de Brest en 1595, époux d'Anne de Coëtanezre, marquise de la Roche-Helgomarc'h, père d'autre Charles, chevalier de l'ordre, marié, en 1629, à Robine de Marbœuf, et gouverneur de Quimper en 1646. (Voir chev. bret. de Saint-Michel, par M. de Carné, p. 206 et suiv.) — La branche aînée fondue, vers 1400, dans Kerlozrec ; celle de la Roche dans Robien, et la dernière dans Keranflec'h.

De ce mariage naquit une fille, Marie-Jeanne-Rose, le 22 juin 1712, ondoyée à Saint-Michel de Lesneven et baptisée le 15 avril 1714. Parrain : Messire Jean de Kersauson dū Roscoat, grand-oncle de l'enfant ; marraine : dame Marie de Kernezne, dame de Kercham[1].

XXIV. HERVÉ-LOUIS, s$^r$ de Kervelec, Grec'hpiquet, du Cosquer, de Kerandraon et de Goasmelquin, fut conseiller du Roi, grand baillif au siège royal de Brest. On a de lui, en date du 18 août 1692, un diplôme de son inscription en la charge d'avocat, délivré par l'Université de Nantes. (Arch. du Finistère, section E, 331.) Il devint plus tard sénéchal de Brest, place qu'il occupait en 1718 et 1743.

Il épousa *Marie-Françoise de Goudelin.*

Goudelin (de), s$^r$ dudit lieu, paroisse de ce nom, — de Goasmelquin, en Plouegat-Guérand, — de Kerloaguen, en Plougonven, — de Guergué, en Plestin, — vicomte de Plédéhel, paroisse de ce nom.

Ancienne extraction. — Cinq générations en 1669. — Réformes et montres de 1481 à 1543, en Plouegat-Guérand et Plougonven, évêché de Tréguier.

---

« de la Roche Helgomarc'h, du chef de sa femme, Anne de Coatanezre, qu'il épousa en 1606[1]. Son écu en bannière, entouré du collier de Saint-Michel, porte : Ecartelé : au 1 : de la Roche ; au 4 : de Keruzas ; au 2 : de Kergoët ; au 3 : de Juan, et, sur le tout, de Kernezne et de Coatarmoal. » (*Bret. contemporaine*, t. II, p. 120.)

1. Assistèrent à la cérémonie : Renée-Françoise de Kersauson, douairière de Mesgral (sœur de Pierre, dernier s$^r$ de Guénan, et que nous avons vue, naguère, épouser Sébastien de Penfeunteniou ; elle devait être fort âgée), — Christophe de Guernisac, — Louise de Kersauson, du Froutven, — Jean-Baptiste de Penfeunteniou, — Jeanne-Renée de Penfeunteniou, — Louise-Marie de Kersauson, — Hervé-Jacques Le Chossec, — Jean-Joseph de Kernezne.

1. Nous croyons que M. de Courcy fait ici confusion entre le père et le fils, tous deux du nom de Charles, du reste. C'est bien le fils de la marquise de la Roche Helgomarch et non son époux qui fut chevalier de l'ordre (voir encore dans les chevaliers bretons de Saint-Michel, de M. de Carné, l'article qui lui est consacré, et extrait des archives de M. Ch. de Keranflec'h-Kernezne).

Blason : *D'azur, à l'épée d'argent, garnie d'or, en pal, la pointe en bas ;* aliàs :
*Écartelé d'argent, à trois fasces de sable, surmontées d'un lion naissant de même.*
Devise : *Joie sans fin à Goudelin.*

Cette maison a produit : Rolland et Jean, son fils, mentionnés dans les chartes
de l'abbaye de Beauport, en 1202 et 1253[1]. — Guillaume, époux de Jeanne de
Trogoff, père et mère de Rolland, marié, en 1363, à Unode Budes. — Autre
Guillaume, décapité en 1420 pour avoir trempé dans la conspiration de Penthièvre
contre le duc Jean V[2].

De ce mariage issut :

XXV. JEAN-FRANÇOIS-MARIE, sʳ de Kerandraon, Goasmelquin (fief
qui lui venait de sa mère), etc., fit ses études à Paris, au collège Louis-le-
Grand, alors dirigé par les Jésuites, et eut pour condisciple Voltaire. Il conserva, d'une éducation complète, le goût de la littérature et du monde. Il paraît
qu'il n'était pas le seul enfant d'Hervé-Louis, mais si le nom du cadet ne nous
est pas parvenu, toujours est-il qu'il fut l'aîné, et destiné, comme tel, à recueillir
les deux tiers de la fortune paternelle.

Il épousa en premières noces *Joséphine-Jeanne-Thérèse de Kerouartz.*

C'est la troisième fois, depuis le commencement de ce travail, que le nom de
Kerouartz revient sous notre plume. Chacune des trois branches actuellement
existantes de la maison de Kersauson s'honore de compter un membre de

---

1. D'autres chartes de Beauport donnent un croisé, en 1270, à la maison de Goudelin.
2. Goudelin, près Lanvollon, mais cantonʳde Plouagat (Côtes-du-Nord), ancien et nouvel évêché
de Saint-Brieuc, était desservi comme paroisse, avant la Révolution, par un moine de l'abbaye
de Beauport. Voici ce qu'écrivent MM. Geslin de Bourgogne et de Barthélémy au sujet de Guillaume de Goudelin, décapité en 1420 pour avoir pris part à la conspiration de Penthièvre contre
le duc Jean V :
« Un jour, en traversant le bourg de Goudelin, nous remarquâmes une large dalle... Une jeune
« châtelaine, dans un riche costume du XVᵉ siècle, s'y détachait en plein relief. Près d'elle, un
« cercueil clos, surmonté de deux écussons grattés, mais sur lequel était déposée une croix ré-
« surrectionnelle ou de triomphe. Du reste, pas un nom, pas une date, pas le moindre signe qui
« pût donner le mot de cette énigme. Longtemps nous en cherchâmes le sens. Longtemps nous
« nous demandâmes quelle était celle qui voulait ainsi veiller à jamais sur un cercueil muet.
« Près de ces armoiries ignominieusement traitées, que voulait dire cette croix de triomphe ?.
« Enfin, un lambeau de tradition et une note des archives de la grand'ville nous amenèrent à.
« reconnaître par induction, mais avec certitude, que ce sarcophage avait recouvert les restes de
« Guillaume de Goudelin et de sa femme, Marie du Porz-Trevennou. Dès lors, tout fut expliqué :
« comme Guillaume était resté fidèle à son seigneur, Marie était restée fidèle au sien, jusque
« dans l'ignominie du supplice. » (*Anc. Évêchés de Bret.*, t. V, pp. 168-169.)

DE KEROUARTZ

MOL

cette famille parmi ses aïeules. Nous renvoyons pour la notice de famille des Kerouartz aux pages 5o et suivantes.

Jean-François de Kersauson n'eut pas d'enfants de Joséphine de Kerouartz. Proche parent des Kersauson de la branche aînée, il entretint avec eux des relations par suite desquelles le marquis Jacques-Gilles voulut le marier d'une manière avantageuse.

Le château de Kerjan, en la paroisse de Trébabu, près le Conquet, était alors habité par la branche aînée de l'ancienne et noble maison Mol. Le châtelain, Olivier Mol, était mort, laissant une veuve [1] et trois filles.

L'aînée, *Françoise-Suzanne Mol*, épousa, en 1733, Jean-François de Kersauson, à la condition que celui-ci habiterait Kerjan. Les cadettes, Mesdemoiselles du Vijac et de Terville, demeureraient chez leur sœur aînée.

La famille des nouveaux époux s'accrut rapidement : ils eurent *dix-huit* enfants ! Mais, sur douze vivant à la fois, cinq moururent la même année. Quatre garçons et trois filles seulement survécurent.

La notice de la maison Mol a été donnée à la branche de Pennendreff, p. 69, à l'occasion du mariage du chevalier Julien-Claude de Kersauson de Pennendreff, capitaine de vaisseau, avec Anne Mol, cousine de Suzanne, mais d'une autre branche.

Le père de Jean-François de Kersauson et Jean-François lui-même se qualifiaient s$^{rs}$ de Goasmelquin ; mais, à partir de son mariage avec Suzanne Mol, ce dernier prit le titre de s$^r$ de Kerjan-Mol, dénomination que ses descendants ont continué à porter et portent encore aujourd'hui.

De ce mariage issurent :

1° MAURICE-PIERRE-JOSEPH, dont l'article suivra.

2° JEAN-MARIE, dit le Chevalier, qui servit dans la marine. Voici ses états de service : Garde marine en 1758, — enseigne en 1760, — lieutenant de vaisseau en 1768. Pendant qu'il était enseigne, et embarqué sur le vaisseau le *Diadème*, commandé par M. Hodeneau de Brengnan (qui devint, en 1779, lieutenant général des armées navales), il prit part à un combat en sortant de la rade de Brest. Il servit ensuite dans l'Inde, sous Le Bailli de Suffren, comme commandant du *Brillant*, vaisseau de 6o canons ; en 1779, il fut nommé

---

[1]. Thérèse de Kerouartz, tante de la première femme de Jean-François de Kersauson.

chevalier de Saint-Louis et reçut le grade de capitaine de vaisseau, à prendre rang le 15 juillet 1784. Le chevalier de Kersauson assista, dans l'Inde, au combat de Trinquemalé, où il se conduisit noblement, et à celui du 20 juin 1782, dernier combat de l'amiral en cette contrée[1]. Ce fut à la suite de ces exploits qu'il fut élevé au grade de capitaine de vaisseau. Peu après, il se retira de la marine et ne tarda pas à se marier, à l'Ile-de-France, à N... de *Tribar du Dressay*, dont postérité.

Sans pouvoir nommer tous les enfants de Jean-Marie de Kersauson, nous savons toujours qu'une de ses filles, AMÉLIE, épousa *François de Courson de la Villehélio*, écuyer, directeur et gouverneur des établissements français à Yanaon, et fils de François-Thérèse de Courson, émigré, gouverneur de Pondichéry pour les Anglais pendant l'Empire, contre-amiral sous la Restauration, chevalier de Saint-Louis et de la Légion d'honneur, et de N... de Tribar du Tressay, par conséquent son cousin germain.

Srs de Liffiac, de Liscineuc, de Kerléan, des Fontaines de la Villeneuve, de Colomeur, de Kernescop, de Kerdaniel, de Costang, de Kersalic, de Kertanguy, de Portzandré, de Kerlévénez, de Grand-Pré, de la Villehélio, de l'Isle, du Bislot, de Hauteville, de la Ville-Valio, de la Ville-Costio, du Val, du Moguer, du Guern, de Melchonec, les Courson comparaissent aux montres de 1423 à 1569, en Plélo et Plouha, évêché de Saint-Brieuc. (*Anc. Réf.*, mss. de la Bibl. de Nantes, t. I.)

Ancienne extraction. — Six générations en 1669. (Arrêts des 30 avril 1669, 31 mai et 29 juillet 1670.)

Blason : *D'or, à 3 chouettes de sable, becquées et membrées de gueules, posées 2 et 1.*

Alliée aux maisons Henry, Perrien, Tanouarn, du Plessis Bardoul, Le Page, Kergorlay, Guillier, Taillard, Loz, Chrétien, de la Villehélio, Boisgeslin, Gicquel, Jégou, Pinard, Gélin, Le Gonidec, Cressoles, Ségur, Laurière, Comasque, Vassol, Kersauson, etc., la maison de Courson a produit : Robert, croisé en 1248 (Charte de Limisso, en compagnie d'Olivier de Guité, Eudes Le Déan et Pierre du Pélerin, écuyers). — Jean, qui prête serment entre les nobles de Goello, en 1427. — Autre Jean, sr de Liffiac et de Liscineuc, vivant en 1469, et époux de Margilie

---

1. Après la bataille de Trinquemalé, le capitaine de vaisseau de Kersauson *du Vijac* (sic) fut interpellé ainsi par le Bailli de Suffren : « Kersauson, ta frégate marche comme une charrette, et « cependant c'est elle qui arrive la première au combat. » — Trait rapporté par l'amiral de Courson, beau-frère de M. de Kersauson, dans ses *Mémoires*, qui sont entre les mains de Mgr Le Breton, évêque du Puy, son ami intime. (*Hist. de la maison de Courson*, parue en 1881.)

De Courson

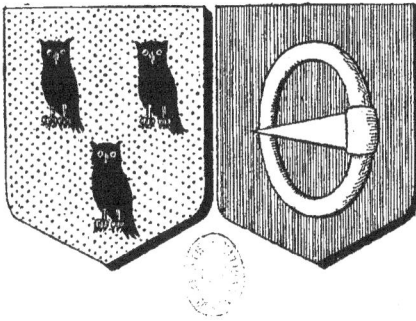

Henry. — François-Auguste, fusillé à Auray après Quiberon. — Jean-Louis, maître des requêtes au conseil d'État, administrateur général de la marine sous l'Empire et la Restauration, mort en 1828 (*Alm. roy. de la Restauration*), tous deux frères de François-Thérèse, père de l'époux d'Amélie de Kersauson, ce dernier mort en 1855. — Hyacinthe-Alexis-Marie, lieutenant de vaisseau. — Alexandre-J.-F., lieutenant de Lorraine-Infanterie en 1784, émigré en 1792, volontaire à l'armée de Condé, puis dans l'armée de Cadoudal en 1800, colonel du 5ᵉ de la garde en 1815, maréchal de camp en 1819, mort en 1847. — Armand, capitaine au 5ᵉ léger, puis officier supérieur de la garde. — Marie-Louis-Armand-Achille, commandant militaire des Tuileries en 1851, général de brigade en 1861, chef d'état-major de l'armée de Paris en 1864. — F.-René-Placide, colonel du 69ᵉ de ligne, à Rome. — Toussaint-Félix de la Villeneuve, colonel du 4ᵉ de la garde à Solferino, général de brigade en 1865. (*Ann. mil. 1865.*)

Une branche établie en Angleterre porte : *D'argent, à la bande de sable, chargée de 3 chouettes d'or.*

Devise : *Laissez Courson tenir ce que Courson a pris.*

Cette branche a produit : Robert, cardinal du titre de Saint-Étienne, légat du Saint-Siège et à qui on doit les statuts de l'Université de Paris en 1215. — Girard, l'un des envoyés du duc de Bedfort en France pour la ratification du traité de Troyes en 1427. (D. Lob., t. I, liv. xvi, p. 572.)

Les trois sœurs de Madame de Kersauson, née de Tribar du Dressay, épousèrent MM. de Courson de la Villehélio, de Visdelou de Bonamour et de Forancis. Ce dernier, qui portait : *D'argent, au croissant de gueules*, était un officier de marine très apprécié des Suffren et des Macmémora. (*Hist. de la maison de Courson.*)


Le portrait du chevalier de Kersauson décore un des panneaux du salon du château de Kerjan-Mol.

3° JEAN-MARC-CHARLES, connu sous le nom de M. du Vijac, officier


## SOUS-BRANCHE DU VIJAC.

JEAN-MARC-CHARLES épousa *N... de Saint-Paul de Chasserel,* famille noble qui portait : *D'argent, au cerf courant de sable, au chef de gueules, chargé d'un levrier courant de sable.*

M. du Vijac fut nommé chevalier de Saint-Louis par brevet du 10 novembre 1791, signé de Louis XVI. Seize ans et cinq mois de service et huit campagnes. Il fut massacré à Versailles, en novembre 1792, avec son général, M. de Cossé-Brissac.

au régiment de Guienne. Nous donnons ci-dessous, comme sous-branche, la suite de sa filiation.

4° N..., appelé M. de Terville, servit, comme son frère, dans l'infanterie, et mourut sans hoirs.

5° JEANNE-RENÉE. Elle avait pris, à l'école de son père, le goût de la lecture, ainsi qu'une teinture de la jurisprudence et de la législation. Elle mourut sans alliance.

6° MARIE-JEANNE-JOSÈPHE, née au Vijac le 17 avril 1747 et baptisée à Guipavas, le 19 du même mois, épousa en premières noces *N... Villiers de l'Isle-Adam*, officier de marine, qui mourut à 28 ans, après quelques

De ce mariage naquit un fils, PIERRE, qui épousa *Julie Urvoy de Portzamparc.*

Urvoy, sᵣ de la Villeoury, — des Fermes, en Maroué, — de la Cassouère, en Landéhen, — des Champscourt, — de Closmadeuc et du Tertre, paroisse de la Maloure, — de la Touche-Bréhant, — de Belorient, — du Duault, — de Saint-Glen, — de Carboureux et de Saint-Bédan, en Saint-Brandan, — de Portzamparc, en Plounévez-Moëdec, — de Troudelin, en Saint-Thual, — des Rabines, — de la Roche, — de Kerstainguy, en Allineuc, — de la Ville-Gourio, — de Chaigné.

Ancienne extraction. — Huit générations en 1668. — Réformes et montres de 1440 à 1513, en Maroué, Landéhen et la Maloure, évêché de Saint-Brieuc.

Blason : *D'argent, à 3 chouettes de mer ou poules d'eau de sable, membrées et allumées de gueules, posées 2 et 1 ;* aliàs : *un chevron chargé d'une barre.* (Sceau de 1418.)

On trouve dans cette famille : Étienne, croisé en 1248, d'après M. de Courcy. — Barthélémy, passant un accord avec le chapitre de Dol en 1277. — Guillaume et Olive, sa femme, font un échange de terre, en Plouguenast, avec Olivier de Rohan, en 1323. — Jean ratifie le traité de Guérande, en 1381. — Olivier, sᵣ de la Villeoury, prête serment au duc en 1437 et épouse Marguerite Rosty, dont : 1° Olivier, marié à Catherine Bourdais ; 2° Pierre, marié à Anne Couespelle, auteur des diverses branches de cette famille. — Claude, sᵣ de Troudelin, chevalier de l'ordre en 1580. — Gilles, sᵣ de Saint-Glen, de la Villegourio, etc., fils de Julien et de Rose Urvoy, chevalier de l'ordre en 1633, gentilhomme de la chambre du roi Louis XIII, sénéchal de Lamballe, épousa, en 1633, Marguerite Le Vicomte, dame de Kerusanno, fille de Vincent et de Jeanne du Cosquer. — Toussaint-Joseph, sᵣ de Saint-Bédan, page du roi en 1737. — Marie-Françoise-Hyacinthe de Saint-Bedan, reçue à Saint-Cyr en 1736. — Un abbé de Ménat (diocèse de Clermont), en 1765. — Un maréchal de camp en 1845.

Les Urvoy se sont alliés aux Lanjamet, aux Nepvou de Crénan, Quimper de Lanascol, etc., etc.

De ce mariage sont issus : 1° Emilie, née vers 1815, mariée à N... Le Masne, dont deux enfants : Henry et N...; — 2° Jules, né en 1817, veuf sans enfants ; — 3° Félix, né en 1822, marié à N..., dont deux enfants : Joseph et Marie ; — 4° Marie, qui a épousé un O'Rorch, Irlandais d'origine, dont quatre enfants : André, Edmond, Marie et Anne.

La terre du Vijac, située en Guipavas, près Brest, a été vendue nationalement.

VILLIERS

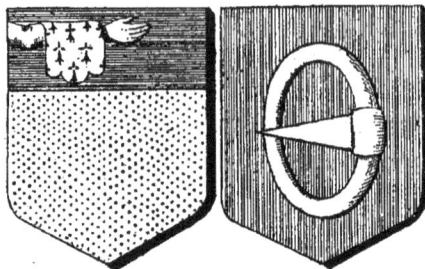

JÉGOU

années de mariage seulement, laissant à sa veuve un fils qui a continué la filiation des de l'Isle-Adam.

Villiers (de) (orig. de l'Isle-de-France), sʳ dudit lieu, — de l'Isle-Adam, — de Livry, — de Chailly.

Blason : *D'or, au chef d'azur, chargé d'un dextrochère vêtu d'un fanon d'hermines.*

Devise : *Va oultre*, et aussi : *La main à l'œuvre.*

Illustrations : Pierre, grand maître et porte-oriflamme de France en 1364. — Jean, maréchal de France, mort en 1437. — Philippe, grand maître de Saint-Jean de Jérusalem, célèbre par sa défense de Rhodes contre Soliman, en 1521. — François, grand louvetier de France, en 1550. — Une branche de Villiers, alliée, en Bretagne, aux Kersauson, par le présent mariage, Nepveu, Hingant et Trolong, a produit un lieutenant de vaisseaux du Roi en 1770 (l'époux de Marie-Jeanne de Kersauson), et un volontaire pontifical à Castelfidardo.

Après la mort de son premier mari, Marie-Jeanne de Kersauson épousa en deuxièmes noces N... *Jégou du Laz.*

Jégou, sʳ de Kerloaguennic, sʳ de Kervillio, en Saint-Gilles-Pligeau, — de Kerguinezre, — vicomte de Kergean ; en Glomel, — sʳ de Mezle-Carhaix, par. de ce nom, — de Paule, par. de ce nom, — du Dréor, — de Saint-Nouay, en Plouray, — de Trégarantec, en Mellionnec, — du Laz, en Carnac.

Ancienne extraction chevaleresque. — Neuf générations en 1668. — Réformes et montres de 1543 à 1562, en Saint-Gilles-Pligeau, évêché de Cornouailles.

Blason : *D'argent, au huchet de sable, accomp. de 3 bannières d'azur, chargées, chacune, d'une croisette pommetée d'or.*

Devise : *Nec spes me mea fefellit.*

Pierre Jégou, procureur général de Goëllo en 1428, épouse Catherine Berthelot. Eon, fils du précédent, marié à Olive du Disquay-Tristan, capitaine d'une compagnie d'arquebusiers au siège de Douarnenez, en 1595, et époux, en 1580, de Catherine Canaber, de la maison de Kerlouet. — Louis, Claude et Christophe, chevaliers de Malte en 1650, 1655 et 1656. — Claude, président des Enquêtes en 1657. — René, conseiller au Parlement en 1687. — Olivier, évêque de Tréguier, de 1694 à 1731.

La branche aînée fondue, à la fin du XVIIᵉ siècle, dans Rougé, du Plessis-Bellière, puis Lorraine-Elbœuf.

De ce second mariage de Marie-Jeanne de Kersauson issurent : Joseph, sʳ de Pratulo. — Hippolyte et Eugène de Kerdudo.

28

7° FLORE, troisième fille de Jean-François de Kersauson, et filleule de sa tante, mademoiselle de Terville, sœur de sa mère, fit son éducation à l'abbaye de Monbareil, à Guingamp. Lorsqu'en 1775, sa mère, Suzanne Mol, mourut d'une attaque d'apoplexie, son père se retira avec elle et ses deux sœurs (Jeanne-Renée, non mariée, et Marie-Jeanne, alors veuve de M. de l'Isle-Adam), à Morlaix, pour se rapprocher de sa terre de Goasmelquin, majeure partie de son patrimoine. Là, il recevait une société choisie de gens de lettres et de savants étrangers, qui recherchaient sa conversation et ses conseils. M. de Kersauson parlait le latin et le grec avec élégance et voyait le chevalier de Boufflers Bochan. La déclamation, fort à la mode dans ce temps-là, charmait les loisirs de la famille.

Fort liée avec ses cousines de la branche aînée (les futures marquises de Tinténiac et de Montbourcher), elle allait quelquefois à Brézal et, pendant un des séjours qu'elle y fit, elle aida à la décoration du château pour la réception princière dont il a été précédemment parlé.

Flore épousa *N.. de Rodellec du Porzic,* ancien officier de marine et chevalier de Saint-Louis.

## ARTICLE RODELLEC

Nous voulons encore ici consacrer un article spécial à la généalogie de la maison de Rodellec que trois alliances successives ont pour ainsi dire greffée sur la branche de Kersauson-Kerjan.

Flore de Kersauson resta veuve avec trois fils :

1° ROBERT, dont l'article suivra.

2° MAURICE, qui vécut dans ses terres, au château de Kerandraon, près Landerneau. Il épousa *Fanny de Portzmoguer.*

Portzmoguer (de) (rameau de Malestroit), s⁣ʳ dudit lieu et de Kerdaniel, en Plouarzel, — de Kermarc'har, en Ploumoguer, — de Kerbriand, — de Keronvel, — de la Villeneuve, — de Treffmeur.

Ancienne extraction. — Sept générations en 1670. — Réformes et montres de 1427 à 1503, en Plouarzel, évêché de Léon.

Blason : *De gueules, à huit besants d'or 3, 3, 2,* comme Malestroit, *une coquille de même en abyme ;* aliàs : *De gueules à la fasce d'or, chargé d'une coquille d'azur, et accomp. de six besants d'or* (G. le B.), comme le Borgne et Saint-Gouezne.

Devise : *Ioul Doué, sel pé ri* (*La volonté de Dieu, prends garde à ce que tu feras*). Et aussi : *Var vor ha zar zouar* (*Sur terre et sur mer*).

Hervé, vivant en 1452, époux de Jeanne du Mesgouez, dont Jean, vivant en 1471, marié à Marguerite Calvez, père et mère de : 1° Hervé, capitaine de la nef *la Cordelière*, tué

De Rodellec

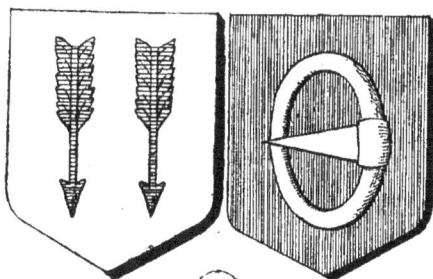

Rodellec (le), sᵣ du Porzic, en Quilbignon, — du Mestiniou, — de Tré-
mogoër, en Ploudaniel, — de Pencaroff, — de Lesnon, en Plougastel-Daoulas,
— de Kerandraon, en Lanneufret, — de Kerléan, en Brelès.

au combat naval de Saint-Mathieu en 1513 ¹; 2⁰ Guillaume, époux d'Amice de Kermorvan, qui a continué la filiation.

Fondu dans Rodellec par le présent mariage.

De ce mariage issut MAURICE, qui épousa *Marie Damesme.*

Damesme, originaire de Normandie, sᵣ de la Bouvernelle, — de Kerbihan, — de Lan-

1. Voici les détails que donne de cette épopée navale M. de Courcy, dans son *Itinéraire de Saint-
Pol-de-Léon à Brest,* que nous avons plusieurs fois cité : « Au fond de l'anse de Portzmoguer est le
« manoir de ce nom, berceau d'une famille qui a donné à la marine un capitaine illustré par le
« combat livré en 1513, devant Saint-Mathieu, à une flotte anglaise. Portzmoguer, ne pouvant
« éteindre l'incendie qui s'était déclaré à bord de sa nef, *la Cordelière,* voulut du moins entraîner
« avec lui son ennemi dans l'abîme, et, s'accrochant au vaisseau amiral anglais, *la Régente,* ils
« sautèrent ensemble avec tout leur équipage. On a voulu, de nos jours, sauver de l'oubli le nom
« de ce vaillant capitaine, en le donnant à une frégate ; mais pourquoi avoir rendu ce nom mécon-
« naissable, par l'altération qu'on lui a fait subir, et avoir appelé cette frégate *Primauguet* au lieu
« de *Portzmoguer?* Est-ce ainsi qu'on doit écrire l'histoire au XIXᵉ siècle !
« Hervé de Portzmoguer, *le héros de la Cordelière,* était fils de Jean de Portzmoguer, qui com-
« parut à la montre générale de Léon, en 1481, *en équipage d'archer en brigandine et soubʒ luy
« un escuier et un page,* et de Marguerite Calvez, de la maison du Prédic, en Plougonvelin. A une
« montre postérieure, reçue en 1503, Hervé est excusé de ne pas comparaître parmi les nobles
« de Plouarzel, *pour ce qu'il est au convoy,* dit le procès-verbal de la montre. On nommait ainsi
« un armement maritime sous la charge de l'amiral de Bretagne, destiné à préserver et garder les
« navires marchands sortant des ports du Duché, et à escorter, spécialement au temps de la ven-
« dange, ceux qui revenaient des ports du midi de la France et de l'Espagne avec des charge-
« ments de vins.
« Hervé de Portzmoguer ne laissa pas d'enfants de sa femme, Jeanne de Coëtmenec'h, mais son
« nom s'est perpétué jusqu'à nos jours dans la descendance de son frère Guillaume.
« Plusieurs relations nous ont été conservées du mémorable combat de *la Cordelière.* La pre-
« mière est un poème latin de Germain Brice, traduit en vers français par Pierre Choque, l'un des
« rois d'armes d'Anne de Bretagne ; le second poème a été publié en 1845, avec une savante disser-
« tation et des notes par M. Jal, historiographe de la Marine, d'après un manuscrit de la Biblio-
« thèque nationale. D'Argentré a donné, dans cette langue monumentale du XVIᵉ siècle, si riche et
« si flexible, une autre version de la mort héroïque de Portzmoguer ; mais les noms de ses com-
« pagnons de gloire sont omis dans ces divers auteurs. Nous les empruntons à une relation de
« Pierre du Louet, neveu de la veuve de Portzmoguer.
« Le jour de Saint-Laurent, l'an 1513, s'entre rencontrèrent la carrague de Bretaigne, nommée la
« Cordelyère, et la carrague d'Angleterre, nommée la Régente, bien près du Raz de Saint-Mahé, et
« combattirent jusques à la nuict, de sorte qu'ils s'entre-bruslèrent tous deux et bruslèrent comme
« chenevottes, et tous ceulx, qui dedans estoient, moururent, sinon bien peu qui s'échappèrent à
« force de nager. Il y avoit une autre neff d'Angloys, que Portzmoguer mit sous l'eau, à grands
« coups d'artillerie, et estime-t-on qu'il en mourut d'Angloys environ 1300 personnes, et de Bretons
« environ 500; entre lesquels mourut le capitaine *Portʒmoguer.* Hervé de Coëtmenec'h, expectant
« de Coëtjunval. — Morice Kerasquer, expectant de Quilimadec. — François le Bailliff. — Tanguy
« Kerlezroux. — Martin le Nault, maître de la Carrague. — Jean le Sainct.— Christophe de l'Isle. —
« *Gabriel Breʒal.* — Olivier et Yvon Nuz. — Yvon Kerdrein. — *Jean Bouteville.* — Maudet Qui-

Extraction. — Six générations en 1669. — Réformes et montres de 1481 à 1538 en Quilbignon, évêché de Léon.

Blason : *D'argent à 2 flèches tombantes d'azur, posées en pal.*

dégarou, — de Kernatoux et de Monrepos, en Ploudalmézeau, — de Botilio, — de Kernizan.

Extraction. — Cinq générations en 1671, ressort de Saint-Renan.

Blason : *De gueules, à la Foi d'argent, tenant une épée de même, la pointe en haut.*

Devise : *La Foy et le Roy.*

Edmond, sʳ de la Bouvernelle, près de Lyons, épouse, vers 1520, Jeanne Boucher. — Gilles, lieutenant au régiment du Maine, marié à Rachel d'Outreleau, père d'Antoine, enseigne au même régiment, qui s'établit en Bretagne, où il épousa, en 1625, Jeanne de Lesguen.

Fondu dans Rodellec et Kermenguy.

Marie Damesme, femme de Maurice de Rodellec, est sœur de Madame C. de Kermenguy, dont nous avons parlé à l'article de Vincelles.

De ce mariage sont nés trois enfants : Maurice, mort jeune ; Arthur-François-Marie, mort, à 34 ans, le 5 septembre 1869 ; Marie-Thérèse-Agathe, morte à Pau, le 3 février 1882, âgée de 49 ans. Maurice de Rodellec est mort vers 1849 ; sa veuve habite le château de Kerandraon, près Landerneau.

3° OLIVIER-JOSEPH-MARIE, troisième fils de Flore de Kersauson, servit sous le premier Empire. Blessé à Iéna et réformé à la suite de sa blessure, il épousa *Thomine* ou *Thomase Audren de Kerdrel*.

« nyou. — Jean Tanguy. — Loys Dolou. — *Yvon le Digouris.* — Guillaume Miorcec. — *Jean Ker-*
« *mellec* ¹, et plusieurs autres gentilshommes et marins. »

« Germain Brice avait aussi composé, pour un cénotaphe à élever au vaillant capitaine breton,
« l'inscription suivante, que nous voudrions voir dans l'église de Saint-Louis de Brest, à côté de
« celle du brave du Couédic :

« Magnanimi Manes Hervei nomenque verendum
« Hic lapis observat, non tamen ossa tegit.
« Ausus enim Anglorum numerosæ occurrere classi,
« Quæ, patriam infestans, jam prope littus erat,
« Chordigera invectus regali puppe, Britannis
« Marte prius sævo cominùs edomitis,
« Arsit Chordigera, in flammâ extremàque cadentem,
« Servavit moriens excidio patriam.
« Prisca duos ætas Decios miratur, at unum
« Quem conferre queat, nostra duobus habet. »

« Le manoir de Portzmoguer n'est plus aujourd'hui qu'une simple ferme ; il doit avoir la
« même étymologie que la paroisse de Ploumoguer, qui l'avoisine, et nous avons remarqué que,
« dans les lieux où le mot *Moguer* (muraille) entrait en composition, on trouvait généralement des
« ruines romaines » (*Bret. et Vendée*, t. VI, pp. 397-398-399).

1. Les noms en italique appartiennent à des familles alliées aux Kersauson.

Devise : *Mad ha léal* (bon et loyal), et aussi : *Cominus et eminus feriunt.*

Rodellec a produit : Hervé, franc de fouages en 1471, frère de Pierre, archer de la garnison de Brest, marié en 1486 à Gillette de Touronce, de la maison de Coëtmanac'h.

Nous avons parlé de ce mariage à l'article Kerdrel, p. 64.

Olivier vint habiter avec sa femme le château de Kerousien, près Le Conquet, où il est mort le 9 mai 1877, dans sa 92ᵉ année.

De son mariage issut un fils, VINCENT, qui épousa *Olympe Le Bihan de Pennelé,* petite-fille de Xaverine de Kersauson, marquise de Tinténiac.

Bihan (Le), sʳ de Pennelé et du Roudour, en Saint-Martin de Morlaix, — de Tréouret, paroisse de Cast, — de Kerscao, — de Keralou, — de la Haye, — du Clos, — de Kerouzlac, en Plouvorn, — de Kersaint, en Plougaznou.

Extraction. — Cinq générations en 1669. — Réformes et montres de 1534 à 1543, en Saint-Martin de Morlaix, évêché de Léon.

Blason : *D'or, au chevron de gueules, issant d'une mer d'azur.*

Devise : *Vexilla florent* et *Amour en Dieu, espoir en Dieu.*

Bernard Le Bihan, sénéchal de Morlaix, en 1450. — Olivier, époux, vers 1485, de Bazile Le Divézat, de la paroisse de Ploubezre. — Jean, son fils, archer en brigandine, à une montre de 1534, et époux de Marguerite, dame de Tréouret. — Bernardin, sénéchal de Morlaix, député aux États de la Ligue, en 1591. — Jacques-Claude-Toussaint, page du roi en 1729. — Antoine-René, page de la Reine en 1735.

Vincent de Rodellec, époux d'Olympe de Pennelé, est mort au château de Kerousien, le 31 août 1878, à l'âge de 64 ans. Sa veuve habite Brest.

De ce mariage sont issus deux fils : Edouard et Joseph.

ÉDOUARD a épousé *Félicie de Carné Marcein.*

Carné (de), sʳ dudit lieu, en Noyal-Muzillac, — de Blédéhen, en Caden, — de la Touche et de la Salle, en Sérent, — de Kerdaniel, — de Trévy, en Pluherlin, — vicomte de Trouzilit, en Plouguin, — sʳ de Keriar, en Plourin, — vicomte de Coëtquénan, en Plouguerneau, — sʳ de Crémeur et de Liniac, en Saint-Aubin de Guérande, — de Cohignac, en Berric, — de Blaison, — de Trécesson, en Campénéac, — de Rosampoul et du Garspern, en Plougonven, — de Coëtcanton, en Melguen, — vicomte de Trévalot, en Scaër, — sʳ de Catelan, en Saint-Martin-sur-Oust, — de Pratanros, — de Kerliver, en Hanvec, — de Kerdineau, — du Plessix-Mareil, en Saint-Viaud, — vicomte de Marzain, en Saint-Nazaire, — sʳ de la Jonchais, en Donges, — de la Haultière, en Chantenay, — de la Rigaudière, en Ancenis, — de la Roche, en Mésanger, — de Carnavalet, en Quimper-Guézennec, — de Marcein, en Assérac.

La maison de Carné, d'ancienne extraction chevaleresque, et maintenue comme telle par arrêts des 1ᵉʳ juillet, 16 août 1668, 12 et 14 janvier et 30 avril 1669, a produit à cette époque quatorze générations. — Réformes et montres de 1427 à 1536, en Noyal, Caden et Sérent, évêché de Vannes ; Guérande et Assérac, évêché de Nantes.

Blason : *D'or, à deux fasces de gueules.*

Devise : *Plutôt rompre que plier.*

Le premier titre des Carné est une lettre de Guéhenoc, évêque de Vannes, datée de 1203 et attestant une donation faite à la chapelle Saint-Philippe de Vannes, par Alain de

XXVI. MAURICE-PIERRE-JOSEPH, fils aîné de Jean-François et de Suzanne Mol, servit dans la marine. Garde marine en 1754, il fut, l'année suivante, étant embarqué sur le *Lys*, (capitaine de Lorgeril,) capturé par les

Carné, chevalier [1]. — Olivier, fils d'Alain, croisé en 1248. — Eon, trésorier général de Bretagne en 1330. — Guillaume, vivant en 1350, épouse Marie, dame de Brédéhen. — Rolland, premier échanson, premier chambellan et grand maître d'hôtel de Bretagne. — Tristan, chevalier, maître d'hôtel de la reine Anne. — Péan, petit-fils de Guillaume, précité, vivant en 1452, laissa de son mariage avec Raoullette de Mello : 1° Rolland, qui a continué la filiation ; 2° Eon, époux de Jeanne, dame de Trécesson, dont les descendants ont pris en 1494 les nom et armes de Trécesson. — Marc-Pierre, maître d'hôtel de Bretagne, chambellan du roi François Ier, écuyer tranchant de la reine Claude, échanson du dauphin François II, vice-amiral et grand-maître des eaux et forêts de Bretagne. — Sylvestre, dit Christophe, chevalier du Porc-Epic ou du Camail, en 1454. — Sept chevaliers de Saint-Michel, de 1568 à 1643. (Voir les *Chev. bret. de Saint-Michel*, par M. de Carné, p. 79 à 86 et 439.) — Jean, abbé de Villeneuve, mort en 1456. — Catherine, abbesse de la Joie en 1580. — Guillaume, prévôt de Vertou, en 1532. — Un page du Roi en 1708.

Les deux branches de Marcein et de Carnavalet, dont l'origine est commune, remontent à Jean de Carné, gouverneur de Quimper, époux de Françoise de Goulaine (fille elle-même de Claude de Goulaine et de Jeanne Pinard [2]). Ledit Jean eut trois fils : 1° Jean, dont la postérité s'est éteinte au XVIIe siècle ; 2° Charles, auteur de la branche aînée actuelle ; 3° René, auteur véritable des Marcein et des Carnavalet, qui épousa Julienne de Corno, dont : Guy, marié à Jeanne Le Mordant. De ce mariage : Corentin, sr de Kerdaniel, né le 13 avril 1663, qui fut conseiller du roi, commandant de la noblesse de Léon au ressort de Brest et de Saint-Renan, et mort à Brest en 1746. Il eut pour fils : 1° François, chevalier de Saint-Louis, marié : 1° à N... Hamilton ; 2° à Jacquette de Sorel ; il devint la tige de la branche de Marcein ; — 2° Louis-Joseph, né en 1715, époux, en 1745, de Marie-Michelle de Kernaflen-Kergos ; il devint lieutenant de vaisseau, chevalier de Saint-Louis, et fut englouti avec le *Superbe*, le 20 novembre 1759, dans le combat naval du maréchal de Conflans. De ce mariage, entre autres enfants, naquit Louis-François-Marie, marié, en janvier 1783, à Marie-Adélaïde-Joséphine de Boulainvilliers de Croï ;

1. Voici cette lettre : « *Ego G. Dei gratia Venetensis episcopus, omnibus presentes litteras inspec-* « *turis, salutem. Noverint universi quod* Alanus de Carneo, miles, *dedit capellæ Sancti Philippi Ve-* « *netensis, cum ibi in fine sepeliretur, unam minam trecenti annui redditûs, concedentibus* Alano, « Oliviero et Petro, *filiis suis. In cujus autem eleemosinæ testimonium et munimem, presentes lit-* « *teras duximus sigillo nostro roborandas. Datum anno Domini millesimo ducentesimo tertio.* »

2. « Françoise de Goullayne, Madame de Carné. — Le ... août, l'an 1574, hault et puissant Mes- « sire Claude de Goullayne, estant devenu aisné et seigneur de Goullayne, après la mort de feu « M. Baudouin, son frère, et espousa en segondes nopces dame Janne Pinard, veufve du sr de Ker- « méno, près Callac, aux enfans duquel estoict survenu la succession de la maison de Coathallec en « Tréguer, et dudit mariage yssit dame Françoise de Goullayne, qui fut baptisée en la chapelle du « chasteau de Goullayne, le ... du mois de ... l'an 157..., qui depuis a esté maryée avecq le sieur « de Carné, et y a enfans. » (Extrait du Registre de Goulaine publié par M. de la Borderie dans les *Mélanges historiques, littéraires et bibliographiques*, pp. 156-157.)

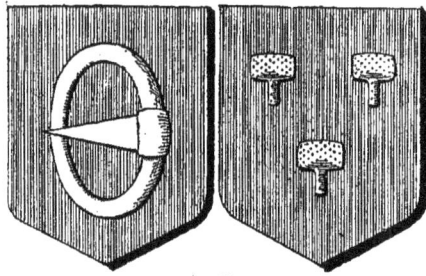

De Maillard

Anglais, dont il resta prisonnier pendant un assez long temps. Nommé enseigne en 1757, il devint lieutenant de vaisseau en 1768.

Le 15 septembre de la même année, il épousa *Antoinette-Agathe-Julie de Maillard,* fille d'un grand commissaire de la marine à Brest, et d'Agathe de

il mourut, en 1827, capitaine de vaisseau et chevalier de Saint-Louis ; dont : 1º Jacques-Henri, né en 1783, lieutenant-colonel de la garde royale, licencié en 1830, chevalier de Saint-Louis, de la Légion d'honneur et de Saint-Ferdinand d'Espagne. Il épousa : Louise de Brief de Saint-Ellier, fille de Charles, maréchal de camp des armées royales d'Espagne, et de dona Hermosa, dame d'honneur de la reine ; — 2º Louis-Marie et 3º Auguste-Bon-Marie, chevalier de Saint-Louis et de la Légion d'honneur ; tous deux morts sans alliance. Du mariage de Jacques-Henri avec dona Hermosa sont issus : 1º Louis-Marie, époux de Marie-Ameline de Cadeville, dont postérité, et mort en 1871 ; — 2º Palamède-Marie-Thérèse, né en 1819, époux, en 1848, de Félicité Chesnel, dont : 1º Adrien, né en 1854, et marié, en janvier 1885, à Mⁱˡᵉ Claire de Tugny, fille de M. de Tugny, colonel d'état-major en retraite, et de demoiselle N... de Beauvert; — 2º Gaston, né en 1856 ; — 3º Jean, né en 1857. (Communiqué par M. G. de Carné-Carnavalet, susnommé.)

Guy Le Borgne (*Arm. de Bret.,* p. 43) dit que la maison de Carné est « assez connue « pour estre une pépinière féconde de seigneurs aussi braves, galants et généreux qu'il y « en ait en province. »

Les représentants actuels de la maison de Carné sont, en outre des enfants de Louis-Marie et de Palamède-Marie-Thérèse, nommés ci-dessus : Henri, comte de Carné-Trécesson, marquis de Coëtlogon, conseiller général des Côtes-du-Nord ; — Olivier, fils de feu Ambroise et de Laure de Montagu. — Louis et Edmond, ses oncles. — Louis, comte de Carné-Marcein, député et ancien directeur au ministère des affaires étrangères, et ses enfants, auteur de plusieurs ouvrages remarquables, membre de l'Académie française, chevalier de la Légion d'honneur, conseiller général du Finistère. — Le vicomte Jules et Fernando de Carné, fils de la marquise douairière de Carné.

Edouard de Rodellec, veuf aujourd'hui, habite le château du Perennou ¹, qui lui vient de sa femme.

JOSEPH, frère cadet d'Édouard, a épousé *Marie de Ferré de Peyroux,* fille de M. de Ferré de Peyroux, ancien officier de marine, et de demoiselle Marie Le Dall de Tromelin.

Ferré (originaire du Poitou et y maintenu en 1667), sʳ de la Fond, — de la Frédière, — de la Lande, — du Mas, — de la Jarodie, — de la Courade, — de Peyroux.

---

1. « Située dans l'anse de Combrit, comme le Cosquer, mais du côté opposé, *la villa du Perennou* « était une habitation complète d'un des principaux envahisseurs de l'Armorique, avec ses thermes, « accessoire indispensable de toute habitation romaine. Des pavés en mosaïques, des murailles « revêtues en marbre blanc, des fresques rehaussant les parements de plusieurs pièces, présentent « un échantillon tout méridional d'un luxe inconnu chez les anciens indigènes. Des poteries fines, « décorées d'ornements en relief, ont été retirées de ces ruines, ainsi qu'une suite de médailles à « l'effigie des consuls Lucius et Caïus, petits-fils d'Auguste (colonie de Nîmes), et à l'effigie de « Tibère, Claude, Antonin, Marc-Aurèle, Faustine, Commode et Victorin. Les objets les plus pré-« cieux, trouvés dans ces substructions, sont conservés avec soin par le propriétaire. » (*Bret. cont.,* t. II, p. 22.)

Viviers, fille elle-même d'un riche colon possédant une habitation considérable dans le sud-ouest de Saint-Domingue. Mademoiselle de Maillard avait six sœurs, toutes alliées à de grandes familles : Mesdames d'Autichamp, — de Lallain, — d'Audenarde, — de Scépeaux, — de Coustard Saint-Lo et Éveil-

Blason : *De gueules, à la bande d'or, accompagnée de trois fleurs de lys de même.*

Thomas de Ferré, auteur de la branche de la Fond, épouse, en 1485, Perrette de Marbœuf. — Cette branche a produit un page du Roi et deux chevaliers de Malte depuis 1756. — François, auteur de la branche de Peyroux, vivant en 1520, épouse Catherine Poispaille[1]. — Cette branche a produit un lieutenant-colonel au régiment de la Reine (Dragons), en 1717, et s'est alliée en Bretagne aux de Rorthays, Budan, Le Dall de Tromelin, Michel de Kerhorre et de Rodellec.

Madame de Rodellec, née de Ferré, a deux sœurs : Sophie et Gabrielle; la première est entrée en religion chez les dames du Sacré-Cœur.

ROBERT DE RODELLEC était, on se le rappelle, fils aîné de N... de Rodellec et de Flore de Kersauson. Il épousa sa cousine germaine, *Sophie de Kersauson de Kerjan,* fille de Maurice-Pierre-Joseph, chef de nom et armes de Kerjan, et d'Antoinette-Agathe-Julie de Maillard.

A part quelques années passées dans l'administration départementale, sous la Restauration, comme sous-préfet de Chateaulin, Robert de Rodellec vécut constamment dans ses terres, au château du Porzic, en la paroisse de Quilbignon[2], près Brest. Veuf, depuis de longues années, Robert de Rodellec est mort en 1852, laissant de son mariage : 1° Antoine, dont l'article va suivre ; 2° Emile, dont l'article suivra également ; 3° Amédée, qui entra de bonne heure dans la marine et mourut, jeune encore, vers 1835.

AGATHE-ANTOINE-RENÉ-MAURICE, admis, et des premiers, à l'École polytechnique, en sortit dans l'artillerie. Il donna sa démission en 1830 et vint habiter Saint-Pol-de-Léon, où il épousa *Félicie-Marie-Louise Boscal de Réals,* fille de Charles, comte Boscal de Réals, mort à Saint-Pol-de-Léon, le 1er janvier 1825, à l'âge de 55 ans, et de Henriette de la Tullaye.

Boscal (originaire du Languedoc, maintenu à l'intendance de La Rochelle, en 1699), sr de Réals, en Murvielle, — baron de Mornac, — sr de Puysségur, — de Champagnac, — de la Motte, — de Saint-Laurent.

Blason : *D'azur, au chêne arraché d'argent, accosté de 2 croissants affrontés d'or et surmontés d'une fleur de lys de même.*

Antoine Boscal, marié, en 1524, à Anne de Cossé. — César, capitaine d'une compagnie de gens d'armes, au régiment du Piémont, en 1606. — Un député de la noblesse de Saintonge aux États généraux de 1614. — Un chef d'escadron en 1782.

Cette famille s'est alliée en Bretagne aux La Tullaye, Charbonneau, Kersaint-Gilly, Rodellec, du Vergier et Botmiliau.

1. Les Ferré de Peyroux ont pour ascendants les Tiberge et les Gaigneron, des Antilles.

2. Le château du Porzic, situé dans une position délicieuse, aspectant la rade de Brest, et placé comme une sentinelle avancée à l'entrée de son fameux goulet, fut restauré par le père de Robert de Rodellec, époux de Flore de Kersauson. Le double écusson des deux familles s'y remarque encore, accolé et incrusté dans la pierre, au-dessus de l'entrée principale. (Note de l'auteur.)

lard de Livoie. Son frère n'était pas marié. L'habitation de Saint-Domingue, vendue après la mort de M. de Viviers, donna quatre cent quatre-vingt mille francs à chacun de ses enfants. La famille de Viviers était d'origine bourgui-

---

Madame de Rodellec, née de Réals, était morte à Saint-Pol-de-Léon, le 8 juillet 1857, âgée de 51 ans. — Antoine de Rodellec est décédé à Saint-Pol-de-Léon, également, le 15 juin 1876.

De ce mariage sont issus :

1º HENRI, dont l'article va suivre.

2º ANTOINE-ÉLIE-MARIE-MAURICE, né en 1833, lieutenant au 4º de chasseurs d'Afrique, tué à l'ennemi, sur l'Oned Guir (Maroc), le 15 avril 1870, âgé de 27 ans.

3º MARIE, entrée en religion chez les dames du Sacré-Cœur.

4º ÉMILIE, et 5º FÉLICIE, toutes deux non mariées et habitant Saint-Pol-de-Léon.

HENRI-MARIE-ANNE-RENÉ de Rodellec, né en août 1831, se destina à la marine. A la sortie de l'École navale, il fit, comme aspirant et comme enseigne, plusieurs campagnes. Il était déjà lieutenant de vaisseau depuis plusieurs années, lorsqu'il épousa, le 29 décembre 1863, demoiselle *Emilie de Poulpiquet du Halegoët*.

Poulpiquet (de), sᵣ dudit lieu, — de Tremeïdie, — de Coëtédern, — du Halegoët, — de Locmaria et de Roche-Durand, en Plouzané, — de Kerangroaz, — de Lannouan, — de la Villeroche, — de Brescanvel, en Brelez, — d'Hugères, en Ercé en Lamé, —. de la Chevronnière, — de la Varènne et de Juzet, en Guémené-Penfao, — d'Anguignac, en Fougeray, — de Kermen, en Carantec, — de Coëtlez, en Tréflez, — de Kerliviry, en Cléder, — de Kerisnel et de Kernévez, paroisse du Minihy, — de Keryven-Maho, — de Kerbudan, — du Fransic et de Feunteunspeur, en Taulé.

Ancienne extraction chevaleresque. — Neuf générations en 1668. — Réformes et montres de 1427 à 1534, en Plouzané, évêché de Léon.

Blason : *D'azur, à 3 pallerons (aliàs : pies de mer) ou poulles d'argent, posées 2 et 1, becquées, barbées, crettées et pattées de gueules.*

Devise : *De peu, assez.*

La maison de Poulpiquet a produit : Guyomarch, vivant en 1395, époux de Marie, dame du Halegoët, dont : Bernard, vivant en 1447, marié : 1º à Jeanne de Touronce, d'où sont issus les sᵣˢ du Halegoët de Brescanvel ; 2º à Marie Derrien, d'où les sᵣˢ de Kermen et Coëtlez [1]. — Trois chevaliers de l'ordre du Roi (Hervé, Guillaume et autre Guillaume), de 1625 à la fin du XVIIᵉ siècle. (V. les *Chev. bret. de Saint-Michel*, par M. de Carné.) — Bernard, président aux Comptes en 1654. — François-Gabriel et N..., tous deux sᵣˢ de Kermen, pages du Roi en 1727 et 1771. — Un membre admis aux honneurs de la cour, en 1789. — Un docteur en Sorbonne, évêque de Quimper en 1823, mort en 1840.

En épousant Mˡˡᵉ de Poulpiquet, Henri de Rodellec avait donné sa démission de lieutenant de vaisseau. Lorsque éclata la funeste guerre de 1870, il reprit du service, comme chef d'escadron d'artillerie, au 21º corps de l'armée de la Loire. Blessé à Droué (Loir-et-Cher), le 17 décembre, il mourut le soir du même jour, âgé de 39 ans. Il était chevalier

---

1. Les Poulpiquet de la branche de Coëtlès proviennent aussi des Le Pelletier et des Grandair ; par suite, des de Collart et de Brémond d'Ars.

gnonne. L'oncle de Julie de Maillard, le chevalier de Mesle, intendant à Pondichéry, fit une très grande fortune.

Les de Maillard portaient : *De gueules, à trois maillets d'or.*

de la Légion d'honneur et d'Isabelle la Catholique. Aucun enfant n'est issu de ce mariage. Sa veuve a quitté le monde et a pris le voile chez les Dames Auxiliatrices.

ESPRIT-JOSEPH-PAUL-ÉMILE de Rodellec était second fils de Robert et de Sophie de Kersauson. Entré à l'École militaire sous la Restauration, il en sortit dans les gardes du corps du roi Charles X et devint bientôt officier d'ordonnance du général de la Rochejaquelein. Il occupait ce poste en 1830, époque après laquelle il ne tarda pas à donner sa démission. Rentré dans la vie privée, il épousa *Elia de Kersauson de Kerjan,* sa cousine germaine, fille de René-Armand-Constant, chef de nom et armes de sa branche, et de Marie-Louise-Reine du Dresnay. C'était la troisième génération de Rodellec qui s'alliait à la maison de Kersauson. A l'exemple de son père, Émile de Rodellec, depuis sa démission, a constamment habité le château du Porzic [1]. Sa femme y est morte en 1869. En 1876, lors de la mort de son frère aîné, Antoine, et, vu la mort antérieure et sans postérité de ses deux neveux Henry et Antoine, il est devenu chef de sa maison.

Né en 1801, il est mort au château du Porzic le 13 décembre 1881, dans sa 81ᵉ année.

De son mariage sont issus :

1º ROBERT,
2º AMÉDÉE,      tous les deux morts jeunes.

3º ANDRÉ, dont l'article suivra.

4º ADRIEN, volontaire de l'Ouest sous Charette, pendant la guerre 1870-1871, puis officier dans l'infanterie de marine, aujourd'hui lieutenant au 19ᵉ de ligne. Il a épousé, en 1883, demoiselle *N... Crucy,* fille d'un très honorable magistrat de Nantes, expulsé par les nouveaux décrets contre la magistrature.

5º ANNE-JOSÈPHE-ANTOINETTE-CLÉMENTINE, mariée à M. *Claude de Vaulx.*

La famille de Vaulx, originaire du Bourbonnais, porte : *D'azur, au chevron brisé d'or, accompagné en chef de trois croissants de même, et en pointe d'une montagne d'argent.* L'écu est timbré d'un heaume, taré de profil, orné de ses lambrequins.

M. Claude de Vaulx fait partie de l'administration de la marine, à Brest. Madame de Vaulx, née de Rodellec, est morte le 7 février 1880, à l'âge de 34 ans, laissant quatre garçons et deux filles : Claude, Paul, Alexis, Ivan, Elia et Marie-Antoinette de Vaulx.

6º ALEXIS, actuellement maréchal des logis fourrier au 4ᵉ cuirassiers.

7º ÉLIA, qui a épousé M. *Fernand de Vaulx,* frère du mari de sa sœur. Elle habite le Bourbonnais.

8º ÉLISABETH, mariée, en 1881, à M. *N... Goubin.*

---

1. A peu de distance du château du Porzic est située la chapelle de Sainte-Anne du Porzic, dépendant de la propriété, et lieu de pèlerinage très fréquenté des marins. « Cette chapelle, » nous dit M. de Courcy, dans son *Itinéraire de Saint-Pol à Brest,* « appartenait, dès 1481, ainsi « que le manoir du même nom, à Hervé Le Rodellec, franc archer de la paroisse de Quilbignon, « en 1471, lequel portait pour armes *deux flèches en pal,* que l'on remarque sur une porte du « château du Porzic, où ses descendants habitent encore. » (*Bret. et Vendée,* t. VI, p. 404.)

Après son mariage, Maurice de Kersauson continua à servir. En 1775, il reçut la croix de Saint-Louis. C'est à ce moment qu'il perdit sa mère, Suzanne Mol. La terre de Kerjan, qui appartenait à celle-ci, revenait, comme fils aîné, à Maurice, qui, en plus des deux tiers de la fortune, avait droit à ce que l'on appelait *le vol du chapon,* c'est-à-dire les bois, le jardin, les avenues et le pourpris.

Maurice se retira donc de la marine en 1776 et vint s'établir définitivement à Kerjan que quitta alors son père pour se fixer, comme on l'a dit précédemment, à Morlaix, avec ses trois filles.

A la fin de 1778, fut recueilli au château de Kerjan le fameux Le Gonidec, le Restaurateur de la langue celtique[1].

La famille Goubin, du ressort de Rennes, porte : *De sinople, au cygne d'argent et une fasce haussée d'or, chargée de quatre coquilles d'azur. (Arm. de 1696.)*

Elle a fourni : Un procureur au Parlement, en 1696. — Un député de Lesneven aux États de Nantes en 1722.

ANDRÉ de Rodellec est aujourd'hui, par la mort de son père et de ses deux frères aînés, le chef de toute la maison de Rodellec. Ancien sous-officier aux zouaves pontificaux, volontaire de l'Ouest en 1870 et décoré de la médaille militaire, il a épousé Mlle N... *Guérin de la Houssaye,* qui porte : *Ecartelé aux 1 et 4 : d'azur, au dextrochère armé d'argent, mouvant du flanc sénestre et tenant une épée garnie d'or ; aux 2 et 3 : de sable, au lion d'or, armé et lampassé de gueules.*

Devise : *Fidelitate et armis.*

L'écu est timbré d'un casque de chevalier, orné de ses lambrequins.

[1]. « Le Gonidec de Kerdaniel, Jean-François-Marie-Maurice-Agathe, né le 4 décembre 1775 « au Conquet (Finistère), n'avait que trois ans quand il perdit sa mère. Son père étant pourvu « d'un très modeste emploi dans les fermes, il fut recueilli au château de Kerjan-Mol, par Mme de « Kersauson-Goasmelquin, sa marraine. M. de Kersauson le plaça au collège de Tréguier, où « l'abbé Le Gonidec (mort en Angleterre, et qui, en 1815, refusa l'evêché de Saint-Brieuc) était « grand chantre de la cathédrale...

« ... Lors de la Révolution, le jeune Le Gonidec revint à Kerjan, où il devint le précepteur de « M. de Kersauson fils... L'orage commençant à gronder, le maître et l'élève furent obligés de se « cacher, déguisés en paysans, dans une ferme du village de Kerbirès, en Ploumoguer. Deux ou « trois mois après, ils rentrèrent à Kerjan ; mais, en octobre 1793, ils furent jetés dans les pri- « sons de Carhaix, où ils restèrent jusqu'en mars 1795. Le Gonidec trouva alors un asile au ma- « noir de Kervéatoux, près de Saint-Renan, chez M. de Lesguern... La mort ayant frappé ce « dernier, Le Gonidec quitta Kervéatoux et alla résider près de Lesneven, au château de Kergoff, « chez M. du Plessis-Quenquis. C'est de là, que, en 1804, il se rendit à Paris, où il commença « son *Dictionnaire celto-breton.*

« Le Gonidec est mort le 12 octobre 1838. Ses restes ont été transportés au Conquet, où la cé- « rémonie funèbre, célébrée par M. l'abbé Mercier, curé de Brest, accompagné d'un nombreux « clergé, fut présidée par Mgr Graveran, évêque de Quimper et Léon. Un monument a été élevé « au *Restaurateur de la langue celtique,* par voie de souscription et à l'instigation de M. Bouet. » (*Biog. bret.,* par Le Vot, pp. 234 et suiv.)

Il dut mourir avant sa femme dont le décès arriva à Paris le 8 novembre 1819. M^me de Kersauson était âgée de 67 ans.

Maurice de Kersauson eut de son mariage un premier enfant (un garçon), qui mourut à l'âge de 12 ans, au collège de Vannes, puis un autre garçon et une fille.

Ces deux derniers furent :

1° RENÉ-ARMAND-CONSTANT, dont l'article suit.

2° SOPHIE, que nous venons de voir à l'article Rodellec, épouser son cousin germain *Robert de Rodellec du Porzic*.

Nous y renvoyons pour la notice et le blason de cette famille.

**XXVII.** RENÉ-ARMAND-CONSTANT naquit au château de Kerjan le 7 janvier 1780. Nous trouvons à l'article extrait de la *Biographie bretonne* sur Le Gonidec, que nous donnons en note, les détails de sa première jeunesse qui se passa au milieu des horreurs de la tourmente révolutionnaire.

Dans les premières années du siècle actuel il épousa *Armande-Marie-Anne du Han*, fille d'Hercule-Claude du Han et de Marie-Jeanne de Lesquelen [1].

Han (du), s^r dudit lieu et de Launay, par. de Montreuil-le-Gast, — de Brésamin, en Marcillé-Raoul, — de la Mettrie, — de Montgerval, — de la Grimaudaye, — vicomte de Bressant, — s^r du Tessas, — de la Pichardière, en Cherrueix, — de Pont-Girouard, en Carfantain, — du Bertry, en la Bouëxière, — marquis de Poulmic, en 1651, par. de Crozon, — s^r de Quillivence en Tréhou, — de Keraeret, en Plougoulm.

Ancienne extraction chevaleresque. — Neuf générations en 1668. — Réformes et montres de 1478 à 1513, en Montreuil, Marcillé et Saint-Remy du Plain, évêché de Rennes, Carfantain et Hirel, évêché de Dol.

Blason : *D'argent, à la bande fuselée de sable, soutenant un lion morné de gueules*.

Robin du Han, écuyer de la retenue d'Olivier de Mauny en 1380, époux de Melchiore Le Bouteiller, de la maison de la Chesnaye. — Jean, procureur général

1. Après la mort de son époux Hercule-Claude du Han, Marie-Jeanne de Lesquelen épousa en deuxièmes noces M. de l'Aage, et alla avec lui habiter le Goasvennou, en Poullaouen. De ce second mariage naquit une fille, qui épousa plus tard M. de la Ruë. Madame Émilie de Lesquelen, sœur de Marie-Jeanne, mère de Madame de Kersauson, et qui avait été chassée de son couvent lors de la Révolution (elle était dame hospitalière), vint habiter Kerjan, avec sa nièce ; elle continua d'y habiter après la mort d'Armande du Han, jusqu'au second mariage de René-Armand de Kersauson, en 1814. A cette époque elle se retira à la communauté de Carhaix.

Du Han

Du Dresnay

De Rodellec

Du Plessis-Quenquis

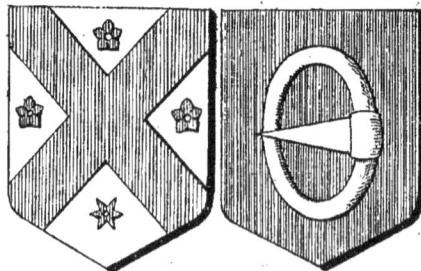

aux grands jours de Bretagne, en 1546. — Madeleine, mariée vers 1550 à Jean de la Belinaye. — Charlotte épouse, vers 1675, Jean de Francheville. — René, Eustache, Jean et Jean-François-Marie, conseillers au Parlement en 1554, 1582, 1615 et 1662.

La branche de Poulmic fondue dans la Porte d'Artois, puis Rousselet de Château-Renaud et d'Estaing.

Armande du Han, dame de Kersauson, mourut à l'âge de 24 ans, le 24 novembre 1805, sans laisser d'enfants de sa courte union.

Devenu veuf, René-Armand de Kersauson resta neuf ans sans se remarier. Au bout de ce temps, il contracta une deuxième alliance, le 17 septembre 1814, avec *Marie-Louise-Reine du Dresnay*, née au château de Kerlaudy, près Saint-Pol-de-Léon, le 25 mars 1781, et fille de Louis-Ambroise, marquis du Dresnay, et de Marie-Josèphe-Anne du Coëtlosquet.

Le père de Madame de Kersauson commandait un des régiments d'émigrés à Quiberon. Nous en avons longuement parlé ainsi que de la maison du Dresnay, à la branche de Vieux-Chastel, pp. 132 et suiv.

Marie-Louise-Reine du Dresnay est morte au château de Kerjan, le 4 mars 1860. Son mari l'a suivie dans la tombe un an après, en mars 1861.

De ce mariage sont issus :

1° ELIA, née le 1er août 1815, mariée, comme on l'a vu p. 214, à son cousin germain, *Esprit-Joseph-Paul-Emile de Rodellec du Porzic*.

Elia est morte en 1869.

2° RENÉ, dont l'article va suivre.

3° CÉCILE, née en mars 1819; elle a épousé *Louis du Plessis Quenquis*, dont nous avons parlé p. 80 à la branche de Pennendreff à l'occasion du mariage d'Isabelle, leur fille, avec Hippolyte de Kersauson.

4° THOMAS (ordinairement appelé Didyme), CADO-JOSEPH-MARIE, né en 1820, mort sans alliance, à Kerjan, le 14 avril 1849.

5° EMILIE, née le 21 novembre 1821 ; elle habite actuellement Brest.

6° OLIVIER-ALEXIS-MARIE-JOSEPH, né à Kerjan en 1823, et y décédé sans hoirs le 14 août 1853.

XXVIII. RENÉ-CADO-ROBERT-MARIE-JOSEPH, né à Kerjan, le 18 septembre 1816, épousa, le 25 juin 1844, *Alexandrine-Marie le Bahezre de Lanlay.*

Bahezre (le), sʳ de Tananguen et de Lanlay, en Plésidy, — de Mesfantan, — du Cosquer, en Bourbriac, — de Kerfichant, en Duault, — de Créamblay, en Maël-Pestivien.

Ancienne extraction. — Huit générations en 1669 et maintenu par arrêt du Parlement en 1675. — Réformes et montres de 1447 à 1562, en Plésidy et Bourbriac, évêché de Tréguier, Duault, évêché de Cornouailles.

Blason : *D'argent, au lion de gueules, armé et lampassé de sable.*

La famille Le Behezre a produit : Henri, qui prête serment de fidélité au duc, entre les nobles de Tréguier, en 1437. — Rolland, qui épouse, vers 1447, Sibille Le Carrer, de la maison de Bringolo. — Prigent, abbé de Sainte-Croix de Guingamp de 1418 à 1437, date de sa mort.

La branche de Kerfichant, fondue en 1623 dans Fleuriot, par le mariage de Claude, sʳ de Kerlouët, de Keriel et de la Saudraye, avec demoiselle Fiacre Le Bahezre [1].


René-Cado de Kersauson est mort à Kerjan, le 7 août 1853. Le jour de son service de huitaine, son frère cadet, Olivier-Alexis, dont nous venons de parler, le rejoignait dans le tombeau.

De ce mariage sont issus :

1° MARIE-CONSTANCE-ALEXANDRINE-ÉLIA, née le 8 juin 1845, morte le 14 avril 1861, âgée de 16 ans.

2° RENÉ-FRANÇOIS-MARIE-CADO, né le 27 juin 1847, mort le 5 juillet 1865, âgé de 18 ans.

3° GUY-PAUL-CADO, dont l'article va suivre.

4° ALIX-MARIE-LOUISE, née le 13 octobre 1850, et mariée à *Louis Saget de la Jonchère,* lieutenant de vaisseau, chevalier de la Légion d'honneur.


Saget, sʳ de la Jonchère, en Juigné, — de Beaulieu, — de Feuillée, en Martigné-Ferchaud.

Blason : *De gueules, à 3 flèches empennées d'argent, posées en pal, accompagnées de 3 annelets d'or ; au chef d'argent, chargé de 3 bandes de sable.*

---

1. René Fleuriot, père de Claude, a laissé un journal manuscrit, dont l'original appartient aux Archives des Côtes-du-Nord, et qui a été publié par M. Anatole de Barthélémy dans le *Cabinet historique* (t. XXIV, pp. 99 à 117). « Le dimanche 19 novembre 1623, dit le journal, mon fils « aisné espousa damoiselle Fiacre Le Bahezre, dame héritière de Kerfichan-Rosvillou, en l'église « trévialle de Saint-Servès Parc-Duot. » Fiacre mourut le 1ᵉʳ août 1626, et Claude Fleuriot épousa en deuxièmes noces Gillette de Coëtlogon.

Le Bahezre

Saget

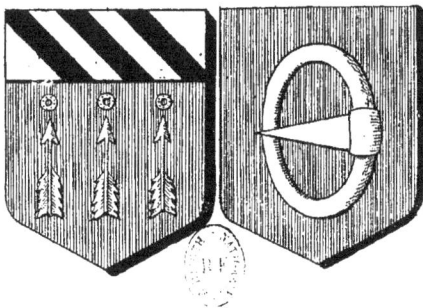

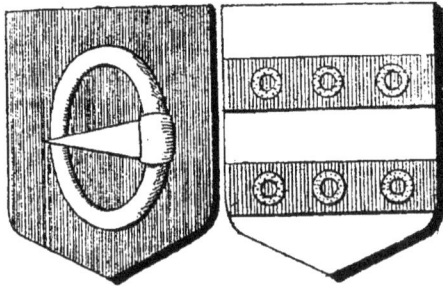

De Blois

# TABLEAU GÉNÉALOGIQUE DE LA BRANCHE DE KERSAUSON DE GUÉNAN..... KERJAN-MOL

XVI. Jean de Kersauson, sr de Rosarnou, fils cadet d'Hervé II et d'Isabeau de Ponplancoët, est l'auteur de cette branche. Il comparaît en 1505 comme homme d'armes à une montre du maréchal de Rieux. Il épousa Catherine du Quenquis.

| | | | |
|---|---|---|---|
| XVII. Yves, sr de Guénan, archer de la garde ducale en 1488. Il épousa Françoise Eyinar de Kernec'h. | | Jean, archer de la garde ducale | Guillaume |
| | XVIII (II). André I, sr de Kerangomard, devient sr de Guénan et chef de nom et d'armes de la Branche, par suite de l'échange de la première srie contre la deuxième, avec son neveu Hervé. Il épousa Marie du Bouayr, et mourut vers 1543. | tous deux morts sans hoirs. | |

**Sous-Branche de Kerangomard.**

| | | | |
|---|---|---|---|
| | Jeanne, mariée en 1518 à Bernard le Digouris de Kerduden. | Jean, mort sans hoirs. | |
| XVIII (I). Hervé III, sr de Guénan, le devient de Kerangomard par l'échange de la terre de Guénan avec cette dernière. Il épousa en 1520 Marie le Digouris de Kerbiguet. | XIX. François, sr de Guénan, épousa Louise le Jacobin de Kerampoet. Il mourut vers 1548. | | |

| | | | |
|---|---|---|---|
| François, sr de Kerangomard, épouse 1° vers 1533, Isabelle du Dresnay, 2° en 1545, Catherine de Kerouqéré. | XX (I). Hamon I, sr de Guénan, épousa Jeanne de Kersaint-Gilly, dont une fille, Gillette, mariée à François le Marc'hec. | XX (II). André II, auteur de la Branche de Kervélec, Crec'hpiquet, Goasmelquin et Kerjan-Mol, reçut un partage de son frère en 1567 et un supplément en 1681. Il épousa Anne du Garo, qui lui apporta les seigneuries de Kervélec et de Crec'hpiquet. André mourut en ... | |

| | | | |
|---|---|---|---|
| Marie, fille du 1er mariage de François, mariée à François Rivoalen (ramage de Rosmadec). Autre Marie, née du 2me mariage, mariée en 1566 à autre François Rivoalen, fils des précédents. | XXI (I). Hamon II, sr de Guénan, épousa Marie le Ny. Il mourut en 1617. | XXI (II). Prigent, sr de Kervélec et de Crec'hpiquet, épousa Marguerite Gouric. Il mourut en 1648. | Jean, sr de Kervigelou, mourut sans hoirs. |

| | | | | |
|---|---|---|---|---|
| épousa Jacquemine de Bégaignon. Il mourut en 1640. | XXII (I). Prigent, sr de Guénan, écuyer, | Yvonne reçut un partage noble de la succession de ses père et mère. Mourut sans hoirs. | | |

| | | | | |
|---|---|---|---|---|
| XXIII (I). Pierre, sr de Guénan, né en 1638, épousa Constance de Goesbriand. Il justifia à la réformation de 1668, son attache à la maison de Kersauson. Il mourut sans hoirs. | Renée-Françoise, qui épousa Sébastien de Penfuentiniou et fut partagée noblement par son frère aîné en 1662. | Yvonne, partagée noblement par son frère aîné en 1662. | XXII (II). Guillaume, sr de Kervélec et de Crec'hpiquet, épousa en 1635 | Benoit, sr de Mesluel | Jeanne, dame de Garshuel | François |
| Jacquette le Gac. En 1668 et 1669 il justifia son attache à la maison de Kersauson, ainsi que son fils Charles. | | | tous trois partagés par leur frère aîné. Morts sans hoirs. | | | |

| | | | |
|---|---|---|---|
| XXIII (II). Charles, sr de Kervélec et de Crec'hpiquet, épousa Louise-Scholastique Prigent, dame du Cosquer et de la Kerandraon. | Jean, sr de Kerguescon, mort sans hoirs. | Marie-Catherine, morte sans hoirs. | |

| | | | | | |
|---|---|---|---|---|---|
| XXIV. Hervé IV-Louis, sr de Kervélec, de Crec'hpiquet et de Kerandraon, épousa Françoise de Goudelin, qui apporta à son mari la terre de Goasmelquin. Hervé-Louis fut sénéchal de Brest. | Louise-Gabrielle, mariée en 1711 à Gabriel le Chasses, sr de Penanrun. | Léonart, mort sans hoirs. | François-Xavier, époux en 1696 de Thomasse la Mayer, sr de la Villeneuve. | Marie-Louise, mariée à N. de Kernezne. | |

XXV. Jean-François-Marie, sr de Goasmelquin, épousa 1° Joséphine-Thérèse de Kerouartz, dont il n'eut pas d'enfants; 2° en 1733, Françoise-Suzanne Mol. A partir de ce moment, Jean-François-Marie de Kersauson se qualifia sr de Kerjan-Mol, dénomination que ses descendants ont gardée, et qui subsiste encore pour la branche.

| | | | | | |
|---|---|---|---|---|---|
| XXVI. Maurice-Pierre-Joseph, sr de Kerjan-Mol, servit dans la marine. Il fut créé chevalier de St-Louis en 1775. Il avait épousé le 15 septembre 1768 Antoinette-Agathe-Julie de Maillard. Il mourut en émigration, en 1795. | Jean-Marie, dit le chevalier de Kersauson, capitaine de vaisseau, chevalier de St-Louis en 1770, épousa à l'Ile de France N. de Tribart du Dressay. Sa postérité existe encore en ce pays. | Sous-Branche du Vijac. | N. appelé M. de Terville, mort sans alliance. | Jeanne-Renée, morte sans alliance. | Marie-Jeanne-Josèphe, mariée 1° à N. Villiers de l'Isle-Adam, dont un fils; 2° à N. Jégou du Laz, dont 3 fils. | Flore, mariée à N. de Rodellec du Portric, dont 3 fils : Robert, Maurice et Olivier de Rodellec du Portric. |
| | | Jean-Marc, dit monsieur du Vijac, officier au régiment de Guyenne, épousa N. de St-Paul de Chasserel. Il fut massacré à Versailles en 1792. | Joseph, Hippolyte et Eugène. | | | |

| | | | |
|---|---|---|---|
| XXVII. René I-Armand-Constant, comte de Kersauson de Kerjan, épousa 1° Armande-Marie-Anne du Han, dont il n'eut pas d'enfants; 2° en 1814, Marie-Louise-Reine du Dresnay. René-Armand-Constant est mort en 1861. | Sophie, mariée à Robert de Rodellec du Portric, fils de Flore de Kersauson. De ce mariage, 3 fils : Antoine, Emile et Amédée de Rodellec. | | |
| | Pierre, du Vijac, épousa Julie Urvoy de Portçampart. | | |

| | | | | | | | | | |
|---|---|---|---|---|---|---|---|---|---|
| Elisa, née le 1er août 1815, mariée à Emile de Rodellec du Portric, fils de Sophie de Kersauson, dont 8 enfants : Robert et Amédée, morts jeunes; André, Adrien, Anne, Alexis, Elia et Elisabeth. | XXVIII. René II-Cado-Robert-Marie-Joseph, comte de Kersauson de Kerjan, né le 18 septembre 1816, épousa le 25 juin 1844 Alexandrine-Marie le Bahezre de Lanlay. René-Cado est mort le 7 août 1853. | Cécile, née en mars 1818, mariée à Louis du Plessis-Quenquis, sr de Kergoô, dont 5 enfants : l'aîné est mort à Kerjan le 14 avril 1849. | Didyme-Cado-Joseph-Marie, né en 1820, mort à Kerjan en 1870; Bonnabes, Louis, Anne, Isabelle. | Emilie, née le 21 novembre 1821, célibataire, habitant Brest. | Olivier-Alexis-Marie, né en 1823, célibataire, mort le 14 août 1853. | | | | |
| Marie-Constance-Alexandrine-Elia, née le 8 juin 1845, morte le 14 avril 1861. | XXIX (I). René III-François-Marie-Cado, né le 27 juin 1847, mort le 5 juillet 1865. | XXIX (II). Guy-Paul-Cado, comte de Kersauson de Kerjan, chef de nom et d'armes, né le 17 décembre 1848, marié en 1883 à N... de Blois, dont une fille. | Alix-Marie-Louise, née le 13 octobre 1850, mariée à N... Saget de la Jonchère, décédés en 1881. | Emilie, née en 1815, mariée à N. le Masse. | Jules, né en 1817, veuf sans enfants. | Félix, né en 1822, épousa N... | Marie, mariée à N... O'Rora'h (Irlandais). | | |
| | | | | Henry. | N... | Joseph. | Marie. | André. Edmond. | Marie. Anna. |

Les Saget ont produit : des intendants des princes de Condé, à Châteaubriant, depuis 1696. — René-Georges, secrétaire du Roi en 1712, marié, en 1724, à Perrine Ruellan, fille du baron du Tiercent.

Madame Louis de la Jonchère est morte au château de Kerjan, le 15 mai 1881, laissant de son mariage quatre filles : Christiane, Alix, Marie et Renée.

XXIX. GUY-PAUL-CADO, né le 17 décembre 1848, a épousé, en 1882, demoiselle *Marie de Blois.*

Blois, originaire de Picardie et maintenue en Champagne en 1668, sʳ de Novion-l'Abbesse, — de la Saulsotte, — de la Calande.

Blason : *D'argent, à deux fasces de gueules, chargées chacune de 3 annelets d'or.*

Devise : *Agere et pati fortia.*

Cette famille (ramage de Châtillon) [1] se rattache par ses traditions aux sʳˢ de Trélon, en Hainault, qui tirent leur origine de la maison de Châtillon [2]. — Gérard, puîné de Trélon, vivant en 1406, substitua à ses armes celles de sa femme,

---

1. « Chastillon-sur-Marne, autrement de Bloys, maison aussi illustre qu'il y en ait en France, « érigée en duché par le roi Charles IX, l'an 1566, porte pour armes antiques : *De gueules à 3* « *pals de vair, au chef d'or ;* moderne : *Bretagne.* » (*Arm.* de Guy Le Borgne, édit. de 1667.)

2. « Jean de Blois, sʳ d'Avesnes, de Treslon, de Beaumont, vivant au XIVᵉ siècle, épousa sa « cousine, Isabeau de Zimberg. De son mariage avec ladite Isabeau, il avait eu deux enfants. Il « se remaria ensuite avec Marguerite de Gueldres, dont il n'eut pas de postérité... Il fut le dernier « comte de Blois. Les enfants de son mariage avec Isabeau de Zimberg, Jean et Guy, appelés, « très à tort, les bâtards de Blois, ont fondé : le premier, la branche de Trélon ; le deuxième, « celle de Hafton, dont le dernier rejeton vivait encore en 1849 dans la Gueldre hollandaise et « n'avait pas d'enfants. L'aîné, Jean de Blois, vivant en 1350, eut de Sophie d'Arkel six enfants :

« 1º Jean II, sʳ de Trélon, branche à laquelle appartenait notre héros (Louis de Blois, abbé de « Licissus, au XVIᵉ siècle, célèbre auteur bénédictin), et qui s'est éteinte en 1580 dans la maison « de Mérode, à qui elle a apporté la terre de Trélon.

« 2º Jean, chanoine d'Utrecht ; — 3º Arnoult, — et 4º Guy, dont on ignore la destinée ;

« 5º Louis de Blois, sʳ de Cabbon, qui a formé une branche existante encore en Hollande. « Cette branche a pris le nom de Trélon, à l'extinction de la branche aînée. Elle a fourni plu- « sieurs amiraux distingués, et accueillit, pendant la Révolution, le chevalier de Blois, de la « branche française.

« 6º Gérard de Blois, qui vint se fixer en Picardie, et dont la postérité, restée en Thiérache et « en Champagne jusqu'à la fin du XVIIᵉ siècle, vint, à cette époque, se fixer en Bretagne, où elle « subsiste. » (Extrait du livre intitulé : *Louis de Blois, un bénédictin au XVIᵉ siècle,* par Georges de Blois. Chap. I, pp. 30 et 31. Paris, V. Palmé, lib.-édit., 1855.)

héritière de Crescy, en Thiérache. De Blois portait pour armes anciennes : *De gueules, à trois pals de vair, au chef d'or* (sceau de 1293), qui est Châtillon.

Une branche, établie en Bretagne depuis 1700, s'est alliée dans cette province aux Provost de Boisbilly, Le Borgne, Jacquelot, Poulpiquet, Le Bihannic, Goyon, La Boissière, l'Espine et Kersauson.

Nul n'ignore que c'est de cette illustre maison de Chatillon qu'est issu le célèbre et bienheureux Charles de Blois, compétiteur de Montfort pour la couronne de Bretagne.


De ce mariage est issue une fille.

Le comte Guy-Paul-Cado de Kersauson de Kerjan est aujourd'hui le chef de nom et armes de sa branche.

# TABLEAU GÉNÉRAL DE TOUTE LA GÉNÉALOGIE DE LA MAISON DE KERSAUSON

# LIGNES GÉNÉALOGIQUES DES DIVERSES BRANCHES

1º Branche de Penhoet-Pennendreff

| | | | *Alliances.* |
|---|---|---|---|
| Pierre, sʳ de Kersauson, mort vers 1070. | | | N... |
| Allain I | — | — en 1090. | Tiphaine de Botloy. |
| Convoyon | — | — 1118. | Alicette de Quillénec. |
| Guen | —· | — 1148. | Jeanne du Perrier. |
| Néomène | — | — 1180. | N... de Plouër. |
| Alain II | — | — 1210. | Mauricette de la Roche-Morvan. |
| Maurice | — | — 1242. | Alicette de la Roche-Derrien. |
| Alain III | — | — 1272. | Arthure de Rosmar. |
| Olivier I | — | — 1300. | Marguerite de Coëtléguer. |
| Morvan | — | — 1310. | Evane Arel de Kermarquer. |
| Evan | — | — 1330. | Olive du Bois-Boissel. |
| Olivier II | — | — 1370. | Marie de Barac'h. |
| Hervé I | — | — 1416. | Alicette de Lanros (2ᵉ femme). |
| Guillaume, sʳ de Penhoët, — vers 1484. | | | Isabeau (alias Gilonne) du Chastel-Trémazan. |
| Guénolé | — | — 1510. | Anne-Catherine de Saint-Gouesnou. |
| Guillaume II | — | — 1540. | Catherine de Lescoët. |
| Guillaume III | — | — 1565. | Claude de Cornouailles. |
| François I | — | en 1593. | Marie de Kergadiou. |
| Guillaume IV, sʳ de Pennendreff, mort vers 1625. | | | Marie de Keringarz. |
| Hervé III | — | — 1640. | Françoise de Kerouartz. |
| Tanguy | — | — 1665. | Françoise Huon de Kermadec. |
| Joseph-Hervé | — | — 1710. | Marie Audren de Kerdrel. |

30

*Alliances.*

| | | | |
|---|---|---|---|
| François-Louis, comte de Kersauson de Pennendreff, | mort en | 1747. | Elisabeth de la Fosse. |
| Nicolas | — | — | 1773. | Marguerite du Four. |
| Jean-Marie | — | — | 1828. | Marie - Anne - Guillemette Torrec de Basse-Maison. |
| Armand-Marie I — | — | 1874. | Pauline Huchet de Cintré. |
| Armand-Marie II — | — | | Adélaïde de Saisy de Kerampuil. |

## BRANCHE DE MESGUEN-VIEUX-CHASTEL

| | |
|---|---|
| Hervé I, sire de Kersauson[1], mort en 1416. | Alicette de Lanros (2ᵉ femme). |
| Paul, sr de Saint-Georges, —vers 1501. | Sibylle de Saint-Georges. |
| Yves — — 1535. | N... |
| Jean — — 1550. | Jeanne Le Prince. |
| Hervé, sr de Saint-Georges et de Mesguen, mort vers 1580. | Catherine du Fou. |
| François I — — en 1632. | Marie de Kerouartz. |
| François II, sr de Vieux-Chastel et de Kerjaouen, mort vers 1670. | Catherine de Kerguvelen. |
| Tanguy — — en 1700. | Anne de Coëtnempren. |
| Hamon-Nicodème — vers 1740. | Anne-Agnès Le Lévier. |
| François-Joseph, comte de Kersauson de Vieux-Chastel, mort en 1774. | Rose de Lantivy. |
| Honorat - François - Joseph, comte de Kersauson de Vieux - Chastel, mort vers 1790. | Gillette de Penmarc'h. |
| François IV Joseph-Louis, comte de Kersauson de Vieux - Chastel, mort en 1832. | Cécile-Marie Drillet de Lannigou. |
| Louis-Guillaume-François-Marie, comte de Kersauson de Vieux-Chastel, mort en 1854. | Olympe du Bahuno de Kerolain. |
| Ludovic-Marie-François, comte de Kersauson de Vieux-Chastel, mort en 1877. | Marie-Louise-Françoise du Dresnay. |

---

1. Toutes les branches ayant pour tige la même souche mère, nous ne la répéterons pas à chacune d'elles, nous contentant de reprendre à la génération précédant la bifurcation.

*Alliances.*

Louis - Joseph - Marie, comte de Kersauson de Vieux-Chastel.

N... de Villeféron.

## Branche de la Ferrière, sous-rameau de Vieux-Chastel

Honorat - François - Joseph , comte de
Kersauson de Vieux - Chastel ,
mort en 1774.

Laurence-Thérèse-J. Girard de la Haye
(4ᵉ femme).

Louis-Marie I, comte de Kersauson de
la Ferrière,

Marie-Ange Frain de la Villegontier.

Louis-Marie II, comte de Kersauson de
la Ferrière,

Nathalie Viart de Mouillemuse.

Aimé, comte de Kersauson de la Ferrière, mort en 1863.

Eugénie des Champs de Mazais.

Louis-Marie III, comte de Kersauson de
la Ferrière.

## Branche de Kerven.

| | | | | |
|---|---|---|---|---|
| Hervé I, sire de Kersauson, mort en 1416. | | | | Aliette de Lanros (2ᵉ femme). |
| Hervé II, sʳ de Kerven, mort vers 1450. | | | | Marguerite Guillamot, dame de Kerven. |
| Germain | — | — | 1490. | Plezou de Guer de la Porte-Neuve. |
| René | — | — | 1512. | Catherine de Kerigny. |
| Henry | — | — | 1550. | Marguerite de la Lande. |
| Renée, dame | — | — | 1580. | Charles de Guer, puis François de Lezandevez. |

## Branche de Brézal

| | | | | |
|---|---|---|---|---|
| Hervé I, sire de Kersauson, mort en 1416. | | | | Marguerite de Carnavalet (1ʳᵉ femme). |
| Jehan | — | — | 1472. | Jeanne de Kerimel. |
| Hervé II | — | — | 1495. | Isabeau de Pontplancoët. |
| Guillaume | — | — vers | 1545. | Catherine de Bouteville. |
| Rolland | — | — | 1560. | Louise de Launay. |
| Tanguy | — | — en | 1599. | Claude Le Ny (2ᵉ femme). |

*Alliances.*

Louis, baron de Kersauson, mort en 1642.    Claude de Kergorlay.
Prigent          —          —vers 1700.    Françoise le Cozic de Kermélec.
Jacques-Gilles, marquis de Kersauson,
                    mort en 1738.    Marie-Angélique B. de Brézal.
Jean-Jacques-Claude, marquis de Ker-
    sauson,          mort en 1788.    Marie-Renée Saisy de Kerampuil.

## Branche de Guénan. — Kerjan-Mol

Hervé I, sire de Kersauson,
                    mort en 1416.    Marguerite de Carnavalet (1ʳᵉ femme).
Jehan          —          —    1472.    Jeanne de Kerimel.
Hervé II          —          —    1495.    Isabeau de Pontplancoët.
Jean II, sʳ de Rosarnou et de Guénan,
                    mort vers 1520.    Catherine du Quenquis.
André I          —          —    1543.    Marie du Bois.
François          —          —    1548.    Louise le Jacobin de Keramprat.
André II, sʳ de Kervelec et de Crec'h-
    piquet,          mort vers 1590.    Anne du Garo.
Prigent          —          —    en 1648.    Marguerite Gourio.
Guillaume.          —          — vers 1675.    Jacquette le Gac.
Charles          —          —    1710.    Louise-Scholastique Prigent.
Hervé III Louis, sʳ de Goasmelquin,
                    mort vers 1750    Marie-Françoise de Goudelin.
Jean-François-Marie, sʳ de Goasmel-
    quin,          mort vers 1768.    Suzanne-Françoise Mol.
Maurice-Pierre-Joseph , sʳ de Kerjan-
    Mol,          mort vers 1791.    Antoinette-Agathe-Julie de Maillard.
René I Armand-Constant, comte de Ker-
    sauson de Kerjan,    mort en 1861.    Marie-Louise-Reine du Dresnay.
René II Cado-Robert-Joseph-Marie,
    comte de Kersauson de Kerjan,
                    mort en 1853.    Alexandrine - Marie Le Bahezre de
                        Lanlay.

Guy-Paul-Cado, comte de Kersauson de
    Kerjan.    ·    Marie de Blois.

# QUELQUES MOTS

SUR LES PRINCIPALES SEIGNEURIES ET TERRES TITRÉES

## DE LA MAISON DE KERSAUSON [1]

———————

SEIGNEURIE DE KERSAUSON. — Située en la paroisse de Guiclan, ancien évêché de Léon, *nunc* de Quimper, la terre seigneuriale de ce nom, possédée de temps immémorial par la famille, avait haute, moyenne et basse justice [2].

Elle fut constamment habitée par le chef de la maison de Kersauson depuis et bien avant Pierre I, qui vivait, comme on le sait, en 1057, au moins jusqu'au mariage, en 1520, de Rolland avec Louise de Launay, héritière du fief de Coëtmeret, dont nous aurons à reparler. Mais si, dès cette époque, elle cessa d'être la demeure de ses anciens seigneurs, elle n'en resta pas moins la terre du nom. Ce ne fut qu'en 1788, à la mort de Jean-Jacques Claude, marquis de Kersauson, qu'elle quitta la famille de Kersauson pour entrer dans la maison de Tinténiac, dont le chef, Hyacinthe, avait épousé la fille aînée du marquis.

Depuis ce temps, la terre seigneuriale de Kersauson et les ruines du château

———————

1. Nous parlons de ces seigneuries d'après leur ordre chronologique et non d'après leur importance propre.

2. On trouve aux Registres de la Chancellerie du Parlement de Bretagne (mss. n° 1874, Bibl. Mazarine), que congé fut donné à Hervé de Kersauson, en 1485, « d'ajouter à sa justice un troisième pot. »

de ce nom ont passé par succession aux Le Bihan de Pennelé, descendants, par les femmes, du marquis de Tinténiac, et qui la possèdent aujourd'hui.

---

SEIGNEURIE DE COETLÉGUER. — Paroisse de Trégrom, ancien évêché de Tréguier, *nunc* de Saint-Brieuc. Cette terre fut apportée, vers l'an 1270, à Olivier I de Kersauson, par Marguerite de Coëtléguer, père et mère de Guillaume, évêque de Léon. La seigneurie de Coëtléguer est restée fort longtemps dans la famille, sans que l'on sache ni quand ni comment elle en est sortie. La qualification de seigneur de Coëtléguer fut, jusqu'au XVII<sup>e</sup> siècle, l'apanage du fils aîné de Kersauson.

Nous avons vu, au début de cet ouvrage, que l'église de Trégrom renferme le tombeau du *marquis de Kersauson, son fondateur*. Cette église datant du XV<sup>e</sup> siècle, il est à penser que ce dut être Jehan de Kersauson ou son fils Hervé II qui la firent construire. Seulement la dénomination de *marquis* est fautive, et il eût été plus correct, croyons-nous, d'écrire que ce fut le *sire de Kersauson* qui en fut le fondateur.

---

SEIGNEURIE DE KERVEN. — Paroisse de Plonéis, près Plougastel-Saint-Germain, ancien évêché de Cornouailles. Elle devint, au commencement du XV<sup>e</sup> siècle, la propriété d'Hervé de Kersauson, sixième enfant d'Hervé I du nom, et d'Alliette de Lanros, sa deuxième femme, par son mariage avec Marguerite Guillamot, dame de Kerven et du Plessis. En 1550, elle passa à la maison de Lezandévez, par l'alliance de Renée de Kersauson, héritière de Kerven, avec Françoise de Lezandevez.

Les ruines du château de Kerven se voient encore aujourd'hui.

---

SEIGNEURIE DE PENHOET. — Paroisse de Saint-Frégan, près Lesneven, ancien évêché de Léon. Nous avons vu que cette terre fut achetée, en 1440, à « escuier Guillaume Mar'heuc par Guillaume de Kersauson, » fils aîné d'Hervé et de sa deuxième femme, Alliette de Lanros. Elle fut la résidence des descendants de Guillaume jusqu'en 1583, époque à laquelle Guillaume IV de Kersauson, sʳ de Penhoët, fils de François et de Marie de Kergadiou, et veuf, sans enfants, de Marie du Quenquis, épousa en deuxièmes noces Marie de Keringarz, héritière de la terre de Pennendreff.

Il ne reste plus aujourd'hui que les ruines du manoir de Penhoët.

SEIGNEURIE DE SAINT-GEORGES. — Paroisse de Plouescat, ancien évêché de Léon. Elle entra dans la maison de Kersauson dans la seconde moitié du XVᵉ siècle, par le mariage de Paul, fils d'Hervé I et de sa deuxième femme, Alliette de Lanros, avec Sibylle de Saint-Georges. La terre de Saint-Georges resta fort longtemps dans la branche de Vieux-Chastel, dont Paul de Kersauson est le premier auteur. Elle devint probablement plus tard l'apanage d'une cadette de la branche, qui l'apporta dans une autre maison, sans qu'on en ait pu préciser l'époque. Hervé, arrière-petit-fils de Paul, se qualifiait encore en 1567 de sʳ de Saint-Georges.

SEIGNEURIE DE ROSARNOU. — Paroisse de Dinéault, près Logonna-Quimerch, à une lieue de Châteaulin, ancien évêché de Cornouailles. Cette seigneurie appartenait, dès le XVᵉ siècle, à la maison de Kersauson. Nous en trouvons la preuve dans une procuration donnée par noble dame Isabeau de Pontplancoët, veuve de noble et puissant Hervé de Kersauson, père de nobles et puissants Guillaume et Jean, frères, audit seigneur Jean de Kersauson, son fils, juveigneur, « pô accorder et faire la recette de ses rentes et de sa « terre seigneurie de Rosarnou. Datée du dernier mai 1497. Signé : F. Prigent « et Hemery, passes. Scellée. »

Jean de Kersauson ne resta pas, paraît-il, propriétaire de la seigneurie de Rosarnou, qui, lors de son mariage, retourna à sa mère. Celle-ci la donna alors à son fils aîné, Guillaume, auteur de la branche aînée. En effet, nous voyons, p. 156, autre Jean de Kersauson, fils du second mariage de Tanguy, sire de Kersauson, avec Claude le Ny, former le sous-rameau de Rosarnou, titre qu'il transmit à ses hoirs.

SEIGNEURIE DE KERANGOMARD. — Paroisse de Taulé, ancien évêché de Léon. André de Kersauson, fils cadet de Jean, premier auteur de la branche de Guénan, en fut apanagé, mais il l'échangea en 1515, avec son neveu Hervé, contre la seigneurie de Guénan, dont il continua la filiation. La postérité d'Hervé conserva la terre de Kerangomard jusqu'à 1566, où elle passa dans la maison Rioualen (rameau de Rosmadec) par le mariage de François Rioualen avec Marie de Kersauson.

SEIGNEURIE DE COETMERET. — Paroisse de Lanhouarneau, ancien évêché de Léon. Ce fut Louise de Launay qui apporta en 1520 cette terre seigneuriale à son mari, Rolland de Kersauson, fils aîné de Guillaume, premier auteur de la branche aînée, et de Catherine de Bouteville. La terre de Coëtmeret fut, depuis son entrée dans la famille, le second fief principal des Kersauson, qui abandonnèrent même pour lui celui du nom, jusqu'à l'entrée à Brézal, en 1710, de Jacques-Gilles, lors de son mariage avec l'héritière de cette maison.

La seigneurie de Coëtmeret devint, en 1776, la dot de Julienne de Kersauson, fille cadette de Jean-Jacques-Claude, dernier marquis de Kersauson, devenue marquise de Montbourcher.

SEIGNEURIE DE LAVALLOT. — Paroisse de Taulé, comme celle de Kerangomard, ancien évêché de Léon. Elle appartenait dans le principe à la maison de Cornouailles, dont une fille, Claude, épousa, en 1547, Guillaume III, sr de Penhoët. Elle fut durant plusieurs générations la qualification des cadets de la branche Penhoët-Pennendreff.

VICOMTÉ DE MAUGRENIEUX. — Paroisse de Guégon, près Josselin, ancien évêché de Saint-Malo, *nunc* de Vannes. Elle fut apportée vers 1550 à Tanguy de Kersauson, chef de nom et armes de sa maison, troisième auteur de la branche aînée, par Barbe le Sénéchal, sa femme. Cette terre avait le titre de vicomté ; aussi Messire François de Kersauson, baron dudit lieu, et fils de Tanguy et de ladite Barbe le Sénéchal, prit-il celui de vicomte de Maugrenieux.

Après François de Kersauson on ne trouve plus trace de la vicomté de Maugrenieux dans la famille.

---

SEIGNEURIES DE KERVÉLEC ET DE CREC'HPIQUET. — Ces terres furent portées vers 1560 à André de Kersauson, frère cadet d'Hamon I, sᵣ de Guénan, et qui devint chef de la branche de Kervélec par sa femme, Anne du Garo. Les hoirs d'André prirent pendant plusieurs générations la qualification de sʳˢ de Kervélec et de Crec'hpiquet.

---

SEIGNEURIE DE MESGUEN. — Paroisse de Plouescat, ancien évêché de Léon. Catherine du Faou ou du Fou l'apporta, vers 1567, à son mari, Hervé de Kersauson, dont la postérité directe conserva la qualification jusqu'après 1669, postérieurement à la mort de Sébastien de Kersauson, qui fut prêtre.

---

SEIGNEURIE DE PENNENDREFF. — Paroisse de Plourin, ancien évêché de Léon. Elle fut acquise, en 1583, à la branche de Kersauson-Penhoët, par le mariage de Guillaume IV, chef de ce rameau, avec Marie de Keringarz. Ledit Guillaume abandonna alors la terre de Penhoët et transporta au manoir de Pennendreff la boucle de Kersauson, qui y est toujours demeurée depuis. Si les armes de Kersauson décorent plusieurs salles du château de Pennendreff, le blason et la devise de la noble famille de ce nom sont encore

31

gravés sur le fronton de la porte d'honneur. Ce blason est à peu près le même que celui de Keringarz : *D'azur, au croissant d'argent*, sauf les couleurs et émaux. Pennendreff portait : *D'argent, au croissant de gueules, surmonté de deux étoiles de même*, avec la devise : MAVVAISE LANGVE NE QVERELLEVX N'ENTRE *(Que mauvaise langue ni querelleur n'entre)*.

Deux autres phrases, l'une grecque, l'autre latine, accompagnent cette devise.

Voici la phrase grecque : ΣΥΝ ΔΕ ΘΕΟΙ ΜΑΚΑΡΙΟΙ *(Que les Dieux bienheureux soient avec nous*, ou *nous protègent)*.

Et la latine : PAX HVIC DOMVI *(Paix à cette maison)*.

La famille de Keringarz, dans laquelle s'est fondue la branche aînée de Pennendreff, possédait la terre de ce nom depuis près de deux siècles, lors du mariage de Guillaume de Kersauson, en 1593, mais il est certain que le manoir est loin de remonter à une époque aussi reculée. Son architecture accuse la fin du XVIᵉ ou même le commencement du XVIIᵉ siècle, ce qui prouve qu'il fut reconstruit par les Keringarz, qui, en souvenir de ses anciens possesseurs, timbrèrent l'entrée de leur écusson.

Quoique le château de Pennendreff dépende de la paroisse de Plourin, topographiquement parlant, les Kersauson obtinrent, à une époque assez reculée, qu'il en fût détaché au spirituel pour être annexé à celle de Lanrivoaré, dans le cimetière de laquelle reposent les cendres de beaucoup d'entre eux.

Cette circonstance nous autorise à narrer au sujet de cette paroisse une légende qui s'y rattache.

Nous empruntons le récit suivant à M. Pol de Courcy, dans son *Itinéraire de Saint-Pol de Léon à Brest* :

« Le bourg de Lanrivoaré, situé à environ trois kilomètres du château « de Pennendreff, doit son nom à saint Rivoaré, l'un des apôtres de l'Armo- « rique, et sa célébrité à un cimetière dans lequel la tradition rapporte qu'une « peuplade tout entière de la terre de Rivoaré aurait reçu la sépulture après « avoir été massacrée par une peuplade encore païenne d'un pagus voisin. « La même tradition fait monter à 7847, c'est-à-dire en breton : *seiz mil,* « *seiz cant, seiz uguent ha seiz* (sept mille, sept cent, sept vingt et sept), le « nombre de ces néophytes, qui furent considérés comme martyrs.

« Ce cimetière, dans lequel on n'a plus enterré depuis, est distinct du cime- « tière commun de la paroisse.

« Le jour du *Pardon* [1], on fait sur les genoux le tour du sanctuaire et l'on
« n'y entre que déchaussé. Sept pierres rondes, rangées sur les degrés de la
« croix, sont, au dire des habitants, autant de pains changés en pierres par
« saint Hervé, neveu de saint Rivoaré, pour punir un fournier de lui avoir
« dûrement refusé l'aumône. Contre la vieille croix est une vieille souche
« d'arbre, dont les fidèles détachent des parcelles qui ont, prétend-on, la vertu
« de préserver d'incendie le toit qui le recèle. Cet usage est encore un reste du
« culte rendu aux arbres par les Celtes, culte anathématisé par le concile de
« Nantes, en 658. En effet, le 20° canon de ce concile [2] ordonne aux évêques
« et à leurs ministres de s'opposer avec le plus grand zèle à ce que le vulgaire,
« qui adorait et avait en si grande vénération les arbres consacrés aux démons,
« se permît d'en couper, soit un rameau, soit une greffe. » (Dom Mor., *Pr.*,
t. I, col. 220 ; *Bret. cont.*, t. II, pp. 119-120 ; enfin *Bret. et Vendée*, t. VI,
pp. 315-316.)

## SEIGNEURIES DE COËTHUEL ET DE KERVÉGUEN. — On
ignore quand et comment ces deux seigneuries entrèrent dans la famille.
En 1605, on les voit données en apanage par Guillaume IV, s<sup>r</sup> de Penhoët-
Pennendreff, et sa femme, Marie de Keringarz, à leur fils François, juveigneur
de sa maison, et qui forma la sous-branche de Coëthuel et de Kervéguen,
Coëthuel étant toujours l'apanage de l'aîné, et Kervéguen du premier cadet.
Le rameau de Coëthuel s'éteignit dans la personne des petits-enfants de
François que nous venons de nommer. Il est probable que les deux terres de
Coëthuel et de Kervéguen furent vendues ou échangées vers la même époque,
puisqu'il n'en est plus fait mention après eux.

## SEIGNEURIE DE GOASMELQUIN. — Paroisse de Plouegat-Guérand,
ancien évêché de Tréguier, nunc de Quimper.

---

1. En Basse-Bretagne, le jour du *Pardon* est celui de la fête patronale, dans lequel, anciennement, de grandes immunités spirituelles étaient probablement accordées aux pécheurs re-
pentants.
2. Ce concile fut tenu sous l'épiscopat de Salapius ou Sérapius, évêque de Nantes, et auquel
assista, avec les autres prélats bretons, saint Gouesnou, alors évêque de Léon.

Vers 1660, Hervé-Louis de Kersauson, sʳ de Kervelec et de Crec'hpiquet, épousait Marie-Françoise de Goudelin, qui apportait à son mari la terre de Goasmelquin. Le titre de sʳ de Goasmelquin fut porté par le fils et le petit-fils d'Hervé : celui-ci l'échangea, lors de son mariage avec Suzanne Mol, pour la qualification de seigneur de Kerjan-Mol.

SEIGNEURIE DE VIEUX-CHASTEL. — Cette terre, qui a donné son nom à une branche de la maison de Kersauson, est située dans la paroisse de Plounevez-Porzay, ancien évêché de Cornouailles. On ne sait à quelle époque elle entra dans la famille, qui la possédait déjà dans la deuxième moitié du XVIᵉ siècle, puisque l'on voit, en 1568, Hervé de Kersauson, époux de Catherine du Fou, vendre 700ᵈ à Olivier le Maigre la garenne de Vieux-Chastel. Le premier Kersauson de la branche qui s'intitula sʳ de Vieux-Chastel et aussi de Kerjaouen, fut François II, né en 1611, et marié en 1633 à Catherine de Kerguvelen. Depuis lors, le nom de Vieux-Chastel a été toujours le signe distinctif de ce rameau de Kersauson.

SEIGNEURIE DE BRÉZAL. — Paroisse de Plounéventer, ancien évêché de Léon. Ce fief, le plus important de ladite paroisse, entra dans la famille en 1710 par le mariage de Jacques-Gilles de Kersauson, conseiller au Parlement de Bretagne et veuf de demoiselle Marie-Anne Huchet de Langouët, avec Marie-Angélique-Bonaventure-Julienne de Brézal, dernière héritière de sa maison.

Voici ce que dit de Brézal la Bretagne contemporaine :

« Le château de Brézal était une demeure fort agréable (amœna sedes), si
« l'on en croit le jurisconsulte Eguiner Baron, qui y avait séjourné en 1520
« et qui loue son hôte, Guillaume de Brézal, non comme légiste, mais comme
« l'homme le plus heureux qu'il ait connu dans l'art de la vénerie. Au
« XVIIIᵉ siècle, Brézal était, comme on le disait à cette époque, *le séjour des*
« *grâces et des muses.* Deux poètes aimables, l'abbé de Boisbilly et le P. de

« Querbœuf y composèrent une foule de chansons, de charades et de madri-
« gaux connus sous le nom de *Veillées de Brézal*. Cette terre appartenait au
« marquis de Kersauson, qui en avait hérité par les femmes et qui eut l'hon-
« neur de recevoir dans son château, en 1773, le comte d'Artois [1] et, en 1778,
« le duc d'Orléans (alors duc de Chartres), à la suite du combat d'Ouessant.

« La chapelle de Pontchrist est assise de la façon la plus pittoresque à
« l'extrémité d'un pont en dos d'âne, en face du moulin féodal de Brézal, do-
« miné par un vert étang que couronnent des sapins entremêlés de rochers,
« et par un vieux colombier qui, avec le moulin, a survécu à la ruine du
« château de Brézal.

« Guillaume de Brézal, fils d'Yvon, capitaine, en 1479, des francs-archers de
« l'évêché de Léon, et époux (lui Guillaume) de Marguerite le Sénéchal, dame
« de Rosnyvinen, éleva le romantique moulin dont nous venons de parler. »
(*Bret. contemp.*, t. II, p. 107.)

Jean-Jacques-Claude, dernier marquis de Kersauson, mourut en 1788, à
Brézal, qui passa alors dans la maison de Tinténiac dont le chef avait épousé
Xaverine de Kersauson.

La terre de Brézal a été vendue nationalement pendant la Révolution.

---

SEIGNEURIE DE LA FERRIÈRE. — Paroisse de Buléon, évêché de
Vannes. François-Joseph de Kersauson, sᵣ de Vieux-Chastel et de Kerjaouen,
reçut, vers le commencement du XVIIIᵉ siècle, cette terre de sa première
femme, Françoise-Rose de Lantivy. Honorat, leur fils, y habita ; nous avons
vu qu'il y fit même inhumer ses trois premières femmes dans le caveau
seigneurial. Lors de la Révolution, la Ferrière fut vendue par la Nation,
mais la comtesse de Kersauson, quatrième femme d'Honorat, racheta la terre
de ses deniers. Depuis cette époque, les descendants de ce quatrième mariage
ont continué à habiter la Ferrière.

---

1. Nous n'avons pas voulu, au cours de la généalogie, parler de la visite du comte d'Artois à
Brézal, en 1773; car, outre que nos documents de famille ne font mention que de celle du duc de
Chartres, nous ferons remarquer qu'en 1773, le comte d'Artois (plus tard Charles X) n'avait que
16 ans, étant né en 1757. Nous ne prenons donc nullement la responsabilité de cette assertion,
que nous laissons tout entière à M. de Courcy.

SEIGNEURIE DE KERJAN-MOL. — Paroisse de Trébabu, ancien évêché de Léon. En 1733, Jean-François-Marie de Kersauson, sʳ de Goasmelquin et veuf, sans enfants, de Françoise de Kerouartz, épousait Françoise-Suzanne Mol, héritière de la terre noble de Kerjan-Mol, qui a donné depuis son nom aux Kersauson de cette branche.

SEIGNEURIE DE VIJAC. — Paroisse de Guipavas, près Brest, ancien évêché de Léon. Comme la terre de Kerjan, celle du Vijac appartenait à la famille Mol. Elle fut donc, comme la première, apportée dans la maison de Kersauson, par Françoise-Suzanne Mol, en 1733. Elle devint l'apanage du cadet de la branche, qui se qualifia sʳ du Vijac, dénomination que ses descendants conservent encore aujourd'hui. Le Vijac a été vendu nationalement pendant la Révolution.

SEIGNEURIE DE COETANSCOURS. — Paroisse de Plourin, ancien évêché de Léon. Elle devint, en 1755, la propriété de Louis-François-Gilles, comte de Kersauson, cadet de la branche de Brézal, par son mariage avec Suzanne-Augustine de Coëtanscours, marquise de Kergean Saint-Vouzay.

Le château de Coëtanscours n'étant pas habité par ses propriétaires qui lui préféraient depuis plusieurs générations la demeure presque princière de Kergean, finit par tomber en ruine, et lors de la mort sur l'échafaud de la dernière Coëtanscours, comtesse de Kersauson et marquise de Kergean, la terre de ce nom fut vendue par la nation.

SEIGNEURIE DE KERGEAN SAINT-VOUGAY. — Paroisse de Saint-Vougay, ancien évêché de Léon. Cette terre appartenait dans le principe aux Barbier, qui se qualifièrent seigneurs, puis marquis de Kergean [1].

Voici l'article que M. de Courcy consacre à Kergean dans la *Bretagne contemporaine* :

« Ce que Saint-Vougay (canton de Plouzévédé, arrondissement de Morlaix)
« renferme de plus curieux est le château de Kergean, chef-lieu du marquisat
« de ce nom et place forte élevée, vers 1560, par Louis Barbier, époux de
« Jeanne de Gouzillon, dame de Kerno, des libéralités de Dom Hamon
« Barbier, son oncle. Cet opulent abbé laissait par sa mort un si grand
« nombre de bénéfices vacants [2], que le pape Jules II s'informa si tous les
« abbés de Bretagne étaient décédés le même jour.

« Tout autour de Kergean règne un rempart plus élevé que ceux de Brest :
« il a quinze pieds de largeur, et plusieurs casemates sont pratiquées dans son
« revêtement en pierres de taille. Les quatre angles du parallélogramme formé
« par le rempart sont flanqués d'une tour ronde garnie de meurtrières et de
« machicoulis. Le portail et le guichet sont ouverts dans une autre tour carrée.
« Le tout est entouré d'un fossé, à fond de cuve, qu'on franchissait par un
« pont-levis, aux côtés nord et sud de la place. Les armes de Louis Barbier,
« mi-partie Gouzillon, aujourd'hui encastrées, comme de vils matériaux, dans
« le parapet du pont-levis, au sud, se retrouvent sur la riche galerie qui joint
« la chapelle au pavillon des archives. Le corps de logis, avec ses pilastres
« cannelés, ses colonnes corinthiennes, ses combles aigus, ses lucarnes à
« frontons triangulaires ou avec hémicycle et ses épis de plomb surmontés
« d'un croissant, qui couronnent ses toitures, présente, aussi bien que les ara-
« besques de ses vastes manteaux de cheminées, les cariatides qui les sou-
« tiennent et les enroulements de ses écussons, en cartouche, tout le système
« d'ornementation du Louvre d'Henri II.

« Rien, dans les constructions de Kergean, ne rappelle l'architecture ogivale,

---

1. L'époux de Jeanne de Kersauson, fille de Guillaume tige de la branche aînée, et dont le mariage eut lieu en 1523, était de cette maison. Le roi Louis XII écrivait, en 1617, à René Barbier,
chevalier de l'Ordre, en considération de *son antique noblesse de chevalerie*, qu'il érigeait en marquisat la terre de Kergean. Le monarque ajoutait : « Le château de Kergean est de si belle et
si magnifique structure qu'il sera digne de son recueil et séjour, si ses affaires l'appellent en
Bretagne. »

2. Il était au moins, en Bretagne, chanoine de Nantes et de Saint-Pol-de-Léon, recteur de plusieurs paroisses, conseiller au Parlement, archidiacre de Quemenet-Illy, en Léon, et abbé de
Saint-Mathieu Fine-Terre, de 1533 à 1555, époque de sa mort.

« à l'exception de la chapelle, qui fut cependant élevée en même temps que le
« château lui-même, mais on sait que le gothique a été usité dans les édifices
« religieux, beaucoup plus tard que dans les bâtiments civils.

« Les plus anciens possesseurs de Kergean se nommaient Olivier. Henri-
« Ollivier, s$^r$ de Kergean, est cité dans la réforme des fouages de Saint-Vougay,
« en 1444, ainsi que Marguerite de Lanrivinen, sa compagne, dont la vertu
« comme la beauté ne sont point encore oubliées. On raconte que le sire de
« Kergean, se trouvant à la cour du duc, sans sa jeune épouse, était en butte
« aux railleries de quelques muguets, sur les motifs qui l'auraient porté à la
« confiner dans son manoir sous la surveillance d'une nourrice. Tout soupçon
« lui semblant aussi injurieux pour lui que pour sa dame, il accepta le défi d'un
« galant compagnon qui se vantait hautement de séduire la belle châtelaine, et
« prescrivit même à sa femme de faire à son hôte le plus gracieux accueil. Les
« assiduités du jouvenceau ne furent pas prises en bonne part ; la dame de
« Kergean, lassée de ses poursuites, le fit jeter dans les oubliettes du château,
« lui donnant, pour charmer ses ennuis, de l'étoupe à tisser, en le prévenant
« qu'il serait nourri en raison de son travail. Les amis du sire de Kergean,
« ne revoyant pas le présomptueux parieur, croyaient déjà à sa bonne fortune.
« Un second voulut tenter l'aventure ; il ne fut pas plus heureux, il tomba dans
« le même piège et fut, à son tour, occupé à débrouiller de la filasse sous
« peine de mourir de faim.

« Pendant que ceci se passait à Kergean, on continuait, à la cour, à s'amu-
« ser aux dépens du pauvre mari, lequel, suivant l'usage invariable, voulut
« vérifier par lui-même si les inquiétudes qui commençaient à le troubler,
« avaient quelques fondements. Il arriva chez lui à l'improviste, et sa joie fut
« grande, en voyant ses infortunés rivaux changés en *balliniers*. Cette histoire
« a, dit-on, fourni à Alfred de Musset le sujet de sa comédie : *la Quenouille*
« *de Barberine*. Elle a plus certainement donné naissance au dicton :

          « Ar c'hent euzon en carderet
          « Azo bet a Kerian savet.

« Le premier des cardeurs est né à Kergean.

« Le château de Kergean est dans un triste état de conservation ; un incendie
« en détruisit une aile au dernier siècle, et la garnison qui l'occupait pendant

« la Révolution continua à le dévaster. La marquise de Coëtanscours (veuve
« du comte Louis de Kersauson) fut arrachée de son château à l'âge
« de 70 ans et exécutée à Brest, en 1794. En elle s'éteignit le nom de
« Coëtanscours.

« Lorsqu'on a modifié la nef de l'église de Saint-Vougay, on a expulsé du
« chœur la tombe du fondateur, Jean Barbier, sr de Kergean (père de Louis,
« qui construisit le château), mort en 1538. La statue tumulaire de ce cheva-
« lier gît dans un des angles du cimetière, et la paroisse jouit cependant des
« revenus dont il l'avait dotée. Les armes des Barbier se remarquent sur la
« sablière sculptée de la nef, ainsi qu'une Diane, traînée par un cerf. » (*Bret.
contemp.*, t. II, pp. 80 et 81.)

En 1689, la branche aînée de Barbier se fondit dans Coëtanscours, puis
dans Kersauson, en 1755, par le mariage de Louis, précité, avec Suzanne-
Augustine du nom. Louis, comte de Kersauson, habita le château de Kergean
depuis son mariage jusqu'à sa mort arrivée le 4 septembre 1767.

La terre de Kergean est devenue, depuis la Révolution, la propriété des
de Brilhac, puis des de Forsanz et aujourd'hui des de Coëtgoureden.

# DEUXIÈME PARTIE

## PIÈCES JUSTIFICATIVES

Dans cette seconde partie de notre travail, nous voulons, par une série de pièces authentiques et officielles, justifier les faits importants que nous avons signalés dans la première.

C'est ainsi que nous allons successivement donner les articles suivants : Charte des croisades ; — Polémique à propos de Hervé I et de Hervé II de Kersauson ; — Lettres de répit du duc François II ; — Etude sur les fiefs de bannière en général, et extraits du mémoire du vicomte de Rohan contre le comte de Laval en 1479 ; — Capitulation du château de Kerouzéré ; — Soumission des Ligueurs au Folgoët, en 1594 ; — Preuves pour le grand prieuré d'Aquitaine ; — Fondations pieuses et recommandations au prône ; — Extraits de réformation et preuves de noblesse ; — Etude sur la conspiration de Pontcallec ; — Mémoires du comte François-Joseph de Kersauson sur la canalisation de la Bretagne.

CHARTE DES CROISADES. — Ce monument, le plus ancien et le plus illustre de la maison de Kersauson, mérite bien d'occuper la place d'honneur ; nous sommes donc heureux de la lui donner.

« Qui nous dira, s'écrie M. de Fourmont (*Ouest aux Croisades*, t. II,
« pp. XI, XII, XIII, Introduction), qui nous dira les noms de tous les guerriers
« que les provinces de l'Ouest envoyèrent combattre au loin les ennemis de

« leurs croyances, de ceux qui y moururent victimes d'un héroïque dévoue-
« ment, de ceux qui en revinrent, emportant dans leurs manoirs ou dans leurs
« chaumières des palmes de la Judée ? Si l'on avait eu alors, comme aujour-
« d'hui, des gazettes, des états de la guerre, nous les compterions par myriades ;
« car, selon l'expression de saint Bernard, *on ne voyoit que veuves dont les*
« *maris étoient vivants !*

« Au lieu de ces chiffres, après avoir compulsé les chroniqueurs et les
« poètes contemporains, Guillaume de Tyr, Foulques de Chartres, Albert
« d'Aix, Jacques de Vitri, etc., les chansons de gestes sur Antioche et sur
« Jérusalem, *la branche aux royaux lignages* de Guillaume Guiart, etc., la
« Villehardouin, Henri de Valenciennes, le sire de Joinville, etc., les chro-
« niques locales, les travaux des généalogistes les plus célèbres, les archives
« publiques et privées, les vieux cartulaires des abbayes, nous en sommes
« réduits à ne pouvoir réunir que trois ou quatre cents noms.

« Plusieurs de ces noms se lisent dans le manuscrit de Bayeux et la collec-
« tion Courtois. Le manuscrit de Bayeux contient le catalogue des gentils-
« hommes de Normandie, de Bretagne, d'Anjou, du Maine et de Touraine,
« qui suivirent au voyage de 1096 Robert Courte-Heuse et Alain Fergent,
« l'indication de leurs armes.

« ... Quant aux parchemins du cabinet Courtois, les uns se rapportent à la
« troisième et les autres à la septième croisade. Les premiers concernent des
« emprunts que bon nombre de gentilshommes, ruinés par la longueur du
« siège de Saint-Jean d'Acre, contractèrent, en 1191, envers des banquiers
« italiens, sous la garantie de Philippe-Auguste, de Richard Cœur-de-Lion,
« ou de quelque grand seigneur, soit pour continuer la guerre, soit pour rega-
« gner leur patrie ; les seconds, datés de Limisso, au mois d'avril 1249, ou
« de Damiette et d'Acre, en 1250, sont des actes de fret relatifs au passage
« en Egypte, ou bien des actes d'emprunt. Un séjour trop prolongé dans l'île
« de Chypre et le désastre inénarrable du Mansourah avaient réduit les croisés
« à la dernière misère ; il fallut, comme en 1191, recourir aux marchands de
« Pise et de Gênes. Charles, comte d'Anjou, et Alphonse, comte de Poitiers,
« servirent de caution à plusieurs d'entre eux. »

Nous n'avons pas ici à nous occuper du manuscrit de Bayeux, mais bien
seulement de la collection Courtois, en ce qui regarde la septième croisade, à

laquelle prit part *Robert de Kersauson,* premier juveigneur de sa maison, et fils de Maurice, sire de Kersauson, et d'Avicette de la Roche-Derrien.

Comme l'indique l'acte dont nous donnons ci-après le texte, Robert de Kersauson, étant à Chypre, en avril 1249, passa marché, ainsi que Hervé de Kerprigent, Païen de Leslien et Eudes d'Epinhays, avec Hervé, marinier nantais, pour son transport à Damiette.

C'est à Venise et à Gênes qu'ont été découvertes, il y a quarante et quelques années, un grand nombre des chartes latines qui forment la collection Courtois. Ces précieux parchemins furent communiqués aux commissaires chargés de classer les armes des croisés pour les salles du Musée de Versailles. C'est en vertu de l'un de ces titres que les armes de Robert de Kersauson ont été placées dans le palais de Louis XIV [1].

Sans oser nier précisément l'authenticité de ces chartes, M. de Courcy émet pourtant un doute sur leur valeur. En terminant la préface de son *Nobiliaire* (p. xvii), il leur décoche une flèche de Parthe assez acérée.

« Toutefois, dit-il, comme ils (les titres) ont été déclarés vrais par des « archivistes paléographes plus compétents que nous, nous avons maintenu « le nom de ces croisés dans notre ouvrage, mais avec la réserve qui précède « pour ceux qui n'ont d'autres titres que ceux découverts *si à propos* en 1842, « lors de la création du Musée. »

Voici la réponse à cette allégation, et nous l'empruntons à M. de Fourmont :

« Un savant paléographe, M. Gazzara, conservateur de la bibliothèque de « Turin, énumère d'une manière claire et précise les considérations qui dé- « montrent jusqu'à l'évidence l'authenticité de la masse de ces titres ; il pense

---

1. Si personne ne met en doute l'existence des armoiries antérieurement aux dernières croisades, plusieurs ne les font pas remonter au delà de la première. Un argument de ce genre a été élevé contre le manuscrit de Bayeux (inséré par M. Gabriel du Moulin à la suite de son *Histoire de Normandie*), qui donne, avec le nom des compagnons de Robert Courte-Heuse et d'Alain Fergent, l'indication de leurs armes.

Nous n'hésitons pas, pour notre part, à admettre cette existence dès le commencement du XI⁰ siècle. En effet, deux sceaux d'Adelbert, duc et marquis de Lorraine, apposés à deux chartes de 1030 et 1037, représentent *un écu chargé d'un aigle au vol abaissé.* Un diplôme de Raymond de Saint-Gilles, de l'an 1081, est scellé *d'une croix vidée, cléchée et pommetée.* — Le sceau de Thierry II, comte de Bar-le-Duc et de Montbéliard, mis au bas d'un acte de 1093, représente *deux bars adossés ;* Renaud I, possesseur du même comté, ajouta un *semis de croisettes fichées,* etc.

En présence de pareilles preuves, nous avons fait remonter le port de nos armoiries et celles de nos alliances au début même de la généalogie, c'est-à-dire au milieu du XI⁰ siècle.

« que, s'il s'en trouvait d'apocryphes, il serait facile de les reconnaître. Nous
« sommes de son avis ; si loin qu'on porte aujourd'hui l'imitation des vieilles
« écritures, il y a dans la contexture, dans les caractères de vétusté, je ne sais
« quoi qui fait deviner le vrai du faux. Nous en avons eu quantité entre les
« mains, et, tous nous ont semblé réunir les conditions entièrement identiques
« avec celles des actes du même temps, les plus incontestables. » (*Ouest aux
Croisades,* t. II, p. xiii, introduction.)

### Texte latin de la charte de croisade de Robert de Kersauson.

*Universis presentes litteras inspecturis notum sit quod nos Robertus
Kersauson, Herveus Kerprigent, Paganus Leslian et Eudo d'Espinhays,
ad communem custum transfretationis associati, de prudentiâ Hervei, ma-
rinarii nannetensis civis, plene confidentes, dicto Herveo plenam et omni-
modam potestatem damus tractandi, ordinandi et conveniendi pro nobis et
nostro nomine cum quibuscumque navium dominis seu parcionariis, super
pretio passagii nostri ad Damyetam, promittentes nos ratum habituros et
completuros quidquid per dictum procuratorem nostrum circa hoc actum
fuerit conventum.*

*Datum apud Nymocium, sub sigillo mei Roberti supradicti, anno Domini
millesimo ducentesimo quadragesimo nono, mense Aprilis.*

POLÉMIQUE A PROPOS DE HERVÉ I ET HERVÉ II DE KER-
SAUSON. — A la fin de l'article d'Olivier II de Kersauson, mort en 1370,
nous disions que telle eût été peut-être la place d'une longue parenthèse pour
traiter la question de la prétendue chûte en quenouille de la maison de
Kersauson, à la fin du XIV<sup>e</sup> siècle, thèse que soutient M. de Courcy dans son
*Nobiliaire ;* mais, ajoutions-nous, pour ne pas entraver la marche de la
généalogie, nous renvoyons le lecteur aux pièces justificatives.

Le moment est venu de reprendre cette question et de répondre à M. de
Courcy.

Du reste, l'éminent auteur n'a pas commis, à notre avis, cette seule erreur ;
à l'exemple de tous les généalogistes, ses devanciers, il a fait aussi confusion

de mariage et de filiation entre Hervé I et Hervé II, et, partant, de l'attache réelle des branches de Penhoët-Pennendreff et de Vieux-Chastel au tronc principal.

Ces trois points vont faire l'objet de deux paragraphes : dans le premier, nous prouverons que la maison de Kersauson n'est pas tombée en quenouille, et dans le deuxième, qu'on a faussement attribué à Hervé II une alliance d'Hervé I, et, par suite, la descendance des deux rameaux précités d'Hervé I à Hervé II.

PREMIER PARAGRAPHE. — LA MAISON DE KERSAUSON N'EST PAS TOMBÉE EN QUENOUILLE A LA FIN DU XIVᵉ SIÈCLE.

Voici l'assertion de M. de Courcy : « A la fin du XIVᵉ siècle, Juzette, « Suzette ou Euzette, seule et unique héritière de Kersauson, épousa Salomon « Le Ny, chambellan du duc de Bretagne, veuf de la dame de Coëtelez, à « condition que les enfants à naître de ce mariage prendraient les nom et « armes de Kersauson, dont Hervé Le Ny, sʳ de Kersauson, marié, en 1418, « à Amice de Pontplancoët, et 2° à Aliette de Lanros, veuve d'Alain de « Penmarc'h. Du premier lit, Jean, sʳ de Kersauson, marié à Jeanne de Keri- « mel, qui a continué la branche aînée, fondue au XVIIIᵉ siècle dans Tinté- « niac ; et du second : 1° Paul, marié à Sybille, dame de Saint-Georges, « auteur des sʳˢ de la Ferrière ; 2° Guillaume, auteur des sʳˢ de Pennendreff. » (*Nobiliaire,* t. II, p. 52.)

Citons maintenant les preuves : Filiation de la seigneurie de Kersauson depuis Suzette, qui vivait en 1480, comme on le voit par un acte du 29 avril audit an. Ladite Suzette était veuve de Salomon Le Ny, sʳ de Penanech, en Plouénan, et chambellan du duc Jean IV, dit le Conquérant. Ledit Salomon fut marié en premières noces à l'héritière de Coëtelez, de laquelle il eut un fils nommé Hervé Le Ny. Ledit Salomon, étant veuf de ladite dame de Coëtelez, épousa en secondes noces ladite Suzette de Quersau- son, duquel mariage fut un autre Hervé Le Ny, sʳ de Kersauson, qui fut appelé *le Jeune,* pour le distinguer du sʳ Hervé Le Ny, sʳ de Coëtelez. — Iceluy, Hervé Le Ny, le Jeune, épousa en premières noces Amice de Pont- plancoët, comme conste, par acte du 15 décembre 1418, qui est une fondation de messe à Guiclan. De ce mariage furent Jean et Hervé qui reprirent le nom de Quersauson, au désir des lois accordées par contrat de mariage entre ledit Salomon et ladite Suzette. Ledit Hervé Le Ny, devenu veuf de ladite Amice de Pontplancoët, se remaria [à Alliette de Lanros, veuve de Penmarc'h. Ils eurent : Paul, Guillaume et Marie, qui reprirent, et leurs successeurs, à tout jamais, le surnom de Quersauson. Ledit Paul épousa l'héritière de Saint-Georges, en Plouescat, où il porta la boucle de Kersauson, qui y est depuis demeurée.

Preuves : « Contrat d'acquêt de 1445 fait par Jean de Kersauson, fils d'Hervé Le Ny, s$^r$ de Kersauson. (Pièce originale.) — Généalogies dressées en 1658 et 1784, l'une et l'autre extraites des archives du château de Brézal. »

Tel est le récit de M. de Courcy [1].

Examinons maintenant les preuves contraires.

Avant et après 1400, date à laquelle, d'après M. de Courcy, la maison de Kersauson serait tombée en quenouille, on ne trouve dans cette longue suite de générations qu'une seule fille du nom de Suzette, ou Suzanne (en 1744, branche de Pennendreff). Un seul Kersauson (que nous n'avons même pas pu classer) est aussi mentionné (en 1440) comme portant le nom de Salomon. (*Nob. de Bret.*, t. II, réformation de la noblesse de l'évêché de Léon, paroisse de Ploncour- (Plounéour) Ménez). Il serait pourtant vraisemblable, en admettant cette alliance telle [que la rapporte M. de Courcy, de trouver plusieurs *Suzette* et plusieurs *Salomon,* car l'*unique* héritière d'une maison assez notable

---

1. Si d'autres documents semblant confirmer cette thèse pouvaient être agréables à M. de Courcy, nous nous ferions un véritable plaisir de les lui fournir : c'est ainsi qu'à la Bibliothèque nationale à Paris (extrait du vol. 11551 du fonds français, mss. f. 35 et 36) on trouve une généalogie dans laquelle on marie, en 1420, *Hervé Le Ny, dit de Kersauson,* s$^r$ de Lanyvinon, avec Alliette de Lanros, d'où Jean, époux de Jeanne de Kerimel, père et mère d'autre Hervé, marié : 1° à N. de Bouteville, 2° à N. de Pontplancoët, — dont Guillaume, marié à Isabeau du Chastel, etc. Nous ne continuons pas les citations, croyant inutile d'en démontrer la confusion.

Autre document : Il existe au château de Callac (Morbihan) un tableau avec blasons coloriés et décoré du titre de : *Généalogie de Kersauson.* A la seconde génération on lit : De N. Le Ny issurent : 1° Messire Hervé Le Ny, s$^r$ de Kersauson ; 2° Messire Salomon Le Ny, marié : 1° à Marguerite de Coëtelez ; 2° à Euzette de Kersauson. Puis suivent neuf générations de Le Ny, où le nom de Kersauson n'est plus mentionné... Ici, on le voit, ce n'est plus seulement Salomon qui prend le titre de s$^r$ de Kersauson, mais son *frère aîné.*

Que conclure donc de toutes ces généalogies qui se contredisent, sinon qu'on ne peut y ajouter aucune créance, et que toutes ont été façonnées au gré d'imaginations plus ou moins... vagabondes !

pour substituer son nom à celui d'une famille déjà illustre, et à l'imposer, malgré tout, à sa descendance, doit avoir assez marqué dans sa généalogie pour que son prénom se perpétue parmi sa postérité, ou soit, au moins, rappelé quelquefois.

Il en est de même des descendants d'un chambellan d'un duc : flattés d'avoir une telle illustration pour ancêtre, ils en auraient certainement réitéré le souvenir, en donnant à leurs enfants le prénom de Salomon.

D'ailleurs les Le Ny étaient à cette époque aussi anciens et plus illustres que les Kersauson : le père du chambellan avait été pris, en 1380, comme témoin d'un accord entre les seigneurs de Léon, et, à la réformation de 1669, la maison Le Ny prouvait onze générations, tandis que les Kersauson n'en comptaient que neuf. Quel intérêt avaient-ils donc à changer de nom ?

N'avons-nous pas vu même, en 1776, Jean-Jacques-Claude, marquis de Kersauson, chercher, mais en vain, à imposer son nom à son gendre, le marquis de Tinténiac ? Et pourtant, au XVIIIᵉ siècle, le nom de Kersauson était encore plus illustre qu'au XIVᵉ. Pourquoi aussi Salomon Le Ny aurait-il donné aux deux fils de ses deux mariages le prénom d'Hervé ? Dans quel titre M. de Courcy a-t-il vu qu'on les distinguât par les surnoms de *Vieil* et de *Jeune*, surnoms plus qu'inutiles d'ailleurs, puisque, d'après le savant auteur lui-même, le premier était connu sous le nom de sʳ de Coëtelez, et le second sous celui de sʳ de Kersauson ?

Donc, premièrement, les faits sont invraisemblables.

Nous disons de plus qu'ils sont inexacts.

En effet, l'arrêt de noblesse de 1471 mentionne, à la date du 16 février, un supplément de partage noble entre Hervé de Kersauson, époux d'Isabeau (et non Amice, première inexactitude) de Pontplancoët, d'une part, et Maurice de Pontplancoët, d'autre part, frère de ladite Isabeau, et époux de Jeanne de Kersauson, sœur dudit Hervé. — L'arrêt de réformation de 1669 prouve qu'Hervé III eut de sa femme *Isabeau* de Pontplancoët non pas Jean, époux de Jeanne de Kerimel, mais bien Guillaume, auteur de la branche aînée, Jeanne et Jean, sʳ de Rosarnou, tige des sʳˢ de Guénan.

Voilà donc, d'une part, un arrêt de partage qui prouve que le père de Hervé II était bien Jean, époux de Jeanne de Kerimel, et, d'autre part, l'arrêt de réformation de 1669 qui dit que le fils aîné dudit Hervé, celui qui a conti-

nué la filiation fondue au XVIII° siècle dans Tinténiac, s'appelait Guillaume
et non pas Jean (deuxième et troisième inexactitudes). Et qu'on ne vienne pas
nous dire ici qu'accusant les autres de confusion, nous tombons nous-même
dans la même erreur, en nommant Hervé II pour Hervé I : les dates ne permettent pas de s'y tromper; car Hervé I, mort en 1416, ne pouvait, dans tous
les cas, être fils de Salomon Le Ny et de Juzette, Suzette ou Euzette de Kersauson, puisque, selon M. de Courcy lui-même, ledit mariage n'aurait eu lieu
que dans les dernières années du XIV° siècle. Or, alors, comment admettre
qu'Hervé, qui, d'après lui, en fut le premier fruit, et mort, nous le répétons,
en 1416, c'est-à-dire à 18 ou 19 ans, ait pu se marier, faire souche et même
contracter un second hymen, après la mort de sa première femme? Le raisonnement est, on le voit, inadmissible, et c'est donc bien Hervé II que vise M. de
Courcy et non Hervé I.

Il est également impossible, par les dates, de se méprendre sur la personnalité de Jean, et c'est bien de l'époux de Jeanne de Kerimel et non d'un autre
dont on parle dans l'arrêt de partage et dans *quatre* passages de l'arrêt de réformation de 1669. C'est bien encore le même Jean que nomment Dom Lobineau (*Pr.*, p. 104) et Dom Morice (*Act. de Bret.*, t. II, col. 1301-1303),
quand ils citent un Jehan de Kersauson prêtant, en 1437, serment de fidélité,
avec les autres gentilshommes de Bretagne, aux commissaires du duc Jean V.
Ce document est le plus ancien et le plus authentique que l'on ait conservé relativement à l'ancienne noblesse de Bretagne.

Les arrêts de partage et de réformation donnent aussi à Hervé le nom de
Kersauson et non celui de Le Ny. On lit même dans l'arrêt du 26 mars 1669
que le duc François II concéda audit Hervé de *Kersauson* des lettres de répit,
datées du 14 janvier 1472, pour le remercier de la bravoure qu'il avait dé-
ployée dans une guerre où il fut fait prisonnier ; dans ces lettres (on les lira),
Isabeau de Pontplancoët est expressément désignée pour jouir du privilège
accordé par ces patentes.

Et pourtant, si cet Hervé se fût appelé Le Ny, nous ne voyons pas pourquoi
le duc ne lui eût pas donné ce nom, qu'il devait d'autant plus connaître qu'il
était celui d'un chambellan de son aïeul ! — En outre, dans les *Preuves* de
Dom Lobineau (pp. 1341-1468), on trouve deux montres dans lesquelles
figure Hervé de *Kersauson*. — Enfin, ledit Hervé, ainsi que nous l'avons vu

à son article, assistait, parmi les principaux seigneurs bretons, aux obsèques du duc François II, en 1488. (D. Lob., *Pr.*, p. 790.)

Il se nommait donc bien *de Kersauson* et non *Le Ny* cet Hervé dont il est question ici. Mais, objectera-t-on peut-être, si Dom Lobineau et Dom Morice sont des historiens sérieux et d'une stricte impartialité, il n'en est malheureusement pas de même des arrêts de 1669 et 1671, dans lesquels la complaisance a souvent pris la place de la vérité ; quoiqu'authentiques, la plupart de ces titres ne sont ni fidèles ni exacts.

Cette observation peut, il est vrai, s'appliquer à certaines familles en charges de la Cour et du Parlement de Rennes, qui se prévalaient de leur position pour prétendre à une ancienneté et à des honneurs auxquels elles n'avaient pas droit ; mais, si pour ces familles la réformation a effectivement montré trop de complaisance, il faut en même temps reconnaître qu'elle n'a été rien moins que favorable à la noblesse d'épée, vivant dans ses terres de temps immémorial et n'ayant su ni voulu se faire prévaloir.

Quand on voit, en effet, en 1669, Prigent de Kersauson, s$^r$ dudit lieu et chef de nom et armes de sa maison, ne se qualifier que du simple titre de chevalier [1], que ses ancêtres portaient depuis plus de *six siècles*, on comprend qu'il ne participa ni lui, ni les siens, aux faveurs des commissaires de la réformation. Aussi, pour cette raison, les arrêts de la grande réformation, au moins en ce qui concerne la noblesse d'épée, nous le répétons, sont-ils dignes de toute confiance, et doit-on y ajouter plus de foi qu'à une fondation de messe à Guiclan et à un contrat d'acquêt, titre d'une authenticité plus que douteuse, surtout lorsque les arrêts dont nous venons de parler sont pleinement justifiés par des auteurs comme Dom Lobineau et Dom Morice.

Quant aux deux généalogies de 1650 et de 1782 extraites, d'après M. de Courcy, des archives de Brézal, détruites pendant la Révolution, elles n'ont également aucune autorité. Celle de 1650 n'a pu être dressée que par ou pour Prigent de Kersauson, qui comparut en personne à la réformation ; or, l'arrêt de noblesse que ledit Prigent obtint lui-même à cette époque contredit abso-

---

1. Nous avons dit précédemment et à l'article de Prigent que d'Hozier qualifie à tort ce dernier du titre de marquis qu'il n'avait pas et qui ne fut porté que par son fils ; son père, et lui-même, avaient celui de baron, mais il paraît que, lors de la réformation, il ne fit valoir que son seul titre de chevalier.

lument cette prétendue généalogie, relativement au père d'Hervé II, qu'il reconnaît être Jean de Kersauson et non Salomon Le Ny. — A la généalogie de
1782, aussi invoquée par M. de Courcy, on peut opposer un monument
du même genre, possédé par la branche du Vieux-Chastel et extrait des archives de la Ferrière, détruites en partie, comme celles de Brézal, lors de la
Révolution.

Enfin, et c'est par là que nous terminerons ce premier paragraphe, M. de
Fourmont, dont les articles de famille ont été puisés aux sources les plus vraies
et les plus sérieuses, a donné, dans son magnifique ouvrage : *l'Ouest aux
Croisades*, la première partie de la généalogie chronologique et nominale de
la maison de Kersauson. Or, dans cette généalogie (l'impression de *l'Ouest
aux Croisades* est postérieure de cinq ans à celle du *Nobiliaire* de M. de Courcy)
il n'est fait aucune mention ni de Salomon Le Ny, ni de la prétendue chute en
quenouille par le mariage d'Euzette ou Juzette avec le chambellan ducal. L'auteur est toutefois tombé dans la même erreur que M. de Courcy au sujet de
la confusion de personnalité d'Hervé I et d'Hervé II ; nous nous promettons,
dans le second paragraphe, de démontrer le point par lequel pèche ce dernier
raisonnement.

Nous concluons donc, en premier lieu, et nous affirmons, contrairement à
M. de Courcy, qu'à la fin du XIVᵉ siècle, la maison de Kersauson n'est pas
tombée en quenouille.

S'ensuit-il de là qu'on doive nier absolument l'existence du mariage de
ladite Jusette avec Salomon Le Ny ? Nullement. Il a pu arriver qu'une fille
d'une branche quelconque de Kersauson ait contracté alliance avec un sʳ de
Coëtelez et que les enfants nés de ce mariage aient pris le nom de leur mère :
cela se rencontre très souvent dans les annales généalogiques des anciennes
races, au moyen âge ; mais inférer d'un acte emprunté à une généalogie plus
ou moins authentique, qui mentionne le titre pris par les enfants du chef de
leur mère, que par ce fait, disons-nous, toute une race soit éteinte, cela est
inadmissible, surtout quand une série d'actes existants, *d'actes officiels*, consacre la descendance de mâle en mâle d'une maison, *avant*, *pendant* et après
la période assignée comme celle de la chute en quenouille de cette maison.

DEUXIÈME PARAGRAPHE. — CONFUSION DE MARIAGE ET DE FILIATION ENTRE
HERVÉ I ET HERVÉ II ET, PAR LA, DE L'ATTACHE RÉELLE DES BRANCHES DE
PENHOET-PENNENDREFF ET DE VIEUX-CHASTEL AU TRONC PRINCIPAL.

Nous avons déjà dit un mot de l'erreur commise par rapport à Jean
de Kersauson, qui fut, comme nous l'avons établi, *le père* et non *le fils*
d'Hervé II. C'est, ici, d'une autre inexactitude qu'il s'agit.

Presque tous les généalogistes sont d'accord pour reconnaître Hervé II
comme la tige d'où sont sortis les nombreux rameaux de Kersauson ; la plupart lui donnent deux femmes : Isabeau de Pontplancoët et Alliette de Lanros.
Nous, au contraire, venant à l'encontre de ces données généralement admises,
nous allons prouver que Hervé II ne s'est marié qu'une fois (à Isabeau de
Pontplancoët), tandis que son grand-père Hervé I a contracté deux alliances
(Marguerite de Carnavalet et Alliette de Lanros).

Ici ce ne sont pas uniquement des preuves par pièces authentiques que l'on
peut apporter à une question qui jette un jour si nouveau sur ce point de la
généalogie de la maison de Kersauson, c'est le simple bon sens, la logique
même des faits et enfin les dates qui viennent écraser de tout leur poids l'opinion reçue jusqu'à ce jour.

La première preuve en faveur de la thèse, preuve qui, à elle seule, dispen-
serait de toute autre, se puise dans les pièces produites au grand prieuré
d'Aquitaine, lors des preuves pour Malte de René-Pierre de Kersauson, fils
juveigneur de haut et puissant Messire Loys de Kersauson, chevalier, seigneur
et baron dudit lieu, et de haute et puissante dame Claude de Kergorlay, de la
maison de Cleuzdon. Nous trouvons, en effet, dans ce document authentique,
« mention d'une procure donnée par noble dame Isabeau de Pontplancoët,
« *veufve* de noble et puissant Hervé de Kersauson, père de nobles et puissants
« Guillaume et Jean de Kersauson, frères, audit seigneur Jean de Kersauson,
« son fils juveigneur, pô accorder et faire la recette de ses rentes à sa terre
« seigneuriale de Rosarnou. Datées du dernier mars *1497*. Signé : F. Prigent
« et Hemery, passes. » Scellé.

Le texte est formel, on le voit, et nul ne peut s'y tromper. En 1497,

Hervé II était mort, mais Isabeau de Pontplancoët, sa *veuve*, vivait encore. Est-il besoin de tirer la conclusion d'impossibilité d'un deuxième mariage ?

Donc, les dates s'opposent formellement à l'union d'Hervé II avec Alliette de Lanros.

En émettant un pareil système, on fait, il est vrai, litière de celui des anciens et modernes généalogistes, mais qu'y faire ? Toutes les objections viennent se briser devant ce fait avéré, qu'en 1497, Isabeau de Pontplancoët était veuve d'Hervé de Kersauson, qui n'avait donc pu se remarier. Ladite Isabeau (et non Amice) n'avait donc pas davantage épousé Hervé I (mort en 1416, nous l'avons prouvé), en 1418, ou bien elle fût arrivée, en 1497, à la vieillesse de Mathusalem.

Tous les auteurs, à notre sens, ont fait, à cause de la similitude de nom, erreur de personnages et attribué à Hervé II une seconde femme qui fut bien et dûment celle d'Hervé I. Cela se voit du reste sans cesse dans les travaux officiels.

Si M. de Courcy est tombé dans la même erreur que ses devanciers à propos du deuxième mariage d'Hervé II, il s'est également trompé en disant que ce fut Jean, fils dudit Hervé II et époux de Jeanne de Kerimel, qui continua la branche fondue au XVII⁰ siècle dans Tinténiac. Il a été prouvé ci-dessus que Jean était *père* et non pas *fils* d'Hervé II, dont le fils aîné s'appela Guillaume, d'après l'arrêt de 1669 et les preuves pour Malte. Or ce dit arrêt donne aussi positivement pour tige à la branche de Brézal ledit Guillaume, dont la race se fondit, en effet, au XVII⁰ siècle, dans Tinténiac et Montbourcher. Donc, en second lieu, erreur pour le prétendu double mariage et aussi pour la filiation d'Hervé II.

Que résulte-t-il enfin de ce transfert de mariage avec Alliette de Lanros, d'Hervé II à Hervé I ? Que les seigneurs de Pennendreff et ceux de Vieux-Chastel, auxquels tous les auteurs donnent, avec raison, pour mère ladite Alliette de Lanros, descendent d'Hervé I et non d'Hervé II. Il faut faire remonter de deux générations leur séparation du tronc générateur. Guillaume et Paul, auteurs des Pennendreff et des Vieux-Chastel, deviennent ainsi frères *consanguins* de Jean, époux de Jeanne de Kerimel.

Les faits et les dates concourent du reste, et comme à plaisir, pour l'admission de cette vérité.

Si la preuve tirée de l'enquête de Malte ne suffisait pas à quelques-uns, plus difficiles à persuader, on aurait encore, pour les convaincre, le raisonnement suivant : A la montre de 1443, nous voyons Guillaume de Kersauson, s<sup>r</sup> de Penhoët *et fils d'Alliette de Lanros,* comparaître en équipage d'homme d'armes au ressort de la paroisse de Saint-Frégant. Il était donc majeur à ce moment. Comment alors admettre que sa mère ait pu épouser son père quelques *40 ans après !* La conclusion est inacceptable et suffirait, à elle seule, à démontrer l'impossibilité du mariage d'Hervé II avec Alliette de Lanros. Voyant cette difficulté, certains généalogistes ont cherché à faire de Guillaume, fils d'Hervé II et d'Isabeau de Pontplancoët, le double auteur des branches de Brézal et de Penhoët. Le Guillaume des Brézal et celui des Penhoët sont, en effet, qualifiés du même titre de sénéchal, mais ici la similitude de nom a encore conduit à une erreur identique à celle commise par rapport aux deux Hervé. Le titre de sénéchal lui-même ne peut s'appliquer qu'à l'un des deux Guillaume seulement, tige de la branche de Brézal. En effet, les registres de la chancellerie au Parlement de Bretagne (Bibl. Mazarine, mss., 1874) et les *Recherches sur la chevalerie en Bretagne,* par M. de Couffon (t. 1, p. 152), nous donnent un Guillaume de Kersauson, institué sénéchal de Landerneau en 1472. D'un autre côté, nous avons vu, p. 147, que Guillaume, fils d'Hervé II, était sénéchal de Léon en 1478 et 1479. C'est donc évidemment ici le même personnage ; car, à cette époque, le Guillaume, fils d'Hervé I et d'Alliette de Lanros, n'était plus en âge d'être appelé à de pareilles fonctions.

Une dernière date suffira du reste pour démontrer que les deux Guillaume sont bien deux êtres distincts. On trouve, dans un acte du 24 septembre 1535, que Guillaume, sire de Kersauson, assigna une rente de 100<sup>tt</sup> sur la terre de Lesplougoulm à son fils François pour tous droits à la succession de sa mère, Catherine de Bouteville. Or, en 1535, Guillaume, s<sup>r</sup> de Penhoet, était mort depuis longtemps, ou eût été alors bien plus que centenaire, puisque, dès 1481, nous voyons son fils Guénolé le représentant, *à cause de son grand âge,* aux montres et aux revues de noblesse du Léon. Son père, Hervé I, était mort, d'ailleurs, en 1416.

Devant de tels éclaircissements, nous croyons ne pas devoir insister davantage, espérant avoir amplement démontré les trois points que nous nous étions proposé d'établir en ouvrant cette polémique.

## LETTRES DE RÉPIT DU DUC FRANÇOIS II A HERVÉ II DE KERSAUSON.

— François, par la grâce de Dieu, duc de Bretagne, comte
« de Montfort et de Richemont, d'Etampes et de Vertus, à tous ceux qui ces pré-
« sentes verront, salut. Pour ce que de la part de notre amé et féal escuier
« *Hervé de Kersauson*, nous a esté fait remontrer qu'au temps de l'émotion
« et ouverture de la guerre qui naguères a esté faicte à nous, nos païs et sub-
« jects, il et Isabeau de Pontplancoët, sa compaigne espouse, avoient plusieurs
« causes mües et pendantes en diverses cours et juridictions de notre païs et
« duché, tant ensuite que deffense, et que ledit Kersauson, lequel est subject
« aux armes, et que durant le tems de ladite guerre estoit en notre service
« au faict desdits armes pour la deffense de nos païs, a esté prins prisonnier
« par nos ennemis et adversaires, lesquels encore à présent le détiennent, et
« que depuis le tems de ladite prinse et qu'il est détenu ainsi que dessus, ses
« adverses parties ont impétré ou pu impétrer à l'encontre de lui et de sa dite
« compaigne plusieurs deffauts en ses dites causes et en son très grand dom-
« maige et préjudice, à l'occasion desquelles elles pourroient estre entièrement
« perdues ou grandement empirées, et mesme à la conduite et deffense d'icelles
« ses causes, est la présence de Kersauson bien nécessairement requise pour ce
« qu'il ensuit et cognoit les nientes plus que nul autre, et en son absence y
« pourroit estre indirectement procédé à la perdition ou empirement d'icelle,
« si par nous ne lui estoit sur ce donné provision, laquelle très loyalement il
« nous a fait supplier et requérir, scavoir faisons que nous, lesdites choses con-
« sidérées, ne voulant que led. Kersauson et sadite compaigne soient préju-
« diciez ni endommaigez en leurs dites causes pour les deffaulx dessusdits, et
« pour l'absence d'iceluy Kersauson, avis soyt leur y donner provision en justice
« et équité ainsi que raison, et pour aultres causes à ce nous mouvans, avons,
« de notre authorité, grâce espécial et puissance plénière, relevé et relevons
« lesdits Kersauson et sa dicte compaigne des deffaulx et contumaces sur eux
« impétrez depuis le temps de la prinse et détention dudit Kersauson, par
« quelques cours que ce soit, à l'instance quelque personne et en quelque
« matière que ce puisse estre, tant pour l'intérêt de partis que pour les taux
« de cours et juridiction par lesquelles ont esté lesdits deffaulx impétrez, no-
« nobstant rigueur de droits ou de contumaces à ce contraires, en rejetant,
« cassant et annulant, rejetons, cassons et annulons par ces présentes les

« dits deffaulx et iceux déclairons de nul effet et au parsus avons remué et
« continué, remuons et continuons par ces présentes toutes et chacune les
« causes, matières et affaires desdits Kersauson et sa compaigne, en l'estat du
« jourd'hui jusqu'à deux mois prochains, après la délivrance de la prinson et
« détention d'iceluy Kersauson, pourveu que cependant laps et prescriptions
« de terres ne courre, ne fasse préjudice à partie, ou à principal.

« Li donnons en mandement à nos présidens, sénéchaux, allouez, Baillifs,
« Prévôts et Procureurs, leurs lieutenans et à tous autres justiciers, et officiers
« de notre païs et duché, à qui de ce appartiendra, de celles nos présentes
« grâces, relèvement et réserve faire, souffrir et laisser entièrement paisibles,
« et jouir ledit Kersauson et sa dite compagne, tous empêchemens, cessans au
« controire, car il nous plait.

« Donné en notre ville de Nantes, le quatorzième jour de janvier, l'an mil
« quatre cent soixante et doze,

Par le duc, en son conseil :

Signé : FOREST.

ÉTUDE SUR LES BANNERETS DE LÉON. — Nous avons déjà
dit un mot des chevaliers Bannerets en général à l'article préliminaire de cet
ouvrage. Nous voulons ici en donner une idée plus complète, avec la liste de
ceux du pays de Léon.

L'origine reculée de la maison de Kersauson semblait tout naturellement
la classer dans l'ordre des chefs de *Bannière*, aussi n'est-il pas étonnant
de voir de toute antiquité les Kersauson revendiquer la forme *carrée, dite en
Bannière*, pour leur écu, sur les nombreux monuments dus à leur pieuse muni-
ficence. Les plus anciennes traditions, appuyées du reste de l'autorité des actes
authentiques et de la notoriété publique, leur ont constamment attribué cette
dignité éminente de seigneurs Bannerets, *grands vassaux de Léon*. Cette
haute situation féodale, ainsi qu'on va le voir, fut particulièrement mise en relief au XVe siècle, lors de la contestation célèbre qui s'éleva entre le vicomte
de Rohan et le baron de Vitré, relativement à la préséance aux Etats de Bretagne. Nos Bénédictins Bretons ont donné, parmi les preuves annexées à l'his-

34

toire de Bretagne, les actes officiels produits devant la cour souveraine du Duc par ces deux puissants compétiteurs.

« Dans le choix que j'ai été obligé de faire, « écrit Dom Taillandier dans l'avertissement qui précède ses preuves, « j'ai donné la préférence à celles qui m'ont « paru les plus intéressantes. Telles sont les Enquêtes des seigneurs de Rohan « et de Vitré, sur la préséance aux Etats de Bretagne. Les pièces qui suivent « ces Enquêtes répandent un grand jour sur l'histoire, et c'est ce qui m'a dé- « terminé à les publier. J'ai fait imprimer le Mémoire et l'Enquête du vi- « comte de Rohan sur une copie ancienne et authentique. L'on s'apercevra, à « la lecture de ces deux pièces, qu'il s'est glissé quelques fautes des copistes, « et surtout dans les noms propres, mais il sera facile de les corriger [1]. Nous « n'avons pu recouvrer ni l'original ni les copies authentiques de l'Enquête du « seigneur de Vitré. Les extraits que nous en donnons ont été pris en un « ancien imprimé fait, si je ne me trompe, en 1651 ou 1652, lors du procès « pour la préséance entre MM. les ducs de Rohan et de la Trémoille [2]. »

Le mémoire du vicomte de Rohan, dressé en 1478 et 1479, pour justifier de ses *précellances, rancs et assiétez ez parlemans et Estats de Bretagne,* curieux résumé des éléments constitutifs d'une situation quasi souveraine, se compose de 315 articles.

Voici ce que portent les articles 116 et 117, les seuls intéressants pour nous.

### Art. CXVI

« Bannerets et Bacheliers vassaux de Léon [3].

---

1. D. Taillandier est réellement indulgent pour le copiste qui commet constamment des coquilles impossibles : nous avons vu, à l'article de Guillaume de Kersauson, p. 148, qu'il écrit *Besançon* pour Kersauson. Ici il faudra lire encore Kersauson pour Beysampson, — Poulmic au lieu de *Poulinic,* — Keimerch au lieu de *Kernaouch,* — Faouet au lieu de *Lahec,* etc.

2. *Hist. de Bret.* (D. Mor. et D. Taill., t. II. p<sup>r</sup> p. CLIX et suiv.)

3. Les actes de Bretagne des XI<sup>e</sup> et XII<sup>e</sup> siècles mentionnent l'existence des Barons et Bannerets de Léon ; une charte de Hervé, vicomte de Léon, fait ressortir l'importance qu'ils avaient à sa cour. *Ego, H., Dei gratiâ Leonensis comes, pro salute animæ meæ... Continuo donum quod donavit pater meus... addidi etiam donis patris mei pro salute ipsius... redecimam decimarum mearum per totam Leoniam et hæc omnia et quidquid acquirere poterunt dono meo vel Baronum meorum libere et quiete habenda concessi. Hoc fuit factum in tempore B. Prioris.* Actes de Saint-Melaine. (D. Morice, p<sup>r</sup> t. I, col. 621.) Le savant Hévin rapporte que les Rohans et autres Hauts Barons du duc « se firent des officiers fieffez et des *Pairs* qu'ils appelaient leurs *Barons.* » (Hévin, *Consult.,* etc. Edit. 1734, p. 42.)

Les titres que nous rapportons classent les Kersausons dans cette catégorie.

« Entre lesquels hommes et féaux sont les Bannerets et Bacheliers qui en-
« suivent, scavoir :

   * Le sire et dame de Penhoët
   « Le sire du Chastel
   « Le sire de Kernaouch (Keimerch)
   « Le sire et dame de Poulinic (Poulmic)
   « La dame de Pluscallec (Ploesquellec ou Plusquellec)
   « Le sire de Lahec (Faouet)
   « Le sire de la Feillée
   « Le sire de Pont-l'Abbé
   « Le sire de Rosmadec
   « Le sire du Juch
   « Le sire de Trouarlen (Tivarlen)
   « Le sire de Kersauson
   « Le sire de Coëtmeur

## Art. CXVII

« Et nombre de chevaliers et escuyers.

« Et autre si grand nombre de chevaliers et escuyers que, comme confuse
« et multipliée chose, seroit long en faire pour le présent déclaration, et s'en
« rapporte ledit vicomte au parsus de la notoriété et commune réputation du
« païs. »

On le voit, ces articles ont une grande importance pour la maison de Kersauson [1]. Ils sont encore corroborés par les enquêtes ordonnées *d'office de
court*, sur les faits énoncés au précédent mémoire, faits étudiés, article par article, en 1479, par les commissaires du Duc, en son général Parlement [2].

Parmi les témoins appelés à justifier les assertions du vicomte de Rohan,
il nous suffira de citer les dépositions des seigneurs de Talhouët et de Ros-

---

1. Le membre de la famille désigné dans la liste ci-dessus est Hervé II, époux d'Isabeau de
Pontplancoët, le même à propos duquel nous venons de donner les lettres de répit de François II.
2. *Hist. de Bret*. D. Morice et D. Taillandier, t. II, pᵣ p. CLXXXVj et suiv.

trenen sur les faits des grands vassaux de la vicomté de Léon.

Nous lisons dans la déposition du seigneur de Talhouët :

« Interrogé, ce tesmoing, de quelle condition il est clerc, recorde qu'il est
« noble et advocat de cour laye et a esté secretaire de cinq ducs, scavoir, du-
« dit feu duc Jean et successivement des ducs François, Pierre, Artur et de
« François, duc à présent... dit qu'il a ouy notoirement dire et appeler ledit
« vicomte seigneur de Léon, et a ouy dire que c'est une grande seigneurie de
« grande estendue de païs, et que en icelle il y a de belles forrectz et le chas-
« teau de *Roche-Morice*, et plusieurs et grand nombre de grands vassaux et
« subjects de grandes puissances, et autres avec les sires de Penhouët, Pont-
« labbé, du Chastel, de Bemanen (Kermavan), de Courtin (Coëtivi), de
« Poulmic, de Plusquellec, de Rosmadec, de Trovarlet (Tivarlen), de Bey-
« sampson (Kersauson), et plusieurs autres, et grand nombre de grands sei-
« gneurs [1]... »

Vient ensuite la déposition du sire de Rostrenen, en « ladicte enqueste
« faicte par lesd. nommez, les vingt-sept, vingt-huit, pénultiesme et dernier
« jour d'Avril, l'an predit 1479. »

« Jean de Rostrenen, sr de Couëtdor et de la Chesnaye, noble homme,
« après que luy a esté remontré l'inconvénient en quoy était celuy qui porte
« faux tesmoignage, soit en obmettant ou en commettant, a esté juré sur sainct
« Evangille dire véritté sur le tout des articles et faicts proposéz et produitz en
« cette cause... Dit outre ce tesmoing qu'entre les autres hommes et féaux
« dudit vicomte de Rohan, à cause de ladite seigneurye de Léon, les Basche-
« liers qui ensuivent sont les hommes et subjects à foy et devoir de rachapt,
« scavoir : Le sire de Liménéan (Kermavan) de tout ce qu'il tient en lad.
« seigneurie de Léon ; le sire de Panhouët (Penhouët), à cause de Panhouët ;
« le sire du Chastel, à cause de son chasteau de Trémazan...; le sire et dame de
« Soulinic (Poulmic), à cause de ce qu'il tient en lad. seigneurie ; la dame de
« Plusquellec, à cause de la seigneurie de Tronglo (Trogoff), qui est sise en
« lad. seigneurie de Léon ; le sire Duclet (du Faouët), à cause de l'héritage qu'il
« a et tient en lad. seigneurie de Léon ; le sire de la Feillée, pareillement à

---

1 «Lad. enquête faicte par lesd. nommez les premier, second, tiers et quatre jour de may l'an
dessusdict 1479. » (Id., ib., p. CXCIV).

« cause de qu'il a et tient de lad. seigneurie de Léon ; les sires de Rosmadec,
« du Juch, de Throvarlin (Tivarlen), de Besançon (Kersauson), de Coëtman
« (Coetmeur), et chacun par raison des terres, héritages et seigneuries qu'ils
« ont en lad. seigneurie de Léon, et mesme le sire de la Pallu (Paluë), à
« cause de son manoir qui est situé près de la forest de Gouëlet Forest...
« Enquis ce témoing s'il scait qu'à lad. seigneurie de Léon, led. vicomte de
« Rohan, à cause d'icelle, ait grand nombre de chevaliers, escuiers et autres
« nobles outre ceulx particulièrement dessus nommez, dit qu'ouy et en rend
« la raison [1]... »

Inutile d'insister sur la valeur de ces actes que nous pourrions appuyer
d'autres textes également admis par nos historiens bretons et auxquels nous
renvoyons pour plus amples détails [2].

Il est donc tout naturel de voir, au XVIe siècle, les Kersauson ajouter à
leurs titulatures de *sires, Hauts et Puissants seigneurs,* que leur donnent
tous les actes de ce temps, les titres de *chevaliers Barons,* en souvenir de
leurs anciennes *précellances, rancs* et *assietez,* pour employer le langage de
cette époque, et sommer de l'antique couronne baronniale leur écu en *bannière,*
entouré du collier de l'ordre du Roi [3]. Depuis le XVIe siècle, et sans interruption, nous trouverons les membres de cette maison titrés *Barons* de Kersauson, vicomtes de Maugrenieu, marquis de Brézal, de Kergean, etc., et, fait
très rare en Bretagne, les chefs de nom et armes de principales branches dé-
corés du titre de *comtes,* pendant que leurs cadets seront appelés *chevaliers* ou
*écuyers,* signe non équivoque d'une illustration antique [4]. Nous pouvons
ajouter, en terminant, que ces titres ont été sanctionnés du reste par des lettres
missives du Roi de France, par des brevets et diplômes militaires, ou d'ordres
de chevalerie, enfin par les actes de l'état civil.

1. D. Morice et D. Taillandier, id. ibid., p. CCXIj et suiv. — Supplément aux p[r] de l'Histoire de
Bretagne.
2. Voy. D. Lobineau, D. Morice, D. Taillandier, Le Baud, d'Argentré, Hévin, etc., les anciennes réformes et montres de Bretagne.
3. Telles étaient ou sont encore les anciennes effigies de l'écu de Kersauson sur les pierres et
vitraux de la Cathédrale de Saint-Pol-de-Léon, des églises de Plouënan, Guiclan, Lambader,
Plourin, le Folgoët, Trégrom, etc., sur les châteaux et manoirs des diverses branches de cette
maison, leurs tombeaux, tableaux, meubles et autres monuments domestiques.
4. Voy. notamment, après la branche aînée, les branches de Pennendreff, de Vieux-Chastel,
de Kerjan, de la Ferrière.

EXTRAITS DE DOM TAILLANDIER, RELATIFS A LA CAPITU-
LATION DE KEROUZÉRÉ EN 1590. — Ayant parlé, p. 153, de la capitulation du château de Kerouzéré en Léon, à propos de François, sire de Kersauson, qui y prit part, nous croyons intéressant de relater ici quelques
extraits de D. Taillandier où sont cités les noms de François, sire de Kersauson, et de Tanguy, son père. On se rappelle aussi la description par nous
donnée, p. 187, et d'après la *Bretagne contemporaine*, du château de Kerouzéré,
ainsi que de la succession de ses divers possesseurs ; nous n'y reviendrons pas.

En 1590, lors de la Ligue, Kerouzéré appartenait à M. de Bois-Eon, sᵣ de
Coëtnizan, qui le défendait, au nom d'Henri IV, contre les Ligueurs commandés
par le sire du Faouet. Voici les différentes pièces extraites de Dom Taillandier
et qui prouvent la part prise par le sire de Kersauson à la capitulation de
cette place forte.

Extrait de la Chambre de la réformation de la noblesse de Bretagne, du
23 mai 1671 :

« Entre le Procureur du Roy, demandeur, d'une part, et messire Hercule-
« François de Bois-Eon, chevalier, comte dudit lieu, d'autre part. La capitu-
« lation est du 19 novembre 1590. Est produit, dans le veu dud. arrest, la
« capitulation du 19 novembre 1590, laquelle porte les articles et conditions
« promises entre M. de Bois-Eon, sᵣ de Coëtnisan, commandant en son châ-
« teau de Kerouzéré avec nombre de gens de guerre, pour le service du Roy,
« et les seigneurs du Faouet (de Goulaine), Coëtredrez, de Rosampoul (de
« Carné), de Kersauson, des Iles et autres gentilshommes de Léon, estant au-
« devant dud. chasteau, etc. » (D. Taill., t. II, pp. CCXLIIj et suiv.)

« Enqueste faite à la requeste de M. de Boyséon, pour constater ses pertes
« occasionnées par le siège de Kerouzéré, par sa détention au chasteau de
« Nantes et par sa rançon.

« Enqueste faicte par nous (26 juin 1600), Séraphin Gohory, licencié es
« droits, conseiller du Roy, esleu particulier de l'élection de Sablé pour la
« partie et à la requeste de Messire Pierre de Boiséon, sᵣ de Coëtnisan, contre
« Jean de Goulaine, sieur du Faouet, et François de Kersozon, sieur de Ker-
« sozon, soubs les faits dudit seigneur de Coëtnisan, en vertu de la commission
« de monsieur le juge ordinaire de la juridiction royale de Tréguier, du
« dixième jour de janvier dernier, à nous présentée et mise esmains avec lesdits

« faits, par noble Guillaume Isambart, son procureur, à laquelle enqueste
« avons vacqué comme s'ensuit, en présence de Jehan Dolbeau. — Du vingt
« sixième jour de juin mil six centz. »

« — Haute et puissante dame Magdeleine de Montecler, espouse de
« Mgr le maréchal de Bois-Dauphin, par nous ouize et fait jurer, nous a dit
« estre aagée de trente ans ou environ, cognoistre lesdits sieurs de Coëtnisan,
« Faouet, Kersozon (Archives de Bois-Eon. — D. Taill., t. II, p. CCLIV).

« Enqueste faite à la requeste de M. de Boyséon, à la même fin que le pré-
« cédent (juillet 1600). Information d'office faite par commission de maître
« Raoul Poullart, lieutenant et juge ordinaire de la cour royale de Tréguier,
« en exécution de l'arrest donné par messieurs les connétable et mareschaux de
« France, à la requeste de messire Pierre de Bois-Eon, s^r de Coëtnisan, che-
« valier de l'Ordre du Roy, vers et à l'encontre de Jean de Goulaine, sieur du
« Faouet, et Jean ¹ de Kersozon, sieur de Kersozon, deffendeurs, à laquelle
« a esté procédé par nous, Salomon Ruffelet, conseiller du Roy, sénéchal de
« Saint-Brieuc, sur les articles desdits seigneurs de Coëtnisan, enclos en cette
« présente, et avec nous appelé pour adjoint maistre François Quémar, gref-
« fier d'office et criminel dudit Saint-Brieuc. Le cinquième jour de juillet mil
« seixante (Id. ibid., p. CCLV).

« — Interrogatoire de M. de Boyséon, chevalier des Ordres du Roy, dans
« l'instance par lui formée contre Mgr le duc de Mercœur et autres, en dé-
« dommagement de la ruine de son chasteau de Kerouzéré et du payement de
« sa rançon, 19 juillet 1601.

« Ce jourd'hui,… par devant moi…, de Calligon, commis par Sa Majesté en
« cette partye, Messire Pierre de Boyséon, pour répondre aux faicts dont il
« sera interrogé de la part des sieurs du Faouet et Kersozon, à lui commu-
« niquez par Jean Guillebot. (Id. ibid.)

« — Extrait d'un arrest rendu à Poitiers par le Roy estant en son conseil,
« par lequel, pour dédommager M. de Boyséon, sieur de Coëtnisan, de la
« ruine de son château de Kerouzéré et de sa rançon, il lui est ajugé trente
« cinq mille écus, dont dix mille écus seroient payés par le duc de Mercœur
« et le reste par le Roy (du 25 may 1602).

« Entre les sieurs du Faouet et de Kersauson, demandeurs, en requeste du

---

1. L'erreur est manifeste : il faut lire : François et non pas Jean de Kersauson.

« 24ᵉ jour de may 1600, tendant à estre restituez et remis en pareil estat qu'ils
« estoient avant le jugement donné par les sieurs connétable et mareschaux de
« France et autres du conseil du Roy, du mesme jour, d'une part, et le sieur
« de Coëtnisan deffendeur, d'autre part, et lesdits sieurs du Faouët et de Ker-
« sauson, demandeurs, en requeste du 2 novembre 1599, tendant à somma-
« tion et garantie contre le sieur duc de Mercœur, deffendeur, en ladite qua-
« lité. Veu la production faicte par lesdites partyes par devers ledit sieur con-
« nestable et premièrement la capitulation d'entre lesdits sieurs de Coëtnisan,
« du Faouet et de Kersauson pour la réduction du chasteau de Kerouzéré,
« du mois de novembre 1590.

« Enfin les sieurs du Faouet et de Kersauson sont condamnéz solidairement
« à rendre et restituer audit Coëtnisan les deniers qu'il auroit payés pour sa
« rançon, mais ils sont admis, par le même jugement, à se pourvoir en ga-
« rantie contre le duc de Mercœur, qui, définitivement, comme il a été dit
« précédemment, doit payer au sieur de Coëtnisan trente-cinq mille escus. »
(Id., ibid., pp. CCLIj et CCLIIj.)


## CAPITULATION DES SEIGNEURS DE LÉON, REÇUE AU FOL-GOET, LE 8 AOUT 1594.

— « Le 8 août 1594, les habitans de l'évêché
« de Léon, dégoutés de la Ligue et des Ligueurs, se réunirent au bourg du
« Folgoët, près Lesneven, à 6 lieues de Brest, d'où ils adressèrent à René de
« Rieux, sʳ de Sourdéac, leur soumission au bon Henri IV, protestant de tout
« leur cœur n'avoir oncques eu l'intention de se désunir de l'Etat et couronne
« de France, et que telle difficulté qu'ils avoient fait de reconnoître l'autorité
« de Sa Majesté n'estoit que dans la crainte de tomber sous la domination de
« l'hérésie ; mais que, depuis, s'estant la conversion de sadicte Majesté faicte
« à la foy catholique, apostolique et romaine, qui estoit ce que plus ils dési-
« roient, de laquelle et de sa catholicité estoient témoins son sacre et l'ordre
« qu'il avoit pris du Saint-Esprit, ils déclaroient à monseigneur de Sourdéac
« n'avoir à débattre de faire semblable, et ce faisant, servir Sa Majesté de
« leurs personnes et biens avec la mesme foy et fidélité qu'ils avoient faict aux
« Rois, ses devanciers.

« En conséquence, Sourdéac, se trouvant le lendemain à Lesneven, leur

« accorda, au nom du Roi, la capitulation la plus honorable, laquelle fut
« signée par : Luc et Yves du Liscoet, *Olivié de Kercoent, Louis Barbier,*
« Charles de la Forest, Dourdu, Claude de la Forest, de Kercrist, Dourdu,
« Jean de Keranguen, de *Kersaintgily,* Jean Kerusant, *Raoul Belingant,*
« Yves Kerguz, F. Locrenan, *Bastien le Gac, Nicolas le Gac, de Kermellec,*
« V. Le Jeune, Philippes, J. Laouénan, *de Launay,* Claude Cadrouillac,
« Tribara, Keraldanet, Jean Guy, tant pour lui que pour Gabriel Denis,
« Lesguen, Poutrouillas, *Jean du Garo, Jacques de Coëtnempren, Ke-*
« *roulas, de Kersaingily,* Keroudault, CHARLES DE KERSAUSON, le Mau-
« cazre, F. Coëtelez, Kerozven, F. DE KERSAUSON, H. de Kerliviry, J. DE
« KERSAUSON, M. Jean de Kerlézéleuc, N. Le Gall, Kercozon, F. Kerychan,
« J. *Touronce,* Guillaume Kerguern, *F. Touronce, Penfeuntenio,* Boudic,
« Jean Kervic, René Guernisac, F. DE KERSAUSON, N. de la Haye, D. Larvor,
« à la requeste de M. de la Villegouriou, F. Kerbic, F. de l'Estang, Liorzou,
» *Coëtquelfen,* F. Coëtangars, du Poulpry, P. Kercozen, M. Keranguear,
« Christophe Boniface, Z. Lohennec, *P. Kercoent, F. Coëtquelfen, Ke-*
« *rouzéré, Hervé Huon,* A. Kerdaniel [1]. »

(Cette liste est tirée de la vie des saints de la Bretagne Armorique, par
Albert le Grand de Morlaix. Edit. 1637, pp. 160, 161).

Les termes dans lesquels est conçue la soumission des gentilshommes bretons à Henri IV en 1594, confirment de plus en plus ce que nous avons dit au
cours de la généalogie, à savoir que la Ligue, au moins en Bretagne, eut pour
unique mobile la Religion. La preuve en est que, dès que Henri IV eut abjuré,
la noblesse de Bretagne, et avec elle toute la province, cria : *Vive le Roi !*

Nous ne pouvons donc que répéter le mot de M. de Bonald, cité précédemment :

« Les ligueurs du XVIe siècle seraient les Royalistes de notre temps ! »


PREUVES POUR MALTE DE RENÉ-PIERRE DE KERSAUSON
EN 1650. — Extrait des pièces produites au Grand Prieuré d'Aquitaine, en
1650, lors des preuves pour Malte de *René-Pierre de Kersauson, escuier*

---

1. Dans cette liste, composée de 71 noms, nous avons mis en italique ceux des familles alliées
à la nôtre ; on en trouve vingt, plus quatre Kersauson.

*prétendant,* fils juveigneur de haut et puissant seigneur Messire Loys de Kersauson, chevalier, seigneur baron dudit lieu, et de haute et puissante dame
Claude de Kergorlay, de la maison de Cleudon, en l'évêché de Tréguier.
« Ledit *escuier prétendant,* baptisé sur les fonts de la paroisse de Plouvorn,
« en l'évesché de Léon, et furent parrain et marrayne : Messire René, chef
« de nom et d'armes de Kersauson, baron dudit lieu, et dame Peronnelle de
« Rosmadec, dame de Coadelez, etc.

   « Ladite enquête faite d'après mandement d'illustre frère Pierre Foucrand
« de la Vouë, grand prieur d'Aquitaine, et après réunion du chapitre des
« commandans et chevaliers frères, où commandait frère Jacques de Souvré,
« bailli et commandant de Saint-Jean de Latran et ambassadeur ordinaire près
« Sa Majesté, tenant en la ville de Poytiers en l'hostel de Saint-Georges, pour
« et à cause de l'absence d'illustre M° frère Pierre Foucrand de la Vouë, grand
« prieur du prieuré, etc.

   « Et furent délégués pour ladite enquête les frères Jacques de Jalesmes, com-
« mandant de la Feuillée, Quimper-Corentin, Le Palacret, Dansigny et les
« membres, et François Budes d'Argantel, aussi commandeur des comman-
« deries de Mauléon, Cliézon, Villedieu et ses membres, chevaliers de l'Ordre
« de Saint-Jean de Jérusalem, s'étant transportés en la ville de Morlaix,
« évesché de Léon, au duché de Bretagne, en l'hostellerye où pend pour en-
« seigne *le Pilé David,* dans la paroisse de Saint-Martin..., auxquels ladite
« assemblée a donné pouvoir de vacquer à ladite commission, d'informer par
« thémoins, gentilshommes de noms et d'armes, de la noblesse et légitimation
« dud. de Kersauson, comme aussi de ses père et mère, ayeul, ayeulle, bi-
« zaïeul et bizaieulle, voir les contrats de mariage, contrats et aveux rendus
« aux seigneurs de la noblesse d'iceux, reconnaitre les armes des quatre fa-
« milles avoir été depuis cent ans et sera en la maison dud. Kersauson, les dé-
« peindre de leurs blasons et couleurs [1], d'enquérir sur les lieux s'il est des
« limites de Prieuré, sur quels fonts baptismaux il a été baptisé, s'il a atteint
« l'âge de seize ans, le faire vérifier par l'extrait du papier baptistaire où il a
« été baptisé, signé du curé ou vicaire de lad. peroisse, certifié par le grand
« vicaire ou official du diocèse, s'il est débiteur d'une grande somme de de-

---

1. Voir le tableau ci-contre.

*Voici le tableau des huit quartiers de noblesse exigés pour la réception de René-Pierre de Kersauson. Ils sont extraits des* Carrés de *d'Hozier (Mss. de la Bibl. Nat.) Nous donnons la pièce officielle avec le blason spécial de Religion du récipiendaire.*

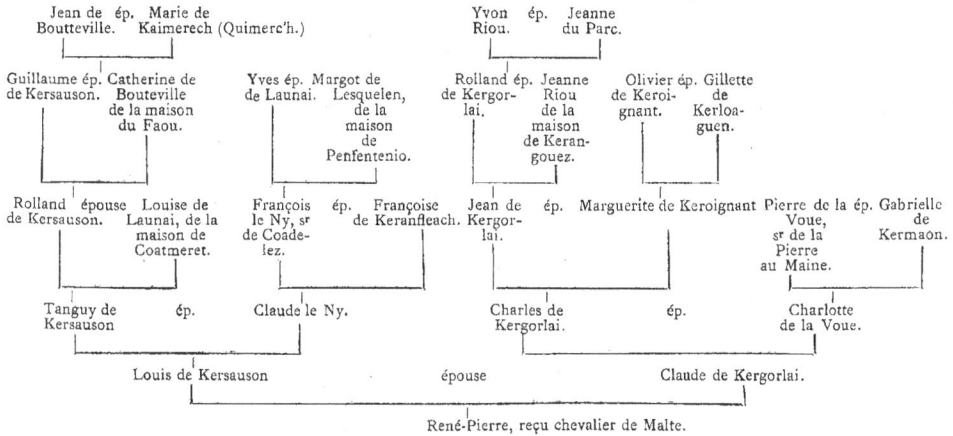

Jean de ép. Marie de
Boutteville.  Kaimerech (Quimerc'h.)

Yvon ép. Jeanne
Riou.  du Parc.

Guillaume ép. Catherine de
de Kersauson.  Bouteville
de la maison
du Faou.

Yves ép. Margot de
de Launai.  Lesquelen,
de la
maison
de
Penfentenio.

Rolland ép. Jeanne
de Kergor-  Riou
lai.  de la
maison
de Keran-
gouez.

Olivier ép. Gillette
de Keroi-  de
gnant.  Kerloa-
guen.

Rolland épouse Louise de
de Kersauson.  Launai, de la
maison de
Coatmeret.

François ép. Françoise
le Ny, sʳ  de Keranfleach.
de Coade-
lez.

Jean de ép. Marguerite de Keroignant
Kergor-
lai.

Pierre de la ép. Gabrielle
Voue,  de
sʳ de la  Kermaon.
Pierre
au Maine.

Tanguy de ép. Claude le Ny.
Kersauson

Charles de ép.
Kergorlai.

Charlotte
de la Voue.

Louis de Kersauson  épouse  Claude de Kergorlai.

René-Pierre, reçu chevalier de Malte.

La Voue : de sable à 6 besants d'argent rangés 3 et 3.
De Launaï : d'argent, au lion d'azur, armé, lampassé
de gueules, couronné d'or.
De Bouteville : d'argent, à 5 fusées rangées en fasces
de gueules.
Riou — : d'argent, à 3 chevrons brisés de sable.
De Keroignant : d'azur, à une main dextre gantée
d'argent.

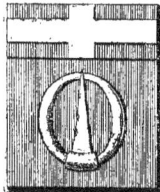

René-Pierre de Kersauson, reçu chevalier de Malte :
portrait : de gueules, au fermail *d'argent,* au chef
cousu de gueules chargé d'une croix d'argent, *(*qui
est de la Religion).

« niers, s'il a esté repris de justice, s'il a promis ou contracté mariage ou fait
« vœu à une autre religion, si les père et mère usurpent aucuns biens appar-
« tenant à notre ordre, ferez outre une preuve secrette, séparée, que vous
« joindrez à la première, ferez rédiger le tout par écrit par un notaire roïal ou
« de cour laye, que appellerez avec vous auquel ferez faire le serment en
« tel cas requis et envoyrez le tout cloz et scellé du cachet de vos armes au
« premier chapitre ou assemblée qui se tiendra audit prieuré... En après,
« avons sommé de nous dire et déclarer si les gentilshommes qu'on entend
« nous présenter pour témoins ne lui sont point parents, alliés ou favorables... »

Actes extraits parmi les pièces produites :

— « Contrat par lequel Noble et Puissant Messire François de Kersauson,
« seigneur de Kersauson, Coëtmerret, Rozarnou, Kerguélen, etc., a baillé
« un partage noble à dame Claude le Ny, dame douairière desd. lieux, tuttrice
« à nobles gens Loys et Jean de Kersauson, ses enffants en elle procréés par
« deffunct, de bonne mémoire, messire Tanguy de Kersauson, vivant, sire
« desd. lieux, leur père commun, le lieu noble de Kernabat et plusieurs
« aultres, etc., à la charge audit juveigneur de tenir lesd. héritaiges du fief et
« ramage aud. seigneur de Kersauson, comme juveigneur d'aisné, pour lui
« payer chacun an, en son lieu et manoir de Kersauson, le jour de l'Epiphanye
« à touiours, une paire d'éperons dorés... Datté du dixneuviesme may mil
« cinq cent quatre-vingt-dix.

« Signé : Geoffroy et Coëtangars, notaires royaux, et scellé. »

— « Deux mandements du seigneur duc de Mercœur, donnés au sire de Ker-
« sauson pour lever une compagnie de cent hommes d'armes et montés à la
« légère, dont led. s<sup>r</sup> de Kersauson fut, par led. s<sup>r</sup> duc, créé capitaine, en
« l'absence de Sa Majesté, daté du cinquiesme de juillet 1590. Signé Philipes
« de Loraine, et plus bas, par monseigneur, Galynière, et scellé — et l'autre,
« par où led. s<sup>r</sup> de Kersauson fut commis et deputté capitaine de cinquante
« hommes, montés et armés à la légère, datté du 24 décembre aud. an. —
« Signé : Philipes de Loraine, et plus bas, par monseigneur Kersoubinec, et
« scellé. — En outre, du V<sup>e</sup> juillet 1590, il se voit par acte que ledit s<sup>r</sup> duc
« de Loraine, pour récompense de fraicts et advances qu'avait faicts led.

« s^r de Kersauson, pendant les guerres civiles, pour le service de la Sainte-
« Union, soubz led. s^r duc, lui fit don du revenu de la seigneurye de Kermalen,
« pour un an, signé : Philipes de Loraine, et plus bas, par Mgr de la Plaize. —
« Lesdites trois pièces attachées ensemble. »

— « Homage rendu à Sa Majesté dans la Chambre des Comptes de Nantes
« par Louys de Kersauson, escuier, sieur dud. lieu, pour raison de ses terres
« et seigneuryes de Kersauson, avecq ses appartenances et dépendances. Led.
« homage datté du 9^e septembre 1641, signé : Arnauld et scellé. »

— « Un cahier sur lequel les seigneurs de Kersauson faisaient insérer les
« hommages qu'ils avoient assignés estre tenu au bourg parochial de Guiclan,
« au jeudi sixième jour de juillet l'an mil cinq cent quarante et deux, où as-
« sistait M^e Hervé de Kersaintgili, sieur de Keruzoret, sénéchal de la juri-
« diction de Kersauson. La plupart desquels est signé en divers endroicts de
« B. Henry, greffier. »

— « Une commission obtenue en la chancellerye de Bretagne, le septiesme
« jour de may mil six cent huict, signée par le Roy, en son conseil,
« par laquelle le Roy veult et entend et permet à messire François de Ker-
« sauson, chevalier de l'ordre du Roy, s^r desd. lieux de Kersauson, Coëtmeret,
« Rozarnou, Kerguélen, etc., de faire appeler par la juridiction royale de
« Lesneven, ou la juridiction royale de Chateaulin, tous ses vassaux, gen-
« tilshommes et autres, qui tiennent terres, manoirs, convenants, parcs, prés,
« prairies, garennes, maisons, jardins, franchises et aultres héritages que lui
« cognoit soubz les proches fiefs et seigneuries de Kersauson, Coëtmeret,
« Kerguelen, Rozarnou, Maugrénieux, Coëtléguer, appartenant en propriétté
« aud. s^r Messire François de Kersauson, s^r dud. manoir de Kersauson, affin
« de clarifier l'estat et estendue dud. fief. »

— « Une procure datée du dernier jour de febvrier mil quatre cent no-
« nante et deux, donnée par noble homme Guillaume, s^r de Kersauson, à
« M^e Richard de Kerourfil, Jehan Keraudi et aultres pour fournir adveu, en
« son absence au s^r de Rohan, des prés que possédoit led. s^r de Kersauson
« aux fiefs de Léon, appartenant aud. s^r de Rohan, signé Kerourfil, passe. »

— « Rolle des monstres generales des nobles tenant fiefs nobles en l'éves-
« ché de Léon, tenu à Lesneven par les sires du Chastel, Kermavan... et de
« Kerouzéré, commissaires, à la fin députés à ce présan les officiers de jus-
« tice sur le lieu, le vingt-cinquiesme jour de septembre l'an mil cinq cent-
« trois, par où se voit sur le sixième feuillet, où est escrit, la paroisse de
« Ploulan, Guillaume, sieur de Kersauson, homme d'armes à deux archers. »

— « De plus, un mandat et commission donné par le feu Roy Louis XIII,
« de bonne mémoire, au sieur baron de Kersauson, par lequel le Roy vou-
« loit que led. sᵣ baron de Kersauson fut capitaine d'une compaignie de
« chevaux légers de cents maistres, les chefs et officiers comprins, montés et
« armés à la légère, des meilleurs, plus vaillants et aguerris cavaliers que ce
« fust peu. Donné à Saint-Germain le septiesme jour de janvier mil six cent
« trente huit. Signé de la main du Roy, Louis, et plus bas, par le Roy, *Sublet*,
« scellé d'un grand sceau de cire jaulne, et est vulgaire à un chacun que,
« dans cette qualité de capitaine, led. sᵗ baron de Kersauson auroit été tué
« dans la campagne devant le siège de Saint-Omer, en Flandre, païs d'en-
« nemys. »

— « Dans le livre de la vie, gestes, mort et miracles des saincts de la Bre-
« tagne-Armorique, aprouvé par les docteurs théologiens, au quatre cent
« quatre vingtiesme feuillet verso, il se voit un article commençant par le chiffre
« argolin XXIj, ces mots : Il estoit puisné de la noble maison de Kersauson,
« en la paroisse de Guiclan, audit diocèse de Léon, et fust sacré soubz le
« Pontificat de Nicolas quatriesme, l'empire d'Adolphe et le duc Jean second,
« l'an mil deux cent quatre vingt quinze. Et au feuillet 481, recto, à la pre-
« mière ligne, ces mots sont escrits : Ce prélat fonda et bastit la chapelle de
« Saint-Martin en son Esglise cathédrale, où se voit sa tombe, sans armes,
« lesquelles sont es deux viltres du cœur, du costé de l'épistre, son anniver-
« saire se faict en la cathédrale le XV juin. Il décéda l'an mil trois cent vingt
« et sept. Ce qui fait voir que de tous temps cette maison de Kersauson est
« puissamment noble et signalée. »

— « Une procure donnée par noble dame Isabeau de Pontplancoët, veufve
« de noble et puissant Hervé de Kersauson, père de nobles et puissants Guil-

« laume et Jean de Kersauson, frères, audit seigneur Jean de Kersauson, son
« fils juveigneur, pô accorder et faire la recette de ses rentes es sa terre sei-
« gneuriale de Rosarnou. Datée du dernier mars 1497. Signé, F. Prigent et
« Hémery, passes, scellé. »

— « Aultre partage que faict et baille noblement et avantageusement ledict
« s͏ʳ noble et puissant Guillaume, s͏ʳ de Kersauson, de Coëtleguer et de Lesplou-
« goulm à noble et puissant François, son fils juveigneur de lui procréé en feu
« damoiselle Catherine de Bouteville, sa compaigne, espouse en premières
« nopces, dame en son vivant desdicts lieux, et lui donne 100͏ᵗᵗ monnoye de
« rente, payable tous les ans en mains, sur le lieu et manoir de Lesplougoulm,
« paroisse de Plougoulm. Datée du XXIIIj septembre 1535. Signé : Coëtan-
« gars et Tuonrivily, passes. Avec la ratification que fist noble et puissant
« Rolland de Kersauson, s͏ʳ de Coëtléguer et Coëtmeret, fils aisné et prin-
« cipal hoir noble expectant et présomptif de noble et puissant Guillaume,
« seigneur de Kersauson. »

— « Partage supplémentaire que faict et livre noble et puissant Rolland de
« Kersauson, fils aisné et principal hoir noble dud. puissant feu Guillaume de
« Kersauson, s͏ʳ de Kergalon, à noble homme Hamon de Penhoët, *s͏ʳ de*
« *Kersauson,* fils héritier principal et noble de dame Louise de Kersauson,
« sa mère, sœur dud. Rolland, et aussi fille dud. Guillaume de Kersauson [1],
« 100͏ᵗᵗ de rente sur le manoir de Traonmeur, paroisse de Plouvorn, en Léon.
« Daté du 24 juillet 1559 et 21 octobre 1561. Signé : Tanguy de Kersauson,
« le Gal et J. Lanuzouarn. Ce qui faict voir que tous les enffants dud. s͏ʳ Guil-
« laume de Kersauson ont été partagez avantageusement et noblement. »

1. Cette qualification de s͏ʳ de Kersauson attribuée à Hamon de Penhoët [1] ne vient-elle pas
ajouter une preuve nouvelle à ce que nous affirmions naguère dans la polémique engagée
à propos d'Hervé I et d'Hervé II, à savoir que souvent, au moyen âge, les enfants se décoraient
du nom de leur mère. Voici, en effet, un Penhoët né d'une Kersauson et en prenant le nom. Eh
bien ! cela empêche-t-il les *mâles* de Kersauson de se procréer par ordre de primogéniture ? Est-
ce que l'on va dire que les Kersauson sont tombés en quenouille dans les Penhoët ? Cela
serait aussi vrai que pour les Le Ny.

1. On se rappelle que Louise de Kersauson, dame de Penhoët et mère dudit Hamon, était fille du second mariage
de Guillaume, sénéchal de Landerneau, puis de Léon, avec Hélanie de Scliczon.

— « De plus, aultre partage et contract de mariage accordé par noble
« homme Guillaume de Kersauson, s<sup>r</sup> dudit lieu et de Lesplougoulm, avec
« le consentement de noble et puissant Rolland de Kersauson, s<sup>r</sup> de Coëtléguer,
« principal héritier noble, à damoiselle Jeanne de Kersauson, fille aisnée dud.
« Guillaume de Kersauson, mariage faisant avecq noble escuier Jehan Bar-
« bier, s<sup>r</sup> de Kerjehan, auquel on baille aussy 100<sup>#</sup> monnaye de rente pour
« le partage de lad. Jeanne de Kersauson, sa compaigne. Daté du 1<sup>er</sup> sep-
« tembre 1525.

— « Trois cahiers de chefs rentes deues à la s<sup>rie</sup> de Kersauson, des an-
« nées 1490, 1509, 1510. Signée par Delaunay, Keraudy, Jehan Keranguez
« et Coatlosquet. »

Pééminences dans les églises et chapelles :

(Extrait du procès-verbal des Commandeurs de Jalesmes et Budes d'Argantel, pour les preuves de Malte, à la requête de Claude de Kergorlay, dame
douairière de Kersauson, pour la réception de son fils *René-Pierre, juveigneur de Kersauson*.)

— « Ce faict, nous a ladicte dame faict conduire jusques au bourg paro-
« chial de Ploénan, en la paroisse duquel le manoir de Kersauson est situé, à
« demye lieue du bourg, et, après avoir mis pied à *tré* proche le cimetière de
« lad. principale église, avons remarqué en la principale viltre, au-dessus du
« grand autel, au suzain soufflet du costé de l'évangile, les armes de la maison
« du prétendu chevalier et au jour de lad. viltre, du mesme côté, trois écussons
« pareillement de lad. maison, et soubz l'image de la Vierge, en pareil, du
« mesme côté, une grosse pierre qui la supporte, dans laquelle sont les mesmes
« armes, et dans un aille du mesme costé, avons veu aussi une grande viltre,
« la rose de laquelle est toute remplie des armes de lad. maison et de ses al-
« liances. Tous les écussons ornés du collier de l'ordre de Sainct-Michel et tim-
« brés de heaulmes, et dans le pignon de lad. aille est veue une viltre aussi
« toute remplie desd. armes et pareils oufvres ; et au dessous, dans le pignon
« une arcade et tombe eslevée, environnée de quatre écussons en bosse des
« mesmes armes.

« Et encore, en icelle chapelle, une aultre viltre contenant les mesmes
« armes et au milieu d'icelle chapelle est une grande tombe eslevée, sur la-
« quelle il y a des écussons desd. armes, du costé d'icelle, un escabeau, et
« proche lad. chapelle, il y a une tombe et arcade en pierre, où sont dessous,
« en bosse, les mesmes armes de lad. maison de Kersauson, et à costé de
« lad. tombe il y a encore un escabeau, et de plus, dans la neff, du mesme
« costé de l'Evangile, est une arcade, au dessus de l'austel de Monsieur Saint-
« Jean, où les mesmes armes sont situées en bosse.

« En sortant de lad. église, avons veu un seul escusson des mesmes armes
« en bosse, en la pierre de la tour, orné du collier de l'ordre; dans le super-
« fice et clocher de lad. tour, il y a trois cloches qui portent, gravées et es-
« levées dans icelles, les mesmes armes de la maison de Kersauson.

« De là l'on nous a conduit dans la chapelle de Saint-Gilles, en lad. pa-
« roisse, distante du bourg d'environ un quart de lieue, où avons remarqué
« dans la viltre principale de lad. chapelle cinq écussons armoyriés de pa-
« reilles armes et leurs alliances, ornées dud. collier de l'ordre de Saint-Mi-
« chel et Cordelières, et du costé de l'Epistre au milieu du plus haut panneau
« de la viltre, il y a un écusson des mesmes armes, etant les seigneurs et pro-
« priétaires de la maison de Kersauson, en droict de lizière, qui sont preuves
« de prééminenciers fondateurs, tant de l'églize paroissiale que chapelles.

« De plus, l'on nous a conduits jusques dans la chapelle de Lambader, en
« la paroisse de Plouvorn, où avons veu sur le portail de l'âtrée du portail de
« l'église deux grands écussons en bosse, l'un d'eux armé aux armes desd.
« Kersauson, et l'aultre des armes de la maison de Keroignant, dont la mère
« dud. prétendu chevalier est propriétaire, et dans la grande viltre de lad. cha-
« pelle se voient les armes, tant de la maison de Guergorlay que desd. de
« Kersauson, des deux costés et aultres écussons contenant les armes desd.
« Keroignant. Et dans la mesme esglise, dans la chapelle de Monsieur Saint-
« Yves, du costé de l'Epistre, il y a une viltre armoyriée de deux escussons,
« tant du costé de l'Evangile que celui de l'Epistre, des armes de la maison de
« Guergorlay et de Keroignant, en laquelle chapelle avons remarqué une viltre
« et un banc au costé de la muraille, qui contiennent trois escussons des
« armes de lad. maison de Keroignant. Plus dans la nef de lad. église de Lam-
« bader, du costé de l'Evangile, il y a une aultre viltre toute remplie des

36

« armes et alliances desd. Kersauson et, du mesme costé, en lad. chapelle, il
« se void un autel, où, au-dessus, est représenté en pierre l'adoration des
« Trois Rois, à l'entoure de laquelle pierre sont trois escussons des armes dud.
« prétendu chevalier. Et au dehors de la tour et clocher de Lambaden, aux
« deux esquerres d'icelle, sont les armes de lad. maison de Kersauson.

« De là l'on nous a conduict en la ville de Sainct-Paul-de-Léon, distante de
« trois lieues, et sommes entrés dans l'esglise cathédralle dud. lieu, où avons
« veu que la principalle viltre est toute remplie, hault et bas, des armes et
« alliances de la maison de Kersauson, et, dans la mesme esglise, du costé de
« l'Epitre du grand autel, il y a une viltre où sont deux écussons des mesmes
« armes, le suzain décoré d'une crosse d'évesque et, au-dessus de la viltre, il se
« void les mesmes armes en bosse, relevées pareillement d'une crosse d'éves-
« que, et dans l'arcade près, dans lad. cathédralle, il y a trois escussons
« en bosse aussi des armes de la maison de Kersauson, et dans la chapelle
« dud. Saint-Martin, apartenant au seigneur, baron de Kersauson, l'autel est
« garni des mesmes armes en bosse, dessus et desoubz.

« De plus, avons remarqué en icelle chapelle de Sainct-Martin une tombe
« eslevée, laquelle est ornée et enrichie, tant en dehors qu'en dedans, lad.
« tombe, de dix escussons des armes et alliances desd. Kersauson, deux des-
« quels sont ornés du collier et couronne de baron, timbre et heaulme en
« pannes portés par des lyons. Au-dessus de lad. tombe, dans lad. esglize ca-
« thédralle, il y a une viltre aussi toute remplie des armes de la maison dud.
« chevalier et de ses alliances ; dans icelle chapelle de Sainct-Martin, il y a en-
« core une aultre viltre armoyriée de trois mesmes escussons et de leurs al-
« liances ; dans la mesme chapelle de Sainct-Martin, il y a une aultre viltre
« dans laquelle sont deux escussons des armes et alliances desd. Kersauson,
« au-dessous de laquelle il y a une grande tombe de marbre, dans une ar-
« cade, sur laquelle est l'effigie d'un évesque, en bosse de marbre. En sortant
« de lad. cathédralle, l'on nous a conduict dans l'église du couvent des Pères
« Carmes, où nous avons veu dans la viltre et au haut d'icelle un grand es-
« cusson armoyrié des armes de Guergorlay et de Keroignant, dont la mère
« dud. prétendu chevalier est propriétaire. »

(Ce procès-verbal, signé par frère Jacques de Jalesmes et frère François
Budes, est revêtu du sceau de leurs armes et contresigné de Couvran, adjoint).
*(Tiré des archives du château de Pennendreff.)*

FONDATIONS PIEUSES ET CHARITABLES DE LA MAISON DE KERSAUSON. — 1° Fondation de la chapellenie de Saint-Martin, en la cathédrale de Saint-Pol-de-Léon, par Guillaume de Kersauson, évêque de ce siège de 1295 à 1327, lors de la reconstruction qu'il fit de partie de lad. cathédrale.

2° Fondation par lesd. srs de Kersauson d'un anniversaire en mémoire dud. sr évêque de Kersauson, célébré dans lad. cathédrale de Léon, jusqu'à la Révolution, le 13 juin de chaque année.

3° Fondation immémoriale de l'église parochiale de Guiclan, en l'évêché de Léon, et de Ploénan, sa trève, à charge de prééminences, enfeux, prières et oraisons, par les srs de Kersauson et « *en raison à des bienfaits multipliés de cette illustre maison.* » (Prières nominales du Prône, rég. de paroisse ann. 1766.)

4° Anniversaires et fondations aux R. P. Carmes de Saint-Pol-de-Léon, par la même maison, dont les armes sont en prééminence à la maîtresse viltre en alliance avec les maisons de Kergorlay et de Keroignant.

5° Fondations et prééminences en l'église de Lambader, trève de Plouvorn, aud. évêché de Léon.

6° Patronage et prééminences en l'église de Trégrom, évêché de Tréguier, qui renferme le tombeau du sr marquis de Kersauson, châtelain de Coëtléguer et son fondateur. (*Voy. Géog. dép^lo des Côtes-du-Nord, par MM. de Mottay, Rousselot et Vivier, édit. 1862.*)

7° Fondation, au XVIIIe siècle, du couvent et hôpital du Saint-Esprit, en la paroisse de Plougonven, par haut et puissant seigneur Jacques-Gilles de Kersauson, seigneur marquis de Brézal, école et hôpital, supprimés par la Révolution [1].

8° Fondation, vers 1660, en Plourin de Tréguier, d'un couvent de Minimes par Claude-Barbe de Kersauson et son mari François le Borgne de Lesquiffiou. (Ogée, art. Plourin.)

9° Fondations faites par les seigneurs de Pennendreff, et dont ils étaient pré-

1. Ratification par Messire Jean-Jacques-Claude, marquis de Kersauson, du contrat passé entre Messire Yves-François Larcher de Kerascoët, agissant au nom dudit Kersauson, et Mgr Thépault du Breignou, évêque, seigneur de Saint-Brieuc, pour l'établissement et fondation des religieuses à Plougonven. (Arch. du Finistère, série E.)

sentateurs : 1° en Lannilis, chapellenie à laquelle étaient affectées des terres pour une valeur de 100ʷ de rente, avec charge de 80 messes basses aussi par an, dont 32 à être desservies à Lanrivoaré. — 2° Autre fondation appelée chapellenie de Keringars, en Plourin, de Léon, pour laquelle ils affectaient une maison et des terres de la valeur de 120ʹ de rente, à charge de desservir annuellement 40 messes basses à Plourin et 40 autres à Brelès. Enfin, une autre fondation à Lanrivoaré, appelée chapellenie de Pennendreff, avec un fond de rentes de 100ʷ, chargée également de 80 messes basses, dont 32 à Lanrivoaré. C'est peut-être la même que celle déjà signalée comme fondée à Lannilis.

Autres fondations dans diverses paroisses où la maison de Kersauson possédait des fiefs, notamment à Plourin, Landunvez, etc., évêché de Léon.

PRIÈRES NOMINALES AU PRONE. — Prières pour le sieur de « Coëthuel, de Kersauson, noble homme François de Kersauson, sʳ de « Coëthuel, premier juveigneur de la maison de Pennendreff, mary et pro- « cureur des droicts de damoiselle Marguerite de Kercohent, héritière du Pen- « hoët Feziou, en Ploudiry. Nous prierons Dieu pour les âmes de noble hôme « Guillaume de Kersauson, et damoyselle Marie Kerengarz, héritiers de la « maison de Pennendreff, seigneurs, en leur vivant, de Lavallot, Pennendreff, « père et mère aud. sʳ de Coëthuel.

« Item, nous prierons pour noble hôme Guillaume de Kersauson et de da- « moyselle Claude de Cornouaille, héritiers de la maison de Lavallot, sʳ et « dame, de leur vivant, de Penhoët, Lavallot, Coëtmeur, Kervizellou, ayeul « et ayeulle aud. sʳ de Coëthuel. »

« Item, nous prierons Dieu pour Laurent de Kersauson, Hervé de Ker- « sauson, sʳ de Pennendreff, et Claude de Kersauson, sʳ de Lavallot, frère « aud. sieur de Coëthuel. »

« Plus nous prierons pour l'âme de haut et puissant messire Vincent de « Kersauson, chevalier de l'ordre du Roy, en son vivant sʳ de Penhoët, Kervi- « zellou, Guermeur Keromp, cousin germain audit sʳ de Coathuel. » (Extrait des Archives de Pennendreff.) [1]

---

1. Quoique rien n'indique dans cette pièce des registres de quelle paroisse elle est extraite, il est certain pour nous qu'elle provient de ceux de Taulé, dans laquelle était située la seigneurie de Lavallot, apportée aux Kersauson par Claude de Cornouaille, et qui devint, comme on l'a vu, l'apanage des cadets de Penhoët-Pennendreff.

— « Extrait du cahier des délibérations de la paroisse de Guiclan, chiffré,
« paraphé et millésimé par Guillaume-Pierre Nouvel de la Flèche, conseiller
« du Roi, son sénéchal et premier magistrat civil et criminel de Léon, au
« siège royal de Lesneven, et son lieutenant général de police en ladite ville.
« Le jour 4ᵉ d'août 1767 : Signé : Nouvel, sénéchal ¹ :

« Je vous ai déjà annoncé publiquement, Messieurs, la mort de madame la
« marquise de Kersauson. Les bienfaits multipliés que nous avons reçus de cette
« illustre maison, le titre légitimement reconnu de seigneur et de fondateur de
« cette église et les aumônes annuellement distribuées aux pauvres et aux mal-
« heureux de cette paroisse, méritent à jamais notre respect et notre recon-
« naissance pour les seigneurs de Kersauson.

« Nous ne pouvons mieux honorer la mémoire de ces bienfaiteurs que par des
« prières publiques ; c'est le seul tribut qu'ils attendent de nous. Nous ne pou-
« vons donc nous dispenser, Messieurs, d'enjoindre aux *fabriques* (marguilliers)
« actuels de faire annoncer prônalement un service solennel pour feu ma-
« dame la marquise de Kersauson et de représenter aux habitants de cette
« paroisse l'obligation qu'ils ont de s'y rendre en habits de deuil, et d'an-
« noncer publiquement le regret sensible qu'ils ont de perdre une bienfaitrice
« pour laquelle ils conserveront à jamais le plus respectueux souvenir.

A Guiclan, ce dimanche 13 octobre 1766. Signé : Autheil, recteur.

## EXTRAITS DE LA RÉFORMATION DE LA NOBLESSE EN 1669 ². Du 26 mars 1669, — M. de Bréhand, rapporteur.

« Prigent de Quersauson, sʳ dudit lieu, demeurant à Coëtmeret, paroisse de
« Plouharnec (Lanhouarneau) ; Gabriel, sʳ de Rosarnou ; Claude, sʳ de Mespe-
« ennez ; Pierre, sʳ de Kergroas ; Guillaume de Quersauson, sʳ de Querheret,
« Charles et Jan, ses enfants, sʳˢ de Créarc'h et de Kerguéréon, demeurant à
« Landerneau ; messire Sébastien, sʳ du Vieux-Chastel, et Tanguy, sʳ de Guer-

---

1. Nous devons communication de ce document à M. Mazé, recteur de Guiclan, en 1875 ; la copie transcrite porte, pour le visa du sénéchal Nouvel, le millésime 1762, mais la marquise de Kersauson n'étant morte positivement qu'en 1766, ce dont fait foi du reste le registre, l'erreur est manifeste, et nous avons dû remplacer 1762 par 1767. (Note de l'auteur.)

2. On se rappelle l'arrêt de maintenue cité à l'article Guillaume de Kersauson, tige des Penhoet-Pennendreff.

« jaouen, Gilles, s<sup>r</sup> de Larmor ; Hamon, s<sup>r</sup> de Coëtbizien, demeurant dans
« la paroisse de Toussaint (à Saint-Pol-de-Léon); François et Paul, s<sup>rs</sup> de
« Pratmeur et des Roches, demeurant au bourg de Plouescat, le tout dans
« l'évêché de Léon, déclarés nobles d'ancienne extraction et maintenus, sca-
« voir dans la qualité de chevalier ledit Prigent, et les autres en celle d'es-
« cuiers ; employés aux rolles des nobles de la juridiction de Lesneven ; porte :
« de gueules au fermail d'argent. »

« Du 12 juin 1669, — M. de Lopriac, rapporteur.

« Joseph et Tanguy de Quersauson, enfants mineurs de feu autre Tanguy,
« s<sup>r</sup> de Penandreff, Corentin et autre Tanguy, enfants mineurs de François
« de Quersauson, s<sup>r</sup> de Kerhuel, Christophe de Quersauson, s<sup>r</sup> de Guergueneau,
« demeurant à Monplaisir, paroisse de Plougastel, évêché de Cornouailles,
« et Mathieu de Kersauson, s<sup>r</sup> de l'Ysle, demeurant à Landerneau, déclarés
« nobles d'ancienne extraction et maintenus dans les qualités d'escuiers ;
« employés aux rôles des nobles des juridictions roïales de Saint-Renan et Les-
« neven ; porte : de gueules à la boucle d'argent. »

## PREUVES DE NOBLESSE.

De Kersauson (Bretagne) 16 mars 1737. — (Bibliothèque royale. Manuscrits.
— Cabinet des Titres, n° 290).

Preuves de la Noblesse de *Marie-Louis-François de Kersauson*, agréé
pour estre élevé Page du Roi, dans sa petite écurie, sous la *charge de Monsieur
le Marquis de Beringhen, premier écuyer* de Sa Majesté. *De gueules, à un
fermail d'argent.* — *Casque de mis quart.*

<table>
<tr><td>1<sup>er</sup> degré. —<br>Produisant :<br>Louis - François<br>de Kersauzon,<br>1718.</td><td>Extrait des reg<sup>res</sup> des Batêmes de la paroisse de S<sup>t</sup>-Pierre de Rennes portant que Marie-Louis-François *de Kersauzon*, fils de Jacques-Gilles de Kersauzon (qualifié chlr), Sgr de Kersauzon, conseiller au Parlement de Bretagne, et de dame Marie-Angélique-Bonaventure-Julienne *de Bréral*, sa femme, naquit et fut batisé le treizième d'aout de l'an mile sept cens dix-huit. Cet extrait signé : Doucet, recteur de lad. église, et légalisé.</td></tr>
</table>

2ᵉ degré. —
Père et mère :
Jacques-Gilles de
Kersauzon ; Bo-
naventure-Julien-
ne-Marie-Angé-
lique de Brézal,
sa femme, 1710.
De Brézal : De
gueules à six be-
çans d'or, posés
3, 2 et 1.

Contrat de mariage. de Mʳᵉ Jacques-Giles *de Kersauɀon* (qualifié chlr), Sgr de Kersauzon, consᵉʳ au Parlement de Bretagne, acordé le vingt troisième d'aout de l'an mile sept cens dix, avec dˡˡᵉ Bonaventure-Julienne-Marie-Angélique *de Bréɀal*, fille aînée de Mʳᵉ Joseph de Brézal, qualifié chlr Sgr de Brézal, et de dame Françoise-Antoinette de Marnières. Ce contrat passé devant Calvez, notaire à Lesneven.

Sentence renduë en la cour Royale de Morlaix, le vingt deuxième de mai de l'an mile six cens soixante quatorze, par laquelle la tutelle de Jaques-Giles de Kersauzon et de Claudine de Kersauzon, sa sœur, est donnée à dame Françoise le Cozic, leur mère, veuve de Mʳᵉ Prigent de Kersauzon (qualifié chlr baron de Kersauzon). Cette sentence signée : Thelot.

3ᵉ degré. —
Ayeul : Prigent
de Kersauzon, sᵉʳ
de Kersauzon ;
Françoise le Co-
zic, sa femme,
1669.
Le Cozic :
D'argent à un
aigle de sable, le
vol abaissé, mem-
bré, becqué et
onglé de gueules.

Contrat de mariage de noble et puissant Mᵉ Prigent *de Kersauɀon* (qualifié chlr, Sgr et baron) de Kersauzon, de Coatmeret, de Kerguellen et de Coatleguer, fils et héritier principal et noble de noble et puissant Mʳᵉ Louis de Kersauzon, Sgr desd. lieux, et de dame Claude *de Kergorlai*, sa veuve, acordé le sixième de septembre de l'an mile six cens soixante neuf, avec dˡˡᵉ Françoise *le Coɀic*, fille unique héritière principale et noble de noble et puissant Mʳᵉ Yves le Cozic, qualifié chlr, Sgr de Kermelec, et de dame Gilette de Kerguizieau. Ce contrat passé devant Jezegou, notaire à Morlaix.

Partage noble donné le sixième de juillet de l'an mile six cens soixante treize par Mʳᵉ Prigent de Kersauzon, Sgr et baron de Kersauzon, chlr de l'ordre du Roi, à dame Marie-Louise de Kersauzon, sa sœur juveigneure, femme de Mʳᵉ François de Kerguizieau, Sgr de Kerscau, dans les biens qui leur étaient échus par la mort de Mʳᵉ Louis de Kersauzon, leur père, Sgr dud. ieu de Kersauzon. Cet acte reçu par Olivier, notaire de la Cour à Lesneven.

Arrest rendu à Rennes le vingt sixième de mars de l'an mile six cens soixante neuf par les commissaires établis par le Roi pour la réformation de la Noblesse de Bretagne, par lequel il déclare noble et *issus* d'ancienne extraction noble Prigent de Kersauzon, Sgr de Kersauzon, fils de Louis de Kersauzon, seigneur de Kersauzon, et de dame Claude *de Kergorlay*, sa femme, en conséquence des titres qu'il avoit produits depuis l'an mile quatre cens vingt et pour justifier l'ancien gouvernement noble et avantageux de ses ancestres. Cet arrest signé : Malescot.

4ᵉ degré. — Bisayeul : Louis de Kersauzon, sᵉ de Coatmeret ; Claude de Guergorlai, sa femme, dame du Plessis, 1629.
De Guergorlai : Vairé d'or et de gueules.

Contrat de mariage de noble et puissant Mʳᵉ Louis de Kersauzon, Sgr de Coatmeret et de Kernabat, acordé le troisième du mois de février de l'an mile six cens vingt neuf, avec dˡˡᵉ Claude *de Guergorlai*, dame du Plessis, fille de haut et puissant Mʳᵉ Charles de Guergorlai, de Cludon, de Pertroien, etc., et de dame Charlote de la Voue. Ce contrat passé devant la Roche et Labé, notaires de la cour de Lesneven et de celle des Regaires de Saint-Paul.

Procès-verbal des preuves de la Noblesse de René-Pierre de Kersauzon, Ecʳ, fils de haut et puissant Mʳᵉ Louis de Kersauzon, Sgr de Kersauzon et Keroignant, etc., et de dame Claude de Kergorlai, sa veuve, faites le vingt deuxième de janvier de l'an mile six cens cinquante un, pour sa réception en qualité de chevalier de l'Ordre de Sᵗ-Jean de Jerusalem dit de Malthe, au grand prieuré d'Aquitaine, par frère Jaques de Jalesmes, commandeur de la Feuillée, et François de Budes, comandeur de Mauléon, chlrs du même ordre. Ce procès-verbal reçu par Couvran, notaire en la Juridiction de Palais.

Assiette d'héritages faite le seizième de mai de l'an mile six cent neuf, par dame Suzane de Guémadeuc, fondée de la procuration de Mʳᵉ François de Kersauzon, son mari, Sgr de Kersauzon, à *nobles* Louis de Kersauzon, S. de Kernabat, jusqu'à la concurrence de 900ˡᵗ de rente que led. François de Kersauzon, son frère aîné, lui avoit promise pour le partage fait entre eux le vingt huitième de septembre de l'an mil six cens six de la succession immobilière de noble et puissant Tangui de Kersauzon, leur père, Sgr de Kersauzon, de Coatmeret et de Kernabat et dans celle de feüe dame Claude le Ny, leur mère. Cet acte reçu par Keranguen, notʳᵉ à Lesneven.

Donation de la somme de 1000 Ecus faite le vingtième de mars de l'an mile cinq cens quatre vingt neuf, par haut et puissant Tangui, sire de Kersauzon, de Coatmeret et de Kerguelen, à nobles gens Louis et Jean de Kersauzon ses enfans juveigneurs pour les entretenir tant aux études qu'autrement. Cet acte reçu par le Maucazre et Coetangarre, notaires des cours de Lesneven et de Daudour.

Contrat de mariage de haut et puissant Tangui de Kersauzon, Sgr de Kersauzon et de Coetleguer, acordé le dixième de septembre de l'an mile cinq cens soixante dix neuf avec dˡˡᵉ Claude le Ny, fille aînée de noble home

François le Ny, Sgr de Coetdeletz, et de dlle Françoise de Keranflec'h. Ce contrat passé devant du Ruff et de Beaudiez, notaires en la cour de Lesneven.

Vente d'une garenne située dans la paroisse de Plouélan, faite le vingt unième de juin de l'an mile cinq cens cinquante trois, à Gabriel Syochan, par nobles home Roland Kersauzon, S. de Kersauzon, et par Tangui Kersauzon, son fils ainé et présomptif, principal héritier noble, Sgr de Coetleguer et de Coetneret. Cet acte reçu par Coetangarre, notaire de la cour de Lesneven.

Contrat de mariage de noble home Olivier de Tuomelin, Sgr de Bourouguel, acordé le quatorziè de décembre de l'an mile cinq cens quarante deux, avec Jeanne de Kersauzon, fille de noble et puissant Roland de Kersauzon, et de dlle Louise de Launai, sa fe, Sgr et dame de Kersauzon, de Coetleguer, de Coetmeret, et assistée de noble home Tangui de Kersauzon, son frère aîné. Ce contrat passé devant Cozic, notre de la cour de Landerneau.

Nous Louis Pierre d'Hozier, juge général d'armes de France, chlr de l'ordre du Roi, coner en ses Conseils, maitre ordinaire en sa Chambre des Comptes de Paris, Généalogiste de la maison de la chambre et des Ecuries de Sa Majesté et de celles de la Reine,

*Certifions au Roi,* et à Messire Henri Camille Marquis de Beringhen, premier Ecuyer de sa Majesté, chlr commandeur de ses ordres, son lieutent général au Gouvernement de Bourgogne, et Gouverneur de la Ville et de la Citadelle de Châlon sur Saône, que Marie Louis François de Kersauzon a la Noblesse nécessaire pour être admis au nombre des Pages que Sa Majesté fait élever dans sa petite Écurie, ainsi qu'il est justifié par les actes qui sont énoncés dans cette Preuve, laquelle nous avons vérifiée et adressée à Paris le Samedi seizième jour de mars de l'an mile sept cens trente sept.

Signé : D'Hozier.

## Bretagne 1777.

Procès-verbal des preuves de la Noblesse de Jean-Marie de Kersauson de Pénandref, agréé par le Roi pour être admis au nombre des Gentilshommes que Sa Majesté fait élever dans les Écoles Royales Militaires [1].

---

1. Ce procès-verbal et le précédent, dus à l'aimable communication de M. Espivent de Villeboisnet.

(De gueules, à une boucle d'argent.)

Extrait des registres des batêmes de la paroisse de Sᵗ-Louis de Brest, évêché de Léon en Bretagne, portant que *Jean-Marie,* fils légitime de Messire Nicolas de Kersauson de Pénandref, lieutenant des vaisseaux du Roi et chevalier de l'Ordre royal et militaire de Sᵗ Louis, et de dame Marie Marguerite du Four son épouse, naquit le 8 de novembre mil sept cent soixante sept et fut batisé le lendemain. Cet extrait, signé Mocaër, curé de Sᵗ Louis de Brest, est légalisé.

Extrait des registres des mariages de la paroisse de Sᵗ Louis de Brest, évêché de Léon en Bretagne, portant que Messire Nicolas de Kersauzon de Pénendreff, ancien lieutᵗ de vaisseau et chevalier de l'Ordre royal et militaire de Sᵗ Louis, fils majeur de feu Messire François Louis de Kersauson et de dame Elizabeth la Fosse (de la paroisse) de Minihy — de Léon et domicilié en ladite paroisse de Sᵗ Louis de Brest, d'une part, et demoiselle Marie Marguerite du Four, fille majeure de feu le Sʳ Louis François du Four et de feue Marie Anne Hoger, de la même paroisse de Sᵗ Louis de Brest, d'autre part, reçurent la bénédiction nuptiale le 10 d'août mil sept cent soixante deux. Cet extrait signé de la Rue, curé de Sᵗ Louis de Brest, est légalisé.

Minu fourni le 7 de juillet *mil sept cinquante trois* par Messire Nicolas, chef de nom et d'armes de Kersauson, chevalier, seigneur de Pénandref, paroisse de Plourin, lieutenant des vaisseaux du Roy, fils ainé héritier principal et noble de feu Messire François Louis, chef de nom et d'armes de Kersauson, seigneur de Penandref, lieutenant général garde côte au département du Conquest, et chevalier de l'Ordre royal et militaire de Sᵗ Louis, et de feue dame Elizabeth de la Fosse, sçavoir du château de Penandref et autres héritages en dépendants, relevants prochement et noblement de haute et puissante dame Marie Jeanne Françoise Renée de Kergroadès, dame marquise dudit lieu et de Kerouars, propriétaire des terre, fief, seigneurie, juridiction et marquisat de Kergroadès, et des terres fief, seigneurie et juridiction de Gouverbihan, etc., et ce pour parvenir à l'esligement du rachat acquis à la dite dame marquise de Kerouarts sur ledit château de Penandref et terres sujettes à devoir de foy et hommage et à tous autres devoirs seigneuriaux, à cause de sa dite terre de Gouverbihan, par le décès desdits seigneur et dame de Penandref, savoir celui dudit seigneur de Penandref le 9 de juin 1747 et celui de la dite dame de douairière de Penandref le 12 aout 1750. Ce minu est signé Nicolas de Quersauson de Pennendreff.

Extrait des registres des batêmes de la paroisse du Minihy de Léon, portant que Nicolas, fils de Messire François Louis de Kersauson, seigneur de Penandreff, chef de nom et d'armes, et de dame Elizabeth de la Fosse son épouse, naquit le 1er de mars mil sept cent onze et fut batisé le lendemain. Cet extrait délivré le 3 de novembre mil sept cent cinquante trois par le sr Queré, recteur du Minihy de Léon, et fut légalisé le lendemain par l'évêque de Léon.

3e degré. — Aïeul : François-Louis de Kersauson de Penandref; Elisabeth de la Fosse, sa femme, 1707.

Contrat de mariage de Messire François Louis de Kersauson, chevalier, seigneur de Penandreff, chef de nom et d'armes, fils ainé de défunt Messire Joseph Hervé de Kersauson, seigneur de Penandreff, et de dame Marie Audren, dame douairière de Penandreff sa curatrice, demeurants en leur manoir de Penandreff, paroisse de Plourin et évêché de Léon, accordé le 12 d'aout 1707 avec demoizelle Elizabeth de la Fosse, dame dudit lieu, fille de défunt noble homme François de la Fosse et de demoiselle Jeanne Eonnic, dame de la Fosse, sa veuve, demeurante en la ville de St Paul. Ce contrat fut passé au bourg et doyenné de Folgoat, paroisse d'Ellestrecq, devant Calvez, notaire royal de Léon à Lesneven.

Décret du mariage de Messire François Louis de Kersauzon, chevalier, seigneur de Penandreff, chef de nom et d'armes de la maison de Kersauzon, fils ainé héritier principal et noble de défunt Messire Joseph Hervé de Kersauzon, chevalier, seigneur dudit lieu, et de dame Marie Audren, dame douairière de Penandreff sa curatrice, avec demoiselle Elizabeth de la Fosse, fille de défunt noble homme François de la Fosse et de demoiselle Jeanne Eonnic, originaire de la ville de St Paul de Léon, fait le 13 de septembre 1707 de l'avis des parents tant paternels que maternels dudit Seigr de Penandreff, par le sénéchal et seul juge de la cour et juridiction de Kergroadès et du Gouverbihan. Ce décret est signé Quéméneur, greffier.

Extrait des registres des batêmes de l'église paroissiale de Landunvez en Bretagne, portant que François Louis, fils légitime de Messire Joseph Hervé de Kersauson, chef de nom et d'armes, chevalier, seigr de Penandreff, et de dame Marie Audren, naquit le 27 de février mil six cent quatre vingt trois et fut batisé le 28 de mars de la même année. Cet extrait signé Falehun, curé d'office de Landunvez, est légalisé.

Extrait des registres des mariages de la paroisse de Plourin, évêché de Léon, portant que Messire Joseph Hervé de Kersauson chevalier, seigneur de Penandreff, paroissien de Plourin, fils de Messire Tanguy de Kersauson, chevalier seigneur dudit lieu, et de feüe dame Françoise Huon son épouse, d'une part, et demoiselle Marie Audren, fille de défunt Messire Guillaume Audren, seigneur de Kerdrel, et de dame Marie de Kermenou sa femme, paroissiens de Landunvez d'autre part, reçurent la bénédiction nuptiale le 5 de mai mil six six cent quatre vingt un en l'église paroissiale dudit Landunvez. Cet extrait signé Lainez, curé de Plourin, est légalisé.

Sentence rendue le 22 de janvier 1664 par le sénéchal de la juridiction de Kergroadés et de Gouverbihan descendu aux fins cy après au bourg paroissial de Lanriouaré, par laquelle il institue aux quatre enfants mineurs de défunt Messire Tanguy de Kersauson, seignéur de Penandreff, et de dame Françoise Huon sa veuve, savoir Joseph Hervé âgé de 6 ans, le second non encore nommé âgé de 2 ans et demi, Louise Anne âgée de 4 ans, et Anne âgée de 9 mois, pour curateur Messire Claude de Penmarch, seigneur de Keranroy, mari de dame Anne de Kersauson, fille aînée dudit défunt seigneur de Penandreff, de son premier mariage avec défunte dame Gabrielle Rannou, et ce de l'avis des parents paternels et maternels desdits mineurs. Cette sentence est signée Nayl, commis au Greffe de ladite Juridiction.

Arrêt de la chambre établie par le Roi pour la réformation de la noblesse du pays et duché de Bretagne, rendu à Rennes le 12 de juin 1669, par lequel écuyers Joseph Hervé et Tanguy de Kersauson, enfants mineurs de feu écuyer Tanguy de Quersauson, sieur de Penandreff, et de dame Françoise Huon sa veuve, demeurants sous le ressort de St-Renan sont déclarés nobles et issus d'ancienne extraction noble. Cet arrêt est signé Malescot.

Extrait des registres des batêmes de la paroisse de Plourin en Bretagne, portant que Joseph Hervé, fils de nobles et puissants Tanguy de Kersauson, seigneur de Penandreff, et Françoise Huon, sa femme, de ladite paroisse de Plourin, naquit le 19 de mars, mil six cent cinquante huit et fut batisé le 23

du même mois, susdit an, dans l'église paroissiale de Lanriouaré. Cet extrait
signé Lainez, curé de Plourin, est légalisé.

Nous Antoine-Marie d'Hozier de Serigny, chevalier, juge d'armes de la no-
blesse de France, et en cette qualité commissaire du Roi pour certifier à Sa
Majesté la noblesse des élèves des Ecoles Royales Militaires, chevalier Grand
Croix honoraire de l'Ordre Royal des S$^{ts}$-Maurice et Lazare de Sardaigne.

Certifions au Roi que Jean Marie de Kersauson de Penandref a la noblesse requise pour être admis au nombre des gentilshommes que Sa Majesté
fait élever dans les Ecoles Royales Militaires, ainsi qu'il est justifié par les actes
énoncés et visés dans ce procès verbal que nous avons dressé et signé à Paris
le vingt septième jour du mois de juillet de l'an mil sept cent soixante dix sept.

D'HOZIER DE SÉRIGNY.

CONSPIRATION DE PONTCALLEC, 1717-1720. — Il ne devrait pas
entrer dans notre cadre de faire une étude très détaillée de la tragédie dont
le dénouement sanglant a eu pour théâtre la place du Bouffay à Nantes.

Quand une plume, d'ailleurs, aussi autorisée et aussi magistrale que celle
de M. de la Borderie a traité un sujet, il ne resterait, semble-t-il, qu'à se taire.

Cependant, comme le nom de Kersauson s'est trouvé mêlé au drame de
la conjuration bretonne et aux troubles qui la précédèrent, nous croyons
utile, nécessaire même, d'exposer en quelques pages la cause et la suite de la
conspiration dite de Pontcallec, avec le texte de quelques pièces officielles, celles
au moins revêtues de la signature d'*Hamon de Kersauson*, chef de nom et
armes de la maison du Vieux-Chastel, aux premières années du XVIII$^e$ siècle.

Nous sommes d'autant plus porté à parler de celui qui a donné son nom
à la conspiration, que la famille du marquis de Pontcallec, dont le nom patronymique est de Guer, a eu deux de ses membres alliés à la nôtre, comme
on l'a vu au cours de la généalogie.

Deux phases bien distinctes partagent les événements qui se terminèrent par
l'exécution des quatre infortunés gentilshommes bretons : 1° Démêlés aux
Etats de Bretagne ; 2° Conspiration et ses suites.

Lorsque la Bretagne devint française par le mariage de son héritière, Anne,
avec Charles VIII, en 1491, le roi de France jura solennellement de maintenir les libertés et les franchises de la province dont il devenait le suzerain.

Ses successeurs s'empressèrent de ratifier le traité. François I$^{er}$ promulgua, après les Etats bretons tenus à Vannes, le contrat définitif de l'Union de la Bretagne à la France, contrat qui se termine par ces mots : « Davantage « voulons et nous plaît que les *droits* et *privilèges* que ceux dudit païs et « duché ont eu par cy devant et de présent, leur soient gardés et observés « *inviolablement* ainsi et en la forme et manière qu'ils ont été gardés et ob- « servés jusqu'à présent, sans en rien changer ni innover. — Donné à Nantes, « au mois d'août, l'an de grâce 1532, et de notre règne le 18$^e$. — Et scellé du « grand sceau de France en cire verte, sur lacs de soye verte et rouge. »

Depuis cette époque, tous les rois avaient tenu à honneur de garder ces serments. De son côté, la Bretagne n'avait pas failli à ses engagements de fidélité.

Il était d'usage, lors de l'avènement d'un nouveau règne, que les Etats de chaque province du royaume de France votassent ce qu'on appelait le *Don Gratuit*, somme destinée à subvenir aux nécessités imprévues de la couronne. En 1715, lorsque Louis XV monta sur le trône, les Etats de Bretagne, réunis à Saint-Brieuc, ne voulurent pas rester en arrière de leurs devanciers et votèrent deux millions. Mais, s'apercevant bientôt que leur zèle avait outrepassé leurs ressources, ils députèrent au Régent une ambassade extraordinaire pour le prier de réduire lui-même les engagements pris.

Cette réduction ne fut pas accordée, mais il est possible, au moins, qu'elle eût fini par l'être, si la mort n'eût pas enlevé le maréchal de Chateaurenault, commandant de la province, et qui avait promis d'employer à cette affaire toute son influence. Malheureusement la Bretagne le perdit et ne gagna pas au change, loin de là : son remplaçant, le maréchal de Montesquiou, fut l'auteur de tous les troubles qui suivirent et perdit tout par sa morgue, son arrogance et son inflexibilité.

N'ayant rien de breton, ni la naissance, ni les biens, ni l'humeur, ni l'éducation, ni l'esprit, le nouveau commandant était gascon d'origine, courtisan d'éducation, soldat de profession. Aussi voulut-il traiter notre patrie comme un régiment.

C'est sous ces auspices d'antagonisme que s'ouvrirent à Dinan, le 15 décembre 1717, les Etats de Bretagne. Le refus du vote du don gratuit, réclamé depuis deux ans par les commissaires royaux, et redemandé de nouveau au début de la session par l'intendant, M. Feydeau de Brou, exaspéra tellement le maréchal que, par un acte d'inconcevable violence, il sépara les Etats, le 4ᵉ jour après leur ouverture.

Ce coup d'Etat brutal souleva dans toute l'assemblée une tempête d'indignation, tempête à laquelle M. de Montesquiou ne répond que par 4 ordres d'exil décernés contre MM. de Groesquer, de Keravéon, de Noyant et de Talhouet de Bonamour. Puis, pour appuyer son autorité, le commandant couvre la province de troupes. Les lettres de cachet et les ordres d'exil se multiplient et atteignent bientôt aussi bien les membres du Parlement que ceux des Etats.

Cependant les impôts non votés par ces derniers ne pouvaient se percevoir au moins légalement ; aussi fallut-il, malgré tout, en arriver à convoquer de nouveau les grandes assises bretonnes. Les Etats reprirent leur session interrompue, le 1ᵉʳ juillet 1718. Comme à leur dernière réunion, ils débutèrent par le rejet du don gratuit et aussi par celui de l'impôt du droit d'entrée sur les boissons. Mais, par arrêt du conseil d'Etat, en date du 30 juillet, le Régent cassa sa délibération : c'était la seconde atteinte portée au droit des Etats et au contrat d'Union passé entre la Bretagne et la Royauté et renouvelé deux ans auparavant en ces termes : « *Pour quelque prétexte que ce soit*, il ne sera « fait aucune levée de deniers dans la province, *sans le consentement exprès* « *des Etats...* aucun édit, *arrêt du Conseil*, et généralement toutes lettres « patentes ou brevets contraires aux privilèges de la province, n'auront aucun « effet, s'ils n'ont été consentis par les Etats. »

Aussi, le 5 août, la Noblesse refusa-t-elle nettement l'enregistrement de l'arrêt qui empiétait ainsi sur ses droits ; mais le maréchal trouva moyen d'escamoter la signature du président des trois ordres. Cette façon inouïe d'emporter une décision causa un grand trouble parmi la Noblesse, qui, le surlendemain, 7, rédigea une protestation que signèrent la plupart de ses membres.

Voici le texte de cette première pièce :

« ... 1° Il est constant que l'arrêt du conseil du 30 juillet a été obtenu sur un « faux exposé ; par conséquent, avant de parler de l'enregistrement, on a dû « se porter à en instruire Sa Majesté par de très humbles remontrances, et « ordonner aux procureurs généraux syndics de se pourvoir en rapport contre « cet arrêt.

« 2° Cet arrêt détruit et renverse les articles xxiii et xxv du contrat passé
« entre le Roi et les États, en 1716, et des autres contrats qui l'ont précédé ;
« ainsi les États n'ont pas dû prendre une délibération qui attaque formelle-
« ment l'acte le plus authentique qu'ils puissent faire.

« 3° Comme le contrat passé entre Sa Majesté et les États est fait de l'avis
« et du concours unanime des trois Ordres, MM. de la Noblesse prétendent
« avec raison que deux ne peuvent pas former une délibération controire, sans
« l'avis du troisième.

« 4° Il n'a été observé ni règle, ni forme dans l'avis que l'on veut faire
« passer pour une délibération authentique. M<sup>gr</sup> l'évêque de Saint-Malo, pré-
« sident de l'Église, a refusé les Chambres le jour d'hier, quoique la Noblesse
« et le Tiers les eussent demandées, sur la remontrance que M. de Coëtlogon
« fit à l'assemblée et que M<sup>gr</sup> de Saint-Malo refusa de recevoir.

« Ce qui fait que la Noblesse est bien fondée à protester aussi contre la
« signature qui a été faite ce jour de ladite délibération du 5 de ce mois,
« laquelle n'a été faite que par l'ordre positif que M. le maréchal en a donné,
« ayant déclaré hautement qu'il ne sortirait point de l'assemblée que la déli-
« bération portant enregistrement de l'arrêt du conseil n'ait été signée et que
« le greffier ne lui en ait délivré copie, et ayant imposé silence à Messieurs
« de la Noblesse, lors de l'interpellation de leur procureur général syndic. »

Le Clergé et le Tiers, qui avaient acquiescé à l'enregistrement de l'arrêt du
conseil, ne l'avaient fait que par crainte du bruit ; de cœur, ces deux ordres
étaient avec la Noblesse. La preuve en est que M. de Coëtlogon, procureur
général syndic des États, fut chargé, par les trois ordres réunis, d'aller à Paris
se pourvoir en leur nom contre l'arrêt du 30 juillet. Mais le maréchal de
Montesquiou ayant refusé de le laisser partir, les États formulèrent, le 11 août,
une seconde protestation, signée de presque tous les membres, et, le lendemain, 12, la Noblesse ordonna à son procureur général de la faire enregistrer
au greffe du Parlement.

A son retour de Rennes, le 16, M. de Coëtlogon annonce à l'assemblée
que, nonobstant du vote non encore acquis, on commençait à lever la capitation de 1718 [1]. Dans la nuit, Coëtlogon et Chérigny, gentilshommes du reste

---

1. Cette capitation se levait sur un simple ordre de l'intendant, Feydeau de Brou.

fort énergiques, reçoivent des ordres d'exil. Députation des États à M. de Montesquiou pour lui demander compte de cette nouvelle violence. Malgré de bonnes paroles du maréchal, les proscriptions continuent, ce qui décide les trois ordres, le 20 août, à adresser au Roi de très humbles remontrances, pour mettre Sa Majesté au courant de tout ce qui se passait. Ces remontrances, fort détaillées, furent signées de quelques membres seulement de chacun des trois ordres, savoir :

Pour l'Église : *Vincent-François, évêque de Saint-Malo, — de la Bour-donnaye, évêque comte de Léon, — l'abbé de Saint-Maurice*[1].

Pour la Noblesse : *Charles de la Trémoille, — de Croissy, — le comte de Cludon*[2], *— Berthou, — Guichen.*

Pour le Tiers : *Michau, président du présidial de Rennes, — Dondel, président de celui de Vannes, — Frain, — Béart, — Thomé.*

Cette pièce des remontrances est des plus importantes et prouve que toute la Bretagne était avec la Noblesse, contrairement à l'avis de M. de Montesquiou, comme il ressort de sa correspondance, et aussi de l'académicien Lemontey, dans son *Histoire de la Régence,* ainsi que de tous les avocats du despotisme, à quelque camp politique qu'ils appartiennnent, qui, tous, représentent le rôle de la Noblesse, aux États de 1718, comme l'agitation factieuse d'une poignée de brouillons et de jeunes étourdis, désavoués par les deux autres ordres et même par une bonne partie de la Cour. Le Clergé et le Tiers approuvèrent certainement la Noblesse dans sa résistance, seulement tous deux eurent la faiblesse — ils en convinrent — *de faire passer leur soumis-sion avant la conservation de leurs droits,* tandis que l'autre, seul, intrépide, résiste et lutte pour tous !

La noblesse était ainsi fidèle jusqu'au bout à son rôle, à sa mission de tous les temps, qui est de combattre pour le pays sur tous les champs de bataille, et, comme elle avait jadis, pendant longtemps, défendu à peu près seule, en guerroyant contre l'étranger, l'indépendance de toute la nation, maintenant,

---

1. Vincent-François Desmaretz, neveu du grand Colbert, fut évêque de Saint-Malo de 1702 à 1739. — Jean-Louis de la Bourdonnaye, évêque de Léon de 1702 à 1745. — Guillaume de la Vieuville-Pourpris, Pierre, abbé commendataire de Saint-Maurice de Carnoet de 1680 à 1727, date de sa mort. Il devint, en 1721, évêque de Saint-Brieuc.

2. Le comte de Cludon ou du Cleuzdou était un Kergorlay.

elle se retrouvait dans l'arène, faisant tête au despotisme, pour défendre, seule encore, la liberté de tous.

Quoique les remontrances eussent été adressées au Roi lui-même, ce fut le Régent qui fit parvenir aux Etats de Bretagne une réponse négative à tout ce qu'ils demandaient, et encore le fit-il par le canal le plus désagréable qu'il y eût, par l'entremise de M. le maréchal de Montesquiou. La noblesse, si amèrement accusée et condamnée dans cette lettre, eut du moins la consolation de voir les deux autres ordres se lever pour prendre sa défense. Sur le refus du maréchal-commandant de permettre à une députation d'aller porter au pied du trône leur justification, les gentilshommes bretons furent réduits à la produire devant les Etats, et c'est ce qu'ils firent le 2 septembre, par la réplique suivante à la soi-disant réponse du Régent :

« L'extrait de la réponse aux très humbles remontrances que MM. les Com-
« missaires du Roi se chargèrent, le 20 du mois dernier, d'envoyer à la Cour,
« lequel a été communiqué aux Etats par M. le procureur général syndic [1],
« pénètre les soussignants de l'ordre de la Noblesse de la douleur la plus vive.

« Ils voient, avec un extrême déplaisir, que des personnes mal intentionnées
« ont donné à S. A. R. des impressions désavantageuses, non seulement contre
« la conduite et la fidélité des gentilshommes exilés, mais encore contre le plus
« grand nombre de ceux qui restent aux Etats. Ils souhaiteraient que la voie
« d'une députation solennelle leur fût ouverte pour justifier leur conduite et
« pouvoir porter au pied du trône de S. M. leurs justes plaintes contre une
« offense si sensible à une noblesse dont la fidélité et la soumission pour les
« rois n'a jamais été soupçonnée, et dont elle est prête à donner toutes les
« preuves au Roi, à S. A. R.

« Les soussignés n'ont pas cru qu'on leur dût imputer à faute le zèle réglé
« qu'ils ont fait paraître pour la conservation des droits et privilèges de la
« province, autorisés par tant de titres authentiques confirmés par les Rois, et
« en dernier lieu, par le contrat passé en la ville de Saint-Brieuc, lors de la
« dernière tenue, entre les commissaires du Roi et les Etats. Cette attention
« pour la conservation des privilèges n'est pas nouvelle. Aux Etats de Nantes,
« en 1575, à ceux de Rennes, en 1576, en plusieurs occasion depuis ces an-

---

1. M. de la Guibourgère, collègue, en cette charge, de M. de Coëtlogon.

« nées, les Etats ont formé des oppositions par eux, leurs députés ou leur
« procureur général syndic, à l'infraction de leurs droits et privilèges et à
« toutes les levées de deniers qui se faisaient sans leur consentement. En
« 1634, les Etats nommèrent même une commission de 3 députés de chaque
« ordre, pour s'opposer entre les tenues, à toutes novalités ; l'article 16 du
« règlement de 1629 portait injonction au Procureur général syndic de le faire.
« Les oppositions qui ont été faites ont eu presque toujours leur effet, les Rois
« ont bien voulu y avoir égard.

« Les soussignants n'ont pas dû craindre que leur conduite pût déplaire, en
« formant des délibérations conformes à des droits si solidement établis et à un
« usage si constamment suivi, en faisant des protestations contre l'infraction
« faite aux droits et à cet usage, et en les faisant enregistrer au Parlement, où
« tout acte judiciaire doit être porté : ces deux autorités ont toujours concouru,
« dans tous les temps, au maintien des droits et des privilèges de la province.
« Les soussignants craindraient de déplaire au Roi et à S. A. R., en con-
« tinuant à travailler sur les mêmes principes. Cette crainte plutôt que celle des
« menaces qu'on leur a faites en public et en particulier, les oblige à demeurer
« dans le silence ; mais ce qu'ils doivent au véritable bien du service du Roi,
« à celui de la province et à leur naissance, dont ils n'oublieront jamais les
« devoirs, les oblige, jusqu'à ce qu'il ait plu au Roi et à S. A. R. recevoir leur
« justification et leur prescrire la conduite qu'ils doivent tenir, de protester
« contre tout ce qui se fera au préjudice du bien du Roi et de la province, de
« ses droits et privilèges. Ils demandent acte de leur présente protestation,
« pour leur servir où bon leur semblera, en déclarant d'abord adhérer à leurs
« précédentes protestations.

« A Dinan, sur le théâtre des États, le 2 septembre 1718. »

Cette pièce reçut aussitôt plus de cent signatures et l'adhésion de l'ordre
tout entier. Le Parlement, fidèle à ses bonnes dispositions pour la Noblesse,
rendit, le 7, au rapport de M. de la Bigottière, conseiller, un arrêt ordonnant
l'enregistrement de la protestation du 2 septembre au greffe de la cour, et que
copie du présent fût délivrée à Bodin, procureur de l'ordre de la Noblesse.
Forte de cet arrêt, celle-ci forma, dès le lendemain, une opposition judiciaire
qui, signée par soixante-trois gentilshommes, fut, ainsi que l'arrêt de la veille,
signifiée par huissier au greffier des États.

Le maréchal, voulant alors frapper un coup décisif pour briser toute résistance, ordonna, dans l'après-midi du 12, aux soixante-trois signataires de la dernière opposition[1] de quitter Dinan, avec défense de reparaître aux États.

Informés de cet attentat, les trois ordres dépêchèrent à M. de Montesquiou une députation de trente-six personnes. Le commandant n'y répond que par de nouvelles sévérités vis-à-vis de la Noblesse et par de vives remontrances. Enfin la session des États fut close le 23 septembre. Le maréchal crut tout pacifié par *sa vigueur et son énergie,* et s'en alla tranquillement au château de Laillé, près Rennes, se délasser loin du bruit, et des agitations de la politique.

Cependant, si tout paraissait paix au dehors, tout était trouble au dedans. Dès le 17 août, le lendemain de l'arrestation de M. de Coëtlogon, plusieurs membres de la Noblesse avaient rédigé un acte d'association pour la défense des libertés de la Bretagne. Cet acte, qui ne tarda pas à se couvrir de signatures, est le lien qui rattache la conspiration proprement dite à la lutte des États. En voici le texte :

##### Acte d'Union pour la défense des libertés de la Bretagne.

« Nous, soussignés, de l'ordre de la noblesse de Bretagne, instruits des
« droits que nous donne notre naissance et des obligations auxquelles elle nous
« engage, pénétrés qu'il est de notre devoir indispensable de concourir à
« maintenir les lois fondamentales de la nation, à défendre les peuples de
« l'oppression et à conserver les droits et privilèges de notre patrie, nous
« connaissons que le plus essentiel de ces droits et privilèges est l'assemblée
« des États de la nation, qui, seule, peut servir de borne à l'autorité législative
« publique, économique et despotique (*sic*) des souverains, que l'essence de
« cette assemblée est d'être libre, de façon que tous ceux qui ont droit d'y
« assister y puissent avec liberté donner leur avis sur ce qui est proposé pour
« le service du Prince et le bien du Peuple ; qu'elle est composée de l'Église,
« de la Noblesse et du Tiers.

---

1. Et même à 81 gentilshommes, car une lettre de l'intendant de Brou, en date du 15 septembre 1718, le dit positivement. (*Revue de Bretagne et de Vendée,* année 1868, 2ᵉ semestre, p. 60.)

« Que le premier est représenté par les évêques et les abbés de la province et
« les députés que les chanoines de chaque cathédrale y envoient de leur corps.

« Que tous les gentilshommes naturels du pays, ou qui y ont des terres,
« composent le second.

« Et que le troisième est rempli par les députés que les communautés des
« villes de la Province ont choisis parmi elles pour les représenter.

« Ces trois conditions sont indispensables pour former une assemblée libre.

« Nous savons que le droit de cette assemblée est d'entrer dans tout ce qui
« regarde le gouvernement de la province, que son consentement est néces-
« saire pour l'établissement des lois, qu'on ne peut faire sans sa participation
« aucune imposition, et que les princes ne doivent rien lever sur les peuples
« qu'en conséquence de l'octroi que les États leur peuvent faire.

« En 1491, les États consentirent au mariage de la duchesse Anne avec
« Charles VIII, parce que ce prince jura et promit de maintenir la province
« dans tous ses droits et privilèges.

« Louis XII renouvela ces promesses et ce fut à cette condition que les
« États consentirent à son mariage avec la duchesse Anne, après la mort de
« son premier mari.

Ce ne fut enfin qu'aux mêmes conditions que les États tenus à Vannes
« en 1532 consentirent à l'union de la Bretagne au royaume de France.
« Tous ces droits ont été conservés par tous les contrats passés jusqu'à présent.

« Malgré des titres authentiques, nous avons vu avec douleur la séparation
« des États tenus à Dinan, en 1717, l'exil de quatre de nos membres les plus
« zélés, la province comme inondée d'un nombre considérable de troupes, et
« enfin, contre tous ses droits et privilèges, rassembler les États (en juillet 1718)
« comme une suite de la première convocation (celle de décembre 1717).

« Nous avons été instruits que ceux de nos membres qui avaient été exilés
« non seulement étaient retenus dans leur exil, mais encore qu'un nombre
« considérable de gentilshommes avaient eu défense expresse d'aller aux États.

« Nous avons connu, dès le premier jour de cette assemblée (celle de juil-
« let 1718), qu'il n'y avait aucune liberté dans les suffrages, que plusieurs des
« membres de l'ordre du Tiers, qui avaient assisté à l'ouverture au mois de
« juillet 1717, avaient été exilés, et le surplus intimidé par toutes sortes de
« menaces ;

« Que les voix, dans les trois ordres, et surtout dans celui de la Noblesse,
« n'étaient ni demandées ni comptées ;

« Que, contre toutes sortes de règles, et par les voies les moins juridiques,
« on a obligé les ordres de l'Église et du Tiers à travailler aux commissions
« les plus importantes, sans le concours de celui de la Noblesse ;

« Enfin, nous avons vu que, par un attentat jusqu'à présent sans exemple,
« les commissaires du Roi sont venus en pleins États faire enregistrer en leur
« présence et, par violence, des arrêts du Conseil qui cassaient la délibération
« des États ;

« Que, contre l'institution des charges de procureurs-généraux-syndics des
« États, les mêmes commissaires ont empêché le sieur de Coëtlogon, qui est
« revêtu d'une de ces charges, de partir pour aller porter au pied du trône de
« Sa Majesté les justes plaintes des ordres de la province de Bretagne, ce qui
« nous aurait mis dans la nécessité de faire nos protestations et d'en demander
« l'enregistrement au greffe du Parlement de Bretagne ;

« Que ledit sieur de Coëtlogon a été arrêté et conduit en exil pour avoir obéi
« aux ordres des États, suivant les devoirs de sa charge ;

« Que le sieur de Chérigny a reçu pareil traitement pour avoir soutenu avec
« honneur les intérêts de la province.

« De pareils traitements étant opposés aux intérêts du Roi, au bien public,
« et injurieux à la noblesse de Bretagne, nous avons déclaré, par cet écrit,
« juré et promis unanimement sur notre foi et notre honneur, de nous unir
« tous ensemble pour soutenir, par toutes sortes de voies justes et légitimes,
« sous le respect dû au Roi et à S. A. R. le duc d'Orléans, régent du
« royaume, tous les droits et privilèges de la province de Bretagne et les pré-
« rogatives de la Noblesse.

« De plus, promettons que, si quelqu'un des soussignés est troublé ou attaqué
« en quelque sorte que ce soit dans la suite, en sa personne, sa liberté ou ses
« biens, nous prendrons son intérêt comme commun à tous en général et en
« particulier, sans pouvoir nous en séparer par aucune considération, et sera
« déclaré infâme et sans honneur celui qui en usera autrement. Et promet-
« tons, sous peine d'encourir une honte publique et perte de la réputation, de
« faire toutes les choses nécessaires pour le tirer de l'état où il serait réduit
« pour l'intérêt de la cause commune, jusqu'à périr plutôt que de le savoir

« opprimé, et de contribuer à l'indemniser de toutes les pertes et frais qu'il
« pourrait faire pour le bien commun.

« Nous promettons pareillement et nous nous engageons, sur nos mêmes
« paroles et sur notre honneur, de ne point nous retirer de la foi que nous
« nous sommes donnée les uns aux autres, et, pour cet effet, de n'alléguer
« aucunes excuses, prétextes ni raisons qui nous puissent directement ni indi-
« rectement séparer de l'association générale et particulière que porte cet écrit,
« que nous avons signé pour le maintenir inviolablement dans tous les articles
« qu'il contient et courir ensemble la même fortune.

« Tous les gentilshommes de la province, qui y sont ou qui en sont absents,
« seront engagés pour l'intérêt de leur honneur, de signer cette présente union,
« et les deux ordres de l'Église et du Tiers-État, invités à s'y joindre, et on y
« admettra les gentilshommes extra provinciaux qui, pour l'intérêt de l'État,
« voudront bien y entrer.

« Nous nous promettons, de plus, sous les mêmes peines, de nous garder
« un secret inviolable.

« Enfin, nous déclarons sans foi et sans honneur et comme dégradés de
« Noblesse les gentilshommes de la province, soit présents ou absents, qui
« ne voudraient pas signer le présent traité d'union, ou qui, l'ayant signé,
« contreviendront à aucun des susdits articles, en sorte qu'ils seront exclus de
« toutes les fonctions de la Noblesse et bannis de tout commerce avec les
« soussignés.

« Et pour que personne ne puisse trouver à redire, a été signé sans distinc-
« tion ni différence de rang. »

« Ce n'est pas sans quelque fierté, s'écrie M. de la Borderie, qu'on se sent
appartenir à une province où l'on pensait et agissait de la sorte, pendant que
le reste de la France subissait, sans murmurer, le honteux despotisme du
Régent ! » Cette fierté, nous la partageons, et à double titre, car le nom de
Kersauson figurait au bas de ce manuscrit historique et national, puisque ce
pacte d'Union fut la base du complot dans lequel fut impliqué *Hamon de
Kersauson, s^r de Vieux-Chastel.*

Malheureusement la liste des signataires de cet acte n'a pas été conservée [1]

---

1. On peut toujours affirmer que plus de cinq cents gentilshommes adhérèrent et apposèrent
leur signature au pacte d'Union. La formule en fut rédigée par M. de Talhouët de Bonamour avec

(on comprend que les conjurés avaient trop d'intérêt à l'anéantir), mais nous avons au moins celle des gentilshommes qui apposèrent leur nom au bas de diverses protestations des États. Cette liste, nous sommes heureux de la reproduire ici et d'y trouver inscrit le nom d'Hamon de Kersauson et d'une foule de familles alliées à notre maison.

La lettre *A* marque la signature de la protestation du 7 août ; la lettre *B*, celle de la protestation du 2 septembre ; et la lettre *C*, celle de la protestation du 8 du même mois. Enfin tous les noms en italique représentent ceux de familles alliées. La protestation du 11 août fut adoptée par les trois ordres, comme on l'a dit, et ne reçut pas de signatures particulières. Quant à celle du 20 du même mois, on ne lit au bas que les noms signalés p. 285.

La première réunion des conjurés (qui, il faut le dire, n'avaient que la pensée d'effrayer le Régent et de l'obliger à capituler) eut lieu dans la forêt de Lanvaux, à quatre lieues nord d'Auray, près de l'abbaye de ce nom.

Combien y eut-il d'invités ? On ne sait ; mais on sait au moins exactement le nombre de ceux qui y vinrent. Il s'y trouva donc, sous le prétexte d'une partie de chasse, non, comme le rapportent le président de Robien, dans son journal historique écrit en 1753, *un très grand nombre de gentilshommes, au point que les paysans des alentours en furent alarmés,* et M. de Carné dans son livre sur les *États de Bretagne et l'administration de cette province jusqu'en 1789 :* la plupart des personnes qui figurèrent l'année suivante parmi les cent vingt prévenus, c'est-à-dire au bas mot soixante à quatre-vingts, il ne s'y trouva, disons-nous, que *seize* gentilshommes ; et leurs noms, nous les prenons, d'après M. de la Borderie, dans les pièces authentiques de la procédure de la chambre royale et la correspondance de d'Argenson. Voici ces noms : MM. de Lambilly, — de Bonamour (Talhouet), — La Berraye (Couëssin), — de Pontcallec (de Guer), — de Boisorhant (Talhouet), — de Kerantrec'h (Gouvello), — du Bouëxic (Becdelièvre), — de Villegley (l'abbé), — Kervasy l'aîné, — le chevalier du Crosco (Lantivy), — le comte et le chevalier de Lescouët, — le chevalier de la Bédoyère (Huchet), frère du

le concours de M. de Lambilly, conseiller au Parlement (et qui comme tel ne le signa pas). Le complot breton aurait, du reste, plus véridiquement dû porter le nom de conspiration de Talhouet que de Pontcallec. En effet, le premier en fut l'âme et comme le centre et l'organisateur. Le nom de Pontcallec prévalut à cause de la mort du marquis, qui, avec ses trois infortunés compagnons, paya pour tous.

procureur général au Parlement de Rennes, — du Moutier (Grout) et enfin du Groesquer.

Robien raconte dans son journal que les conjurés venus à Lanvaux étaient déguisés, ornés de faux nez et de fausses moustaches, qu'ils tiraient chacun, en arrivant, on ne sait combien de coups de pistolets, etc. Toute cette fantasmagorie ridicule s'évanouit absolument devant les pièces authentiques que nous venons de citer. Quoi qu'il en soit, dans cette assemblée on lut et approuva solennellement l'acte d'Union pour la défense des libertés de la Bretagne et on accepta les ouvertures de la cour d'Espagne. Enfin on songea très sérieusement aux moyens de procurer le soulèvement de la province et d'organiser une force militaire indépendante du secours promis par l'étranger.

Un gentilhomme du pays d'Auray, M. Coué de Salarun, fut choisi pour commissaire général de l'armée confédérée, M. Le Gouvello de Kerantrec'h pour maréchal de camp, et M. de Lambilly, le conseiller au Parlement, pour intendant et trésorier général de l'association. Cette association fut proposée dans les diverses parties de la Bretagne par des commissaires chargés de ce soin : elle réussit surtout, paraît-il, dans les évêchés de Nantes, Vannes et Saint-Malo. Le pays de la Roche-Bernard et de Guérande devint un des foyers les plus actifs des conciliabules, chez M. Talhouet de Bonamour, au château de l'Ourmoie, en Nivillac, et chez M. de Chomart, au château de Kerdavy, en Herbignac.

Pendant que les confédérés s'organisaient, les vaisseaux espagnols paraissaient en vue des côtes. Mais, comme partout et toujours, un traître découvrit aux agents du Régent la trame du complot. Ce traître fut un nommé Roger, Manceau d'origine, se disant ami de M. de Rohan-Poldu et très zélé en apparence pour la conjuration.

Le maréchal de Montesquiou vint s'établir à Vannes, au milieu d'un déploiement considérable de forces militaires et lança dans toutes les directions ses dragons avec ordre de traquer les pauvres gentilshommes bretons. Une partie d'entre eux réussit à mettre en défaut les sbires du commandant et passa en Espagne ; citons MM. de Bonamour, de Lambilly (les deux plus compromis), Hervieux de Mellac, de Boisorhant, de la Berraye ; mais beaucoup d'autres tombèrent aux mains de leurs ennemis. Les navires espagnols, voyant la mèche éventée, avaient gagné la haute mer et étaient rentrés dans leurs ports.

Le marquis de Pontcallec fut arrêté au presbytère de Lignol, vers la mi-décembre 1719.

Quand on fut ainsi assuré d'avoir sous la main les principaux chefs de la conspiration, il fallut s'occuper de les juger. A cet effet, on composa une chambre royale extraordinaire, qui, à l'honneur de la Bretagne et de la magistrature, ne put être formée que d'étrangers, tous conseillers d'État. Aucun magistrat breton n'accepta de juger, que dis-je ! de condamner des compatriotes ; car, dès avant l'ouverture des débats, la sentence était déjà prononcée.

Voici les noms des quinze membres de la cour extraordinaire : M. *de Châteauneuf,* conseiller d'État, président ; assesseurs : MM. *Maboul, de Barillon, Brunet d'Evry, Feydeau de Brou,* intendant de Bretagne, *Hébert du Buc, de Baussan, Angrand, Poncher, Bertin, Parisot, Pajot, Midorge, Legendre de Saint-Aubin,* et *Aubery de Vastan ;* tous étaient maîtres des requêtes de l'hôtel.

La fin de décembre 1719 et le mois de janvier 1720 furent consacrés à l'interrogatoire des quatre prévenus qui étaient : De Guer, marquis de Pontcallec, Talhouet Le Moyne, de Montlouis et du Couëdic.

La conjuration de Cellamare ne tendait à rien moins qu'à renverser le duc d'Orléans et à transférer la Régence de France à Philippe V, roi d'Espagne. Ourdie dans le courant de 1718, pendant les troubles des États de Bretagne, livrée par la trahison à la police de Dubois, cette intrigue fut entièrement découverte le 5 décembre de la même année, et, avant la fin de janvier 1719, tous les fauteurs, petits et grands, de cette cabale, y compris le duc et la duchesse du Maine, étaient mis sous les verroux, et la cabale elle-même, dans ses agents comme dans ses moyens, réduite à néant.

La conspiration bretonne, au contraire, ne commença à se former et ne s'organisa que dans le courant de 1719. Ces dates sont officielles et on ne peut les attaquer.

Les faits que nous avons relatés précédemment viennent encore à l'appui des époques citées et leur donner une nouvelle force. Certains rapports qu'eurent à Paris, en 1718, avec Madame la duchesse du Maine, plusieurs des exilés bretons qui y étaient réfugiés, expliquent peut-être l'erreur dans laquelle sont tombés à ce sujet une foule d'auteurs, tels que Duclos et Pitre Chevalier lui-même, mais il est constant que ces rapports furent tout personnels et n'engagèrent jamais la Bretagne à la suite de cette aventure.

Un second motif vient donner même un semblant de réalité aux assertions des historiens (et ils sont nombreux) qui font de la conspiration de Cellamare et de la conjuration bretonne un seul et même événement : il est certain que le cardinal Albéroni, chef du cabinet espagnol (*peut-être même pour se venger de l'échauffourée de son ambassadeur à Paris*) entra en relations avec la Bretagne par l'entremise d'un gentilhomme de Ploërmel, Hervieux de Mellac, et promit des hommes et de l'argent aux conjurés. Mais, encore une fois, ces promesses ne furent faites que dans le courant de 1719, et lorsque le complot de Cellamare était bien définitivement enterré.

Bien des gens, à ce propos, blâment les Bretons d'avoir réclamé, ou du moins accepté, l'appui de l'étranger ; on les condamne sans appel pour avoir ainsi tramé la guerre civile, la guerre civile, dit-on, le plus grand malheur d'un pays[1]. On voudrait que les Bretons se fussent laissés tout doucement piller, insulter ! Eh bien ! on se trompe : il y a pis que la guerre civile. Quand le vice et le crime, heureux et gorgés, triomphent, règnent et se pavanent sans lutte, sans protestation, sans contre-poids, c'est le plus grand malheur d'un pays, car c'est le déshonneur public. Les Bretons ne purent le souffrir.

Oh ! ce n'étaient pas de vulgaires conspirateurs, ces hommes qui signèrent l'acte d'association qui fait notre orgueil ! Qu'avaient-ils, en effet, à gagner, ces gentilshommes qui, tous, tenant un rang distingué dans la société, tous, pouvant vivre paisibles et honorés au milieu de leurs vassaux, sacrifièrent à leur patrie et à ses droits imprescriptibles leur repos, leur liberté, et plusieurs

---

1. Les conjurés étaient des patriotes cependant et non des ambitieux ; seulement ils avaient le malheur de se souvenir encore, trop peut-être, du temps où la Bretagne, libre de tout joug, même de celui de la France, vivait indépendante. Aussi les empiètements du pouvoir royal sur ses franchises et ses libertés ne purent les laisser indifférents : ils acceptèrent donc, et ce fut une faute, au point de vue de leurs intérêts, le secours de l'étranger, et pourtant, si dans leur poitrine eût battu un cœur moins breton et même moins français, ils avaient pour faire réussir leur entreprise un moyen, le seul, mais dont leur patriotisme s'effraya et qu'ils ne voulurent pas mettre à profit. Ce moyen était de faire appel aux masses et de les appeler à la résistance et à la révolte par le tableau, trop véridique, hélas ! de leurs misères et des énormes impôts qui pesaient sur elles. C'eût été alors la guerre civile, et la guerre civile dans toutes ses horreurs. Ce moyen, encore une fois, répugna à des gentilshommes : il fut repoussé ; et cependant, s'il eût été mis à exécution, qui peut prévoir les suites et les conséquences qui en fussent découlées ! Le Régent eût tremblé et la France eût peut-être vu lui échapper une de ses plus belles et de ses meilleures provinces !

Honneur donc à Pontcallec et à ses amis qui préférèrent même mourir plutôt que d'ensanglanter leur patrie et de la livrer à la guerre civile !

même la vie ? Rien ; bien au contraire, tandis qu'un peu de complaisance vis-à-vis de M. de Montesquiou leur eût valu croix, honneurs, pensions !... Et pourtant, à tout cela ils préfèrent les fatigues, les inquiétudes, la prison, la mort même ! plutôt que déserter la route du devoir...

Nous avons dit que le pacte d'Union fut la base et le point de départ de la conspiration.

---

LISTE ALPHABÉTIQUE DES GENTILSHOMMES BRETONS QUI SIGNÈRENT LA PROTESTATION AUX ÉTATS, EN 1718.

| | | | | |
|---|---|---|---|---|
| D'ANDIGNÉ DE LA CHASSE. | B | | DE CASLAN (DE LA LANDE). | BC |
| L'ARGENTAIS (DE LESQUEN). | ABC | | De Champsavoy Crevy (Grignard). | A |
| Le chr DE L'ARGENTAIS (DE LESQUEN). | B | | De Champsavoy le cadet (Grignard). | ABC |
| AULNETTE DE BOISBIS. | BC | | DE LA CHAPRONAIS LE CADET. | B |
| BÉDOYÈRE (HUCHET DE LA). | B | | CHASTEL DE LA ROUAUDAIS. | BC |
| DE BERRY. | BC | | DU CHASTELIER (Charles). | B |
| BERTHOU. | A | | DE CHERIGNY (exilé le 16 août). | A |
| LE BIGOT DE NEUBOURG. | C | | LA CHOUE DE LA MÉTRIE. | B |
| Le Bihan de Pennelé. | ABC | | Le cte de Cludon. | A |
| DE LA BINOLAYS. | B | | Coatanscours. | ABC |
| BLANCHARD. | BC | | DE COETLOGGN (Pr-gal-syndic, exilé le 16 août). | A |
| DU BOIS. | A | | DE COETLOGON. | B |
| DU BOIS-ADAM. | A | | DE COETRIEU. | ABC |
| Le chr DE BOISHUE (DE GUÉHÉNEUC). | B | | COLLAS DE LA BARRE. | A |
| BOISLÈVE (François). | B | | COLLAS-TERTREBARON. | A |
| DU BOITIER OU DU BOUÉTIEZ. | A | | COMMORIÈRE (l'abbé DE LA). | A |
| BOTHEREL DU PLESSIX. | | | DE CORLAY. | A |
| BOSSAC OU BOSSART. | C | | DU COUDRAY-DES-SALLES. | BC |
| DE LA BOUESSIÈRE. | ABC | | DE LA CROCHAYS (le vicomte). | AC |
| BRÉAL DES CHAPELLES. | A | | Le chr DE LA CROCHAYS (le vicomte). | C |
| DE BRONDINEUF (DE DERVAL). | BC | | DE DERVAL. | BC |
| BUHARAYE (BLANCHARD DE LA). | C | | | |
| DE CALLOUET. | A | | | |

| | |
|---|---|
| Le chr DE DERVAL. | B |
| Le cte D'ESPINAY. | A |
| D'ESPINAY. | A |
| FARCY DE MALNOÉ. | C |
| FARCY DE LA VILLE DU BOIS. | BC |
| FERRON. | ABC |
| DE LA FOREST. | B |
| DE LA FOREST VILLE-AU-SÉNÉCHAL. | B |
| DE LA FORESTERIE. | B |
| LE FORESTIER. | BC |
| DE FORSANZ DU HOUX. | B |
| DE FRANCE (exilé le 17 août). | A |
| FRESLON DE SAINT-AUBIN. | B |
| DU GAGE (DU CLEUZ, sr). | A |
| DU GAGE, fils (DU CLEUZ). | A |
| Le cte DE LA GARAYE (exilé le 17 août). | A |
| GASCHER DE LA CHEVRONNIÈRE. | AB |
| GAUDRION DU DEMAINE. | B |
| GAUDRION DE LA VILLEGIQUEL. | BC |
| GAULTIER DE LA SAULDRAYS. | B |
| DE LA GENNAYS. | B |
| GOUJON DE LAUNAY-COMMATS. | AB |
| LE GOUVELLO DE KERANTREC'H. | BC |
| DE LA GRASSERIE (GUÉRIN). | ABC |
| DES GRAVELLES. | B |
| GROUT DE MOUTIERS. | BC |
| DE GUÉHÉNEUC. | B |
| DE LA GUERCHE (DE BRUC). | BC |
| GUÉRIN DE SAINT-BRICE. | BC |
| GUICHEN (DU BOUEXIC DE). | AB |
| GUILLERMO DE CONDEST. | A |
| GUYNEMENT. | A |
| DE LA HAYE. | B |
| HENRY DE BELESTRE. | AB |
| D'IVYGNAC. | BC |
| JULLIOT DE LA BILLIAIS. | B |
| DE KERALIO. | A |
| De Kerampuil (de Saisy). | C |

| | |
|---|---|
| DE KERAVÉON (DE TALHOUET) (exilé le 17 août). | A |
| DE KERBUSSO. | BC |
| DE KERMÉNO. | A |
| DE KERNEZNE (mis DE LA ROCHE). | ABC |
| De Kersauson. | AB |
| LABBÉ (Jean), sr DE VILLEGLÉ. | ABC |
| LABBÉ (Louis-Hercule). | B |
| LABBÉ (Yves), sr DU PONT. | BC |
| DE LANASCOL (Quemper). | A |
| Le vte DE LANNION. | A |
| DE LANNION, Jean. | B |
| De Lantivy-Ferrière. | BC |
| DE LÉHEN (DE TRÉMEREUC). | AB |
| DE LÉON. | BC |
| De Lescouet (Hercule). | ABC |
| DE LORGERIL. | AB |
| DE LORGERIL, fils. | B |
| MALESTROIT (DE SÉRENT). | ABC |
| DE LA MARCHE. | AB |
| DE MARQUÈS. | BC |
| DE MONTERFIL. | BC |
| DE MONTIGE (?). | BC |
| DE LA MOTTE. | B |
| DE LA MOTTE (Jean-Servan). | B |
| DE LA MOTTE-VAUVER. | B |
| DE LA MOUSSAYE. | AB |
| LE MOYNE DE TALHOUET. | B |
| DE LA NOE OU DE LA NOUE. | B |
| DU PLESSIX D'ARGENTRÉ. | BC |
| DU PLESSIX BEAUREPOS. | A |
| DU PLESSIX-PENFO. | C |
| DE PLUSQUELLEC. | AB |
| Le chr DE PONTUAL. | ABC |
| DE QUÉBRIAC. | B |
| QUILLIEN. | B |
| DE LA RIVIÈRE. | A |
| ROBINAULT. | B |
| DES ROCHAY-NODAY (ROLLAND). | B |

| | | | |
|---|---|---|---|
| Rogier de Villeneuve. | ABC | De Trans (du Boisbaudry). | AB |
| Du Rouvre. | A | De Trécesson. | A |
| De la Royrie. | ABC | De Trégouet. | A |
| De la Royrie. | BC | De Trégouil ou Tréguil. | A |
| Le ch$^r$ de la Royrie. | BC | De la Tremblais. | BC |
| De Rais(Dubreil). | | De Tréméreuc. | B |
| De Saint-Germain. | A | De Tréveneuc (Christien). | B. |
| De Saint-Gilles. | ABC | De Troërin. | ABC |
| De Saint-Gilles. | C | De Tromeur. | A |
| De Saint-Gilles Durantais. | ABC | Troussyer. | BC |
| De Saint-Gilles Perronnay. | ABC | De Vaucouleurs. | B |
| De Saint-Kéré. | ABC | De Vourozé. | A |
| De Saint-Meleuc. | BC | De la Villéon. | B |
| De Saint-Pern. | AC | Villeneuve-Crochais. | C |
| Le ch$^{er}$ de Saint-Pern. | AB | De la Villethéart (Visdelou). | A |
| De Saint-Pern-Barançon. | B | Le ch$^{er}$ de la Villethéart (Vis- | |
| Le ch$^{er}$ de la Sauvagère. | AB | delou). | A |
| Sourville. | A | Visdelou (Louis). | B |
| De Talhouet de Boisorhant. | BC | Visdelou de Saint-Quéreuc. | A |
| De Tanouarn. | B | Le ch$^{er}$ de Visdelou de Saint- | |
| De Tierry. | AB | Quéreuc. | ABC |
| Tranchant de l'Evinaye. | B | Le Voyer ou Vayer. | B |

Si nous nous sommes aussi étendu sur les démêlés des États de Bretagne avec le Régent de France et le maréchal de Montesquiou, c'était dans un but : 1º nous voulions établir que la rupture du contrat d'Union entre notre province et les rois de France, par leurs agents, fut la cause des troubles qui agitèrent la Bretagne à cette époque ; 2º nous allons dans la seconde partie essayer de démontrer, par les dates et les faits, que la conspiration dite de Pontcallec en fut la suite, et n'eut aucune attache à la conjuration de Cellamare, avec laquelle on l'a trop souvent confondue.

D'après les listes qui ont été conservées on voit que toutes les classes de la société avaient pris part au mouvement. Sans doute les gentilshommes tinrent la tête, et beaucoup furent arrêtés en même temps que Pontcallec ou décrétés

de prise de corps (de ce nombre fut Hamon de Kersauson). Mais à côté d'eux
nous trouvons : des prêtres et des religieux, tels que *Croizier,* curé de Lignol,
chez qui le marquis avait été arrêté ; *du Brandonnier,* curé de Bernet, paroisse
du marquisat de Pontcallec ; *de la Botinière,* prévôt de la collégiale de Guérande; *dom Caoursin,* prieur de l'abbaye de Langonet, l'abbé *Bourguillot,* etc. ;
des gens de robe et de loi, comme MM. *de Lambilly* et *de Saint-Pern du Lattay,* conseillers au Parlement; *Le Vilain de Rabine,* procureur fiscal de Saint-
Jean-Brévelay ; *Chenin* notaire et procureur à la Roche-Bernard, etc. ; — des
bourgeois : *Maximilien Crespel, Kerprovost, Girault, Kerpondarmes, Rosconan,* etc.; — des marins : *Madéran* et *Lappartien,* tous deux du pays de
Ruis, *le Gentil,* dit *le Manchot,* de la Roche-Bernard ; — des artisans : *le Ray,*
arquebusier à la Roche-Bernard, *La Pierre,* aubergiste à Pontchâteau, etc.;
des paysans, en grand nombre : *Jean Le Merle, le Bœuf, Berger, Le Daign,
Le Fin, Le Corvec, Méhu, La Bousse, Crapaut,* etc., etc.

Maintenant laissons le tribunal poursuivre son œuvre de sang! Il fallait des
victimes : il y en eut. Le procureur général de la Chambre royale, Aubery de
Vastan, se montra à la hauteur de son rôle d'accusateur et chargea les prévenus.

Enfin la cause est instruite ; mais, avant de rendre le verdict, on en référa
au Régent. Celui-ci pourtant n'était pas cruel : c'était presque le seul vice qui
lui manquât. De son chef donc il eût peut-être penché vers la clémence, mais
le garde des sceaux, d'Argenson, lui dit que, « *s'il ne faisait sauter des têtes,*
ces gens-là *croiraient qu'il les craignait.* » Cette considération détermina
Philippe d'Orléans à ordonner la condamnation.

L'arrêt fut rendu le 26 mars 1720, mardi de la semaine sainte. Cet arrêt
prononçait définitivement ou provisoirement sur le sort de 146 accusés, dont
93 étaient sous les verrous à Nantes [1]; les autres, au nombre de 53, quoique
décrétés de prise de corps, avaient su déjouer toutes les poursuites. Nous avons
dit que MM. de Lambilly, de Saint-Pern, etc., passèrent en Espagne. M. le Gouvello de Kerantrec'h se réfugia en Italie, y demeura sept ans, après quoi il revint
en France et ne fut plus inquiété, malgré sa condamnation à mort par contumace.
Sur les condamnés présents, 4 le furent à mort : nous les avons déjà nommés.
Tous les autres, sauf le curé de Lignol, qui fut mis en liberté après le paie-

1. Entre autres, Hamon de Kersauson.

ment d'une légère amende, durent continuer à tenir prison jusqu'à parfait achèvement des informations et procédures commencées contre eux. Parmi les accusés fugitifs, 10 furent condamnés à mort par contumace et à la décollation par effigie, savoir : MM. de Talhouet de Bonamour, — de Lambilly, — Hervieux de Mellac, — Couessin de la Berraye, — de Talhouet de Boisorhant, — de Trévelec, — de Bourneuf, fils, — Cocquart, — de Rosconan, — le comte et le chevalier de Rohan-Poldu, — du Groësquer l'aîné et l'abbé du Groësquer, — de la Houssaye père, — de la Boissière, — de Kerpédron, — de Lantivy du Crosco, — Le Gouvello de Kerantrec'h, — l'abbé de Villeglez. Quant aux 35 autres, on se borna à ordonner de nouveau la mise à exécution, dans le plus bref délai, des décrets de prise de corps lancés contre eux.

Les 4 condamnés à mort, qui se trouvaient au château de Nantes, furent exécutés, le soir même du 26 mars, sur la place du Bouffay ! Tous 4 moururent en gentilshommes, en Bretons, en chrétiens, c'est-à-dire en héros !...

La vanité du Régent était satisfaite : il avait relevé le défi de la Bretagne et fait sauter des têtes ! En conséquence, il mit, et de sa pleine puissance, fin à toutes les poursuites et octroya grâce entière, sauf aux 18 effigiés et à 11 autres : MM. *le comte et le chevalier de Lescouët*, — *du Roscouet*, — *de Kersauson*, — *Coué de Salarun*, — *de Keranguen*, — *Le Doulec*, — *de Kerourgant*, — *le comte de Bouexic-Becdelièvre*, — les deux frères de Fontaineper et de Kervasy ; ces 3 derniers ne furent jamais pris. Les 8 autres étaient entre les griffes du Régent : ils demeurèrent en prison et n'en sortirent qu'environ un an après.

Quelques-uns des Bretons fugitifs revirent leur patrie, mais la plupart moururent sur la terre étrangère où l'on s'était efforcé de soulager leur infortune ; plusieurs d'entre eux même arrivèrent à de brillantes positions. Tous pourtant n'eurent pas dans leur exil une fortune aussi heureuse.

Saint-Simon dans ses mémoires (édit. Chéruel, t. XI, p. 277), parle ainsi de nos exilés :

« Plusieurs de ces Bretons, qui se sauvèrent à temps, se retirèrent par mer en
« Espagne où tous eurent des emplois et des pensions. Peu y firent quelque
« petite fortune, qui ne les consola pas de leur pays et du peu qu'ils y avaient
« quitté. Beaucoup y vécurent misérables et méprisés, par la plus que mé-
« diocrité à quoi se réduisit bientôt ce qu'on leur avait donné ! Quelques-uns
« revinrent en Bretagne, après la mort de M. le duc d'Orléans et le change-

« ment de toutes choses, mais fort obscurément chez eux. La plupart mou-
« rurent sur la terre étrangère. Telle est presque toujours l'issue des conspi-
« rations et le sort de tant de gens qui, en celle-ci, perdirent la tête, ou leur
« état, leurs biens, leur famille, pour errer en terre étrangère, et y demander
« leur pain et le recevoir bien court. »

Ce sort est triste sans doute ; mais, pour les Bretons, il le fut moins que ne
l'imagine Saint-Simon. Il croit qu'ils ne conspiraient que pour le duc du
Maine et pour leur propre ambition, pour accroître à leur pouvoir ce peu
qu'ils avaient et l'échanger contre des titres, des croix, des pensions !...

Jamais on ne se trompa davantage. Ce peu que l'auteur des mémoires regarde
de si haut, les contentait entièrement; car ce peu, pour chacun d'eux, c'était la
tombe de son père et le berceau de sa race, l'antique manoir de ses ancêtres,
où sa famille s'abritait depuis les croisades, et d'où elle exerçait dans la paroisse
son autorité patriarcale ; c'était la liberté sacrée, léguée par la duchesse Anne,
ses vieux droits, les bonnes coutumes : ce peu, c'était la Bretagne [1] !

## MÉMOIRES PRÉSENTÉS AUX ÉTATS DE BRETAGNE EN 1746 ET 1765, PAR LE COMTE FRANÇOIS-JOSEPH DE KERSAUSON.

— Plus de cent ans avant ces dates, un Kersauson (François, sr de Mesguen),
ancêtre du comte François-Joseph, qui va nous occuper, avait préparé les voies
à son descendant, en présentant aux Etats un premier projet de canalisation
pour la Bretagne, projet qui n'eut pas de suite, mais qui, après avoir mûri
pendant deux siècles, devait enfin voir le jour au commencement de celui que
nous traversons. Fils aîné d'Hamon de Kersauson, sr de Vieux-Chastel, impliqué dans la conspiration de Pontcallec, dont nous venons de parler, et de
dame Anne-Agnès Le Levier, le comte François-Joseph présenta aux Etats, en
1746 et 1765, deux mémoires sur la matière, mémoires qui, mis sur les yeux
de Louis XV, valurent de S. M. à leur auteur une lettre que la famille trans-
met religieusement et avec respect d'âge en âge.

1. Les pages que l'on vient de lire ne sont que le pâle et très succinct résumé de cet émouvant
épisode si chaudement et si vigoureusement tracé par M. de la Borderie, dans la *Revue de Bretagne et de Vendée*, années 1857, 1858 et 1859. L'éminent historien, au cœur breton si ardent et
si convaincu, voudra bien, en vue de notre communauté si parfaite d'idées sur ce drame, nous
excuser de l'avoir ainsi suivi pas à pas et de lui avoir même fait souvent de larges et très importants emprunts.

# MÉMOIRE

PRÉSENTÉ

## AUX ESTATS

# DE BRETAGNE

## TENUS A RENNES EN 1746

*Veniet classis quocumque vocárit*
*Spes lucri* (Juv.) [1].

## A RENNES,

Chez Joseph VATAR, Imprimeur de Nosseigneurs des États de Bretagne,
Place du Palais, au coin de la Rue Royale.

### MDCCXLVIII [2].

1. L'espérance d'un gain attire toujours.
2. Cette date de 1748 s'explique par le fait que le mémoire ne fut publié qu'après l'approbation que les États y eurent donnée, ainsi qu'il résulte des termes ci-dessous de l'extrait du registre du greffe des États, tenus à Rennes, du samedi 3 et du lundi 19 décembre 1748 [1] :

> « Monseigneur l'évêque de Dol (Jean-Louis du Bouchet de Sourches).
> « Monseigneur le Prince, comte et baron de Léon.
> « Monsieur le sénéchal de Rennes.

« Monsieur le Président de Bédée a fait rapport et parlé d'une proposition que faisait
« M. François de Kersauson, de l'Ordre de la Noblesse, pour la construction de trois canaux dans
« la province suivant le projet qu'il a présenté, etc., etc. Les États ont ordonné et ordonnent que
« le mémoire de M. de Kersauson sera imprimé à leurs frais, avec les mémoires, plans et devis
« faits par le sieur Abeille, pour le canal par lui proposé entre la rivière de Rance et la Vilaine,
« pour que l'Assemblée soit à même de faire toutes les réflexions que mérite un pareil
« projet, etc. »

1. Les tenues d'États avaient ordinairement lieu tous les deux ans.

Le comte de Kersauson débute par une courte dédicace aux membres des États, dont voici le texte :

« Nosseigneurs,

« L'auteur de ce mémoire, de l'Ordre de la Noblesse, et en cette qualité,
« l'un des membres ordinaires de vos assemblées, estime qu'on ne s'est pas
« encore avisé de vous en présenter aucun d'une aussi considérable impor-
« tance.

« Quelle que puisse être votre décision, Nosseigneurs, à l'égard des trois
« projets qu'il a l'honneur d'y soumettre, elle sera sûrement à l'avantage d'un
« cœur toujours pénétré d'un amour invariable pour le bien de la Patrie,
« amour dont il ose espérer qu'on regardera cet écrit comme un nouveau té-
« moignage. »

Le seul défaut de ressources fit ajourner les plans de M. de Kersauson, approuvés et encouragés de la manière la plus flatteuse par les trois Ordres, par
les gens les plus compétents, et, par-dessus tout, ainsi que nous venons de le
dire, par le roi lui-même.

Le mémoire se divise en cinq articles, dont les trois premiers se subdivisent
chacun en deux paragraphes. Il a pour objet de couvrir la Bretagne d'un réseau
de navigation fluviale (que le second complète, comme on le verra), destinée à
remplacer avantageusement le transport si onéreux des objets de toute nature
par la voie de terre. Ce projet fait le plus grand honneur aux connaissances
géologiques, géographiques et mathémathiques de M. de Kersauson, à une
époque où ces sciences étaient bien moins avancées qu'elles ne le sont aujourd'hui.

Le premier paragraphe de chaque article subdivisé traite de l'importance des
travaux à exécuter, et le deuxième de leur possibilité et de leur facilité.

Le premier article tend : 1º à faire entreprendre un canal reliant *la Rence*
(Rance) à la Vilaine ; 2º à rendre la première navigable depuis l'embranchement de ce canal de jonction jusqu'à la mer. « Par le percement de ce canal, »
dit l'auteur, « et par la navigabilité donnée à la rivière de Rence, on met en
« communication les trois villes de Rennes, de *Rhedon* (Redon) et de Saint-
« Mâlo. Rennes est l'une des principales villes du royaume, la capitale de la
« province, le siège de son Parlement et le lieu ordinaire de ses assemblées des

« États. Elle mérite donc bien de devenir le centre du commerce breton.
« Quant à Redon et Saint-Mâlo, toutes deux sont dignes, aussi, d'une consi-
« dération spéciale, malgré la léthargie commerciale qui pèse sur elles. La
« première, Redon, a donné le jour à M. Meurier, que consultait souvent le
« cardinal de Richelieu. La seconde est la patrie de Jacques Cartier, le Thyphis
« des Argonautes bretons qui ont découvert et conquis la Nouvelle-France,
« de Du Gué-Trouin, le fléau de l'orgueil anglais, et enfin de Moreau de
« Maupertuis, le démonstrateur de la vraie figure de la terre. »

L'ouverture de ce canal, continue M. de Kersauson, réveillera l'industrie de
toute la partie haute (septentrionale) de la Bretagne ; les habitants des côtes
pourront correspondre entre eux, par le moyen de cette nouvelle navigation,
bien plus sûrement que par mer. Ce canal sera, pour la Manche et l'Océan, ce
que le canal de Riquet (le canal du Languedoc) est pour l'Océan et la Méditerranée. Enfin, cette nouvelle voie ouverte permettra de rendre à l'agriculture une multitude de bras, dont elle était privée par le nombre si considérable
d'hommes nécessaires à la conduite des chariots et voitures de roulage. Ces
chariots, toujours si lourds, n'effondreront plus les chemins, que l'on pourra
tenir, par ce moyen, en bon état de viabilité.

Si le travail projeté est avantageux à tous points de vue, il n'est pas moins
facile d'exécution, et relativement peu coûteux. La première partie en est
connue depuis plus d'un siècle ; la seconde, la navigabilité de la Rance, est à
l'abri de toute contradiction, parce que : 1° cette rivière s'accroîtra de toute
l'eau qu'elle recevra du canal ; 2° le lit de cette rivière, laquelle a été autrefois
navigable, en la remontant depuis son embouchure jusqu'à deux lieues au-
dessus de Dinan, n'a presque besoin que d'être désencombré pour être rétabli
dans son premier état ; 3° enfin, on pourra étrécir et creuser ce lit, et placer
dans les distances convenables, quelques écluses entre l'embranchement du
canal dans *la Rance* et l'endroit où cette rivière commence, suivant son état
actuel, d'être navigable. Cela suffira pour faire disparaître toutes les difficultés
imaginables [1].

---

1. Ce projet a été exécuté dans son ensemble par la navigation artificielle créée sur l'Ille,
affluent de la Vilaine, depuis l'embouchure de ce cours d'eau à Rennes jusqu'à environ 10 lieues
au nord de cette ville. Là, ce canal, purement de main d'homme, se dirige par Tinténiac, vers
Dinan, où il rejoint la Rance, dont le lit, désencombré, selon l'idée émise par M. de Kersauson,
permet aux bateaux fluviaux de descendre jusqu'à Saint-Malo.

« N. B. 1º Au sujet de l'entreprise projetée et de toutes autres pareilles, le
« même auteur offre d'indiquer des moyens simples de préserver de tous
« sédiments les canaux et les rivières qui ont besoin d'écluses et de rendre
« continue, tant en montant qu'en descendant, et d'exempter de la multipli-
« cation des écluses et du changement de bateaux toute navigation fluviale
« qui n'est interrompue que par quelques sauts ou cataractes ; 2º ce canal
« peut être aussi exécuté de façon qu'on n'ait pas besoin d'entreprendre cette
« féconde opération. »

Le second article tend à procurer une communication réciproque, et, depuis
cette communication jusqu'à la mer, une navigabilité continuelle aux rivières
d'*Ould* (Oust) et de *Blaved* (Blavet).

Un canal de jonction entre ces deux rivières, et la navigabilité à elle donnée
ou rendue, mettrait en communication Redon, Port-Louis, *l'Orient* (Lorient)
et Hennebont, et, par ces villes, Malestroit, Josselin et Pontivy, ainsi que, par
affinité, Rennes, Dinan et Saint-Malo, si l'on suppose le travail proposé par le
premier article exécuté.

Les mêmes considérations de commodité, d'utilité, de commerce et d'industrie militent en faveur de ce second projet.

La possibilité d'exécution existe aussi bien pour ce travail que pour le premier. En effet, les deux rivières de Blavet et d'Oust, la première, depuis Bieuzy
(près Pontivy) jusqu'à la mer, et la seconde depuis le pont de *Boqueneuc* (ou
Bocqneuf), près Josselin, jusqu'à son embouchure dans la Vilaine, ne sont
interrompues par aucun saut remarquable et jouissent d'une pente de dérivation
assez douce, quelquefois même imperceptible. De ces deux points, de Bieuzy
et de Bocqneuf, aux deux embouchures, il n'y aura donc qu'à nettoyer, creuser
et étrécir en quelques endroits les lits des deux rivières, qui se trouveront de-
venues continuellement navigables au moyen : 1º du concours des eaux du
canal intermédiaire ; 2º des écluses placées pour soutenir et conserver les eaux
dans leur descente.

Pour ménager en faveur de ce canal de jonction : 1º les niveaux de pente ;
2º les rigoles alimentant le bassin de provision ; 3º un canal de dérivation
toujours prêt à vider en temps requis les eaux du canal de provision dans le
canal de distribution, il faut que ledit canal intermédiaire, partant de Bieuzy,
évite, à son nord, le bourg de Naizin, la chapelle de la Villetual, en Pleu-

griffet, et à son sud, les bourgs de Pluméliau, Romengol (Remungol), Moréac, Buréon (Buléon) et Lantillac, pour aboutir dans l'Oust au pont de Bocqneuf. De là, il ne resterait plus qu'à rendre la rivière d'Oust navigable jusqu'à Malestroit, puisqu'elle se trouve dès à présent telle, depuis cette ville jusqu'à son embouchure dans la Vilaine [1].

Le troisième article tend à faire entreprendre la cavation d'un canal établissant une communication mutuelle entre les rivières de Loire et de Vilaine, et reliant Nantes, voire même Orléans, Blois, Tours [2], à toutes les villes bretonnes dont il a été fait mention dans les deux projets précédents.

L'intérêt du commerce, de l'industrie et de l'Etat, répète avec plus de force l'auteur du mémoire, concourt à demander l'exécution de tout ce réseau. L'Etat même, en temps de guerre, trouvera dans les matelots d'eau douce des hommes plus propres que les laboureurs et les artisans au service de la marine royale. « La France sera toujours la puissance dominante de l'Europe, « pendant qu'elle aura en mer, durant la paix, autant de vaisseaux de guerre « que l'Angleterre, et, à chaque commencement de guerre, elle pourra « promptement augmenter le nombre de ces vaisseaux, et les armer tous « d'une façon avantageuse.

« Toutes ces raisons promettent les éloges de la postérité la plus reculée « aux personnes puissantes qui, par leur crédit et leurs représentations pressantes, faciliteront l'exécution de ces entreprises.

« De telles propositions n'ont besoin que d'être présentées à S. A. S. M. le « duc de Penthièvre, pour se trouver très justement recommandées à l'élé- « vation de l'âme et à la bonté de cœur de l'amiral et du gouverneur de la Pro- « vince. Ces propositions se trouveront encore (pour toutes ces raisons) très « spécialement recommandées à la sagacité bienfaisante et courageuse de « Messieurs les ministres d'Etat, de Finances et du Commerce. »

1. C'est encore ce qui a été exactement suivi, sauf une légère modification. Le tracé indiqué par le comte de Kersauson donnait, pour le canal de jonction, une ligne droite de Bieuzy à Bocqneuf, tandis qu'en réalité, le canal exécuté continue le Blavet jusqu'à Pontivy, bifurque (au moins pour la partie qui nous occupe) au-dessus de cette ville, devient, vers l'est, purement artificiel, et redescend ensuite rejoindre l'Oust au dessus de Rohan. Delà il côtoie, quand il ne la suit pas, cette rivière jusqu'à Bocqneuf, Malestroit et Redon. Le canal fait ainsi un parcours plus considérable, mais la ville de Pontivy est directement servie et mise en communication avec les autres points susnommés et même, comme nous le verrons dans le mémoire de 1765, avec Brest, par la bifurcation du canal.

2. Et Paris même, par le canal de Briare rejoignant la Seine et celui du Loing, la Marne.

L'exécution du troisième canal est possible par trois moyens différents : 1º en contournant, à mi-coteau, quelques terrains montueux, on enjambera le cours de la petite rivière appelée l'Isack ¹, en établissant une rigole et un réservoir intérieur alimenté par les eaux du Don ².

« La route que donnerait ce canal serait la plus courte de toutes celles « qu'un canal peut ménager entre Nantes et Rennes, mais ce ne serait pas la « moins chère, quant à la dépense qu'il faudrait faire pour l'établir.

« 2º En partant de Nantes, on pourrait remonter l'Erdre jusqu'à Nort, « enjamber l'Isack et venir s'embrancher en Vilaine au-dessus de l'embou- « chure de la première (l'Isack). Au-dessus des deux points de partage serait « un bassin de provision, lequel assemblerait, avec ses eaux, celles de quel- « ques ruisseaux et torrents et pourrait, en tout temps, fournir à ce canal « toute l'eau nécessaire, depuis la partie la plus élevée, inclusivement, jusqu'à « ses deux embranchements. La route que donnerait ce canal serait plus « longue, mais moins chère, quant à l'exécution, que celle qu'on vient d'in- « diquer précédemment.

« 3º Enfin, la jonction de ces deux plus grandes rivières de Bretagne peut « aisément être établie, par un canal qui, pour aboutir de Vilaine en Loire par « la petite rivière de Pontchâteau ³, parcourrait une ligne tirée de Cran ⁴ à « Pontchâteau. Ce canal, par le moyen d'un bassin de provision oblong et « voisin de sa partie la plus élevée, recevrait, entre ses deux points de partage, « par un petit canal de dérivation, les eaux de deux ruisseaux qui ne ta- « rissent guère ; celles qui, par une rigole, pourraient être conduites de la « partie supérieure de la rivière d'Isack, et enfin, tout l'amas d'eaux, tant plu- « viales qu'autres, que deux rigoles, plus élevées que celle-là, amèneraient « dans ce bassin de provision, lequel fournirait, de tout temps, au canal de « distribution un volume d'eau suffisant pour procurer, non seulement à ce

1. L'*Isac* prend sa source dans la forêt de l'Arche, à environ 3 lieues nord de la petite ville de Nort,(Loire-Inférieure), reçoit 14 cours d'eau, passe à Saffré, Blain, Guenrouet, et se jette dans la Vilaine, au sud de Redon, après un cours de 70 kilomètres.
2. Le *Don*, parallèle à l'Isac, naît au nord-est et près de Saint-Julien de Vouvantes (Loire-In-férieure), passe à Moisdon, Marsac, Guémené et se jette, après un cours de 85 kil., dans la Vilaine, en amont de Redon, entre Massérac et Avessac.
3. La petite rivière de Pontchâteau, le *Brivé*, sort de la commune de Guenrouet, au nord de Savenay, passe à Pontchâteau et joint la Loire à Méans, près Saint-Nazaire.
4. Cran, sur la Vilaine, rive gauche, près Théhillac (Morbihan).

« canal, mais encore à la rivière de Pontchâteau, une navigabilité continuelle,
« moyennant quelques écluses, quelques opérations faites à son lit et la ré-
« duction de ses deux embouchures en une. La route que ce canal ouvrirait
« serait plus longue, mais moins chère qu'aucune des deux autres, quant à
« l'exécution, et plus utile qu'aucune autre à la ville de Nantes, et aux autres
« villes qui prennent ou prendront part au commerce maritime de celle-ci [1]. »

L'article quatrième se compose de réflexions détachées :

1º Les canaux projetés, passant par des terrains stériles et déserts, n'exi-
geront pas, par là même, d'indemnités onéreuses à payer aux propriétaires, et
serviront, au contraire, à fertiliser des lieux jusqu'alors ingrats et dénués de
valeurs et d'habitants.

2º Le premier canal achevé indemnisera facilement les entrepreneurs des
dépenses nécessitées par les autres, et sera, pour eux, d'un grand secours et
avantage pour le creusement de ceux-ci.

3º Les trois canaux, mis bout à bout, n'égaleront pas le tiers de la longueur
du canal de Riquet, et aucun d'eux ne demandera une opération aussi labo-
rieuse que la transforation de la montagne de Malpas [2].

4º Les aqueducs, sauf un seul, seront très courts et les ponts d'une dépense relativement minime.

5º On devra employer aux travaux, non des laboureurs mais des soldats, qui,
sous les ordres de leurs chefs, seront toujours prêts à se rendre à l'endroit
quelconque de nos côtes qui pourrait être menacé d'une seconde descente des
Anglais [3].

Le comte de Kersauson répond aussi à l'argument que l'on pourra faire de

1. De ces trois tracés, c'est le second qui a été adopté, à la différence qu'au lieu de côtoyer l'Isac, on a simplement, dans la majeure partie du cours, rendu le lit navigable. Le canal artificiel commence à Quihiex, sous Nort, et va rejoindre l'Isac, près du point où la route nº 137, de Bordeaux à Saint-Malo, traverse ce cours d'eau. Un peu à l'ouest de Pontminy, le canal quitte de nouveau l'Isac et vient retrouver la Vilaine à Redon même. Les deux autres projets étaient aussi fort remarquables, surtout le troisième, et, à part l'ennui et le retard qui eussent résulté du chargement, à Méans, des bateaux fluviaux ordinaires en navires d'un plus fort tonnage, pour aller vers Nantes, ou vice versâ, nous penchons à croire que ce mode de navigation eût offert de grands avantages.

2. Malpas, dans les Corbières occidentales, entre Villefranche et Revel (Haute-Garonne). Le fond du réservoir de ce canal, creusé dans la montagne même et contenant plusieurs centaines d'hectares, appartient aujourd'hui à M. Couderc, ancien intendant des biens de la famille d'Orléans, lequel y a seul, avec sa famille, le droit de pêche.

3. Il ne faut pas oublier que nous sommes en 1746.

la dépense effrayante que nécessitera le percement de ces différents canaux, il se livre, à ce sujet, aux combinaisons suivantes, dont les chiffres, d'une rigoureuse et mathématique exactitude, ne laissent après eux aucun doute dans l'esprit.

« Il est démontré que chaque pied cube d'eau pèse *70 livres* [1], et qu'ainsi « chaque charge, qui, par son poids, force la matière flottante qui la porte de « prendre la place d'un pied cube d'eau, pèse de même *70 livres* [2]. Un bateau, « de 120 pieds de long sur 15 de large, que le poids de sa charge force de « prendre deux pieds d'eau, porte une charge qui pèse autant que pèseraient « trois mille six cent pieds cube d'eau puisque 120 multipliés par deux fois 15 « (à cause des deux pieds d'eau que prend le bateau), font justement 3.600.

« Trois mille six cents pieds cube d'eau pèsent 252,000 livres, puisque « chaque pied cube d'eau pèse 70 livres et que 3.600 multipliés par 70 font « 252.000.

« Il faut employer au moins *trois* chevaux et *un* charretier pour mener, « loin et de suite, une charrette qui porte le poids de 3.000 livres. Donc, en « se servant de cette sorte de voiture pour transporter de Nantes à Paris des « marchandises qui pèseraient 252.000 livres, il faudrait employer 84 char-« rettes, 84 charretiers et 252 chevaux, puisque 3 fois 84 font 252 [3].

« Il ne sera pas contesté qu'il ne faille, pour un tel bateau (de 120 pieds « sur 15) que *quatre* matelots et *six* médiocres chevaux au plus, pour trans-« porter par eau, sans risques et presque sans frais, de Nantes à Paris, les « meubles et les marchandises que pourraient, avec bien plus de peine et cer-« tainement avec plusieurs risques et non sans des frais considérables et très « embarassants, emmener, de l'une de ces villes à l'autre, *84* hommes qui « conduiraient *84* charrettes tirées, pour le moins, chacune par *3* bons che-« vaux, ce qui ferait nécessairement le nombre de 252 chevaux.

« Les conséquences qui résultent de cet exposé en faveur de la *voiture flu-« viale* sont trop évidentes pour qu'on entre dans un plus grand détail [4]. »

1. On entend ici l'eau fluviale, c'est-à-dire plus ou moins chargée de matières terreuses ou autres, car le pied cube d'eau pure pèse 74 livres (37 k., 037 gr., 037 milligrammes).
2. Principe d'Archimède.
3. Et que 252.000 : 3.000 = 84.
4. Quelle plus simple, plus lucide et plus convaincante démonstration pourrait-on, en effet, apporter à l'appui de cette théorie ?

Le cinquième article est consacré à répondre à deux objections qui pourraient être posées sur le temps qu'il faudra choisir pour exécuter ces travaux
de canalisation, et à quelles personnes il faudra les confier.

L'auteur prouve, par ce qui s'est fait pour le canal de Briare, commencé
sous Henri IV et fini sous Louis XIII, et par ce qui a encore eu lieu pour
celui du Languedoc, que le temps de guerre est aussi propice à l'exécution de
ces différents ouvrages que le temps de paix, ou au moins, que l'on peut les
mener à bonne fin dans l'un comme dans l'autre, à preuve le canal de Briare
qui fut achevé pendant que Louis *le Juste* était en guerre avec la maison d'Autriche (1637-1638), et celui du Languedoc, terminé pendant les guerres de
Louis XIV contre Charles II, roi d'Espagne, l'empereur d'Allemagne, le
Brandebourg, la Suède, la Hollande, le duc de Lorraine, le roi de Danemark,
l'Angleterre, etc.

« Vous le voyez, ajoute-t-on, en tous temps les ouvrages de cette espèce
« peuvent être entrepris soit par le Roi et une province d'Etat, soit par les trois
« ordres de cette province soit par une ou deux ou même trois sociétés ou
« compagnies de particuliers, moyennant les secours et les encouragements
« que Sa Majesté voudra bien sans doute leur fournir. »

François-Joseph de Kersauson demande ensuite l'intervention des Etats
pour obtenir personnellement du Roi les lettres patentes nécessaires pour autoriser, secourir et encourager les membres de la société ou des sociétés qu'il
pourra fournir.

« Faites attention, » dit-il en terminant le cinquième article, « que tous les
« ouvrages considérables de cette nature, qui ont été faits en France depuis
« l'établissement de la monarchie, sont dûs aux règnes des princes de la
« branche de Bourbon, et, comme je viens de le prouver, exécutés
« pendant et malgré la guerre, considérations puissantes pour vous engager à
« demander, dans et pour le temps présent, au digne rejeton et successeur de
« ces grands rois, la grâce de signaler par des monuments semblables, mais
« moins coûteux et plus utiles, un règne d'ailleurs aussi illustre et aussi glo-
« rieux que les leurs.

« Ici finit le mémoire que présente à Nosseigneurs des Etats, tenus à
« Rennes en 1746, un de leurs membres ordinaires et leur très respectueux
« et très dévoué serviteur, *François-Joseph de Kersauson,* aîné de la branche

« de ce nom, laquelle, de mâles en mâles, descend du mariage de *Sybille*
« *de Saint-Georges* (héritière du lieu de Saint-Georges) avec *Paul de*
« *Kersauson*, second fils d'*Hervé de Kersauson* (aîné de sa maison) et d'*Al-*
« *liette de Lanros*, veuve de Penmarch et petit-fils de *Jehan de Kersauson*,
« chevalier, seigneur du nom, armes et lieu de Kersauson (*olim* Kersausen)
« et d'*Amicette de Pontplancoët*, héritière, etc... nés vers le commencement du
« XIVᵉ siècle [1]. »

Le mémoire s'achève par quelques *Postcriptum* qui closent on ne peut
mieux, comme péroraison, ce travail si remarquable.

« I. Avec la permission du Roi, aux dépens des entrepreneurs, alternati-
« vement et concurremment avec les soldats de troupes réglées, les miliciens
« de Bretagne (*si Sa Majesté en conserve le fond pendant cette paix*) pour-
« ront, pendant une moitié de la même année, être occupés à ces travaux,
« pareils à ceux de la guerre, et pendant l'autre moitié de la même année, tra-
« vailler à l'agriculture. Depuis leur sortie pour le camp jusqu'à leur retour
« chez eux, ces laboureurs soldats seraient commandés par leurs officiers or-
« dinaires, qui, pendant ce temps, ne perdraient aucune occasion de les con-
« tenir et de les discipliner.

« Ainsi, Nosseigneurs, aux dépens des entrepreneurs de ces ouvrages si
« profitables pour notre patrie, on y formerait, pour Sa Majesté, des soldats
« infatigables, bien disciplinés et toujours prêts, soit de rentrer dans la pré-
« cieuse classe des laboureurs, soit de se montrer dignes frères et compatriotes
« de ces miliciens bretons, dont la valeur dans les plus chaudes mêlées de cette
« dernière guerre [2] s'est rendue remarquable aux yeux du Héros [3] dans lequel
« la France voit revivre et notre *Bertrand du Guesclin* et notre dernier *Arthur*
« *de Bretagne*, nés pour l'honneur de la Bretagne, de la France et du genre
« humain. Semblable en tout à ces deux grands hommes, Maurice [3bis] a forcé

1. Nous ne pouvons, *et pour cause*, admettre sans restriction la fin de ce tableau généalogique.
Ne voulant pas entrer ici dans de nouveaux détails sur cette question, que nous avons développée
et prouvée suffisamment dans le cours de ce travail, nous nous contenterons de faire remarquer
que le comte François-Joseph n'hésite pas lui-même à reconnaître qu'il descend *du second fils*
d'Hervé de Kersauson et d'Alliette de Lanros, point sur lequel nous sommes parfaitement d'accord
avec lui.
2. Nous sommes au lendemain de Fontenoy, où la France avait triomphé des armées coalisées
de l'Autriche, de l'Angleterre et de la Hollande.
3. et 3 *bis*. Maurice de Saxe, vainqueur de Fontenoy.

« nos ennemis de désirer la paix, et pense que, pour faire révérer par toutes les
« puissances de l'Univers la majesté de cet Empire, il reste d'assurer une
« nouvelle vigueur à son commerce, en la donnant à sa marine, laquelle pour-
« rait, en sortant des es ports (privilège unique réservé pour ce beau royaume),
« paraître, dans le même instant, sur la Manche, sur l'Océan et sur la Méditer-
« ranée, avec cet air respectable qui convient au pavillon du plus grand roi
« du Monde.

« II. Vous vous abstiendrez, peut-être, Nosseigneurs, d'entreprendre ces
« trois canaux pour deux raisons : 1º parce que vous vous êtes épuisés pen-
« dant cette guerre par des efforts plus convenables à votre zèle qu'à vos
« forces ; 2º parce que les ouvrages faits aux dépens du public lui coûtent
« infiniment plus qu'ils ne coûteraient à des particuliers accoutumés à les faire
« exécuter sous leurs yeux et avec économie.

« En ce cas, Nosseigneurs, vous rempliriez tout ce que vous devez
« à votre propre grandeur, à l'utilité publique, au courage des particuliers
« qui se pourront présenter pour ces entreprises, si, sous le bon plaisir du
« Roi, vous leur faisiez espérer, à la fin de chacune, un don qu'ils recevraient
« comme une grâce, pendant qu'il serait réellement la récompense d'un bien-
« fait qui deviendrait de jour en jour plus avantageux pour la Bretagne[1]. »

1. L'impression de ce curieux mémoire, faite, comme on l'a dit, aux frais des Etats de Bretagne, est
encadré d'un double filet noir à chaque feuillet et porte sur la dernière page les armes et la devise
de Kersauson. Nous relevons ici cet écusson à cause de la forme très peu usitée donnée au *fermail*
ou boucle, non pas *ovale* comme d'ordinaire, mais *losangée*.

Tel est, aussi fidèle que possible, le compte rendu résumé du premier mémoire du comte de Kersauson aux Etats, en 1746. Ce mémoire laisse au réseau de navigation fluviale en Bretagne une lacune que, lorsqu'il y a quelques années nous publiâmes cette étude dans la *Revue de Bretagne et de Vendée*, nous exprimions le regret de ne pouvoir combler. En effet, si le projet que nous venons d'analyser, énumère les opérations nécessaires pour joindre : 1° la Rance à la Vilaine ; 2° celle-ci à la Loire et 3° l'Oust au Blavet, il est muet sur ce que nous appellerons le complément essentiel de cette canalisation, c'est-à-dire la jonction du Blavet à l'Aven ou Hyère et, par celui-ci, à l'Aulne, en breton Ar ster aoun, (rivière profonde), autrement dit la réunion de Brest, par Châteaulin, à Pontivy et, par là, au reste de la Province.

Plus heureux, aujourd'hui nous possédons le second mémoire que le même auteur présenta aux Etats, en 1765, près de vingt ans après le premier. Aussi digne d'attention que son devancier, ce mémoire fut, comme lui, imprimé aux frais de l'Assemblée et publié à Nantes (où se faisait la tenue).

# MÉMOIRE

PRÉSENTÉ

## AUX ESTATS

# DE BRETAGNE

SÉANS A NANTES

## PAR MONSIEUR LE COMTE DE KERSAUSON

*En 1765*

*Hoc opus, hoc studium, parvi properemus et ampli,*
*Si Patriæ volumus, si nobis vivere cari.*
(HORAT.)

Petits et grands, que tous s'intéressent à cette
œuvre : elle est digne de nous et de la *Bretagne!*

## A NANTES,

Chez P.-I. Brun, imprimeur-libraire,

à l'entrée de la Fosse.

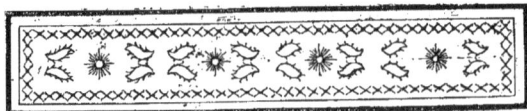

Si nous ne craignions de fatiguer nos lecteurs, nous étudierions ce travail aussi minutieusement que nous l'avons fait pour le précédent ; mais, afin d'éviter cet écueil, nous préférons nous limiter et nous contenter d'en exposer, aussi brièvement que possible, les traits les plus saillants.

Le mémoire de 1765, qui se divise en quatre articles, débute lui aussi par une courte adresse aux États, après laquelle l'auteur entre immédiatement dans le vif du sujet.

Rappelant, avec regret, les causes qui ont empêché de donner suite au projet approuvé en 1746, il démontre, dans le premier article, que la création, par le sud de la Bretagne, d'une voie fluviale, partant de Rennes et de Nantes pour aboutir à Brest, viendra décupler les avantages produits par la route de terre, que vient d'ouvrir le duc d'Aiguillon, au nord. De ces deux chemins, mais encore bien plus du premier que du second, l'agriculture, le commerce de la Province et la marine du Royaume tireront un immense profit, et les chemins (argument proposé dans le premier projet) ne seront plus effondrés par les lourds chariots du roulage, qui les rendent souvent impraticables.

L'article second est l'exposé succinct des grands avantages que la Bretagne et le Royaume tireront des quatre canaux proposés, les trois premiers par le projet de 1746 et le quatrième par celui-ci. La principale raison invoquée, après le reliement entre elles des principales villes de la Province, est la possibilité pour les *forges de la Nouée* (alors le *Creuȝot* de la Bretagne), de transporter facilement, et sans détérioration des routes, les *ancres, canons, bombes* et *boulets* et toutes autres pièces massives nécessaires à la marine.

L'article trois se divise en deux parties, subdivisées elles-mêmes en deux sections. La première traite de la jonction du Blavet à l'Aven ou Hyère par un canal artificiel et de la navigabilité rendue aux parties hautes des deux rivières [1]. La seconde n'est, à peu de chose près, que la reproduction de ce que fait connaître le premier mémoire au sujet de la canalisation fartice du Blavet et de l'Oust.

---

1. Dans ce paragraphe le comte de Kersauson, parlant de digues ou levées à établir de chaque côté du canal artificiel à creuser entre Blavet et Aven, dit qu'elles pourront servir « pour les charrettes, tombereaux, *haquets*, etc. » Je compte, » ajoute-t-il « au nombre de ces voitures les *leutrecarrs* (voitures de mon invention), capables de servir par terre et par eau. »
Nous ignorons malheureusement ce qu'était cette nouvelle invention de cet esprit vraiment ingénieux et nous ne pouvons que déplorer qu'il n'ait rien laissé pouvant nous aider à reconstituer ce char, ce carrosse... *amphibie* !...

Enfin, dans le quatrième article, l'auteur, s'élevant à la hauteur d'un véritable ingénieur, étudie la question des nivellements, sondages, alignements, arpentages, mesurages, etc.

Comme nous le disions au début du premier rapport, tous ces projets font le plus grand honneur aux connaissances et aux aptitudes du comte de Kersauson. Il rappelle, dans cet article, que son trisaïeul a déjà ouvert la voie en proposant aux Etats, sous le règne d'Henri IV, des plans et devis pour la jonction de la Rance à la Vilaine.

Enfin, il termine en suppliant les Etats de ne pas se déjuger et d'ordonner que les travaux, par lui soumis depuis *vingt* ans, soient exécutés et confiés à lui-même et à un ingénieur choisi par lui.

Nous achèverons nous-même le résumé par la péroraison du rapport :

« Vous me mettrez en état, Nosseigneurs, de remplir vos désirs et de satis-
« faire à vos ordres, consacrés dans nos fastes depuis 1746, et en même temps
« de m'acquitter des offres que je viens de vous réitérer si vous avez pour agréable
« de me délivrer une somme telle que vous le jugerez convenable. Quand bien
« même vous ne la porteriez qu'à quinze ou seize mille livres, dont vous
« me feriez compter, dès à présent, la moitié, et la moitié restante au mois de
« janvier 1766, je me flatte qu'aux Etats prochains, je pourrai vous présenter
« un travail dont vous serez content ; travail que l'insuffisance du prix n'ar-
« rêtera pas, parce qu'en ce cas j'y suppléerai. Vous pensez bien, sans doute,
« Nosseigneurs, que votre intérêt seul m'encourage et m'enhardit à vous
« demander ce secours. Vous savez que : 1° je ne vous ai jamais demandé
« autre chose, ni pour moi, ni pour les miens ; 2° ce n'est pas un don, c'est
« un moyen de vous rendre deux services essentiels (au moins possible de
« frais) que je vous demande ; 3° pour parvenir à vous donner mes deux mé-
« moires, j'ai dépensé, dans le cours de vingt ans, *plus de vingt mille livres*,
« dont je serais bien fâché qu'on me proposât le remboursement ; 4° vous gra-
« tifiez, à toutes vos tenues, plusieurs villes de sommes que ceux qui les tou-
« chent emploient comme ils le jugent à propos ; le don fait par vous à cha-
« cune de ces villes n'est utile que pour elle, *quand il tourne tout à son profit*,
« et la somme que je vous propose de dépenser tournera toute au profit des
« habitants de la campagne et des villes, et deviendra même (par les ouvrages
« qui en seront la suite nécessaire) plus utile à ces mêmes villes (déjà gratifiées

« de plus grands dons) que l'emploi qu'on a fait de ces dons déjà perçus, ou
« qu'on feroit des dons qu'on pourroit demander encore ; 5° les habitants des
« villes seront sûrement bien aises de voir les trois ordres se porter avec ar-
« deur à saisir le moyen le plus court, le plus sûr et le plus gracieux pour
« épargner (dans la suite), aux laboureurs, des corvées considérables et conti-
» nuelles, et pour les dédommager, de la façon la plus possible et la plus
« avantageuse, des peines et des pertes qu'ils ont souffertes en faveur desdits
« habitants des villes et des voyageurs, bien plus qu'en leur propre faveur.
« 6° Enfin, Nosseigneurs, mon âge autorise ces instances : je voudrais mettre
« en train et nécessiter des travaux dont l'accomplissement et la perfection
« feront honneur à ma patrie, en augmentant de jour en jour son bien-être,
« et je mourrais content, si c'était après avoir laissé quelque monument (ne
« fût-il que commencé) de mon tendre et parfait dévouement pour elle ! »

Ajouter quelque chose à ce qu'on vient de lire serait l'amoindrir. Nous
nous tairons donc, mais qu'il nous soit au moins permis d'être fier de pareils sentiments et de celui qui les exprime si noblement et si intelligemment.

Nous possédons une carte *fluviale* de la Bretagne, imprimée chez Ollivault,
à Rennes, évidemment à cette date de 1765 (quoiqu'elle n'en porte pas), car elle
indique, par des traits peints, toutes les lignes par lesquelles le comte de Kersauson prétendait relier les différents cours d'eau par des canaux artificiels.

Nous avons déjà dit que le défaut de ressources, *ou peut-être d'autres raisons qui ne sont pas parvenues jusqu'à nous,* firent malheureusement ajourner
ces travaux, si utiles cependant. Ces magnifiques projets n'ont été réalisés
qu'au commencement du siècle actuel ; mais, nous ne saurions trop le répéter,
si notre chère Province est maintenant dotée de ces routes *fluviales* qui rendent les communications si multiples, si faciles, si relativement promptes
et peu coûteuses, c'est au comte François-Joseph de Kersauson qu'on le doit,
puisque c'est à ses plan, devis et rapports qu'on a eu recours pour l'exécution
de ce gigantesque réseau.

Nous ne pouvons, en déposant la plume, résister au désir de faire encore
mieux connaître celui qui vient de nous occuper. Il nous suffit, pour cela, de
citer l'important travail de M. Hippolyte Raison du Cleuziou sur les *Relations
des États de Bretagne avec les historiens de la Province.* On y voit en effet
que le comte François-Joseph de Kersauson savait mener de front tout ce qui

pouvait être utile à son pays, et qu'alors même qu'il pensait à la canalisation de la Bretagne et inventait ses *leutrecarrs*, il collaborait à l'œuvre de Dom Morice et aidait de ses savantes recherches l'érudit bénédictin.

C'est par cette dernière citation que nous clorons notre travail généalogique. Nous laissons la parole à M. du Cleuziou.

« Le 5 novembre 1742, M. de Kersauson fit dire à l'Assemblée des États
« de Bretagne, par M. de Bédée (n'ayant pu s'y rendre, étant malade), qu'il
« était en relation intime avec Dom Morice, et que le religieux l'avait sou-
« vent sollicité et continuait de le solliciter de s'employer à faire rechercher
« les actes, titres, chartes et monuments pouvant servir à l'*Histoire de Bre-*
« *tagne*, et que, pour cela, il venait prier les États de prendre une déli-
« bération pour l'autoriser à perquérir dans les monastères et communautés
« et en tous endroits, les actes, titres, etc., pouvant servir à l'histoire de la
« Province. Les Etats, séance tenante, accordèrent cette autorisation à M. de
« Kersauson.

« Il ne faut pas s'étonner de voir qu'un gentilhomme breton pouvait entre-
« tenir des relations d'intimité avec un savant religieux, uniquement occupé
« de recherches historiques et d'études excessivement sérieuses. En effet,
« malgré tout ce qui a été écrit de malveillant contre les hautes classes de l'an-
« cienne société par les révolutionnaires, on ne doit pas se figurer qu'elles
« croupissaient dans une ignorance crasse. Il suffit d'ouvrir la première bio-
« graphie venue pour se convaincre du contraire. M. de Kersauson, ce très
« dévoué collaborateur de l'infatigable Bénédictin, que nous connaissons déjà,
« dit que si on lui obtenait une lettre de cachet pour pouvoir entrer au châ-
« teau de Nantes, il offrait d'employer son temps *avec plaisir à faire dans les*
« *archives qui s'y trouvent la recherche des pièces qui pourraient être utiles*
« *à l'histoire de Bretagne, et le tout gratuitement.* Les États reconnaissants
« ordonnèrent en conséquence qu'il serait fait article de cette demande d'une
« lettre de cachet dans les mémoires de MM. les députés et procureur gé-
« néral syndic qui iraient à la cour. » *(Annuaire des Côtes-du-Nord,* 1858.
Imp. Prud'homme, Saint-Brieuc.)

Manuscrit achevé le 1er mars 1885.

Château de Kerdavy, dit jour et an.

# RECTIFICATIONS ET ADDITIONS

---

Rectification a propos de N.-D. de Languenrat. (P. 3.)

Dans la note du bas de la page 3, extraite de la *Bretagne contemporaine*, nous traduisons, *de notre cru*, Notre-Dame de Languenrat par Notre-Dame des Langueurs. C'est une erreur.

En effet, un article du même auteur, tombé depuis sous nos yeux, démontre péremptoirement que la chapelle du château du Poirier était autrefois placée sous le vocable de saint Guenrat ou Guerrat, qui vécut du Ve au VIIIe siècle, et dont le culte est resté très populaire en Bretagne.

Voici comment s'exprime à ce sujet M. S. Ropartz, dans le nº du 31 mai 1862 de la *Foi Bretonne*, journal des Côtes-du-Nord :

« Notre-Dame-de-Languenrat est la chapelle domestique du Poirier, l'une des
« plus importantes et des plus anciennes seigneuries du comté de Guingamp,
« caractérisée par une magnifique motte et par les ruines d'une forteresse détruite
« au XIVe siècle par Clisson.

« La chapelle porte aussi, sur le porche, la date du XVe siècle. Il est vrai que
« cette date est moderne et pourrait bien avoir été mise par Louis Torquat, cha-
« pelain de Languenrat et grand amateur de curiosités historiques, dont il avait
« pris le goût à l'école de du Paz. Il faut y voir un beau tryptique, du commen-
« cement du XVIIe siècle, et un vitrail un peu postérieur, très remarquable d'exé-
« cution et curieux surtout par la guirlande de Sacrés-Cœurs, qui lui sert de
« bordure. Jamais la flatterie héraldique ne fut poussée aussi loin... Le Poirier
« fut apporté à la maison de Rohan par le mariage de Jeanne du Perrier, dame
« de Quintin, avec Pierre de Rohan. En conséquence, au milieu de tous les
« Sacrés-Cœurs de Jésus brille une *macle*, et au milieu de tous les Cœurs de
« Marie un *besant* [1].

---

[1]. Il est évident qu'il faut ici remplacer par *billette* le mot *besant*, meuble que les du Perrier n'ont jamais porté sur leur écu.

« Qu'est-ce que veut dire ce nom de Languenrat, donné au village et à la cha-
« pelle ? En voici l'explication, trouvée, non aux archives du Poirier, mais à celles
« du Plessis, en Pléguien.

   « La chapelle, autrefois nommée Saint-Guerat, à présent sous le nom de Notre-
« Dame-de-Lorette (dit un aveu du XVIIᵉ siècle), étant dans l'enclave de ladite
« seigneurie, etc. »

   De cette citation il résulte donc clairement : 1º que *Languenrat* veut dire, non
des Langueurs, comme nous l'avons insinué, mais lieu consacré à saint Guenrat,
et probablement sanctifié par sa présence ; 2º que la fin de la note (p. 3) ainsi
conçue : *On y voit peint, au milieu d'un sacré-cœur de Jésus, la macle des Rohan
et la billette des du Perrier*, doit être ainsi corrigée : *On y voit peint, au milieu
des sacrés-cœurs de Jésus et des cœurs de Marie,* etc.

   Nous ne terminerons pas cette rectification, sans dire quelques mots d'une autre
chapelle ayant eu aussi pour fondateur un du Perrier.

   « La chapelle de Notre-Dame-de-Confort, en Berhet [1], est un lieu de dévotion
« célèbre. C'est, sous le rapport de l'art, un des monuments religieux les plus
« remarquables de l'arrondissement de Lannion... Les malheureux y viennent, de
« toute part, chercher *un confort* pour leurs maux. Sa construction ne remonte
« qu'à la première moitié du XVIᵉ siècle, et, quoique appartenant à la période de
« décadence, elle est d'un assez bon style gothique... Sa nef, sans bas-côtés ni
« transept, est régulièrement percée de cinq fenêtres ogivales, dont la plus consi-
« dérable, à l'orient, contenait une des plus merveilleuses roses que l'on pût voir.
« Un coup de vent la détruisit en 1837...

   « La façade occidentale passerait pour beaucoup plus reculée que le reste, si
« l'on ne se rappelait que les constructions religieuses se commençaient toujours
« par le chevet, et qu'ainsi, lorsqu'on arriva à cette partie, on se trouvait en pleine
« transition et changement de style, à ce retour aux arts païens que l'on a si mal
« nommé *la Renaissance.*

   « Nous ne dirons rien de la chapelle ni du clocher ; mais ce qui donne un
« aspect vraiment monumental à cette charmante église, c'est l'admirable parti
« que l'architecte a su tirer de sa frise et de ses contreforts. La première repré-
« sente, au midi, une chasse à courre, et, au nord, des sujets pieux tirés des lita-
« nies de la Vierge ou du *Cantique des cantiques.*

   « Ce fut un Jehan du Perrier, descendant d'autre Jehan et d'Anne de Coëtgo-
« nien ou Coatgonian, des sʳˢ de Coatbersot, etc., en Berhet, qui posa, le ving-
« tième d'avril, l'an 1523, la première pierre de cette église, qui, d'après une autre
« inscription, ne fut terminée qu'en 1537.

---

   1. Berhet, canton de la Roche-Derrien, non loin de Kermoroch, paroisse du Poirier (Côtes-
du-Nord.)

« Ces du Perrier étaient d'origine princière. Le duc Pierre II le dit formelle-
« ment, en érigeant, en leur faveur, le comté de Quintin en haute baronnie. —
« *Nous, bien certain du degré de parenté dont notre cousin nous attient, lequel*
« *est extrait et consanguin de notre maison*, etc. »

« Les cloches de la chapelle sont couvertes des écussons des du Perrier et de
« leurs alliances. Deux pierres tumulaires, du fondateur et de l'un de ses ancêtres
« (apportées après coup), gisent dans le cimetière, livrées à toutes les intempéries
« de l'atmosphère ; il serait convenable de les replacer dans la chapelle, au-dessus
« des cryptes qui les renfermaient autrefois. »

Cet article est signé : De Penguern, et extrait du *Lannionnais*, 23 novembre 1849.


### ADDITION A PROPOS DE GUILLAUME DE KERSAUSON, ÉVÊQUE DE LÉON. (P. 12.)


Nous écrivions (p. 12 de la *Généalogie*) que Guillaume de Kersauson ne put,
ainsi que le prétend Albert de Morlaix, qui le nomme *Villisaoson*, être entendu
dans l'enquête de canonisation de saint Yves.

Une pièce extraite du manuscrit original, joyau de la bibliothèque municipale
de Saint-Brieuc, prouve au moins la dévotion de l'évêque de Léon pour son
illustre et saint contemporain, peu de temps après la mort de ce dernier, et le
miracle flagrant de la guérison d'une pauvre folle furieuse de la paroisse de
Trévoux, miracle provoqué par Guillaume de Kersauson lui-même.

On rapporte dans l'un des témoignages entendus dans cette enquête les propres
paroles que prononça le pontife dans l'église de Trévoux, lors d'une visite pas-
torale, vers 1309.

Le bon dominicain de Bonne-Nouvelle ne se trompait donc pas en disant que
*Villisaoson* était *cité* dans le procès de canonisation de saint Yves. C'est nous qui
nous trompions nous-même en traduisant le mot *cité* par *entendu*. Le naïf auteur
de la *Vie des Saints* avait seulement mal lu, car le manuscrit porte *Villasauxe*.

Mais ici la date, même approximative, de 1309 ne permet pas d'hésiter et *Villisaoson* comme *Villasauxe* ne peuvent se rapporter qu'à Guillaume de Kersauson,
qui, on se le rappelle, occupa le siège de Léon, de 1295 à 1327.

Voici, dans son ensemble, ce document intéressant, que nous communique à la
dernière heure notre bon cousin et inappréciable ami, M. A. du Bois de la Villerabel, président de la Société archéologique des Côtes-du-Nord.

Guillaume de Kersauson, évêque de Léon, cité par le témoin CX, lors de l'enquête de canonisation de saint Yves :

« Testis CX[1]... Yvo, natalis, parochiamus de Trevol, Leonensis diocesis, ætatis
« sexaginta annorum, sicut dixit et per aspectum corporis apparebat, testis pro-
« ductus juratus et diligenter examinatus, super miraculis que dictus Yvo Haelori
« fecisse asseritur, dixit per juramentum suum quod ipse habuit unam sororem,
« Gleoguenam nomine, et erat et fuit furibunda, adeo quod nitebatur manus suas
« et brachia, et alios ad eam accedentes, mordere, quasi vellet comedere, et adeo
« erat furibunda quod oportebat eam ligare pedibus et manibus ; et, dum ipsa sic
« fureret, contigit quod bone memorie dominus *Guillelmus Vallesauxe*, tunc epis-
« copus Leonensis, visitans ecclesiam de Trévol, vidit dictam furibundam sic liga-
« tam, et dixit ipsi testi loquenti et aliis astantibus eidem furibunde : « Consulo
« et laudo quod voveatur et reddatur ista infirma sancto Yvoni, et confido quod
« curabitur; et ego, ex nunc ipsam voveo et reddo Jhesu Christo et sancto Yvoni,
« et adducatur ea ad sepulcrum sancti Yvonis. »
    « Et dictus testis et Daniel, avunculus dicte mulieris, voverunt dictam filiam
« sancto Yvoni. Et exinde idem testis loquens, et Daniel Brion, avunculus dicte

---

1. *Traduction*. — Témoin CX... Yves, né en la paroisse de Tréhou, diocèse de Léon, âgé de
soixante ans, ainsi qu'il le dit et que le comporte sa physionomie, témoin produit, juré et dûment
examiné, au sujet des miracles que l'on prétend s'être opérés par l'intercession du seigneur Yves
Hélori. Ledit témoin, interrogé, a déclaré, sous la foi du serment, avoir eu une sœur appelée Gléo-
guène, atteinte d'une folie furieuse, à ce point qu'elle s'efforçait de se mordre elle-même et ceux
qui l'approchaient, comme si elle voulait manger *(quasi vellet comedere)*. Cet état parvint à un
tel degré qu'il fallut lui attacher les pieds et les mains ; or il arriva dans ces temps que l'évêque de
Léon, Guillaume Vallesauxe [1], de bonne mémoire, visitant la paroisse du Tréhou, vit cette pauvre
folle, ainsi liée, et au témoin ici présent et à toute l'assistance : « Je conseillerais et approuve-
« rais que cette insensée soit vouée à saint Yves : j'ai la confiance qu'elle serait guérie. Dès main-
« tenant je la voue donc et consacre à Notre-Seigneur Jésus-Christ et à saint Yves, et je désire
« qu'elle soit amenée à son tombeau. »
    Ledit témoin et Daniel, son oncle, vouèrent aussitôt la fille à saint Yves en ces termes : « Nous
« te vouons et consacrons dès ce moment à saint Yves. » Et ce vœu, émis, engagea le témoin Yves
et son oncle, Daniel Brion, et la malade elle-même.
    Aussitôt, celle-ci fut conduite, toujours les membres liés, au tombeau du saint, dans lequel elle
pénétra par une petite ouverture pratiquée au chevet. Après y être entrée et y être demeurée
quelques instants, elle en sortit libre de tous liens et s'écria : « Je vous rends grâces, ô saint Yves,
« de m'avoir rendu la raison, que j'avais perdue. » Et, de ce moment, elle fut guérie et conserva
toujours la raison.
    Retournée ensuite dans son pays, Gléoguène se maria et eut plusieurs enfants. Interrogé, le té-
moin, du temps que dura la maladie de sa sœur, il répondit : Cinq semaines au Tréhou et quatre
jours à Tréguier. — Quand fut obtenue cette guérison ? lui demanda-t-on. En la vigile de la fête de
la Nativité de saint Jean-Baptiste, reprit-il, il y a environ vingt et un ans.
    De ce miracle, ajouta-t-il, ont été témoins un grand nombre de personnes, tellement ce qui vient
d'être rapporté est devenu bruit public et croyance dans ladite paroisse du Tréhou, dans la ville et
tout le diocèse de Tréguier.

---

1. Nous avons prouvé assez de fois, dans le cours de l'ouvrage, l'ineptie des copistes pour qu'il soit facile de lire
ici Kersauson à la place de Vallesauxe, d'autant plus que la date de 1309, ainsi qu'il a été dit, ne peut laisser aucun
doute dans l'esprit.

« furibunde, quibus erat ligata, et statim ipsa, pedibus ligatis, traxit se et intravit
« dictum sepulcrum, per quamdam modicam aperturam que est in capite sepulcri
« antedicti, et cum esset intus et stetisset per modicum tempus, exivit, et ligamina
« tibiarum, quibus erat ligata, ceciderunt. Et tunc, ipsa dixit : « Sancte Yvo,
« reddo tibi gratias quia mihi sensum restituisti, quem amiseram. » Et ex illâ
« horâ fuit sanata et sensus fuit sibi restitutus.

« Deinde in patriam suam remeavit, et fuit maritata in partibus suis et multos
« liberos procreavit. Interrogatus quando tempore, ante, duravit sibi infirmitas,
« dixit quod per quinque septimanas in partibus suis et per quatuor dies Trecoris.
« Interrogatus quando tempore fuit sanata, dixit quod in vigiliâ festi Nativitatis
« sancti Johannis Baptistæ [1]. Interrogatus de tempore, dixit quod viginti et unus
« annus sunt elapsi, vel circa [2]. Interrogatus qui viderant eam sic infirmam, dixit
« quod multi in partibus suis et Trecoris... Item dixit dictus testis quod de pre-
« missis erat et est publica vox et fama in dictâ parochiâ de Trevol et in civitate
« et diœcesi Trecorensi [3]. . » (Extrait du manuscrit original de l'enquête de canonisation de saint Yves, en 1330. Mss. de la Bibliothèque de la ville de Saint-
Brieuc.)

P. 45. Nous avons confondu en cet endroit deux familles du Quenquis. Celle à
laquelle appartenait la mère de saint Yves, portait : une fleur de lys florencée.

P. 84, ligne 23, article Tuault, ajoutez : Louis, fils d'autre Louis de Tuault et
de Mathilde de Kersauson, a été reçu le 11e à l'École navale en septembre 1885.

P. 137, ajoutez : Le comte Louis de Kersauson a été élu au Corps Législatif par
le département du Finistère, le 4 octobre 1885.

1. Si le fait eut lieu en 1309, la vigile de Saint-Jean-Baptiste tombait cette année-là le lundi de
la cinquième semaine après la Pentecôte.

2. Vingt et un ans ôtés de 1330, date du commencement du procès d'enquête, nous reportent
à 1309.

3. Tréguier, où est enterré saint Yves, et où la reconnaissance et la piété des Bretons lui
élèvent aujourd'hui un magnifique monument, est relativement à une grande distance de Tréhou,
de l'ancien diocèse de Léon, nunc de Quimper (canton de Ploudiry) et qu'il ne faut pas confondre avec le Trévoux, canton de Bannalec, près Quimperlé, diocèse de Quimper, et autre
Trévoux-Tréguinec, à deux lieues de Tréguier, mais qui, en 1309, appartenait à ce diocèse et
non à celui de Léon.

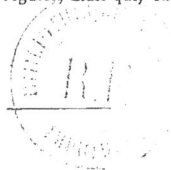

# ERRATA

P. v, ligne 17 : au lieu *de* Drennec, lisez *du* Drenec.

P. 7. Le n° 3 des notes du bas de page est à supprimer. Lorsque nous l'écrivions, nous ignorions le prénom du père d'*Avicette de la Roche-Derrien.* Ce n'est, en effet, qu'un document parvenu en dernier lieu qui nous l'a fait connaître. Eudes, le Croisé, mourut donc bien sans hoirs.

P. 10, ligne 7 de la note 1 : au lieu de Guémodeuc, lisez Guémadeuc.

P. 11, ligne 3 de la note 1 : il faut *K*emenet-Illy et non *K*ermenet-Illy.

P. 11, ligne 7 de la même note : il faut : *le peu de créance,* à la place de *la grande créance.*

P. 12, ligne 2 de la note 5, lisez : Isabel*læ* Castillan*æ* au lieu de Isabel*la* Castillan*a*.

P. 19, article Kerroignant, il faut au blason : *d'azur,* et non *d'argent au gantelet,* etc.

P. 23, ligne 25, lisez : Pala*c*ret et non Pala*e*ret.

P. 24, ligne 6 des notes : Trépompé et non Tréponpé.

P. 32, ligne 8 des notes : au lieu de lisons-nous *en effet* dans..., il faut : *lisons-nous dans...*

P. 35, ligne 34 : Franç*o*is et non Franç*oi*se.

P. 65, ligne 36 : Redu*n*el et non Redu*m*el.

P. 66, ligne 15 : *Fœil* au lieu de *Fail.*

P. 67, ligne 8 de l'article Kerdrel. Le baron Hippolyte de Moncuit de Boiscuillé, gendre du vicomte Paul de Kerdrel, est le cousin du noble blessé de Castelfidardo.

P. 71, ligne 9, lisez : derni*ères* et non der*niers.*

P. 86, ligne 19, après *comtesse d'Étampes,* mère du duc, ajoutez : *Richard,* etc.

P. 86, ligne 6 de la note, au lieu de la page *603,* lisez : page *203.*

P. 90, ligne 29, au lieu de *N.-D. des Anges,* il faut : *Sainte-Marie des Anges.*

P. 91, ligne 17 : compon*ée* et non compon*é.*

P. 101, sous-branche de Coëtbizien : *Hervé* de Kersauson devrait être UN GRAND LETTRÉ.

43

P. 102, ligne 2, lire : Troguer*ot* au lieu de Troguer*at*.

P. 110, ligne 30 : au lieu de *La*mogan, on doit lire : *Lo*mogan.

P. 118, ligne 2 : Carrer*a* et non Carrer*ac*.

P. 122, branche de la Ferrière, lire : XXIV (I) 1° François-Joseph-Denis, etc.; XXIV (II) 2° Honorat-Denis-Marie, etc.

P. 123, blason de Frain de la Villegontier, lisez : *à 3 têtes de bœuf* et non *2*.

P. 143, ligne 19, lisez : *en* Ploudalmezeau, au lieu de Ploudalmezeau.

P. 144, ligne 9, lisez : Ker*v*égant au lieu de Ker*v*igant.

P. 149, blason de Bouteville, lisez : cinq *fusées*, au lieu de cinq *fasces*.

P. 151, ligne 22, lisez : Les*p*lougoulm.

P. 165, ligne 15, lisez : Plou*g*onven.

P. 169, ligne 6, lisez : *Arm.* (armorial.)

P. 171, ligne 4 des notes, lisez : *Louise-Marie.*

— ligne 9 des notes, lisez : *cintre brisé.*

P. 174, ligne 1, lisez : Plou*g*onven.

— ligne 8, lisez : dans *son* château.

— ligne 9, lisez : *sous* le chevet.

— ligne 21, lisez : 27 juin.

P. 176, ligne 28, lisez : *1737*.

P. 177, ligne 10, lisez : vers *1780*.

P. 178, ligne 2, lisez : Plou*g*onver.

P. 181, ligne 26, lisez : Bataille de *Mauron.*

P. 206, article Rodellec, ligne 14, lisez : char*gée* et non char*gé.*

P. 221, lignes généalogiques (alliances), ligne 3, lisez : Quel*l*énec au lieu de Quil*l*énec.

P. 222, lignes généalogiques (branche de Vieux-Chastel), ligne 16, lisez : Honorat, mort *en* et non *vers 1790.*

P. 223, lignes généalogiques (branche de la Ferrière), ligne 3, lisez : Honorat, mort en *1790*, au lieu de *1774.*

P. 234, seigneurie de Coëtanscours, ligne 4, lisez : Saint-Vou*gay* et non Saint-Vou*zay*.

P. 245, pièces justificatives, ligne 29, lisez : Hervé *II* et non Hervé *III.*

# LISTE ALPHABÉTIQUE

## DE TOUS LES NOMS DE FAMILLE CITÉS DANS LE COURS

### DE L'OUVRAGE [1]

---

---

1. Les noms de familles alliées portent en avant un astérisque, comme signe distinctif.

Voir, en outre, la liste des gentilshommes signataires de la protestation aux Etats en 1718, pp. 296-298 ; aussi p. 299 les noms des plus compromis dans la conspiration de Pontcallec.

# TABLE DES MATIÈRES

# TABLE DES BLASONS GRAVÉS DANS LE VOLUME

*Nous payons ici, et avec le plus grand plaisir, un tribut justement mérité au talent du jeune artiste à la plume délicate duquel nous devons le dessin de tous les blasons :* M. Marcel Denis, *fils du peintre verrier fort apprécié et regretté de la ville de Nantes.*

Nantes. — Imp. Vincent Forest et Émile Grimaud, place du Commerce, 4

*ACHEVÉ D'IMPRIMER*

A NANTES

PAR

VINCENT FOREST ET EMILE GRIMAUD

LE XIVe JOUR DE JANVIER

M. DCCC. LXXXVI.